시험장 필수 아이템

한국생산성본부 제공 모의고사 그대로!

모의고사

Service

Management

Ability

Test

특별제공
OMR 카드
무료 해설 특강

* 한국생산성본부에서 제공하는 모의고사에서 표기법 등 수정이 필요한 경우 일부 수정을 했습니다.

**에듀윌과 함께 매일같이 쌓아 올린
여러분의 노력은 결코 헛되지 않습니다.**

지금 이 순간에도 한 걸음씩
성장하고 있다는 사실을 잊지 마세요.

처음에는 낯설고 어려웠던 이론도,
반복과 실전 속에서 익숙해지고
막막하게 느껴졌던 문제들도
하나씩 풀어낼 수 있게 될 거예요.

포기하고 싶은 날이 와도,
여러분이 꿈꾸는 내일을 위해
끝까지 걸어가는 그 한 걸음이
곧 합격의 열쇠가 됩니다.

여러분의 성실함이 자랑스럽습니다.
여러분은 반드시 해낼 수 있습니다.

**마지막까지 응원합니다!
끝까지 함께할게요.**

8년 연속 주관처 공식인증
출간 전종 베스트셀러 1위

에듀윌의 서비스 경영 시리즈
클래스의 차이를 직접 경험해 보세요.

SMAT 모듈 A

SMAT 모듈 B

SMAT 모듈 C

CS리더스 관리사

* 2019~2026년 에듀윌 SMAT 모듈 A, B, C (3종) 한국생산성본부(KPC) 공식 인증 * SMAT 모듈 A YES24 수험서 자격증 국가자격/전문사무 소비자전문상담사/CS Leaders(관리사) 베스트셀러 1위(2020년 4월, 10월, 2021년 10월, 2022년 4월, 8월, 2023년 4월, 2024년 3월, 9월 월별 베스트, 2020년 9월 1주~2주, 10월 1주, 2021년 9월 1주~2주, 2022년 3월 1주~2주, 5월 1주~2주, 7월 2주~3주, 9월 1주~2주, 2023년 3월 1주~2주, 4월 1주, 9월 1주, 12월 4주, 24년 3월 1주~2주, 7월 3주, 8월 4주, 9월 1주~2주 주별 베스트) * SMAT 모듈 B YES24 수험서 자격증 국가자격/전문사무 소비자전문상담사/CS Leaders(관리사) 베스트셀러 1위 (2020년 3월 2주, 2021년 11월 3주, 2022년 5월 3주, 7월 1주, 2024년 5월 1주 주별 베스트)* SMAT 모듈 C YES24 수험서 자격증 국가자격/전문사무 소비자전문상담사/CS Leaders(관리사) 베스트셀러 1위 (2021년 7월 2주, 2022년 3월 3주, 2023년 4월 2주~3주, 10월 5주, 2024년 4월 2주, 7월 4주 주별 베스트)

2026 최신판

에듀윌 SMAT 모듈 B
독학으로 1주끝장
실제 시험(동형) 모의고사 3회분+무료특강

모의고사 2회분 + 빈출족보
시행처 실제 출제경향을 그대로 완벽 반영!

모의고사 01회

SMAT(서비스경영자격)
모듈 B-서비스 마케팅/세일즈

시험시간	모듈	수험번호	성명
70분	B		

문제유형				
PART 1 일반형	PART 2 O/X형	PART 3 연결형	PART 4 사례형	PART 5 통합형
24문항	5문항	5문항	10문항	6문항

https://eduwill.kr/Dr0e

- QR 코드 또는 URL로 응시한 후 채점 및 유형별 성적분석 결과를 확인하세요.
- 모의고사 뒤의 OMR 카드로 실제 시험처럼 연습할 수 있습니다.
- P.44에서 정답 및 해설을 확인하세요.

합격 점수	70 점	나의 점수	점

PART 1 일반형 24문항

1. 고객의 구매 결정 단계별 서비스 세일즈맨의 전략 중 불안 처리 원칙에 대해 가장 바르게 설명한 것은?
   ① 고객에게 결정을 강요한다.
   ② 결과에 대한 고객의 불안을 무시하지 않는다.
   ③ 고객이 느끼는 불안의 중요성을 최소화 및 부정한다.
   ④ 고객에게 자신의 아이디어 및 해결책, 조언 등을 강하게 촉구한다.
   ⑤ 고객만이 결과에 대한 불안을 해결할 수 있으므로 고객들이 직접 두려움을 해결할 수 있도록 한다.

2. 특정 회사의 제품이나 서비스를 지속적으로 이용하는 고객을 충성 고객이라 한다. 충성 고객 중 '편의적 로열티 충성 고객'의 특징적인 행동을 제시한 것으로 가장 적절한 것은?
   ① '자동차보다 더 싸게'라는 저가 전략을 제시한 S 항공 회사를 이용한다.
   ② '평균 15%, 최고 38%까지 싸다'고 하는 D 온라인 자동차 보험에 가입한다.
   ③ 압도적으로 시장 점유율 1위 사업자인 M 회사의 소프트웨어를 선택의 여지 없이 사용하게 된다.
   ④ 후발 주자인 A 통신 회사의 요금 제도가 더 합리적임에도 불구하고 단지 옛날부터 사용하고 있다는 이유로 B 통신 회사의 서비스를 이용한다.
   ⑤ 주유소를 통해 적립한 마일리지를 이동 전화 요금에 결제하는 등 개방형 마일리지 시스템이 적용된 H 회사의 신용 카드 서비스를 이용한다.

3. CRM 활용에 대한 기대 효과를 설명한 내용 중 적절하지 않은 것은?
   ① 고객 충성도를 유지함으로써 우수 고객을 유치하고, 이탈 고객을 줄일 수 있다.
   ② 틈새시장을 개척함으로써 가망 고객을 탐색하고 잠재 고객을 활성화시킬 수 있다.
   ③ 자료 분석을 통해 향상된 영업망을 형성함으로써 판매액 증가의 가능성을 높일 수 있다.
   ④ 품질 개선과 고객 만족 증대를 동시에 달성할 수 있으며 재구매의 가능성을 높일 수 있다.
   ⑤ 교차 판매의 가능성은 낮아지지만 고객 가치를 쉽게 파악하여 판촉 효율을 증가시킬 수 있다.

4. 미국 최대의 할인점이었던 'K마트'의 몰락은 성의 없는 고객 서비스, 불성실한 최저 가격 보장 정책, 이름뿐인 고객 중심 정책 등의 이유가 주요 원인이라고 한다. 이런 현상을 적절히 표현한 것은?
   ① MOT 관리
   ② 고객 불만 관리 시스템
   ③ 고객 서비스에 대한 오만
   ④ 고객의 기대 수준 뛰어넘기
   ⑤ 고객 만족도에 직원 보상 연계

5. 다음 중 최근 활용도가 높아지고 있는 VOC에 대한 설명으로 적절하지 않은 것은?
   ① 정성적 자료와 정량적 자료를 모두 활용함으로써 고객이 원하는 요구 사항을 정리할 수 있다.
   ② 고객 요구 사항을 친화도(Affinity Diagram)로 정리하면 체계적으로 고객 가치를 정리할 수 있다.
   ③ VOC 자료는 인터뷰나 설문을 활용하여 직접 고객이 응답한 자료만 수집하여야 가치를 유지할 수 있다.
   ④ 고객의 소리를 활용하면 기업의 비전도 정립시킬 수 있고, 기업의 효과적인 운영에도 기여할 수 있다.
   ⑤ VOC를 통해 얻은 자료는 빅데이터 분석을 통해 고객의 원하는 요구 사항을 정리하여 전략에 반영한다.

6. 전자적 유통 경로에 대한 설명으로 옳지 않은 것은?
   ① 인적 유통보다 더 효율적인 제공 수단이다.
   ② 직접적인 인간 접촉을 요구하지 않는 서비스 유통 형태이다.
   ③ 인적 상호 작용과 마찬가지로 제공되는 서비스마다 다르게 바뀌어 전달된다.
   ④ 고객이 원하는 때와 원하는 장소에서 언제나 기업의 서비스에 접근할 수 있다.
   ⑤ 서비스 제공자로 하여금 많은 최종 소비자 및 중간상과 상호 작용할 수 있게 해 준다.

7. 다음 중 기업의 서비스 회복 전략에 대한 설명으로 올바르지 않은 것은?
   ① 조직은 서비스 회복을 통한 경험적 학습이 가능하다.
   ② 소비자의 불평, 불만 사항은 최대한 빨리 해결해야 한다.
   ③ 서비스 실패 자체가 처음부터 발생하지 않도록 주의를 기울여야 한다.
   ④ 소비자의 서비스 관련 불평, 불만 사항, 발생 과정 등을 복합적으로 이해하고 이를 해결해야 한다.
   ⑤ 서비스 회복 행위는 고객, 서비스, 시간 등의 중요한 정도에 따라 차등하여 적용하는 편이 좋다.

8. 목표 관리(MBO)에서 바람직한 목표의 조건인 SMART에 해당하지 않는 것은?
   ① 전략적(Targeted) 목표
   ② 구체적인(Specific) 목표
   ③ 달성 가능한(Achievable) 목표
   ④ 측정 가능한(Measurable) 목표
   ⑤ 결과 지향적(Result Oriented) 목표

9. 직원들이 열심히 일하도록 고무시키기 위해서는 노력에 대응하는 보상을 해 주어야 한다. 주로 직원들이 자신의 처우가 적절한지를 판단하는 기준은 동종 타 기업에서 나와 비슷한 일을 하는 사람이다. 여기서 동종 타 기업과 비교하여 공정하다고 인식하는 과정을 (   ) 확보라고 한다. 괄호 안에 들어갈 적절한 단어는?
   ① 내부 공정성
   ② 외부 공정성
   ③ 절차 공정성
   ④ 내용 공정성
   ⑤ 종업원 공정성

10. 다음 중 성인 학습자의 심리적 특징을 고려한 내용으로 가장 옳지 않은 것은?
    ① 성인 학습자들에게는 충분한 학습 시간이 고려되어야 한다.
    ② 성인 학습자는 자신감을 높여 주는 촉진적인 자세가 필요하다.
    ③ 교육 중에 성인 학습자에게 익숙한 상황과 도구를 활용해야 한다.
    ④ 성인 학습자는 자기중심적, 내향성 등의 경향이 있음을 고려해야 한다.
    ⑤ 성인 학습자는 사회적 책임을 이행해야 할 의무가 있음을 고려해야 한다.

11. 다음 코칭을 컨설팅, 카운셀링, 멘토링, 심리 치료 요법과 비교한 내용 중 적절한 것은?
    ① 카운셀링은 고객의 감정적, 개인적 문제를 해결하기 위하여 과거에만 초점을 맞추지만, 코칭은 미래에만 초점을 맞춘다.
    ② 심리 치료 요법은 자격증을 가진 전문가가 고객의 감정에 초점을 맞추어 치료하고, 코칭은 비전문가가 감정적인 문제를 치료한다.
    ③ 일반적으로 멘토링(Mentoring) 관계는 비공식적인 장기적 관계를 가지지만, 코칭 관계는 코치와 피코치자가 단기적인 계약 관계를 가지는 경우가 많다.
    ④ 멘토(Mentor)는 일반적으로 나이가 많은 사람이 나이가 적은 사람에게, 또는 경험이 많은 사람이 경험이 적은 사람에게 조언을 해 주며, 코칭도 이와 비슷한 관계를 유지한다.
    ⑤ 컨설팅은 특정 분야에 정통한 전문가가 목적 달성을 위해 필요한 방법론 혹은 접근 방법을 제공하는 역할을 하고, 코칭도 전문적 지식에 의존하여 문제를 해결하기 위한 답을 제시해 준다.

12. 서비스 세일즈의 특징으로 적절하지 <u>않은</u> 것은?
   ① 서비스 세일즈의 핵심은 서비스 직원이다.
   ② 직원에게 투자하는 행위는 상품 개발과 같다.
   ③ 서비스 직원은 고객의 판매 촉진 수단이 될 수도 있다.
   ④ 서비스 직원은 서비스라는 상품을 바로 생산해 내기도 한다.
   ⑤ 서비스 세일즈는 판매 전 활동과 판매 시의 활동까지만 포함한다.

13. 다음 중 고객 상황별 상담 기법에 대한 설명으로 적절하지 <u>않은</u> 것은?
   ① 고객이 말이 없을 때는 편안한 분위기를 조성한다.
   ② 동행인에게도 상품의 설명이나 고객에 대한 칭찬 등으로 어필한다.
   ③ 가격이 비싸다고 할 때는 먼저 고객의 말을 인정하고 할인 정책을 설명한다.
   ④ 고객이 망설이고 있을 때는 고객의 기호를 정확하게 파악하고 자신감 있게 권한다.
   ⑤ 고객이 어린이를 동반했을 때는 어린이의 특징을 재빨리 파악하여 칭찬하는 편이 좋다.

14. 고객의 생각을 바꾸기 위한 방법으로 적절하지 <u>않은</u> 것은?
   ① 고객을 만족시킬 수 있는 창조적 대안을 제시한다.
   ② 고객의 결정 기준을 파악하고, 그에 잠재된 니즈를 이끌어 낸다.
   ③ 고객의 중요한 기준을 충족할 때 발생하는 제한이나 불이익을 설명한다.
   ④ 고객의 중요한 기준을 충족시키기 어려울 때는 그 기준이 중요하지 않다고 설득한다.
   ⑤ 고객이 중요하게 생각하는 기준의 중요성을 부각시켜 가격보다 핵심적인 기준으로 만든다.

15. 장기적이고 지속적인 거래 관계가 기업에 주는 이점으로 가장 적절하지 <u>않은</u> 것은?
   ① 고객화 서비스 제공
   ② 마케팅 비용의 감소
   ③ 고객에 대한 이해 증가
   ④ 서비스 요청 단계의 간소화
   ⑤ 교차 판매나 Up-sales를 통한 거래 관계의 확대

16. 고객 관계 관리(CRM)에 대한 설명으로 가장 적절하지 않은 것은?
   ① 전사적인 차원에서 접근해야 한다.
   ② 가치 있는 고객을 분별하고 세분화한다.
   ③ 고객 가치 향상을 통한 기업 수익성의 극대화가 목적이다.
   ④ 새로운 정보 가치를 발견하는 방식으로 순간순간의 고객 정보를 취한다.
   ⑤ 회사 전체의 관점에서 통합된 마케팅, 세일즈 및 고객 서비스 전략을 통하여 개별 고객의 평생 가치를 극대화하는 것이다.

17. CRM(고객 관계 관리)의 일반적인 실패 원인이 아닌 것은?
   ① 고객 중심 사고의 부족
   ② 데이터 통합의 과소평가
   ③ 최고 경영층의 적절치 못한 지원
   ④ 빅데이터의 방대한 양이 주는 정보
   ⑤ CRM을 기술에 기반을 둔 방법론이라고 보는 시각

18. 다음 중 컴플레인의 발생 원인이 아닌 것은?
   ① 전문가 해설 판매
   ② 약속에 따른 불이행
   ③ 상품 관리의 부주의
   ④ 성의가 없는 접객 서비스
   ⑤ 해피콜을 통한 예약 확인 서비스

19. 고객 불만 관리의 성공 포인트로 적절하지 않은 것은?
   ① 고객의 기대 수준을 뛰어넘어라.
   ② 고객 불만 관리 시스템을 도입하라.
   ③ 고객 만족도와 직원 보상을 연계하라.
   ④ 진실의 순간(Moment of Truth)을 관리하라.
   ⑤ 스스로 가장 뛰어난 고객 서비스를 제공하고 있다는 생각을 가져라.

20. 다음 중 MTP 기법에 대한 설명으로 옳은 것은?
   ① 고객에게 이성적으로 생각할 수 있는 시간을 준다.
   ② 고객에게 컴플레인 발생에 대한 자세한 설명을 계속한다.
   ③ 고객의 불만은 담당 직원이 해결할 때까지 개입하지 않는다.
   ④ 담당 직원이 상황에 대해 잘 알기 때문에 책임자는 개입하지 않는다.
   ⑤ 불만은 발생한 장소에서 끝까지 해결하는 것이 일관성 있는 행동이다.

21. 다음 중 물리적 환경이 미치는 영향에 관한 설명으로 가장 적절한 것은?
   ① 서비스의 비분리성을 극복하도록 도움을 준다.
   ② 서비스 기업에 대한 이미지 형성에 미치는 영향이 크다.
   ③ 특정 서비스 기업에 대한 고객의 충성도를 향상시킬 수 있다.
   ④ 외부 고객에게 주로 영향을 미치며, 내부 직원에 대한 영향은 매우 적다.
   ⑤ 서비스 기업의 분위기에 영향을 미치지만, 고객의 구매 결정에 영향을 미치지 않는다.

22. 브로커와 에이전트에 관한 설명 중 옳은 것은?
   ① 브로커는 구매자와 판매자를 지속적으로 대리한다.
   ② 판매 에이전트는 일반적으로 하나의 서비스 공급자만을 대행한다.
   ③ 브로커는 자금 조달과 같은 거래에 따른 위험 부담을 지지 않는다.
   ④ 브로커는 기업이나 고객 중 한쪽을 대신해 기업과 고객 간의 거래를 활성화시키는 역할을 한다.
   ⑤ 에이전트는 구매자와 판매자 간의 협상을 돕고 이들 간의 거래 관계를 맺어 주는 역할을 수행하는 중간상이다.

23. 다음 중 관리자 교육 훈련에 대한 설명으로 적절한 것은?
   ① 광범위한 경영 문제와 관련한 교육 훈련
   ② 직업 생활상의 공통적 일반 지식에 관한 교육 훈련
   ③ 조직에 존재하는 규칙 및 규범에 관한 교육 훈련
   ④ 상위 관리자로부터 지시받은 직무의 성공적인 수행을 위한 교육 훈련
   ⑤ 직장 생활을 통한 장래의 발전 가능성에 대한 희망 부여를 위한 교육 훈련

24. 집단 수준의 임파워먼트(Empowerment)에 대한 설명으로 가장 거리가 먼 것은?
   ① 핵심은 구성원 간의 상호 작용이다.
   ② 상대방의 저항을 극복하는 능력과 관련된 개념이다.
   ③ 두 사람 이상의 상호 관계가 있을 때 존재하는 개념이다.
   ④ 조직 내 무력감을 제거하는 파워의 생성, 발전, 증대에 초점을 둔다.
   ⑤ 무력감에 빠진 조직 구성원들이 자기 효능감을 가지도록 하여 무력감을 해소하는 과정이다.

SMAT 국가공인 서비스 경영자격 PART 2 O/X형 5문항

[25~29] 다음 문항을 읽고 옳고(O), 그름(X)을 선택하시오.

25. 서비스의 가장 민감한 현장인 MOT에서는 곱셈의 법칙이 적용되지 않는다. (① O ② X)

26. 고객 포트폴리오 관리는 시장과 고객에 대한 분석과 기업이 지닌 서비스 역량을 분석하여 불량 고객을 찾아내기 위하여 시행한다. (① O ② X)

27. 서비스 실패로 인해 불만족한 경험을 한 고객이라도 특별한 이해관계가 없는 한 주변의 잠재 고객에게 영향을 미치지 않는 것으로 나타난다. (① O ② X)

28. 서비스는 눈에 보이지 않기 때문에 물리적 증거를 통해 기업의 인상과 서비스 품질을 고객에게 전하려 한다. (① O ② X)

29. 매슬로우(Maslow)의 욕구 단계 이론 중 가장 상위의 욕구는 존경 욕구이다. (① O ② X)

PART 3 연결형 5문항

[30~34] 다음 설명에 적절한 보기를 찾아 각각 선택하시오.

보기
① 불만 고객　　② 롤 모델　　③ 사업 형태 프랜차이징 ④ MTP 기법　　⑤ ERG 이론

30. 고객의 컴플레인을 처리하는 기법 중 하나로 사람(Man), 시간(Time), 장소(Place)를 바꾸어 컴플레인을 처리하는 방법이다.　　(　　　)

31. 앨더퍼(Alderfer)가 인간 행동의 동기가 되는 욕구를 존재 욕구, 관계 욕구, 그리고 성장 욕구로 구분한 동기 부여 이론이다.　　(　　　)

32. 사회적 규범 내에서 자신의 의견을 적극적으로 개진하는 고객으로 기업은 이들을 활용하여 서비스 회복 개선의 기회를 가질 수 있다.　　(　　　)

33. 본부가 서비스, 등록 상표, 운영 방식, 지속적인 경영 지도 등 사업에 필요한 모든 요소를 가맹점에 제공하는 프랜차이징 형태이다.　　(　　　)

34. 조직에서 주어진 바를 직접 행동으로 보여 주는 역할을 하면서 직원들에게 기업 문화에 적합한 리더십을 보여 주는 사람을 지칭하는 말이다.　　(　　　)

PART 4 사례형 10문항

35. 다음은 '저돌적인 고객'이 변호사 사무실에 전화하여 사무장과 통화하는 장면이다. 이 상황에서 사무장의 고객 응대 방법으로 적절하지 <u>않은</u> 것은?

> 고 객: 변호사님과 상담하고 싶습니다.
> 사무장: 죄송합니다만 변호사님은 재판 준비 때문에 바빠서 전화 상담까지 일일이 하실 수가 없습니다.
> 고 객: (짜증 나는 말투로) 그럼 누구와 상담해야 합니까?
> 사무장: 사무장인 저와 상담하시면 됩니다. 고객님이 알고 싶으신 법률적인 정보를 저도 얼마든지 제공해 드릴 수 있습니다.
> 고 객: 그래도 저는 사무장님이 아니라 변호사님과 직접 상담하고 싶은데요. 사무장님을 못 믿어서가 아니라, 제가 전에 변호사가 아닌 다른 분하고 상담하고 소송 진행하다가 낭패를 본 경험이 있어서 그럽니다.
> 사무장: 그렇다면 한번 저희 사무실을 방문해 주시겠습니까?
> 고 객: (약간 흥분한 어조로) 변호사 사무실이 여기만 있는 것도 아닌데, 왜 그렇게 까다롭습니까? 기분이 좀 나쁘네요.

① 고객이 충분히 말할 수 있도록 기회를 준다.
② 부드러운 분위기를 유지하며 정성스럽게 응대한다.
③ 침착함을 유지하고 자신감 있는 자세로 정중하게 응대한다.
④ 흥분한 고객이 감정 상태를 스스로 조절할 수 있도록 유도한다.
⑤ 자신의 법률적 지식이 부족하지 않음을 사례로 선보이며 고객이 신뢰할 수 있도록 유도한다.

36. 다음은 컴퓨터 세일즈맨이 신규 거래처를 공략하기 위하여 노력한 사례이다. 이 사례는 서비스 세일즈 단계별 상담 전략의 어느 단계에 해당하는가?

> 대기업 L사에서 사용 중인 컴퓨터를 1년 후에 대대적으로 교체할 것이라는 첩보를 입수한 컴퓨터 세일즈맨인 H 과장은 가슴이 뛰기 시작했다. 예상 물량을 대략 추정해 보니 자신의 연간 판매 목표량에 이르는 엄청난 양이다. 그는 L사의 구매팀 팀장이 어떤 사람이고, 특히 그가 가장 좋아하는 운동이 무엇인가를 파악했다. 알고 보니 구매팀 팀장은 학생 때부터 볼링을 쳤고 지금도 시간만 나면 볼링을 즐긴다는 사실을 알아냈다. 처음에 H 과장은 초보 수준의 볼링 실력을 가지고 있었지만 6개월간 틈틈이 노력하여 실력을 키웠다. 컴퓨터 제안 상담을 본격적으로 시작하기 전에 팀장에게 넌지시 "팀장님, 혹시 즐기는 운동 있으세요?"라고 물었더니 예상대로 볼링이라고 대답을 했다. "저도 볼링을 무척 즐기는데 시간 되면 언제 저와 게임 한번 하시죠?"라고 말했다. 이렇게 해서 어느 날 첫 게임을 함께하고 난 이후 두 사람의 관계는 돈독해졌다.

① Needs 파악
② Closing(상담 마무리)
③ Approaching(고객 접근)
④ Presentation(상품 설명)
⑤ Prospecting(잠재 고객 발굴)

37. 다음은 국내 취업 포털 기업의 서비스 마케팅 사례이다. 고객 관계 관리 측면에서 이 회사의 성공 요인과 거리가 먼 것은?

> J사는 150만 기업 회원과 1,000만여 명의 개인 회원, 60%의 시장 점유율을 확보하고 있는 국내 취업 포털 1위 기업이다. 하루 평균 33만여 명의 방문과 1일 평균 채용 공고 등록 건수가 1만 건 이상으로 경쟁사와는 비교되지 않을 정도로 가장 많은 채용 정보를 제공하고 있다. 이처럼 막강한 경쟁력의 기반에는 높은 서비스 상품 품질과 차별화된 고객 관계 관리 등이 자리 잡고 있다. 고객 니즈를 파악하는 데 상당한 투자를 하여 고객이 진정으로 원하는 새로운 서비스 상품을 경쟁사보다 한발 앞서 선보임으로써 고객들의 좋은 반응을 얻고 있다. 고객이 가려운 곳을 찾아내 긁어 주어 시원하게 해 주니 반응은 항상 기대 이상이며 긍정적 구전 효과가 빠르게 나타난다. 그래서 이 회사가 새롭게 선보이는 서비스 상품마다 '업계 최초'라는 수식어가 붙는다. 경쟁사들은 J사의 구축된 서비스를 모방하는 데 급급한 실정이다. J사의 경영진에서는 고객 관계 관리의 중요성을 실감하고 고객과 상호 만족하는 관계 형성을 하는 데 자원을 집중하고 있다. 그 결과 J사의 충성 고객은 오늘도 계속 증가하고 있다.

① 불만 고객들의 컴플레인을 새로운 마케팅 기회로 삼은 점
② 고객 니즈 파악을 위하여 상당한 투자를 아끼지 않은 점
③ 경쟁사보다 우월한 서비스 상품을 한발 앞서 출시한 점
④ 시장 선도자답게 업계 최초를 지향하는 마케팅 활동을 추진한 점
⑤ 고객의 기대 이상의 반응으로 긍정적 구전 효과가 빠르게 나타난 점

38. 다음은 초등학교 6학년 학생의 학부모인 고객이 학습지 회사 지점장에게 교사 문제로 컴플레인을 제기하는 전화 내용이다. 지점장의 컴플레인 대응 방법 중 적절하지 <u>않은</u> 것은?

> 고　객: 우리 애를 가르치는 선생님이 한 달밖에 안 되었는데 곧 그만둔다면서요? 중학교 진학을 앞둔 6학년인데 선생님이 이렇게 자주 바뀌면 어떻게 합니까?
> 지점장: 죄송합니다. 입이 열 개라도 드릴 말씀이 없습니다.
> 고　객: 이전에는 안 그랬는데 무슨 특별한 이유가 있나요?
> 지점장: 요즘 젊은 선생님들이 입사해서 조금만 힘들면 그만두고 다른 직장을 찾기 때문에 선생님들의 이직이 빈번해서 그렇습니다.
> 고　객: 저는 학습지 업계 1위 기업이라 안심했는데, 매우 실망스럽네요.
> 지점장: 구조적인 문제라 저로서도 지금 당장은 명쾌한 답을 드릴 수가 없습니다. 죄송합니다.
> 고　객: 그렇다고 손 놓고 기다릴 수만은 없죠. 다른 학습지 회사를 알아봐야겠네요.
> 지점장: 조금만 참고 기다려 주시면 조만간 본사 차원의 획기적인 대책이 있을 것입니다.
> 고　객: 지점장님 말을 믿을 수 있나요?
> 지점장: 네, 한 번만 저를 믿고 기다려 주세요.

① 현재 가르치고 있는 교사를 설득하여 이직을 최대한 막아 본다.
② 지점의 조직 구성원들과 이 문제 해결을 위하여 방안을 모색한다.
③ 경쟁사에서 사직한 교사 중에서 입사 가능성이 있는 사람을 알아본다.
④ 구조적인 문제이기에 본사가 문제를 해결해 줄 때까지 독촉하면서 계속 기다린다.
⑤ 본사 차원의 대안 제시가 있을 때까지 교사 출신인 지점장 자신이 직접 나서서 교사 역할을 수행하는 적극성을 보인다.

39. 다음은 신차를 계약한 40대 남성 고객이 세일즈맨인 박 과장에게 출고 지연에 대한 컴플레인을 제기하는 장면이다. 이 상황에서 박 과장의 적절하지 <u>못한</u> 컴플레인 대응 방법은?

> 고　객: (화난 말투로) 박 과장님, 어떻게 된 거예요? 늦어도 15일 정도면 차를 탈 수 있게 해 준다고 했는데 벌써 계약한지 1개월이 지났어요.
> 박 과장: (진심 어린 표정으로) 죄송합니다. 저도 최선을 다하고 있지만, 워낙 계약 차량이 많이 밀려 있어서 그렇습니다. 저도 피가 마릅니다.
> 고　객: 오죽 답답하면 제가 여기까지 와서 과장님을 직접 만나 이런 이야기를 하고 있을까요? 제 입장도 이해해 주세요.
> 박 과장: 저도 사장님 마음 잘 압니다. 다시 한번 사과드립니다.
> 고　객: 저도 참을 만큼 참았어요. 그럼 언제까지 가능하겠어요?
> 박 과장: 딱 일주일만 여유를 주시면 무슨 수를 써서라도 반드시 해결하겠습니다.
> 고　객: 그게 가능하겠어요?
> 박 과장: (자신 있는 목소리로) 네, 가능합니다. 제 이름을 걸고 약속합니다.
> 고　객: 과장님 이름을 거신다고 하니 저도 마지막으로 믿어 보겠습니다.
> 박 과장: (목소리 톤이 높아지면서) 네, 저를 믿어 주셔서 감사합니다!

① 자신의 노력만으로는 어쩔 수 없다는 상황을 이해시켰다.
② 진심 어린 마음으로 고객의 흥분을 가라앉히려고 노력하였다.
③ 고객과의 약속을 지키지 못한 것에 대하여 정중히 사과하였다.
④ 난처한 상황에서 벗어나려고 지나치게 과장된 약속을 성급하게 하였다.
⑤ 고객 입장에서 접근하는 역지사지의 원칙을 지키려고 노력하며 공감하려 하였다.

40. 다음은 고객이 먼저 관심을 보이며 연락을 취해 온 상담의 경우이다. 대화에 관한 내용 중 옳지 <u>않은</u> 것은?

> 고　객: 할인 조건만 좋으면 구매하려고 합니다.
> 상담자: 지금은 본사 지침이 내려오지 않아서 할인 조건이 구체적으로 정해지지 않았습니다. 혹시 연락처를 남겨 주시면 조건이 정해지는 대로 연락 드려도 괜찮을까요?

① 상기 대화는 고객이 먼저 관심을 보이며 연락을 취해 온 인바운드 상담의 경우로 이때 반드시 연락처를 받아 놓는 것이 중요하다.
② 상담자는 우연적 변수로 인해 구매 결정을 내리지 못하고 있는데 이를 실패로 규정하기보다는 잠재 고객을 확보한 것으로 보는 태도가 필요하다.
③ 고객은 스스로 구매 결정을 내리기보다 상담자에 의해 구매 결정하는 것을 선호하므로 상담자는 보다 적극적으로 고객을 설득해야 한다.
④ 상기 대화에서 고객이 연락처를 순순히 말하는 경우 이후 언제든지 구매 권유를 다시 할 수 있으므로 상담자는 절반의 성공을 한 것이다.
⑤ 상담자는 고객이 단번에 구매 결정을 내리지 않더라도 실망할 필요가 없으며, 위 대화에서도 고객이 구매할 수 있는 길을 열어 놓았으므로 긍정적이다.

41. 다음의 사례에서 의존도의 관계와 파워 원천을 잘 나타낸 것은?

> 고객인 A사의 홍길동 씨는 갑자기 기업 비전과 관련된 프로젝트를 진행하라고 대표이사로부터 지시를 받았다. A사와 홍길동 씨는 한 번도 기업 비전과 관련된 프로젝트를 실시해 본 경험이 없는 상황이다. 난처한 홍길동 씨는 B사의 최OO 컨설턴트가 조직 가치와 관련된 프로젝트 성공 경험이 많고, 프로젝트를 수행한 회사들이 매우 만족하고 있다는 정보를 입수했다.

① A>B, A의 조직 가치 프로젝트 수행 제공 능력
② A<B, B의 조직 가치 프로젝트 수행 제공 능력
③ A=B, A와 B의 조직 가치 프로젝트 공동 수행 능력
④ A>B, B의 조직 가치 프로젝트 요구 능력
⑤ A<B, A의 조직 가치 프로젝트 요구 능력

42. 어느 자동차 회사에서 컴플레인 유형별 분류와 해결 방법에 대한 교육을 받은 직원의 노트를 보니 여러 가지 사항이 기록되어 있었다. 다음의 내용 중에서 '성격이 급하고 신경질적인 유형의 고객'에 대한 응대 요령에 해당하는 사항들로만 구성된 것은?

> 가. 그 어느 유형보다 인내심이 요구되므로 "참는 자에게 복이 온다."라는 심정으로 참는다.
> 나. 고객 자신이 혼자 생각할 수 있는 시간적 여유를 주고 결과가 있을 때까지 기다린다.
> 다. 다른 제품과 비교 설명하면서 무엇이 잘못된 것인지 고객 스스로 이해할 수 있게 한다.
> 라. 고객의 감정이 더 이상 고조되지 않도록 말씨나 태도에 주의하면서 신속하게 처리한다.
> 마. 불필요한 대화를 줄이고 회사 규정과 같은 원리 원칙만 내세우지 않고 유연하게 응대한다.

① 나-다-라
② 가-다-마
③ 가-나-다
④ 가-나-라
⑤ 가-라-마

43. 여러 멀티 마케팅 전략 중 다음 사례들에 등장하는 전략은?

> A정유는 주유소 내에 B마트를 두어 간단한 자동차 용품에서 패스트푸드에 이르기까지 다양한 종류의 상품을 판매하고, 택배, 사진 현상, 복사 등의 다양한 서비스를 제공하는 등 보조 서비스를 추가하고, 자동차 정비소를 설치해 핵심 서비스를 추가하였다. 미국의 C신문사는 독자들이 신문을 읽고 난 후 관심 있는 연극이나 영화가 있으면 그 티켓을 구입할 수 있도록 하는 온라인 시스템을 운영하였고, 또 다른 신문사인 D사는 신문 광고에 실린 비디오, 여행, 오락 등을 온라인상에서 구매할 수 있도록 시스템을 설계해 놓았다.

① 복수 점포 전략
② 복수 시장 전략
③ 복수 서비스 전략
④ 복수 점포&복수 서비스 전략
⑤ 복수 서비스&복수 시장 전략

44. 다음은 ○○은행의 신입 사원의 고객 상담 스킬 향상을 위한 교육 훈련 시간에 대한 안내문이다. 괄호 안에 들어갈 교육 훈련법과 그 의미를 잘 설명한 것은?

고객 상담 스킬 향상을 위한 (   )
- 목적: 지점에서 고객 상담 시 직접 수행해야 할 업무의 상황을 사전에 이해하고 연습함
- 주제: 신규 은행 통장 개설 고객에게 적금 상품을 권유, 안내함
- 누가: 교육생 전원 2인 1조로 직원, 고객 역할을 수행함
- 준비물
  - 단상 앞에 책상과 의자 두 개
  - 메모지와 펜
- 유의 사항
  - 연습 시간 20분 이후 전원 직원과 고객의 역할을 한 번 이상씩 수행함
  - 교육 중에 중단하지 않고 약 5분간 진행함
  - 연습 시간에 기본적인 대본을 준비함

①	시청각 훈련	설정된 상황을 비디오나 영상 매체로 간접적으로 경험할 수 있는 훈련법
②	사례 연구법	특정한 주제에 대한 사례를 함께 공유하고 이에 관해 토론하면서 다양한 서비스 현장을 이해하는 훈련법
③	멘토 시스템	멘토가 피교육자의 행동을 지도하고 후원하며, 조직 내 의사 결정자들에게 피교육자의 존재를 알려주는 역할을 하는 제도
④	브레인스토밍	다수의 피교육자가 회의를 열어 자유로운 분위기에서 아이디어를 창출하여, 교육적 효과와 함께 많은 아이디어를 도출하도록 하는 훈련법
⑤	역할 연기법 (롤플레잉)	실제 현장과 동일한 상황을 가정하여 연출해 봄으로써 공감과 체험을 통해 서비스 현장과 고객에 대해 학습하고, 대응법을 연습할 수 있는 훈련법

PART 5 통합형 6문항

[45~46] 다음은 패밀리 레스토랑에서의 고객과 점원 간의 대화이다. 읽고 물음에 답하시오.

> 고객: (메뉴판을 보며) 이것도 마음에 들고, 저것도 마음에 드네요. 도대체 어떤 것을 골라야 할지 모르겠어요. 아, 이것도 괜찮겠네요.
> 점원: 네, 고객님. 우리 레스토랑에서 가장 잘 나가는 메뉴는 A와 B세트 메뉴입니다. 다만, A세트 메뉴는 지금 할인이 되어 가격이 저렴하고, B세트 메뉴는 할인이 되지 않고 있습니다.
> 고객: 할인이 되는 A세트 메뉴는 어떤 장점이 있나요?
> 점원: A세트 메뉴는 할인이 되면서도 장점이 많습니다. B세트 메뉴에는 음료수가 포함되어 있지 않은데, A세트 메뉴는 음료수가 한 잔 제공됩니다. 하지만 고객님이 원하시는 메뉴를 고르는 게 중요하죠.
> 고객: A세트 메뉴는 가격 할인도 되고 여러모로 장점도 많네요. 사실 처음에는 B세트 메뉴가 더 맘에 들었는데, 설명해 주시는 것을 들으니 A세트 메뉴가 낫겠네요. A세트 메뉴로 하겠습니다.
> 점원: 선택 잘하셨습니다. B세트 메뉴는 다음 달에 할인 예정이니 한 번 더 오세요.
> 고객: 그래요? 한 번 더 와야겠습니다.
> 점원: 어떠세요. 좋은 메뉴를 선택하셔서 기분이 좋으시죠?
> 고객: 아, 네. 그렇습니다.
> 점원: A세트 메뉴에 나오는 음료수는 콜라로 하시겠습니까?
> 고객: 글쎄요. 그건 잠시 생각해 보고 정하겠습니다.
> 점원: 감사합니다. 그 밖에 다른 하실 말씀이 있습니까?
> 고객: 물수건을 주시겠습니까?
> 점원: 물론이죠. 바로 가져다 드리겠습니다.

45. 상기 점원의 대응을 서비스 세일즈 관점에서 해석할 때 가장 적절하지 <u>않은</u> 것은?

① 역동적 상호 작용을 통한 고객 유치(메뉴의 선택)의 사례로 볼 수 있다.
② 점원은 이중 질문을 통해 고객이 메뉴 선택을 함에 있어 혼란스럽지 않도록 도움을 주고 있다.
③ 점원은 고객의 말을 경청하면서 고객이 관심 가질 만한 부분에 대해 지나치게 앞서가지 않으면서도 반 발짝 정도 앞서가며 질문하며 고객과의 대화를 진행하고 있다.
④ 점원이 자신의 마음을 잘 파악하고 있다고 여겨 안심한 고객은 자신도 궁금한 점을 질문하게 되는데, 이때 가장 핵심적인 부분인 메뉴의 장점을 질문하고 있다.
⑤ 점원은 고객과의 상담 작업 자체를 하나의 설득 작업으로 보고 대화를 진행 중이다. 원하는 정보를 얻고 싶어 하는 고객에게 점원이 다양한 정보를 제공하면서 욕구를 만족시키고 있으며, 이를 통해 고객에게는 신뢰가 생기면서 고객 스스로 레스토랑의 메뉴를 선택하게 되었다.

46. 상기 점원의 대응을 서비스 세일즈 관점에서 해석할 때 가장 적절하지 않은 것은?

① "감사합니다. 그 밖에 다른 하실 말씀이 있습니까?"는 직접 질문의 반대인 간접 질문이다.
② 점원은 적극적 질문을 통해 고객의 관심사를 파악하고 있는데, 이를 질문의 자기 탐색 기능이라고 한다.
③ "어떠세요. 좋은 메뉴를 선택하셔서 기분이 좋으시죠?"는 개방적인 질문의 반대인 폐쇄적인 질문(Closed Question)이다.
④ "A세트 메뉴에 나오는 음료수는 콜라로 하시겠습니까?"는 폐쇄형 질문의 예로서 고객에게 특정한 답변을 요구하거나 그런 답변을 유도하는 데 종종 사용한다.
⑤ 모든 고객이 자신의 관심사를 말하는 것은 아니며 또한 어떤 고객은 관심사를 정확히 설명하지 못하는 경우도 있는데 이때는 질문보다는 경청이 고객 욕구를 파악하기에 유리하다.

[47~48] 다음은 어느 고객의 고객 불만 상담 내용 중 일부이다.

> 저는 지난 8월에 ○○지역으로 여행을 다녀온 사람입니다. 들뜬 마음으로 시간을 내고 경비를 들여서 다녀온 여행인데 아쉬움이 많이 남아 이렇게 글을 올립니다. 우선, 호텔 객실이 사진으로 보았던 것과는 너무 달랐습니다. 어느 정도 다를 수 있다는 것은 상식적으로 알고 있었지만 화가 나고 기분이 상할 만큼 다르다면 문제가 있는 것 아닌가요? 일단 여기까지는 어쩔 수 없어서 기분 좋게 여행을 계속하고 싶었지만 제 불만 사항을 들은 여행 가이드의 반응 때문에 기분이 더 나빠졌네요. 원래 다 그런 거라는 식으로 이야기하니 무시당하는 기분까지 들어서 당황스러웠습니다. 뭔가 해결해 달라고 이야기한 것도 아닌데 그런 반응을 보이는 이유는 무엇인가요? ○○여행사의 가이드는 여행객들이 얼마나 소중한 시간을 내서 설레는 마음으로 여행을 하는지 모르는 건가요? 이미 마음이 상한 저는 이후 여행 스케줄 내내 기분이 풀리지 않았습니다. 여행을 다녀오자마자 여행사에서 계약을 진행해 준 담당자에게 이야기하려고 했지만, 흔히들 한다는 해피콜조차 한 번 없네요. 굳이 기분 나쁜 여행을 떠올리며 전화하려니 업무 시간 중에는 망설여지고 저녁에는 여행사도 통화가 안 되니 이렇게 게시판에 남깁니다. 여행사에서는 어떻게 보상해 주실 건가요? 제가 다시 이 여행사를 이용하지 않으면 되는 거겠죠?

47. 다음 중 위 사례의 고객 컴플레인에 대한 설명으로 적절하지 않은 것은?

① 고객이 기대했던 수준에 못 미치는 서비스 제공으로 인하여 서비스 실패가 발생하게 되었다.
② 고객 서비스 실패의 가장 큰 원인은 고객 불만족을 즉각 해결할 수 있는 현실적이고 구체적인 방법이 없었던 점에 있다.
③ 고객은 실제와 다른 사진이 게시된 것은 판매만을 목적으로 하고 있을 거라는 생각으로 이어져 여행사에 대한 불만이 커지게 된 것이다.
④ 고객 컴플레인이 1차적인 서비스 현장에서 해소 혹은 완화될 수 있는 기회가 있었으나, 가이드의 서비스 응대 실패로 인해 고객 컴플레인은 더욱 강화되고 말았다.
⑤ 이 고객에게 여행은 매우 귀중한 시간에 대한 투자였으므로 특별히 더 큰 의미가 있었으며, 이러한 고객의 상황이 더욱 강한 컴플레인을 유발하게 된 계기가 되었다.

48. 고객 컴플레인에 대한 담당자의 응대에 대한 설명이다. 효과적이지 <u>않은</u> 응대는?

① 고객의 상황에서는 불만스러울 수 있었음을 인정하고 경청, 공감하는 것이 우선이다.
② 여행사 입장에서 사정상 불가피했던 부분을 설명하여 고객이 상황을 이해할 수 있도록 한다.
③ 불만족 고객의 부정적 구전을 사전에 예방할 수 있는 기회로, 고객의 불만족을 최소화할 수 있는 방안을 강구해야 한다.
④ 불만 사항을 알려 준 데에 대해 감사의 뜻을 전하고 고객에게 여행사의 서비스 개선 노력에 대해 추후 조치 결과를 신속하고 자세하게 알려 준다.
⑤ 고객이 제시한 불만 사항을 향후 고객 서비스 개선에 적용하여 해피콜 제도의 도입, 가이드 서비스 응대 지침 전달 등의 방법을 도입한다.

[49~50] 다음은 ○○가구 회사의 세미나에서 신규 대리점주들에게 전달할 본사의 정책을 정리한 내용이다.

1. 본사 현황 및 역사, 미래 비전
   ○○가구점의 유통 및 제품 개발의 철학 – 비전에 대한 공유 Win-win의 파트너십에 대한 약속

2. 각종 제도에 대한 안내
   - 정찰제 안내: 본사의 정찰제 제도에 대한 의의 및 시행 방식 안내
   - 성과 보상 정책: 기본 유통 마진을 제외한 추가 인센티브 등 안내
   - 고객 만족 지수 평가 제도
     – 본사의 고객 해피콜 등을 통한 고객 만족 지수 조사 안내
     – 항목별 체크 사항 안내
     – 고객 만족 지수 우수 대리점 포상 제도 안내
   - 각종 유의 사항 안내
     – 대리점 유통 계약서상에 금지
     – 유의 사항 발생 시 조치 내용의 안내(공정성, 명확성)

3. 지원 제도 안내
   (   )

4. 기타
   - 신제품 개발 및 품질 개선 자문단 활동(대리점주 및 현장 판매원)
   - 주요 제도, 정책 변경 시 사전 협조 시스템 구성
   - 향후 정기적인 제품 및 서비스 품질 관련 지역별 회의 확대 및 상시 정보 공유 기구 창설

49. ○○가구 회사는 유통 채널을 성공적으로 관리하기 위한 다양한 제도, 메시지를 준비하고 있다. 성공적인 유통 채널을 확보하기 위한 활동으로 옳지 <u>않은</u> 것은?
   ① 중간상인 대리점이 기업 경영에 효과적인 의견을 개진하고 주인 의식을 가지기 위한 다양한 권한을 제공한다.
   ② 고객 만족 및 서비스 품질에 대한 책임감, 의무 등을 명확하고 공정한 통제 시스템을 활용하여 통제하도록 한다.
   ③ 회사가 추구하는 고객 지향성 및 유통의 철학을 대리점 현장에서 고객에게 효과적으로 전달하기 위해 다양한 제도를 활용한다.
   ④ 파트너십을 성공적으로 구성하기 위해 회사는 공동의 목표를 설정하고 이를 각자의 이익에 부합할 수 있음을 전달해야 한다.
   ⑤ 대리점주는 독립적인 사업주이므로 자체적인 유통 전략을 수립하고 이를 통해 경쟁력을 확보, 본사의 매출에 기여할 수 있도록 한다.

50. ○○가구점이 대리점 중간상의 효과적인 서비스 전달을 위해 다양한 지원 제도를 통해 권한을 부여하고자 한다. 빈칸에 들어갈 지원 제도와 그 필요성이 적절하지 <u>않은</u> 것은?
   ① 대리점의 신규 채용 판매 사원의 신입 사원 교육을 본사 집합 교육으로 지원한다.
   ② 본사는 시장 조사 및 판매 마케팅에 관련한 다양한 연구를 통해 대리점을 지원한다.
   ③ 대리점별 판매 목표를 월별로 부여하여 이를 통해 대리점의 매출과 수익 향상을 촉진한다.
   ④ 업무를 효율적으로 전개할 수 있는 재고 확인, 주문, 출고 등의 온라인 시스템을 지원한다.
   ⑤ 대리점주 및 대리점 판매 사원의 효과적인 고객 응대를 위한 정기적인 교육 프로그램을 진행한다.

모의고사 02회

SMAT(서비스경영자격)
모듈 B-서비스 마케팅/세일즈

시험시간	모듈	수험번호	성명
70분	B		

문제유형				
PART 1 일반형	PART 2 O/X형	PART 3 연결형	PART 4 사례형	PART 5 통합형
24문항	5문항	5문항	10문항	6문항

https://eduwill.kr/Nr0e

- QR 코드 또는 URL로 응시한 후 채점 및 유형별 성적분석 결과를 확인하세요.
- 모의고사 뒤의 OMR 카드로 실제 시험처럼 연습할 수 있습니다.
- P.50에서 정답 및 해설을 확인하세요.

합격 점수	70 점	나의 점수	점

PART 1 일반형 24문항

1. 고객과의 올바른 상담 원칙에 해당하지 <u>않는</u> 것은?

   ① 고객의 말을 끝까지 듣고 경청한다.
   ② 중요 포인트마다 간단히 메모하고 반복하여 확인한다.
   ③ 상담 중에 수시로 칭찬하고 공감하여 고객을 신명나게 만든다.
   ④ 고객의 주장을 논리적으로 설득하면서 자신의 입장을 명확히 한다.
   ⑤ 감정적인 말에도 미소로 응대하며 고객이 원하는 것이 무엇인지 파악한다.

2. 다음 중 우유부단한 고객을 상담하는 기법으로 가장 적절한 것은?

   ① 상대를 높여 주고 친밀감을 조성한다.
   ② 고객의 말에 지나치게 동조하지 않는다.
   ③ 질문법을 활용하여 고객의 의도를 이끌어 낸다.
   ④ 몇 가지 선택 사항을 전달하고, 의사 결정 과정을 안내한다.
   ⑤ 감정 조절을 잘하여 고객의 의도에 휘말리지 않도록 주의한다.

3. 다음 중 잠재 고객 발굴을 위한 방법으로 적절하지 <u>않은</u> 것은?

   ① 만나고 싶은 사람들을 정한다.
   ② 첫 만남 후 24시간 이전에 연락한다.
   ③ 그들로부터 어떤 정보를 얻고 싶은지 리스트를 정한다.
   ④ 만남이 끝난 이후 주고받은 명함을 자신의 스타일로 분류한다.
   ⑤ 학연, 지연, 업종 등의 공통점으로 친구가 되려고 하지 않는다.

4. '고객 관계 관리(CRM)'는 단순히 제품을 팔기보다는 '고객과 어떤 관계를 형성해 나갈 것인가?' 혹은 '고객들이 어떤 것을 원하는가?' 등에 주안점을 둔 방법론이다. 이러한 CRM을 기업에 성공적으로 도입하기 위한 전략으로 가장 적절하지 않은 것은?

① CRM 활동은 정보 기술을 담당하는 조직과 마케팅을 담당하는 관련 부서에서만 관심을 가져서는 곤란하며, 회사 전체에 대한 관심과 지원하에 이루어져야 한다.
② 소매 유통점을 통한 간접 판매가 많은 부분을 차지하는 제조 기업보다 고객 정보를 직접 수집할 수 있는 서비스 기업이 CRM을 도입하는 데 용이한 편이다.
③ CRM 전담 조직 전문가에 의한 CRM 전략의 실행은 다른 조직의 구성원들로부터 무관심을 유발할 수 있으므로, 기업의 전 종업원이 참여하는 회사 전체의 CRM 활동으로 확대해야 한다.
④ 어느 서비스 기업이 소매 유통점과의 수직적 통합에 의한 공동의 통합 CRM 전략을 실행할 수 있는 환경이 준비되어 있다면, 고객과의 장기적 관계를 발전시킬 수 있는 CRM의 실행이 용이할 것이다.
⑤ CRM은 우선적으로 회사 자체의 내부 목표, 즉 수수 증대, 영업 생산성 향상, 영업 프로세스 개선 등에 도움을 주도록 설계되어야 하며, 고객이나 자사 영업 사원에 대한 고려는 CRM 구축 완료 이후 반영하면 된다.

5. 서비스 실패를 체계적으로 분석하기 위해 더욱 중요하게 고려해야 하는 실패 요소는?
① 서비스 제공 시간의 실패, 서비스 제공 방법의 실패
② 서비스 제공 과정의 실패, 서비스 제공 결과의 실패
③ 서비스 제공 시간의 실패, 서비스 제공 종업원의 실패
④ 서비스 제공 과정의 실패, 서비스 제공 환경 조성의 실패
⑤ 서비스 제공 상황의 실패, 서비스 제공 요소의 구성 실패

6. 다음 중 고객 불만을 야기하는 직원의 태도로 볼 수 없는 것은?
① 정당화하기
② 고객 무시하기
③ 고객 의심하기
④ 고객과 같이 흥분하기
⑤ 고객의 이야기 경청하기

7. 다음 중 기업 측의 서비스 실패 원인으로 적절한 것은?
   ① 고객의 기억 착오로 인한 마찰
   ② 거래를 중단하거나 바꾸려는 심리
   ③ 고객의 고압적인 자세와 감정적 반발
   ④ 충분하지 않은 설명이나 의사소통의 미숙
   ⑤ 제품, 상표, 매장, 회사 등에 대한 잘못된 인식

8. 다음 중 고객의 불평과 불만을 피드백 받기 위한 VOC의 성공 조건으로 가장 적절하지 않은 것은?
   ① 고객 만족 관리 임원들만 VOC 이용
   ② 고객으로부터의 피드백 발생 시 반드시 기록
   ③ 고객 불평의 추세 판단을 위한 통계 보고서 작성
   ④ 고객으로부터의 피드백을 분류하여 신뢰성 제고
   ⑤ 제품과 서비스의 수명 주기를 통해 적극적으로 추구

9. 다음 중 멀티 마케팅 전략에 관한 설명으로 가장 적절한 것은?
   ① 복수 점포 전략은 전문적인 서비스에 적합하지 않다.
   ② 가격은 멀티 마케팅 전략의 중요한 다양화 대상에 포함된다.
   ③ 복수 서비스 전략은 기존 서비스에 새로운 서비스를 추가하는 전략이다.
   ④ 멀티 마케팅 전략에 포함된 전략들을 혼합하여 사용하는 전략은 바람직하지 않다.
   ⑤ 현재의 설비를 충분히 활용하지 못하고 있는 기업에는 복수 점포 전략이 적합하다.

10. 유통 채널 간에 마찰이 발생했을 때 이를 해결하기 위해 지켜야 할 원칙으로 적절하지 않은 것은?
    ① 중복 투자를 막기 위해서 하나의 채널에 집중해야 한다.
    ② 채널별 수익/비용을 분석한 객관적 자료를 기반으로 결정한다.
    ③ 비용이 수익을 초과한다면 신중하게 디마케팅 전략을 고려한다.
    ④ 채널 간 갈등 발생 시에는 수익성을 기준으로 의사 결정을 해야 한다.
    ⑤ 일반적으로 비용 측면에서는 전자 채널이 유리하나, 수익 측면에서는 오히려 기존 채널이 우수한 경우가 많다.

11. 피코치의 행동의 변화를 지원할 수 있는 코치의 코칭 스킬로 적절하지 <u>않은</u> 것은?

① 점검해야 할 사항을 명확하게 한다.
② 피코치가 가장 필요로 하는 지원이 무엇인지를 확인한다.
③ 코치는 항상 피코치에게 도움을 줄 수 있는 곳에 있어야 한다.
④ 코치의 분야가 아닌 문제에 대한 지원은 코칭의 범위에서 제외한다.
⑤ 직접 피코치를 지도할 수도 있고, 구체적인 역할 모델이 되어 줄 수도 있다.

12. 다음 중 직장 내 교육 훈련의 장점에 대한 설명으로 가장 거리가 <u>먼</u> 것은?

① 비용이 감소한다.
② 교육 훈련과 업무가 직결되어 있다.
③ 상사나 동료 간의 이해와 협동 정신이 강화된다.
④ 직무 수행과 동시에 시행하므로 내용이 현실적이다.
⑤ 참가자 간 선의의 경쟁을 통해 교육 효과가 증대된다.

13. 다음 문장의 (A)에 들어갈 용어로 적절한 것은?

> 어떤 마케터들은 같은 광고 테마를 반복하면서 다른 배경, 다른 인쇄 양식, 다른 광고 모델 등과 같은 표면적인 변형을 이용한다. 예를 들어, 수십 년이 된 A보드카 캠페인은 미국과 전 세계에 걸쳐서 제품을 휴일, 트렌드, 문화적 상징과 관련시키는 매우 창조적이고 다양한 배경으로 같은 테마를 사용한다. 이렇게 광고 메시지를 다양화하면서 조절하는 노력은 (A)을(를) 극복하기 위한 전략의 하나이다.

① 반복(Repetition)
② 포지셔닝(Positioning)
③ 자극 일반화(Stimulus Generalization)
④ 제품 차별화(Product Differentiation)
⑤ 광고의 마모 효과(Advertising Wearout)

14. '진실의 순간(MOT, Moment of Truth)'이란 고객이 기업 조직의 어떤 한 측면과 접촉하는 순간이며, 서비스의 품질에 관한 인상을 얻을 수 있는 순간이다. MOT에 대한 설명으로 가장 적절한 것은?
    ① 고객 접점에 있는 서비스 요원들에게 주어진 권한을 최소화해야 한다.
    ② 고객 접점에 있는 서비스 요원들을 효과적으로 관리하기 위한 명찰 패용을 비롯한 서비스 실명제는 개인 정보 보호 차원에서 절대 허용하지 않는다.
    ③ 고객으로부터 고객 불만으로 지적된 직원에게는 경고 카드를, 고객 만족 직원으로 추천된 직원에게는 상응하는 인센티브를 부여하는 제도는 기업의 서비스 능력을 강화시키는 방법 중 하나이다.
    ④ 고객과 상호 작용에 의하여 서비스가 순발력 있게 제공될 수 있는 서비스 전달 시스템을 갖추는 것 이상으로 중요한 것은 서비스 요원이 상사에게 결재받을 시간을 고객에게 양해받는 것이다.
    ⑤ 백화점에서 만족스러운 쇼핑을 하고 셔틀버스를 타고 집으로 돌아갈 때, 셔틀버스의 출발이 약속된 시간보다 지연되거나, 버스 기사가 불친절하고 용모나 유니폼도 불량하며, 난폭 운전을 했다고 전체 서비스가 제로(0)가 된다고 보는 것은 타당하지 않다.

15. 고객 상담 전략의 Approaching(타깃 고객에게 다가가기) 단계에 있어 필요한 방법으로 가장 적절한 것은?
    ① 질문
    ② FABE 화법
    ③ 라포(Rapport) 형성
    ④ 충성도에 따른 고객 분류
    ⑤ 와우 팩터(Wow Factor) 찾기

16. 고객 관계 관리에 있어 장기적이고 지속적인 거래 관계가 주는 이점이 아닌 것은?
    ① 기업의 입장에서 마케팅 비용을 줄일 수 있다.
    ② 고객의 입장에서 탐색의 비용을 줄일 수 있다.
    ③ 고객의 입장에서 특별 대우의 편익을 누릴 수 있다.
    ④ 기업의 입장에서 서비스 제공 단계를 간소화할 수 있다.
    ⑤ 기업의 입장에서 고정 고객이 확보되어 있으므로 고객 확보를 위한 추가 노력이 필요 없다.

17. 고객 경험은 기업과 고객의 상호 작용을 통해 고객이 직접 보고 듣고 겪으면서 그 기업의 제품이나 서비스가 어떠하다고 느끼고 알게 되는 모든 것을 의미한다. 아래의 문장은 그중 어떤 경험을 설명한 것인가?

> 기업이 응대하는 데 친절한 표정과 몸짓, 목소리와 내용은 모두 이 경험의 대표적인 것이다.

① 감성적 경험
② 중립적 경험
③ 수동적 경험
④ 물리적 경험
⑤ 능동적 경험

18. 다음 중 경제적 교환 관계를 설명한 것 중 적절하지 않은 것은?
① 고객은 기업에 비용을 지불하고 서비스를 제공받는다.
② 기업은 종업원의 능력과 시간을 서비스 생산에 활용한다.
③ 종업원은 기업에 시간과 능력을 제공하고 보상을 받는다.
④ 기업-고객, 기업-종업원의 관계는 경제적 교환 관계이며 사회적 교환 관계이다.
⑤ 기업은 고객이 지불한 비용에 합당한 서비스를 공급하기 위해 서비스 자원을 사용하여 서비스를 생산한다.

19. 다음 중 불만 고객 응대 후 자기 관리 방법이라고 볼 수 없는 것은?
① 자기 만족하기
② 자신에게 보상하기
③ 부정적인 기억 지우기
④ 고객에게 반론 제기하기
⑤ 자신을 객관적으로 들여다보기

20. VOC를 수동적인 고객의 의견 수렴이라 하면 능동적인 의견 수렴인 고객 만족도 조사와 무엇이 다른지 비교한 결과로 적합하지 않은 것은?
① 고객 만족도 조사는 목적이 명확한 조사이고, VOC는 조사되기 전까지는 어떠한 내용인지 알 수가 없다.
② 고객 만족도 조사는 서비스 전략을 수립한 후 이에 적합한 조사 대상과 조사 범위를 선정할 수 있다.
③ 고객 만족도 조사는 고객 개개인의 특성을 조사 설계에 반영하여 결과에 반영할 수 있다.
④ VOC 정보는 수집할 자료의 목적과 범위를 미리 선정한 후 조사하여 전략에 반영하게 된다.
⑤ VOC 자료를 수집하는 과정에서 고객 불만족 여부를 확인하여 불만족의 원인을 분석할 수 있다.

21. 다음 중 상황 분류와 고객의 불만 사항이 바르게 연결되지 <u>않은</u> 것은?

	상황 분류	불만 사항
①	물리적 상황	외형, 인테리어, 매장의 위치 조건, 설비, 재질 등에 대한 컴플레인
②	시간적 상황	매장 운영 시간, 고객 상담 시간, 지연 시간 등에 대한 컴플레인
③	인적 상황	종업원의 복장, 접객 태도, 상담 태도, 대화 정도에서의 컴플레인
④	절차적 상황	결제 조건, 멤버십 유무에 따른 금전적 부담, 우대 사항 등에 대한 컴플레인
⑤	감각적 상황	음악, 주변의 소음, 인테리어 색감, 지나친 방향제 사용 등에 대한 컴플레인

22. 성공적 유통 채널의 특성으로 볼 수 <u>없는</u> 것은?
① 공동의 목표를 갖는 고객 지향성
② 독자 노선 확립으로 유통 채널 단일화
③ 효과적이고 효율적인 커뮤니케이션 확보
④ 보상 제도를 포함하는 명확한 통제 시스템
⑤ 공동 목표 달성을 위한 유통 관련 기업 간의 협조

23. 중간상을 이용한 서비스 유통 경로로 적절하지 <u>않은</u> 것은?
① 프랜차이징(Franchising)   ② 에이전트(Agent)
③ 브로커(Broker)   ④ 직영점(Direct Channel)
⑤ 전자 채널(E-Business)

24. 다음 중 코칭의 기본자세로 옳지 <u>않은</u> 것은?
① 코칭은 자기 책임을 요구한다.
② 코치는 업무 성과와 인간관계를 구분하여 코칭해야 한다.
③ 코칭은 객관적인 사실과 데이터를 기반으로 수행해야 한다.
④ 코칭은 상호 간의 대화를 잘 이해하여 서로에게 배움의 과정을 갖도록 한다.
⑤ 코치는 상대방에 대한 개방적인 분위기를 유도하여 겸허한 자세로 응대해야 한다.

PART 2 O/X형 5문항

[25~29] 다음 문항을 읽고 옳고(O), 그름(X)을 선택하시오.

25. 소비자가 고관여 상황에서 구매 의사를 결정하기 위해 시간이 필요한 경우, 주변 색상은 따뜻한 색이 적절하다. (① O ② X)

26. 고객의 소리를 청취하려면 고객의 소리를 모니터링할 수 있는 여러 방법이 필요하며 이 중 미스터리 쇼퍼는 직접 고객의 소리를 청취할 수 있는 좋은 방법이다. (① O ② X)

27. MOT(Moment of Truth)의 법칙 중 하나인 곱셈의 법칙에 의하면 서비스 중 어느 한 항목에서 0점을 받았다 하더라도 다른 항목들의 점수를 우수하게 받았다면 결과적으로 고객에게 만족할 만한 서비스라고 평가한다. 따라서 잘못된 서비스에 대해 고민하기보다는 나머지 서비스에 관심을 집중하여 고객 만족도를 올리는 것이 타당하다는 것을 뒷받침하는 말이기도 하다. (① O ② X)

28. 고객 경험 관리는 접점에서 고객에게 형성되는 다양한 경험이 고객의 구매 의사 결정에 영향을 미치기 때문에 필요하다. (① O ② X)

29. 내부 마케팅 성공 전략은 직원 만족으로부터 시작되어야 한다. (① O ② X)

SMAT PART 3 연결형 5문항

[30~34] 다음 설명이 의미하는 적합한 단어를 각각 선택하시오.

---- 보기 ----
① 해피콜　　　　　② Rapport　　　　　③ 고객 관계 관리
④ 탈중간상화　　　⑤ 긍정 질문

30. 코치는 피코치의 가능성을 끌어내기 위해 여러 가지 질문 스킬을 사용할 수 있다. 그중 부정 질문은 (　　　　)으로 바꾸는 것이 바람직하다.　　　　　　　　　　　　(　　　　)

31. 인터넷을 통한 전자적 유통 경로가 확산됨에 따라 기업과 고객 모두 수익/비용 측면에서 중간상을 배제하고 싶은 니즈를 가지는 현상을 말한다.　　　　　　　　　　(　　　　)

32. 신규 고객을 획득하고 기존 고객을 유지하기 위해 고객 요구와 행동을 분석하여 개별 고객의 특성에 맞춘 마케팅을 기획하고 실행하는 경영 관리 기법이다.　　(　　　　)

33. 특별한 목적이나 판매 권유 없이 고객 서비스 만족을 위하여 고객에게 전화를 거는 아웃바운드 형태의 전화를 말하며, 고객이 서비스를 이용한 후 전화를 걸어 만족도를 체크하는 등 고객 만족의 증진을 목적으로 진행되는 마케팅 방식이다.　　　　　　　　(　　　　)

34. 친밀한 관계라는 뜻으로, 상호 간에 신뢰하며 감정적으로 친근감을 느끼는 인간관계이며, 서비스 세일즈 관점에서는 고객과의 첫 만남에서 친근감과 공감대를 형성하는 것을 말한다.
　　　　　　　　　　　　　　　　　　　　　　　　　　　　　　　　(　　　　)

PART 4 사례형 10문항

35. 다음 사례의 질문별로 적절한 질문 유형은?

> 가. 현재 사용하시는 상품에 만족하십니까?
>   상품 특징에 대한 효과는 어느 정도입니까?
>   그동안 우리 제품을 사용하시면서 불편한 점이 무엇입니까?
> 나. 현재 마음에 들지 않는 부분은 어디입니까?
>   어느 정도 가격을 생각하고 계십니까?
>   현재 사용하고 계신 컴퓨터에 대한 문제점을 질문해도 되겠습니까?
> 다. 그런 문제로 인해 향후 예상되는 손실은 얼마나 될까요?
>   시스템 안정이 품질 상승뿐만 아니라 원가 절감에도 도움이 되겠지요?
>   가벼워서 장기간 작업해도 피로감이 줄어 생산성 향상에 도움이 되겠지요?
> 라. 시스템 효율을 향상시킨다면 생산과 품질에는 어떤 영향을 줄까요?
>   부장님은 A상품이 왜 더 좋다고 생각하십니까?
>   여러 가지 문제를 일시에 해결할 수 있다면 재검토하시겠습니까?

	가	나	다	라
①	상황 질문	문제 질문	해결 질문	확대 질문
②	문제 질문	상황 질문	확대 질문	해결 질문
③	상황 질문	문제 질문	확대 질문	해결 질문
④	확대 질문	해결 질문	문제 질문	상황 질문
⑤	해결 질문	확대 질문	상황 질문	문제 질문

36. 다음은 맛집으로 소문난 식당에 가서 식사 후 나누는 친구 간의 대화 내용이다. 대화 마지막 부분에서 영민이가 궁금해하는 바를 지칭하는 용어는?

> 영민: 이 집 삼계탕 맛 어때?
> 철수: 끝내주는데! 소문대로 맛이 일품이야. 네가 나를 여기까지 데리고 온 이유를 알겠어.
> 영민: 나는 내심 걱정했어. 일부러 시간 내서 오자고 했는데 네가 맛이 없다고 하면 어떻게 하나 하고 말이야.
> 철수: 삼계탕집이 가까운 곳에도 많은데 굳이 먼 곳까지 가서 먹을 필요가 있을까 하는 생각이 들기도 했어.
> 영민: 5년 전 나도 이 집에 처음 올 때 네가 한 말과 똑같은 생각을 했었기 때문에 충분히 공감이 가.
> 철수: 이 집은 직접 나서서 광고하지 않아도 왔던 손님들이 적극적으로 입소문을 많이 내줄 것 같은데……
> 영민: 사실 입소문의 효과가 광고보다도 훨씬 큰 경우가 많지. 이처럼 긍정적 입소문으로 제품이나 서비스를 구매하게 되어 마케팅 활동 전개 없이 확보된 신규 고객의 가치를 의미하는 것을 뭐라고 하지?

① 공헌 마진
② 고객 점유율
③ 고객 구매력
④ 고객 추천 가치
⑤ 고객들의 간접적 기여 가치

37. 다음 건강식품 회사인 K사의 고객 관계 관리에 대한 내용으로 가장 적절하지 <u>않은</u> 설명은?

> 창업 20주년을 맞이한 건강식품 회사인 K사는 '회원제'라는 남다른 고객 관계 관리를 하고 있어서 주목받고 있다. 경쟁사들이 일반 유통 채널을 활용하여 마케팅 활동을 하고 있는 데 반해 이 회사는 회원을 대상으로 하는 직접 판매를 고수하고 있다. 현재 K사는 40~60대 연령층의 80만여 명의 회원을 확보하고 있는데, 그 숫자는 계속 늘어나고 있다. 그중에서 70만 명 정도가 구매 활동을 활발히 하고 있다. 회원들의 재구매율이 90%에 이르고, 매출과 영업 이익 모두 동종 업계 선도자 위치를 차지하고 있다. 회원제는 동질적 욕구를 가진 집단으로 형성되기 때문에 고객 관리가 쉽고 다른 유통 단계를 거치지 않아서 효율이 높다. 물론 이 회사도 설립 후 5년간 상당히 고전한 적이 있다. 경쟁사에 비해 인지도가 낮아 회원 확보가 제대로 되지 않았던 것이다. 회사 내에서는 회원제만 고집할 것이 아니라 경쟁사와 같이 백화점, 대형 마트 등과 같은 일반 유통 채널을 이용하자고 했지만 사장의 의지는 확고했다. 건강식품은 결국 재구매가 성패를 좌우하는데, 이를 위해서는 회원제가 가장 좋은 방법이라고 믿고 사장이 직접 나서서 직원들을 설득했다. K사의 회원제는 회원들에게 주는 혜택이 매우 크기 때문에 거의 이탈하지 않고 있으며 회원들을 통한 구전 마케팅은 시간이 지날수록 빛을 발하고 있다. 앞으로도 K사는 회원제를 통한 직접 판매 방식만을 고집스럽게 이어 나갈 계획이다.

① 회원제는 회원들의 정보 수집과 활용이 가능해서 밀착 관리가 쉽다.
② 회원제는 타사에 비해 제품력이 부족할 때, 재구매율을 높이기 위해 활용된다.
③ 회원제는 타사 대비 강력한 브랜드 파워를 가지고 있을 때 효율성이 더 높다.
④ 일반 유통 채널을 활용할 경우 여러 유통 단계를 거치므로 제품 가격이 오를 수 있다.
⑤ K사는 구매 사이클의 '인지 단계'의 벽을 넘는 데 5년 정도 투자하여 회원 확보에 공을 들였다.

38. 다음은 서비스 직원 대상 '컴플레인 처리 스킬 향상 교육'에서 강사가 서비스 실패의 원인에 대하여 설명한 내용이다. 이 중에서 '고객 측 원인'에 해당하는 사항으로만 구성된 것은?

> 가. 서비스 직원이 고객 감정을 제대로 살펴서 배려를 잘해야 하는데, 그렇게 하지 않으면 서비스 실패가 되기 쉽습니다.
> 나. 매일 반복되는 일을 하다 보면 자칫 고객 응대를 무성의하게 해서 고객의 기분을 상하게 하는 경우가 있습니다.
> 다. 거래를 중단하거나 바꾸려는 심리로 의도적인 불만 제기를 하는 경우도 간혹 있습니다.
> 라. 매출 목표 압박으로 인하여 무리하게 판매를 권유하게 되면 후유증이 나타날 수 있습니다.
> 마. 구매 전의 지나친 기대 심리나 자신의 기억 착오로 직원과 마찰이 생겨서 서비스가 나쁘다고 하는 경우도 많습니다.

① 가 – 나 ② 나 – 다 ③ 다 – 마
④ 다 – 라 ⑤ 라 – 마

39. 다음은 어느 보험 회사의 서비스 품질 향상을 위한 워크숍에서 서비스 회복에 대해 토론을 했던 주요 내용이다. 이 중에서 '서비스 회복' 현상과 거리가 먼 것은?

> 가. 우리가 이번 기회에 불만족한 고객을 만족한 고객으로 전환시켜 우리 회사 아군의 숫자를 늘려 보면 어떨까요?
> 나. 서비스 회복은 우리 회사의 경쟁 우위 확보와 그다지 상관관계가 없으니 크게 신경 쓰지 않아도 될 것 같습니다.
> 다. 신규 고객 확보가 기존 고객 유지보다 5배 이상 어렵다고 하니 우리가 기존 고객 관리에 좀 더 신경을 씁시다.
> 라. 고객 유지율을 20% 향상시키면 10%의 비용 절감 효과가 있다고 하니 이 점에 특히 주목합시다.
> 마. 서비스 회복은 고객을 우리 회사의 의사소통에 참여시킴으로써 충성도를 강화시키는 좋은 기회가 될 수 있습니다.

① 가 ② 나 ③ 다
④ 라 ⑤ 마

40. 다음은 서울에 위치한 L백화점 본점과 K지점에서 동일한 제품의 가격이 다르게 팔리고 있음을 알게 된 A고객의 항의 내용과 백화점의 대응이다. 다음 중 고객 불만을 줄이기 위한 적절한 현장 서비스 전략은?

> A고객은 넥타이가 본점과 지점에서 다른 가격으로 팔리고 있음을 우연히 알게 되었다. A고객은 다른 모든 고객을 기만하는 행위일 수도 있음을 강력하게 주장하며, 고객 서비스 차원에서 문제를 해결하도록 요구하였다. 서비스 직원은 장소에 따라 가격을 달리하는 정책은 백화점 고유 권한임을 말하며 백화점의 가격 정책을 합리화하고자 했다. 그리고 차후에 이런 문제가 재발하지 않도록 신경을 써 보겠다는 피상적이고 형식적인 태도만 계속 보이고 있다.

① 규정대로 이행하였기 때문에 물러설 이유가 없다.
② 고객의 대응 강도에 따라 차별화된 서비스로 다가간다.
③ 문제를 제기한 고객에게 차액을 돌려주고 마무리 짓는다.
④ 경쟁 업체 및 동종 업계의 관행에 따라 그에 적합한 서비스를 제공한다.
⑤ 모든 고객에게 알리고 사과문을 게시함과 동시에 명확한 보상 처리를 행한다.

41. A 씨는 불만 고객 대응 전략을 수립한 뒤에 1개월 동안 서비스 현장에 적용하려고 한다. 상사는 코칭을 통하여 A 씨의 전략을 보완하고 싶다. 다음 코칭 내용을 GROW 코칭 모델의 단계별 순서대로 적절하게 배열한 것은?

> A. 아직 미흡한 부분이 남아 있는 것으로 보이는데 또 다른 개선책은 무엇이라고 생각하나요?
> B. 1달 동안 불만 고객 대응 전략을 현장에 적용하면 불만 고객을 몇 건이나 해결할 수 있죠?
> C. 여러 가지 추가적인 개선책을 이야기했는데 가장 우선적으로 실행할 것은 무엇인가요?
> D. 추가적인 개선책을 수행하는 데 장애물은 무엇이 있을까요?

	G	R	O	W
①	A	B	C	D
②	B	C	D	A
③	B	A	C	D
④	A	B	D	C
⑤	B	A	D	C

42. 다음 제시된 사례에서 활용되고 있는 유통 전략에 적합한 서비스 종류는?

> 대부분의 시중 은행들은 점포의 수를 늘려서 많은 고객들이 은행 서비스에 대해 접근하기 쉽게 하고자 한다. 각 은행들은 소비자들이 찾기 쉬운 곳에 여러 개의 지점을 설치하고, 출장소라는 형태로 소규모의 지점을 운영하고 있기도 하다. 현금 자동 지급기도 고객의 이용 가능성과 접근 가능성을 높여 자사의 유통망을 확대하기 위한 수단이다.

① 핵심 서비스
② 선매 서비스
③ 편의 서비스
④ 부가 서비스
⑤ 전문 서비스

43. 다음의 각 사례에 해당되는 고객 분류가 적절하게 나열된 것은?

> ㄱ. 홍○○ 씨는 S기업 제품의 추종자이다. S기업 제품을 주변 사람들에게 적극 홍보하고 있다.
> ㄴ. 김○○ 씨는 S기업의 할인 행사에 관심을 갖고 참여하여 처음으로 제품을 구매하였다.
> ㄷ. 박○○ 씨는 S기업의 판촉 사원과의 몇 차례 상담을 통해 S기업의 제품에 대해 매우 흥미를 갖게 되었고 김○○ 씨에게 궁금한 것을 물어 오고 있다.
> ㄹ. 최○○ 씨의 사는 지역은 최근 건축하여 입주한 최고급 전원주택 단지이다. S기업의 직원은 이 단지에 판촉을 하려고 준비하고 있다.
> ㅁ. 나○○ 씨는 지난번 구매한 S기업의 타이어가 마음에 들어 스노우타이어도 S기업에서 구매하려고 한다.

	ㄱ	ㄴ	ㄷ	ㄹ	ㅁ
①	유망 고객	고객	옹호자	잠재 고객	사용자
②	사용자	고객	옹호자	잠재 고객	유망 고객
③	옹호자	사용자	유망 고객	잠재 고객	고객
④	유망 고객	사용자	옹호자	잠재 고객	고객
⑤	옹호자	고객	유망 고객	잠재 고객	사용자

44. 다음과 같은 고객의 반응에 서비스 제공자는 어떤 태도로 임해야 하는가?

> 고객은 휘트니스 센터 연간 이용권을 구입하기 위해 고객 센터를 방문하였다. 고객은 최종 결정을 앞두고 다음과 같이 이야기한다. "시설도 마음에 들고 운동을 해야 하기는 하는데… 제가 매번 가입만 하고 잘 이용하지 않아서 이번에는 좀 더 신중히 결정해야 할 것 같아 좀 주저하게 되네요. 이번에도 비용만 지불하고 이용하지 않으면 너무 아깝지 않을까요?"

① 고객의 불안은 의사 결정 이후에는 사라지므로 빠른 결정을 유도한다.
② 고객의 불안은 일시적이므로 시설과 운동의 필요성을 강조하는 편이 좋다.
③ 고객의 문제이므로 고객이 스스로 잘 결정할 수 있도록 기다리는 편이 최선이다.
④ 위의 반응은 휘트니스 센터 고객들의 보편적인 불안 내용과 유사하므로 큰 문제가 없음을 강조하여 불안을 최소화한다.
⑤ 고객의 불안 요소를 무시하지 않고 공감대를 형성하여 고객과 함께 불안 요소를 해결하기 위한 방법을 모색하도록 한다.

SMAT 국가공인 서비스 경영자격 PART 5 통합형 6문항

[45~46] 결혼을 앞둔 예비 신랑인 김철수 씨는 예식장 예약을 수소문하던 중 두 군데의 예식장을 소개받았다. 두 군데 예식장 홈페이지의 홍보 문구는 다음과 같았다.

〈A웨딩홀〉
- 15년 전통의 전문 웨딩홀
- 화려한 샹들리에와 우아한 좌석
- 넓은 로비 라운지와 대기실
- 3호선과 2호선 환승역에 위치
- 일인당 최소 3만 원부터 선택 가능한 경제적인 식사 메뉴 구성
- 두 시간의 넉넉한 예식 시간

〈B웨딩홀〉
- 올봄 리모델링! 예식의 격조와 세련미가 넘칩니다.
- 신부의 아름다움과 신랑의 패기를 돋보이게 하는 멋진 샹들리에와 화려한 조명이 예식의 품격을 높여 줍니다.
- 하객들의 마음을 넉넉하게 하는 넓은 로비 라운지와 대기 공간
- 지하철에서 바로 연결! 하객 초대를 좀 더 편안한 마음으로

45. A웨딩홀의 홍보 문구를 고객 이점을 강화한 문장으로 가장 적절하게 표현한 것은?
① 타 웨딩홀보다 1.5배가 긴 예식 시간
② 두 시간 동안 멋진 예식을 진행할 수 있습니다.
③ 타 웨딩홀에 비해 넉넉한 예식 시간을 드립니다.
④ 쫓기거나 서두르지 않고 예식을 진행할 수 있습니다.
⑤ 인생의 단 한 번뿐인 축복의 자리! 신랑·신부에게는 잊지 못할 추억을! 하객에게는 넉넉한 축하를 해 줄 수 있는 여유를 드립니다!

46. 상기 두 웨딩홀의 홈페이지상의 홍보 문구를 특성, 장점, 이점의 형태로 구분하여 설명한 것으로 옳지 <u>않은</u> 것은?
① A웨딩홀의 '15년 전통의 전문 웨딩홀'은 고객이 해당 특성으로 어떤 혜택과 이점을 얻을 수 있는가를 설득하기 어렵다.
② B웨딩홀의 '지하철에서 바로 연결!'은 하객을 편안한 마음으로 초대할 수 있다는 이점으로 연결하여 표현하고 있다.
③ B웨딩홀의 '올봄 리모델링! 예식의 격조와 세련미가 넘칩니다.'는 리모델링 공사를 격조와 세련미의 근거(증거)로 제시하고 있다.
④ B웨딩홀의 '하객들의 마음을 넉넉하게 하는 넓은 로비 라운지와 대기 공간'은 넓은 로비 라운지와 대기 공간이라는 특성을 안내함과 동시에, 하객들의 마음을 넉넉하게 한다는 이점과 연결하는 표현이다.
⑤ A, B웨딩홀의 두 번째 항목은 공통으로 화려함, 우아함, 세련미 등으로 이점을 표현하고 있다.

[47~48] 패스트푸드 점포에서 일어난 아래 상황을 살펴보고 문제에 답하시오.

(점심시간이 조금 지난 한산한 패스트푸드 점포에서 고객과 나누는 대화의 내용이다.)
점원: 손님, 어떤 햄버거를 주문하시겠습니까?
고객: A세트 메뉴 세 개 주십시오. 그런데 음료 대신 다른 품목으로 대체하면 안 되나요?
점원: 그건 곤란합니다. 규정상 바꾸어 드릴 수가 없네요.
고객: 그래도 3세트나 구매하는데 한 품목이라도 바꾸어 주세요.
점원: 어렵습니다.
고객: 테이크 아웃이기 때문에 음료 김빠져서 못 먹어요.
점원: 그렇게 할 수 없어서 유감입니다.
고객: 어떡하나, 여기서 음료수 3잔이나 먹을 수도 없고, 버리고 가자니 아깝고. 큰일이네!
점원: 자, 어떻게 주문하실 겁니까?
고객: 할 수 없지요. 그냥 그렇게 포장해 주세요.

47. 고객이 요구하고 있는 서비스에 대해 점원이 적극적으로 대응할 수 있는 방법은?

① 회사 규정대로 대응한다.
② 주문을 빠르게 받아 업무 효율을 높인다.
③ 고객의 무리한 요구를 과감하게 거절한다.
④ 단골 고객에게는 별도로 특별한 서비스를 제공한다.
⑤ 되도록이면 고객의 요청을 수용할 수 있는 방법이 있는지 알아본다.

48. 다음 중 사례와 같이 서비스 접점에서 일정 부분 권한 이행이 필요한 사항은 무엇인가?

① 과도한 요구의 고객은 쫓아낸다.
② 할 수 없음의 당위성을 자세히 설명한다.
③ 고객이 자기주장을 포기하도록 유도한다.
④ Black Customer는 점포에 기록해 놓도록 한다.
⑤ 간단한 요구 사항은 과감하게 받아들이고 책임도 스스로 진다.

[49~50] 다음은 ○○통신사의 고객 센터에서의 고객 불만 접수 상담 내용이다.

고객: 인터넷을 신규로 가입했는데 계속 끊어지고 ARS로 고장 접수를 하려고 해도 전화 연결도 잘 안 되고요. 계속 단말기를 재부팅해야 하는데 불편해서 어떻게 사용하죠?

상담원: 네, 고객님 죄송합니다. 인터넷 사용 중에 자꾸 끊어지면 많이 불편하셨을 것 같은데 저희가 신속히 조치해 드리지 못해 죄송합니다. 게다가 전화 연결도 잘 안되었으니 불편하셨을 것 같습니다.

고객: 빨리 고쳐 주시거나 해지해 주세요.

상담원: 죄송합니다. 빠르게 조치할 수 있도록 방법을 찾아보겠습니다.

고객: ARS는 정말 문제가 많은 것 같아요. 고장 접수는 고객이 불편한 상황인데 계속 안내 멘트만 나오면 어떡합니까?

상담원: 죄송합니다. 말씀하신 것처럼 고장 접수만큼은 가장 신속하게 처리될 수 있어야 하죠. 이 부분에 대해서는 개선점을 찾아보겠습니다. 문제점을 지적해 주셔서 감사합니다. 우선, 고장 관련 문제는 오늘 가장 가까운 기사님께서 30분 이내에 전화 드리고 두 시간 내에 찾아뵙게 될 것입니다. 특별히 고객님 상황을 기사님께도 전달해서 빠르게 서비스 받으실 수 있도록 해 두겠습니다.

고객: 알겠습니다.

상담원: 고객님 다시 한번 죄송하고 우선 이후 인터넷 서비스에 동일한 문제가 재발하지 않는지에 대해 저희가 기사님 방문 이후 점검을 위해 확인 전화를 다시 한번 드리겠습니다. ARS를 이용하시지 않더라도 혹시 그때 문제가 있으시면 저희에게 바로 말씀하실 수 있도록 하기 위해서입니다. 괜찮으시겠습니까?

고객: 네, 그렇게 알겠습니다.

상담원: (   )

49. 위의 상담원의 고객 불만의 처리 과정에 대한 내용으로 적절하지 <u>않은</u> 것은?

① 고객의 불만 사항에 대해 정중한 사과와 경청, 공감을 통해 적절히 응대하였다.
② 고객이 제시한 불만과 문제점 제시에 대해 감사의 표현을 하여 고객 존중을 극대화하였다.
③ 상담원이 직접 수행할 수 없는 서비스 품질 개선에 대해 언급하는 것은 적절치 않은 대응이다.
④ 불만 사항의 처리에 대한 사후 확인 절차를 안내하여 고객 불만의 확대를 사전에 예방하고자 했다.
⑤ 사과와 함께 신속하게 해결 방안을 찾아서 안내하고 고객에게 특별한 조치를 시행하였음을 알려, 최선의 지원을 하고 있음을 표현하였다.

50. 고객 불만 처리 과정의 응대 마무리인 괄호 안에 들어갈 수 있는 응대 화법으로 적절하지 <u>않은</u> 것은?

① 고객님께서 말씀해 주신 사항이 사실인지 확인 후 사실이라면 조치해 드리겠습니다.
② 다시 한번 죄송하다는 말씀드리고 같은 불편을 또다시 겪지 않으실 수 있게 최선을 다해 조치하도록 하겠습니다.
③ 이해해 주셔서 감사합니다. 최대한 불편하신 점을 빠르게 조치하도록 하겠습니다. 혹시 그 밖에 다른 불편 사항은 없으십니까?
④ 감사합니다. 그리고 오늘 말씀 주신 ARS 건에 대해서는 저희 회사 서비스 품질 개선에 반영하여 원인을 찾아서 재발되지 않도록 조치하겠습니다.
⑤ 감사합니다. 저는 상담원 ○○○이었습니다. 혹시 조치 사항이 제대로 이행되지 않으시면 제 직통 전화 ○○○-○○○으로 직접 전화 주시면 제가 빠르게 해결해 드리겠습니다.

모의고사

정답 및 해설

모의고사 01회

1	②	2	④	3	⑤	4	③	5	③	6	③	7	⑤	8	①	9	②	10	⑤
11	③	12	⑤	13	③	14	④	15	④	16	④	17	②	18	⑤	19	⑤	20	①
21	②	22	④	23	①	24	⑤	25	②	26	②	27	②	28	②	29	⑤	30	④
31	⑤	32	①	33	③	34	②	35	⑤	36	③	37	①	38	④	39	④	40	③
41	②	42	⑤	43	③	44	⑤	45	②	46	⑤	47	②	48	②	49	⑤	50	③

1 ②
| 해설 | 치명적인 고객의 불안을 해결하지 않은 채 방치한다면 세일즈의 실패를 초래할 수도 있다.

2 ④
| 해설 | ① 가격 로열티
② 가격 로열티
③ 독과점적 로열티
④ 관성적(편의적) 로열티
⑤ 인센티브 로열티

필수개념

충성 고객의 특징
- 이탈 또는 전환 행동을 하지 않는다.
- 지인들에게 구전(입소문)을 통해 추천한다.
- 구매 또는 사용하는 상품이 아닌 기업의 다른 상품 영역에도 접근한다.
- 기업 전반의 활동에 대해 관심을 가진다.

3 ⑤
| 해설 | 교차 판매의 가능성은 높아지고, 고객 가치도 쉽게 파악할 수 있어 판촉 효율을 증가시킬 수 있다.

4 ③
| 해설 | 고객 불만 관리의 최대 적은 고객 서비스에 대한 오만이다. 기업이 제공하는 서비스 수준과 실제로 고객이 인지하는 서비스 수준 간에는 큰 차이가 존재하기 때문에 기업들은 자신의 서비스 제공 수준을 너무 과신하지 않는 것이 좋다.

5 ③
| 해설 |
- VOC 자료는 제품의 불만족, 고객의 언급, 고객의 이탈/획득, 찬사, 계약 취소, 반품, 시장 점유율 변화 등에서도 습득할 수 있다.
- VOC는 고객과 상호 작용하는 모든 접점, 즉 전화, 팩스, 이메일, 홈페이지, SNS 등에서 의견을 제기하는 것부터 시작한다.
- 제품 및 서비스에 관한 고객의 소리를 다양한 채널을 통해 효과적으로 수집할 수 있는 시스템적·업무적 체계를 구축한다.

6 ③
| 해설 | 서비스를 바꾸는 인적 상호 작용과 달리 전자적 유통 경로는 서비스를 바꾸지 않는다.

7 ⑤
| 해설 | 소비자는 서비스 회복의 전 과정, 결과물 그리고 제공자와의 상호 접촉 등에 있어서 공평함을 기대한다. 즉, 조직이 즉각적으로 서비스 회복 노력을 했다 하더라도 그것이 다른 사람들과 달랐다고 느끼는 경우 서비스가 회복되었다고 생각하지 않는다.

8 ①
| 해설 | 목표 관리(MBO)에서 목표 설정의 기준인 SMART 조건 중 T는 시간 제약적(Time Bound) 목표이다.

> **필수개념**
>
> **SMART 목표 설정**
> - Specific: 구체적이고 실제적인 문제를 다루고 있는가?
> - Measurable: 측정 가능한가?
> - Achievable: 달성 가능한 목표인가?
> - Realistic/Result Oriented: 현실적인가?/결과 지향적인가?
> - Time Bound: 정해진 시간 내에 달성 가능한가?

9 ②

| 해설 | ① 나의 업무와 유사한 회사 내 다른 사람과의 공정성 비교이다.
③ 나의 처우가 결정되는 과정(절차)에 대한 공정성 개념이다.
④ 공정성 개념이 아니다.
⑤ 회사 내부의 다른 사람(연령, 직무 수행 능력 등)과의 공정성 비교이다.

10 ⑤

| 해설 | 성인 학습자가 사회적 책임을 이행해야 할 의무는 있으나, 이는 성인 학습자의 사회적 특성에 속한다.

> **필수개념**
>
> **성인 학습자의 사회적 특성**
> - 성인 초기, 중년기, 노년기 등 발달 단계 및 발달 과업에 따라 책임이 부여된다.
> - 책임 이행과 같은 선상에서 교육 요구가 발생한다.

11 ③

| 해설 | ① 카운셀링은 고객의 감정적, 개인적 문제를 해결하기 위하여 과거와 현재에 초점을 맞추고, 코칭은 현재와 미래에 초점을 맞춘다.
② 코칭은 감정적인 문제를 치료하기보다 현재 사실적인 행동을 치료하는 데 목적이 있으며, 주로 정신적으로 건강한 사람을 대상으로 한다.
④ 멘토링에 비해 코칭은 1:1 수평적 관계를 유지한다.
⑤ 코칭은 전문 지식에 의존하지 않으며 피코치자가 문제를 해결할 수 있도록 도움을 준다.

12 ⑤

> **필수개념**
>
> **서비스 세일즈의 특징(서비스 직원의 역할)**
> - 서비스 직원은 서비스 세일즈의 주체이자 서비스를 생산하는 '상품 그 자체'이다.
> - 서비스 상품의 직접 판촉 활동 및 세일즈를 하는 '마케팅의 주체'이다.
> - 판매의 모든 과정에 참여하며, 고객 관리를 위한 사전, 사후 활동이 모두 이루어져야 한다.

13 ③

| 해설 | 가격이 비싸다고 할 때는 먼저 고객의 말을 인정하고 다른 제품과의 차이점을 설명하여 본 제품의 기능이 돋보이도록 설명한다.

14 ④

| 해설 | 고객이 중요하다고 말하는 기준을 충족시키기 어려울 때는 고객에게 그것이 중요하지 않다고 설득하려 해서는 안 된다. 그러한 시도는 실패로 끝날 가능성이 높고, 오히려 기준을 더욱 강화하는 결과를 초래한다.

> **필수개념**
>
> **고객의 생각 전환법**
> - 고객 선택 기준 강화하기
> - 고객의 생각 재정의 금지
> - 상충 관계 보완하기
> - 창의적 대안 제시하기

15 ④

> **필수개념**
>
> **장기적이고 지속적인 거래 관계의 이점**
> - 기업 입장
>   - 오랜 관계에서 나오는 고객에 대한 깊은 이해로 서비스 제공 기회의 증가
>   - 교차 판매(Cross-selling) 및 상향 판매(Up-selling)를 통한 거래 관계 확대
>   - 홍보를 위한 마케팅 비용 감소
>   - 신규 고객 확보에 드는 영업 비용 감소
>   - 서비스 제공 과정의 간소화로 효용성 향상
>   - 고객 만족도 증가
>   - 채용 및 교육에 필요한 인사 관련 비용 감소
>   - 고부가 가치 상품 개발
>   - 고객화 서비스 제공

- 고객 입장
  - 탐색 비용 감소(고객 구매 결정 단계의 2단계인 '정보 탐색'과 '대안 비교 평가' 단계의 과정을 단축시킴)
  - 기업에 대한 학습 비용 감소
  - 서비스 요청 단계 간소화
  - 차별화 세일즈 수혜
  - 고객화 서비스 수혜
  - 새로운 상품 및 브랜드의 위험 감소

16 ④

필수개념

CRM의 핵심 가치
- 어느 특정한 부서의 업무가 아닌 전사적 관점으로 가치를 공유하고 협력해야 한다.
- 고객 관계 관리의 궁극적 목적은 고객 가치 향상을 통한 기업 수익성의 극대화이다.
- 기업의 입장에서 가치 있는 고객을 구분 및 세분화하여 고객 관리 전략을 다양화한다.
- 회사 전체의 관점에서 통합된 마케팅 세일즈 및 고객 서비스 전략을 통하여 개별 고객의 평생가치를 극대화하는 것이다.
- 순환적 프로세스를 기반으로 오랜 기간 동안 지속되어야 한다.
- 현대 사회의 정보 기술(IT)을 바탕으로 데이터베이스를 이용해서 고객의 정보를 분석, 저장, 가공한다.

17 ④

필수개념

CRM 전략의 실패 원인
- CRM을 IT 기술 기반의 개념으로 제한
- 기업 위주의 비즈니스 사고
- 고객 생애 가치(CLV)에 대한 이해 부족
- 경영자의 CRM에 대한 지원 의지 결여
- 분석 정보를 비즈니스 재설계에 반영하지 못함
- 통합 데이터의 평가 절하

18 ⑤

| 해설 | 해피콜로 미리 예약 확인을 하는 서비스는 좋은 서비스에 해당한다.

19 ⑤

| 해설 | 고객 서비스에 대한 오만을 버려야 한다. 고객 불만 관리의 최대 적은 고객 서비스에 대한 '오만'이다. 기업들은 자신의 서비스 수준을 과신하는 경향이 있는데, 기업들이 생각하는 자사 제품과 서비스의 수준 간에 큰 차이가 존재한다는 사실에 주목할 필요가 있다.

필수개념

컴플레인 관리의 성공 포인트
- 고객 서비스에 대한 오만을 버려라.
- 고객 불만 관리 시스템을 도입하라.
- 고객 만족도에 직원 보상을 연계하라.
- MOT(진실의 순간)를 관리하라.
- 고객의 기대 수준을 뛰어넘어라.

20 ①

| 해설 | ② 컴플레인 처리 시, 사람, 시간, 장소를 바꾸어가며 처리한다.
③ 새로운 사람으로 바꿔 응대한다.
④ 담당 직원에서 책임자와 같이 새로운 사람으로 바꿔 응대한다.
⑤ 조용하고 차분한 분위기를 유지하기 위해 상담 장소를 매장에서 사무실이나 소비자 상담실로 권하는 것도 좋다.

21 ②

| 해설 | ① 서비스의 무형성을 극복하도록 도움을 준다.
③ 서비스 기업에 대한 충성도에 직접적인 영향을 미치지 않는다.
④ 바람직한 물리적 환경은 직원의 생산성, 직무 만족 등에 긍정적인 영향을 미친다.
⑤ 물리적 환경은 서비스 기업의 분위기에 영향을 미치며, 고객의 구매 결정에도 영향을 미친다.

22 ③

| 해설 | ①, ④ 에이전트에 대한 설명이다.
② 판매 에이전트는 일반적으로 하나의 서비스 공급자만을 대행하는 것이 아니라 다양한 서비스 공급자의 상품을 취급하여 선택의 폭이 넓어진다. 구매 에이전트의 경우도 유사하다.
⑤ 브로커에 대한 설명이다.

> **필수개념**
>
> **에이전트와 브로커**
> - 에이전트: 기업이나 고객 중 어느 한쪽을 대신해 기업과 고객 간의 거래를 활성화시키는 역할을 한다.
> - 브로커: 구매자와 판매자 간의 협상을 돕고 이들 간의 거래 관계를 맺어 주는 역할을 수행하는 중간상이다.

23 ①

| 해설 | ②, ③, ⑤는 신입 사원 교육, ④는 작업자 교육 훈련에 대한 설명이다.

24 ⑤

| 해설 | 개인 수준의 임파워먼트에 대한 설명이다.

> **필수개념**
>
> **임파워먼트 수준**
> - 개인 수준의 임파워먼트: 개인의 직무 수행에 필요한 제반 역량의 증진으로, 조직 구성원들이 자기 효능감(Self-efficacy)을 가질 수 있도록 함으로써 무력감을 해소시키는 과정이다. 예 개인의 사고 변화와 역량 증대
> - 집단 수준의 임파워먼트: 두 사람 이상의 상호 관계가 있을 때 생기는 개념으로, 조직 내 무력감을 없애는 권한의 생성·발전·증대에 초점을 맞추어 상대방의 저항을 극복하는 능력과 관련된 개념이다. 예 권한 이전과 관계 증진
> - 조직 수준의 임파워먼트: 조직의 변화를 통하여 경쟁력을 갖추고 강화하려는 경영 흐름으로, 새로운 신념, 지식, 가치, 능력을 탐색하거나 창출 및 이용하는 과정이다. 즉 조직의 각종 규정, 제도, 구조 등의 변화를 의미한다. 예 제도, 구조 변화를 통한 임파워먼트 의향과 행동 정착

25 ② (×)

| 해설 | 고객이 느끼는 서비스의 만족은 MOT 각각의 만족도 합이 아닌 곱에 의해 결정된다. 따라서 한 항목이라도 0점이 나올 경우 나머지 점수가 아무리 좋아도 총점은 0점이 된다.

26 ② (×)

| 해설 | 고객 포트폴리오 관리는 어느 한곳에 집중적으로 투자하면서 발생할 수 있는 위험을 줄이고 다양한 분야에 분산 투자함으로써 보다 효율적인 이익을 추구한다는 이론을 바탕으로, 시장과 고객에 대한 분석과 기업이 지닌 서비스 역량을 분석하여 최적의 고객을 찾아내기 위한 것이다.

27 ② (×)

| 해설 | 서비스 실패는 곧바로 주변의 잠재 고객에게 영향을 미쳐 미래의 고객을 잃게 하는 결과를 초래한다.

> **필수개념**
>
> **서비스 실패의 영향**
> - 서비스 실패를 경험한 고객은 본인뿐 아니라 주변의 잠재 고객들에게 부정적인 영향을 미친다.
> - 일반적으로 서비스 실패를 경험한 고객은 불만을 잘 표현하지 않는다.
> - 고객의 부정적인 경험은 긍정적인 경험보다 더 오래 기억된다.
> - 기업의 제품과 서비스에 대한 기대에 부정적인 영향을 주며, 고객 충성도의 구축 실패로 서비스 품질의 저하, 수익률 저하, 직원의 이탈을 유발시킨다.

28 ① (○)

| 해설 | 실내 온도, 조명, 소음, 색상 등 주변적 요소와 서비스 매장의 공간적 배치와 기능성, 표지판, 상징물, 조형물 등 물리적 증거를 남기고 싶어 하는 것이 서비스이다.

> **필수개념**
>
> **비트너에 의한 물리적 환경 구분**
> - 주변 요소: 환경의 배경적 특성
>   예 온도, 조도, 소음, 음악, 향기 등
> - 공간 및 기능성: 서비스를 제공하는 공간에 속하는 도구
>   예 가구, 기계, 장치와 이들의 배열, 공간적 관계 등
> - 표지판 및 상징 조형물: 서비스 공간 내에서 기호적인 상징이 고객 및 종업원에게 전달하는 소통 기능
>   예 예술 장식물, 증명서 게시, 사진, 바닥재, 개인 소품 등

29 ② (×)

| 해설 | 매슬로우의 욕구 단계 이론 중 가장 상위의 욕구는 '자아실현의 욕구'이다.

30 ④ (MTP 기법)

> **필수개념**
>
> **MTP 기법**
> 고객 컴플레인 처리 시 사람(Man), 시간(Time), 장소(Place)를 바꾸어 처리하는 방식이다.

31 ⑤ (ERG 이론)

> **필수개념**
>
> **ERG 이론**
> 매슬로우의 욕구 단계설이 직면한 문제점들을 극복하고자 실증적인 연구에 기반하여 제시한 수정 이론으로, 인간 행동의 동기가 되는 욕구를 존재 욕구(Existence), 관계 욕구(Relationship), 성장 욕구(Growth)로 구분하였다.

32 ① (불만 고객)

| 해설 | 불만 고객은 기업의 드러나지 않는 서비스 불안 요소를 고객들을 대신해 전달해 주는 중요한 존재이다.

33 ③ (사업 형태 프랜차이징)

> **필수개념**
>
> **프랜차이즈의 구분**
> - 상표명 프랜차이징: 주로 상품 판매에 사용되며 가맹점이 본부의 상품을 본부가 등록한 상표명으로 판매하는 형태
> - 사업 형태 프랜차이징: 가장 일반적으로 사용되는 프랜차이징으로 본부가 상품 및 서비스, 등록 상표, 운영 방식, 지속적인 경영 지도 등 사업에 필요한 모든 요소를 가맹점에 제공하는 형태
> - 전환 프랜차이징: 독립적으로 운영되던 점포를 프랜차이즈 시스템에 끌어들여 형성된 형태

34 ② (롤 모델)

| 해설 | 롤 모델이란 어떤 한 사람을 정해, 그 사람을 표본으로 정하여 성숙할 때까지 모델로 삼는 것을 말한다.

35 ⑤

| 해설 | 자신의 전문적인 지식으로 상대방을 가르치려는 식의 상담은 고객의 흥분을 더욱 고조시켜 일을 그르치기 쉽다.

> **필수개념**
>
> **저돌적인 고객 상담 방법**
> - 음성에 웃음이 섞이지 않도록 유의한다.
> - 부드러운 분위기로 정성스럽게 이야기한다.
> - 침착함과 자신감 있는 자세를 유지한다.
> - 고객이 말을 끊거나 흥분할 경우 '진정하세요' 등의 표현으로 제어하지 않는다.
> - 문제를 적극적으로 인정하고 진심으로 개선의 의지를 표한다.

36 ③

| 해설 | Approaching(고객 접근)은 목표 고객에게 다가가는 것인데, 이때 관계 형성을 위한 친밀감(Rapport)을 활용하여 공감대를 형성하는 것이 중요하다.

37 ①

| 해설 | 불만 고객들의 컴플레인 내용을 경청하면 회사가 미처 파악하지 못한 사항을 발견할 수 있기도 하지만, 이 사례에서는 언급되지 않았다.

38 ④

| 해설 | 문제가 해결될 때까지 아무 것도 하지 않고 기다려서는 안 된다.

39 ④

| 해설 | 불만 고객과의 난처한 상황을 모면하기 위하여 지나치게 과장된 약속을 하면 자칫 더 큰 문제를 야기할 수 있으므로 유의해야 한다.

40 ③

| 해설 | 고객은 상담자에 의해 구매 결정을 내리기보다 스스로 구매 결정을 내리기를 선호한다.

41 ②

| 해설 | A사는 조직 가치 프로젝트 수행 경험이 없기 때문에 B사가 가진 조직 가치 프로젝트 수행 능력이라는 지식 및 경험적 요소에 의존할 수밖에 없다. 이때 파워 원천은 B사의 조직 가치 프로젝트 수행 제공 능력이다.

42 ⑤

> **필수개념**
>
> **성격이 급하고 신경질적인 고객 응대 방법**
> - 동작과 함께 "네", "알겠습니다." 등의 말로 응대하고, 불필요한 말은 줄인다.
> - 인내심을 가지고 신속하게 응대한다.
> - 규정만 내세우지 않고, 늦어질 때에는 사유에 대해서 미리 말하고 양해를 구한다.
> - 언짢은 내색을 보이지 않도록 하며 태도에 주의한다.

43 ③

| 해설 | 사례에 제시된 멀티 마케팅 전략은 복수 서비스 전략으로서 기업이 기존의 서비스에 새로운 서비스를 추가하는 것이다.

44 ⑤

필수개념

역할 연기(롤플레잉)
- 실제 현장과 동일한 상황을 가정하여 연출해 봄으로써 서비스 현장의 실무 지식을 획득할 수 있고, 고객 상황에 대한 공감 및 이해력을 향상시킨다.
- 특정한 역할 수행을 통해 상대방을 이해하고 객관적으로 자신을 통찰할 수 있다.
- 교육생의 관심과 몰입도가 높으며, 커뮤니케이션 역량이 증대된다.

45 ②

| 해설 | 대화에서 점원은 고객에게 이중 질문을 사용하고 있지 않다. 오히려 직원은 적절한 질문을 통해 고객의 의중을 파악하고 고객 스스로 합리적인 판단을 할 수 있도록 하였다.

46 ⑤

| 해설 | 고객의 성향과 특성에 따라 때로는 자신의 의사를 명확하게 표현하지 못하는 고객이 있을 수 있다. 이 경우 경청보다 적절한 몇 가지 질문을 통해 고객의 대답을 이끌어 내며 니즈를 파악하는 것이 유리하다.

47 ②

| 해설 | 고객 서비스의 실패를 해결하는 구체적인 방법의 문제보다는 고객 감정에 대한 배려의 부족이 주된 원인이다.

48 ②

| 해설 | 정당화하는 듯한 응대법은 고객의 초기 컴플레인 처리 시 고객의 불만이 더 증대되는 응대의 대표적인 예이다. 따라서 사정상 불가피했던 부분을 설명해 고객의 이해를 바라는 방법은 적절하지 않다.

49 ⑤

| 해설 | 중간상을 통한 서비스 유통 채널 관리의 이슈는 일관성과 통일된 품질 통제에 있다.

50 ③

| 해설 | 일종의 통제 전략으로 본사의 강력한 파워를 활용하는 전략이다.

모의고사 02회

1	④	2	④	3	⑤	4	⑤	5	②	6	⑤	7	④	8	①	9	③	10	①
11	④	12	⑤	13	⑤	14	③	15	⑤	16	⑤	17	①	18	④	19	④	20	④
21	④	22	④	23	④	24	②	25	②	26	⑤	27	②	28	①	29	①	30	⑤
31	⑤	32	③	33	①	34	②	35	③	36	⑤	37	②	38	③	39	②	40	⑤
41	③	42	③	43	③	44	⑤	45	⑤	46	⑤	47	⑤	48	⑤	49	③	50	①

1 ④
| 해설 | 고객의 주장을 인정하고 동조하면서 고객이 원하는 바를 탐색하여 파악한다.

2 ④

필수개념

우유부단한 고객 상담 방법
- 본인의 불만을 확실하게 표현하지 않으므로, 폐쇄형 질문 및 문제 질문과 경청을 통해 고객의 의도를 파악한다.
- 인내심을 가지고 천천히 응대한다.
- 명확한 보상 기준과 이점을 설명하여 신뢰를 형성한다.
- 선택지를 전달하고, 의사 결정 과정을 안내한다.

3 ⑤
| 해설 | 잠재 고객 발굴을 위해 학연, 지연, 업종, 취미 등의 공통점을 찾아 친해지기 위해 노력한다.

4 ⑤
| 해설 | 고객이나 자사 영업 사원(유통 소매점 포함)의 입장이 CRM 구축 이전에 최우선으로 고려되어 CRM 설계에 반영되어야 한다.

5 ②
| 해설 | 서비스를 체계적으로 관리하기 위해서는 서비스가 전달되어 고객이 인지하는 과정의 핵심 요소를 고려해야 한다.

필수개념

서비스 실패의 요소
- 서비스 제공 결과의 실패
  - 결과적 차원은 '고객이 실질적으로 받는 것'이다.
  - 기업이나 서비스 제공자가 기본적인 서비스를 충족시키지 못하거나 핵심 서비스를 수행하는 데 결함이 생긴 것이다.
- 서비스 제공 과정의 실패
  - 과정적 차원은 '고객이 어떻게 서비스를 받느냐는 것'이다.
  - 서비스 전달에 있어서 결함이 있는 것을 말한다.

6 ⑤
| 해설 | 고객의 이야기를 경청하는 것은 서비스 품질을 높여서 궁극적으로는 고객 만족도를 향상시킬 수 있는 좋은 태도이다.

필수개념

컴플레인을 야기하는 직원의 태도
- 고객과 같이 흥분하기
- 고객 의심하기
- 정당화하기
- 개인화하기
- 응대의 로봇화
- 고객 응대 미루기
- 고객 무시하기

7 ④
| 해설 | ①, ②, ③, ⑤는 고객 측의 서비스 실패 원인이다.

필수개념

기업 측의 서비스 실패 원인
- 제품 문제
  - 품질 불량
  - 수리 및 수선 미흡
  - 소홀한 제품 관리

- 서비스 문제
  - 불만 고객에 대한 인식과 고객 감정에 대한 배려 부족
  - 무성의한 태도
  - 부족한 지식으로 인한 미숙한 설명
  - 무리한 판매 권유
  - 교환이나 환불 지연 및 약속 불이행
  - 불친절 및 서비스 정신의 결여
  - 서비스 프로세스 및 지원 시스템의 결여
  - 원활하지 못한 내부 커뮤니케이션

8 ①

| 해설 | 임원을 포함한 모든 직원들은 VOC 데이터를 체계화하고 분석하여 마케팅에 활용할 수 있어야 하며, VOC로부터 도출할 수 있는 개선 요소를 CS 부서와 타 부서(상품 기획, 영업, 마케팅, 서비스) 간 상호 공유하려는 노력이 필요하다.

9 ③

| 해설 | ① 복수 점포 전략은 전문적인 서비스에 적합하다.
② 멀티 마케팅의 중요한 다양화 대상에는 서비스, 점포, 표적 시장 등이 포함된다.
④ 필요한 경우 멀티 마케팅 전략에 포함된 다양한 전략을 혼합하여 사용한다.
⑤ 현재의 설비를 충분히 활용하지 못하고 있는 기업에는 복수 시장 전략이 적합하다.

10 ①

| 해설 | 하나의 채널만으로 고객에게 접근하기는 점점 어려워지고 있다. 특정 산업군이 아닌 이상 복수의 채널을 고려해야 한다.

필수개념

유통 채널 간 갈등 발생 시, 의사 결정 원칙
- 채널 갈등의 대처는 수익성을 기준으로 의사 결정한다.
- 채널별 수익과 비용 분석 결과를 토대로 육성의 우선순위를 결정한다.
- 일반적으로 비용 측면에서는 전자 채널이, 수익 측면에서는 기존 채널이 유리한 경우가 많다.
- 수익을 초과하는 비용이 발생하였다면 신중한 디마케팅 노력이 필요하다.

11 ④

| 해설 | 코치의 분야가 아닌 문제를 해결하거나 자원을 얻기 위해서는 피코치와 파트너가 함께 해결 방안을 모색해야 한다.

12 ⑤

| 해설 | 직장 외 교육 훈련의 장점이다.

필수개념

직장 내 교육 훈련
- 장점
  - 직무 수행과 동시에 실시되어 현실적이고, 교육 훈련과 업무가 직결된다.
  - 특정 장소로의 이동이 없다.
  - 상사나 동료 간의 이해와 협동 정신이 강화된다.
  - 비용이 감소된다.
  - 구성원의 능력과 그에 상응한 훈련이 가능하다.
- 단점
  - 상사와 환경이 훈련에 부적합할 수도 있다.
  - 업무 수행에 지장을 준다.
  - 많은 직원을 동시에 훈련하기 어렵다.
  - 상사의 능력과 전문 지식의 차이로 통일된 내용과 같은 수준의 훈련이 어렵다.

13 ⑤

| 해설 | 광고의 마모 효과란 인간의 어떤 측면이 다량의 노출에 싫증을 느껴 많은 반복이 오히려 주의와 유지를 모두 감소시키는 것을 말한다.

14 ③

| 해설 | ① 고객 접점에 있는 서비스 요원들에게 권한을 부여하고 강화된 교육이 필요하다.
② 명찰 패용은 서비스 기업의 특성상 허용될 수 있다.
④ 고객은 기다리지 않기 때문에 고객 접점에서 즉각적인 대응이 필요하다.
⑤ 일부 서비스가 만족스럽지 못하다면 다른 서비스가 만족스럽더라도 전체 서비스는 제로(0)가 된다.

15 ③

| 해설 | 고객 접근 단계에서는 친밀감을 쌓을 수 있는 라포(Rapport)를 형성하는 것이 효과적이다.
① Needs 파악 단계
② Presentation 단계
④ Prospecting 단계
⑤ Presentation 단계

16 ⑤

> **필수개념**
>
> **장기적이고 지속적인 거래 관계의 이점**
> - 기업 입장
>   - 오랜 관계에서 나오는 고객에 대한 깊은 이해로 서비스 제공 기회의 증가
>   - 교차 판매(Cross-selling) 및 상향 판매(Up-selling)를 통한 거래 관계 확대
>   - 홍보를 위한 마케팅 비용 감소
>   - 신규 고객 확보에 드는 영업 비용 감소
>   - 서비스 제공 과정의 간소화로 효율성 향상
>   - 고객 만족도 증가
>   - 채용 및 교육에 필요한 인사 관련 비용 감소
>   - 고부가 가치 상품 개발
>   - 고객화 서비스 제공
> - 고객 입장
>   - 탐색 비용 감소(고객 구매 결정 단계의 2단계인 '정보 탐색'과 '대안 비교 평가' 단계의 과정을 단축시킴)
>   - 기업에 대한 학습 비용 감소
>   - 서비스 요청 단계 간소화
>   - 차별화 세일즈 수혜
>   - 고객화 서비스 수혜
>   - 새로운 상품 및 브랜드의 위험 감소

17 ①

| 해설 | 감성적 경험이란 기업이 제공하는 물리적 경험에서 동시에 발생하는 것으로 감성적인 반응을 말한다. 기업이 응대를 하는 데 친절한 표정과 몸짓, 목소리와 내용이 대표적이다.

18 ④

| 해설 | 기업-고객, 기업-종업원의 관계는 경제적 교환 관계이다.

19 ④

| 해설 | 불만 고객 응대는 감정 통제와 인내심이 상당히 요구되는 어려운 일이다. 따라서 불만 고객 응대 후 자기 관리가 잘 되어야만 스트레스를 덜 받는다.

20 ④

| 해설 | VOC 정보는 수집된 이후에 성격과 목적을 분류하여 전략에 반영할 수 있다.

21 ④

> **필수개념**
>
> **상황별 컴플레인의 종류**
> - 물리적 상황: 외형, 인테리어, 호텔, 음식점, 매장의 입지 조건, 설비, 재질
> - 시간적 상황: 매장 운영 시간, 고객 상담 시간, 지연 시간
> - 감각적 상황: 오감으로 느낄 수 있는 색조, 그림, 소음, 청결, 음악의 종류
> - 인적 상황: 종업원 복장, 접객 태도, 상담 태도, 대화 상황
> - 절차적 상황: 회원 가입 절차, 물건 구입 절차
> - 정보적 상황: 카탈로그, 상품 설명서, 통보서, 인터넷 게시판 등의 정보 제공
> - 금전적 상황: 지불 수단, 결제 조건, 멤버십 유무, 금전적 혜택, 우대 사항
> - 제공적 상황: 제품이나 서비스를 제공하는 주체의 핵심적인 역할에 대한 불만

22 ②

| 해설 | 원만한 유통 채널 관리를 위해서는 적절한 유통 파트너를 선정하고 서로 긴밀한 관계를 유지해야 한다.

23 ④

| 해설 | 유통 경로 중에서 프랜차이징, 에이전트, 브로커, 전자 채널은 전형적인 중간상 유통 경로이다.

24 ②

| 해설 | 코칭은 업무 성과와 인간관계에 대해 조화와 균형을 맞춰야 한다.

25 ② (×)

| 해설 | 따뜻한 색은 고객의 정서를 자극하여 빠른 구매 결정을 유도하기 때문에 고관여 상황보다 저관여 상황에 더욱 적합하다.

26 ② (×)

| 해설 | 미스터리 쇼퍼는 고객을 가장하고 점포를 방문하여 고객 접대 방법을 모니터링하는 방법으로 고객의 소리를 측정하는 직접적인 방법은 아니다.

27 ② (×)
| 해설 | 곱셈의 법칙은 고객이 느끼는 서비스의 만족은 각 접점에서 만족도의 합이 아닌 곱에 의해 결정되므로, 한 항목의 점수가 0점일 경우 나머지 점수가 아무리 좋아도 총점은 0점이 된다는 원리이다. 즉, 다른 부분에서 아무리 좋은 서비스를 제공했다고 하더라도 어느 한 부분의 부족한 서비스를 보완하지 않을 경우 고객으로부터 만족을 끌어내기 어렵다는 뜻이다.

28 ① (○)
| 해설 | 고객 경험 관리는 기업과 고객과의 모든 접점에서 수집·분석한 다양한 고객 경험 정보를 고객이 체험하게 될 접점에 반영하여 고객에게 만족스러운 경험 인식을 갖게 하는 고객 관리 프로그램이다.

29 ① (○)
| 해설 | 내부 마케팅이란 직원 만족(ES; Employee Satisfaction)을 높여 고품질의 서비스로 이어지며 이러한 고품질의 서비스는 바로 고객 만족(CS; Customer Satisfaction)과 직결된다.

30 ⑤ (긍정 질문)

31 ④ (탈중간상화)

32 ③ (고객 관계 관리)
| 해설 | 고객 관계 관리는 고객과 지속적인 유대 관계를 유지하여 고객 가치 향상을 통해 수익성을 높이고 기존 고객이 가진 정보를 분석해 신규 고객 창출에 활용하는 고객 관리 기법이다.

33 ① (해피콜)

34 ② (Rapport)

35 ③
| 해설 | '상황 질문 – 문제 질문 – 확대 질문(문제 확대 질문, 해결 확대 질문) – 해결 질문' 순이다.

36 ⑤
| 해설 | 입소문이나 추천으로 인하여 확보된 신규 고객은 기업의 마케팅 자원 투자 없이도 나타나는 '고객들의 간접적 기여 가치'라고 할 수 있다.

37 ②
| 해설 | 회원제는 회원들의 정보 수집과 활용이 가능하여 밀착 관리가 쉽기 때문에 제품의 경쟁력이 확보된다면 자연스럽게 재구매율이 높아진다.

38 ③
| 해설 | 서비스 실패는 고객 측 원인보다 기업 측 원인이 훨씬 많지만 고객 측 원인도 무시할 수 없다. 고객 측 원인 중에서 거래를 중단하거나 바꾸려는 심리로 의도적인 불만 제기를 하게 되면 담당 직원은 매우 난감해진다. 또한 구매 전의 지나친 기대나 자신의 기억 착오로 직원과 마찰이 생겨서 서비스가 나쁘다고 하는 경우도 의외로 많다.

39 ②
| 해설 | 서비스 실패를 경험하지 않고 일상적인 서비스를 경험한 고객보다 서비스 회복을 통해 만족 고객으로 전환된 고객이 더 호의적인 이미지를 형성할 수 있으므로 서비스 회복은 기업의 경쟁 우위 확보에 매우 중요한 수단이 된다.

40 ⑤
| 해설 | 서비스의 시작은 잘못된 부분을 인정하고 모두에게 알리는 용기에서부터 출발함을 인지해야 한다.

41 ③

> **필수개념**
>
> GROW 코칭 모델
> • 1단계 – 목표(Goal) 설정
> • 2단계 – 현실(Reality) 점검
> • 3단계 – 대안(Option) 탐구
> • 4단계 – 실행 의지(Will/Wrap-up)

42 ③

| 해설 | 단순한 예금 및 인출과 같은 은행 서비스는 소비자가 많은 시간과 노력을 소비하려고 하지 않는 유형으로 편의 서비스라고 한다. 이 경우 개방적 유통 전략이 적합하다.

> **필수개념**
> **개방적 유통 전략**
> - 희망하는 소매점이면 누구나 자사의 상품을 취급할 수 있도록 한다.
> - 식품, 일용품 등 편의품일 때 사용한다.

43 ③

| 해설 |
- 옹호자: 브랜드 충성도가 가장 높은 고객으로 새로운 고객을 획득할 수 있도록 도움을 줄 수 있는 고객이다.
- 사용자: 자사의 상품을 최소한 한 번 이상 구매하였으며, 판촉 행사에 참석하여 반복 구매의 가능성이 있는 고객이다.
- 유망 고객: 가까운 장래에 상품을 구매할 가능성이 잠재 고객에 비해 5~10배 높은 고객이다.
- 잠재 고객: 고객이 될 가능성이 높은 고객으로 현재 사용자는 아니지만 자사의 상품에 대해 사용 가능성이 높은 고객이다.
- 고객: 동일한 브랜드를 반복 구매하는 고객이다.

44 ⑤

| 해설 | 고객의 불안을 존중하고 함께 공유하여 해결하는 것이 중요하다.

> **필수개념**
> **고객의 불안 제거**
> - 고객이 제시한 불안 요소를 무시하거나 가볍게 생각하지 않는다.
> - 고객이 고민하는 구매 후 발생할지 모르는 부정적인 결과에 대해 면밀하게 분석한다.
> - 고객이 자신의 마음속 불안을 세일즈맨에게 이야기할 수 있도록 처음부터 신뢰 관계를 구축한다.
> - 고객이 스스로 불안과 두려움을 극복할 수 있도록 정보를 제공하고 충분히 기다려 준다.
> - 고객의 불안 요소에 대해 세일즈맨이 자신의 입장에서 생각하여 조언하거나, 해결책을 주입 또는 강요하지 않는다.
> - 고객에게 결정에 대한 압력을 가해 압박을 느끼게 하지 않는다.

45 ⑤

46 ⑤

| 해설 | 화려함, 우아함, 세련미는 장점이며, 이점은 B 웨딩홀의 '신부의 아름다움과 신랑의 패기를 돋보이게 하는' 등으로 발전되어야 한다.

47 ⑤

| 해설 | MOT 접점에서는 현장 직원이 고객 응대에 관해 일정 권한을 부여받아 규정에 얽매이지 않고 유연하고 신속하게 고객의 요구 또는 문제를 해결할 수 있도록 한다.

48 ⑤

| 해설 | 현장에서 필요한 작은 부분은 과감하게 권한을 이행받아 시행하고 책임도 스스로 떠안는 적극적인 서비스 실행이 요구된다.

49 ③

| 해설 | 고객 불만 처리의 이상적인 모습으로, 본 사례를 관련 부서 등에 공유하고 재발을 방지하는 것은 매우 중요한 불만 처리 프로세스의 일부이다.

50 ①

| 해설 | 사실 확인에 대한 응대는 고객에게 의심의 메시지로 전달되므로 피해야 한다.

에듀윌 SMAT(서비스경영자격) 시험 – 답안지

수험자 유의사항

- 수험자는 문제지를 받는 즉시 과목, 페이지 번호, 매수 등 이상 여부를 반드시 확인해야 하며 1매라도 분리하거나 훼손해서는 안 됩니다(1인 1부 지급).
- 문제지는 시험 종료 후 답안지(OMR 카드)와 함께 제출해야 하며, 미제출 시 부정처리 됩니다.
- 정확한 평가를 위해 제한된 시간 내에 답안을 작성 완료하여 제출해야 합니다.
- 시험 시작 후에는 화장실 출입이 불가하며, 시험시간 중에는 퇴실할 수 없습니다.
- 시험시간 중 수험자가 휴대전화, 디지털 카메라, MP3 등 전자기기를 소지한 경우, 해당 시험은 무효로 하오니 절대 휴대하지 않도록 합니다.
- 부정 응시 및 문제 유출에 해당하는 행위, 즉, 답안 내역을 보조기억장치 및 기타 통신수단(게시판, 이메일, 메신저, 네트워크 등)을 이용하여 타인에게 전달 또는 외부로 반출하는 경우는 저작권법 제32조에 의거, 부정행위로 간주되어 본 시험 및 국가공인 자격시험을 2년간 응시할 수 없습니다.
- 시험 문제 및 답안 유출 시 해당자의 시험 무효화 및 민/형사상의 책임을 물을 수 있습니다.

답안지 작성 요령

- 답안지는 반드시 검정색 사인펜으로 기재하고 마킹하여야 합니다.
- 답안지를 잘못 작성할 시에는 카드를 교체하거나 수정테이프를 사용하여 수정할 수 있으나 불완전한 수정처리로 인해 발생하는 전산자동판독 불가 등 불이익은 수험자에게 있으니 주의하시기 바랍니다.
- 해당 모듈명을 마킹합니다.
- 성명란은 수험자 본인의 성명을 정자체로 기재합니다.
- 수험번호란은 숫자로 기재하고 해당 번호에 마킹합니다.
- 답안은 해당 번호에 정확하게 마킹합니다.
- 올바른 마킹: ●
- 잘못된 마킹: ◐, ⊙, ⊗, ⊘

※ 해당 OMR 카드는 에듀윌에서 제작하여 실제와 다를 수 있습니다.

에듀윌 SMAT(서비스경영자격) 시험 – 답안지

수험자 유의사항

- 수험자는 문제지를 받는 즉시 과목, 페이지 번호, 매수 등 이상 여부를 반드시 확인해야 하며 1매라도 분리하거나 훼손해서는 안 됩니다(1인 1부 지급).
- 문제지는 시험이 끝난 후 답안지(OMR 카드)와 함께 제출해야 하며, 미제출 시 부정처리 됩니다.
- 정확한 평가를 위해 제한된 시간 내에 답안을 작성 완료하여 제출해야 합니다.
- 시험 시작 후에는 화장실 출입이 불가하며, 시험시간 중에는 퇴실할 수 없습니다.
- 시험시간 중 수험자가 휴대전화, 디지털 카메라, MP3 등 전자기기를 소지한 경우, 해당 시험은 무효로 하오니 절대 휴대하지 않도록 합니다.
- 부정행위 및 문제 유출에 해당하는 행위, 즉, 답안 내역을 보조기억장치 및 기타 통신수단(메신저, 이메일, 메시지, 네트워크 등)을 이용하여 타인에게 전달 또는 외부로 유출하는 경우는 자격기본법 제32조에 의거, 부정행위로 간주되어 본 시험 및 국가공인 자격시험을 2년간 응시할 수 없습니다.
- 시험 문제 및 답안 유출 시 해당자의 시험 무효화 및 민/형사상의 책임을 물을 수 있습니다.

답안지 작성 요령

- 답안지는 반드시 검정색 사인펜으로 기재하고 마킹하여야 합니다.
- 답안지를 잘못 작성했을 시에는 카드를 교체하거나 수정테이프를 사용하여 수정할 수 있으나 불완전한 수정처리로 인해 발생하는 전산자동판독 불가 등불이익은 수험자에게 있으니 주의하시기 바랍니다.
- 해당 모형대로 마킹합니다.
- 성명란은 수험자 본인의 성명을 정자체로 기재합니다.
- 수험번호란은 숫자로 기재하고 해당 번호에 정확하게 마킹합니다.
- 답안은 해당 답란에 정확하게 마킹합니다.
- 올바른 마킹: ●
- 잘못된 마킹: ◐, ⊕, ⊗, ○

※ 해당 OMR 카드는 에듀윌에서 제작하여 실제와 다를 수 있습니다.

에듀윌이 너를 지지할게

ENERGY

탁월한 능력은
새로운 과제를 만날 때마다
스스로 발전하고 드러낸다.

– 발타사르 그라시안(Baltasar Gracian)

시험장
필 수
아이템

시험에 나올 이론을 한 손에!
빈출족보

Service

Management

Ability

Test

특별제공

빈출키워드 채우기

본문 P.18

서비스 세일즈 및 고객 상담

01 서비스의 특성 (제품과의 차이)	• 무형성: 서비스는 눈에 보이지 않으며, 아이디어이고 행위이다. 또한 서비스는 소유권이 이전되지 않는다. • 이질성: 동일한 서비스라도 제공하는 사람과 제공받는 사람에 따라 결과가 달라진다. • 비분리성: 서비스는 생산과 동시에 소비된다. 따라서 서비스 현장에서 서비스가 실행되는 순간 평가된다. • 소멸성: 서비스는 시간의 변동에 따라 소멸되기 때문에 재고로 보관할 수 없다.
02 서비스 세일즈의 특징(서비스 직원의 역할)	• 서비스 직원은 서비스 세일즈의 주체이자 서비스를 생산하는 '상품 그 자체'이다. • 서비스 상품의 직접 판촉 활동 및 세일즈를 하는 '마케팅의 주체'이다. • 판매의 모든 과정에 참여하며, 고객 관리를 위한 사전, 사후 활동이 모두 이루어져야 한다.

03
서비스 세일즈의
유형
	• 직접 서비스 세일즈
	  - 서비스 최접점에서 고객과 직접 소통하는 방식이다.
	  - 서비스 직원은 상품 판매에 최우선으로 집중한다.
	• 간접 서비스 세일즈
	  - 많은 기업들이 간접 서비스 세일즈에 큰 비중을 둔다.
	  - 서비스 직원은 제품 판매뿐 아니라 신규 고객 정보 획득, 충성 고객 확보 및 유지 등 고객 관리 업무를 병행한다.
	• 관리/지원 서비스 세일즈
	  - 관리적 측면을 중요시하는 방식이다.
	  - 매출 분석, 인력 관리, 제품 관리, 수·발주 관리, 세일즈 비용 관리 등 내부 업무의 형태이다.

04
서비스 세일즈의
단계별 상담 전략
	[1단계 – 잠재 및 가망 고객 발굴(Prospecting)]
	고객 충성도에 따라 '의심 고객 → 잠재 고객 → 가망 고객 → 일반 고객(신규 고객/기존 고객) → 충성 고객(단골 고객/옹호 고객)'으로 분류한다.
	[2단계 – 고객 접근(Approaching)]
	• 라포(Rapport) 형성
	  - '라포(Rapport)'는 불어에서 유래된 용어로 '긍정적인 감정을 만드는 것'을 말한다.
	  - '친밀한 관계'라는 뜻으로 상호 간에 신뢰하며 감정적으로 친근함을 느끼는 인간관계이다.

- 라포 형성을 위한 멘트를 준비하여 고객과의 첫 만남에서 고객이 마음을 열 수 있게 한다.

[3단계 – 니즈 파악(Needs Grasp)]

- 질문 – 전략적 질문의 유형별 예
  - 상황 질문: "저희 제품을 어떻게 알고 구매하셨습니까?"/ "상품에 따른 효과는 어느 정도입니까?"/ "저희 제품을 이용하시면서 불편했던 점이 있습니까?"
  - 문제 질문: "얼마의 가격이 적당하다고 생각하십니까?"/ "가장 고치고 싶은 부분이 무엇입니까?"
  - 확대 질문: "제품의 하자가 앞으로 어떤 파장을 가져올 거라 생각하시나요?"/ "이 문제로 인해 향후 발생될 손실은 얼마로 예상하십니까?"
  - 해결 질문: "디자인을 변경하면 제조 가격과 마케팅 비용 중 어느 쪽이 더 절감될까요?"/ "왜 A 제품보다 B 제품이 더 좋다고 생각하시나요?"

[4단계 – 상품 설명(Presentation)]

- 와우 팩터(Wow Factor)를 찾아 고객에게 상품의 가치 전달
  - Special: 잠재 고객에게 어떻게 특별한 느낌을 줄 수 있을까?
  - Comfort: 어떻게 하면 고객이 편안하게 설명을 들을 수 있을까?
  - Wait Time: 고객의 기다리는 시간을 즐겁게 할 수 있는 방법은 무엇인가?
  - Small Group: 소규모 고객들에게 대규모 고객들만큼이나 중요하다는 느낌을 주고 있는가?
- FABE 화법 이용
  - Feature(특징): 상품이 지닌 핵심 기능 예 상품 형태, 활용 예 등
  - Advantage(장점): 상품이 가진 경쟁력 예 경쟁사 대비 저렴한 가격, 편리성 등
  - Benefit(고객의 이익): 상품의 구매로 고객이 갖게 될 경제적·시간적 이익
    예 추가 혜택 등
  - Evidence(증거): 상품의 장점과 이익을 확인하는 근거 예 후기, 수치 등

[5단계 – 반론 극복(Overcome)]

- 세일즈맨의 대처 자세
  - 저항을 탐색하고 예상한다.
  - 저항을 인정하되 개인적으로 받아들이지 않는다.
  - 저항의 원인을 분석하고 평가한다.
  - 저항을 활용하여 강화 및 보완한다.
- 효과적인 반론 극복 방법: 긍정적인 시작 → 기회 탐색 → 일치점 찾기 → 모순점 질문하기 → 반대 이유 설명하기 → 반론 내용 요약하기

[6단계 – 상담 마무리(Closing)]

- 권유형 마무리: 직설적이며 간단하다. 고객에게 자연스럽게 결정을 권유하면서 거래를 마친다.
  예 "고객님의 기대에 충분히 부합하지 않나요? 그럼 2년 약정으로 계약하시겠습니까?"
- 지시형 마무리: '마무리 후 기법'이라고도 불리며, 앞으로의 계획에 대해 설명하고 행동 방법을 알려 준다.
  예 "오늘 오후까지 입금하시면, 이번 주 목요일 오전 10시에 일괄 출고가 진행되어 고객님께서는 늦어도 당일 점심까지 수령하실 수 있습니다."

- 양자택일형 마무리: 고객들이 선택의 여지가 있는 것을 편하게 생각한다는 점에 착안해 선택지를 제시한다.

  예 "이제 고객님께서 선택만 하시면 됩니다. 일시불 결제를 통해 완전 구매를 하시겠습니까? 아니면 렌털을 통해 매달 관리를 받으시겠습니까?"

- 2차적 마무리: 고객이 선택하기 쉬운 상품 또는 서비스부터 결정을 유도하면서, 점차 큰 결정을 쉽게 할 수 있도록 이끄는 마무리 기법이다.

  예 "매우 저렴한 가격의 기본 구성부터 시작하세요. 추가 구성은 옵션 상품을 통해 고객님의 상황에 맞게 필요한 부분만 선택하시면 됩니다."

- 승인형 마무리(주문서 마무리): 세일즈 상담이 끝나 갈 때 판매 계약서나 주문서를 자연스럽게 꺼내어 작성한다.

[7단계 – 고객과의 관계 유지(Follow Up)]

- 로열티(Loyalty) 프로그램: 구매 결정을 한 고객에게 자사 및 브랜드에 대한 충성도를 높이고, 고객 정보를 수집하여 마케팅이나 세일즈에 활용하기 위한 방법이다.
- 굿맨의 법칙(John Goodman Rules): 부정적 소문은 긍정적 소문에 비해 전파 속도가 빠르기 때문에 상품 구매를 마친 기존 고객에 대한 관리를 통해 부정적 인식의 발생을 미연에 방지해야 하며, 기업은 지속적으로 소비자 교육을 통해 기업 또는 브랜드에 대한 충성도를 높일 수 있다고 했다.

05 고객 구매 결정 단계별 세일즈 전략

[1단계 – 니즈 또는 문제 인식(Cognition)]
- 고객의 잠재된 불만을 밝혀낸다.
- 고객이 가지고 있는 문제를 최대한 확대한다.
- 자사 상품 및 서비스가 해결 가능한 부분에 대해 선택적으로 불만을 강화시킨다.
- 고객이 가진 문제를 해결할 방법이 있다는 것을 인지시킨다.

[2단계 – 정보 탐색(Searching)]
- 최대한 다양한 정보의 원천을 제공하되 고객이 정보를 찾아보는 데 어려움을 느끼게 만든다.
- 세일즈맨에게 정보를 의존할 수 있도록 전문가적인 조언을 건넨다.

[3단계 – 선택 정보 비교 평가(Comparative Evaluation)]
- 세일즈에 활용할 수 있도록 자사 및 경쟁사의 서비스 정보를 정리한다.
- 정리된 정보를 고객이 쉽게 알아볼 수 있도록 구성한다.
- 고객이 인지하는 불편의 정도에 따라 정보를 구분하여 자사의 상품이 가진 경쟁력을 부각시킨다.
- 경쟁 상품과의 비교에서 고객의 니즈를 압도적으로 충족할 수 있는 대안을 제공한다.

[4단계 – 불안 제거(Solution)]
- 고객이 제시한 불안 요소를 무시하거나 가볍게 생각하지 않는다.
- 고객이 고민하는 구매 후 발생할지 모르는 부정적 결과에 대해 면밀하게 분석한다.
- 고객이 자신의 마음속 불안을 세일즈맨에게 이야기할 수 있도록 처음부터 신뢰 관계를 구축한다.
- 고객이 스스로 불안과 두려움을 극복할 수 있도록 정보를 제공하고 충분히 기다려 준다.
- 고객의 불안 요소를 세일즈맨이 자신의 입장에서 생각하여 조언하거나 해결책을 주입 또는 강요하지 않는다.
- 고객이 결정에 대한 압박을 느끼게 하지 않는다.

[5단계 – 행동(Purchase and Use)]
- 고객들은 저마다 일정 시간의 사용 평가 기간이 필요하다.
- 다른 고객의 소개나 추가 구매와 같은 비즈니스 행동을 재촉하지 않는다.
- 편안하게 상품을 사용하면서 좋은 감정을 느낄 수 있는 환경을 제공한다.
- 일정 시간이 흘러 기존 고객으로 전환되었을 때 비즈니스 행동을 할 수 있도록 접근한다.

06 고객의 생각 전환법
- 고객 선택 기준 강화하기
- 상충 관계 보완하기
- 고객의 생각 재정의 금지
- 창의적 대안 제시하기

07 고객을 진심으로 대하는 방법
- 고객별 서비스 수준을 표준화하여 차별화된 서비스를 제공한다.
- '할 수 없다'는 이야기는 가급적 하지 않는다.
- 서비스 기준을 공식문서로 만든다.
- 고객들에게 정당한 서비스를 제공할 수 없다면 함부로 시작하지 않는다.
- 한번 깨진 신뢰는 회복이 어려우므로, 고객을 항상 진실로 대하고 거짓말을 하지 않는다.
- 고객에게 전하는 말보다 듣는 것에 2배 이상 신경 쓰고, 경청하는 데 집중한다.
- 고객이 하는 일에 관심을 갖고 업무적으로 도움이 될 수 있도록 정보를 수집한다.
- 금전적인 수익과 별개로 고객을 도와주려는 의지를 보인다.
- 전문가로서 명성을 유지하고 고객이 언제든지 의지할 수 있도록 지식 수준을 높여야 한다.
- 자신이 취급하는 상품이나 제공하는 서비스에 자부심을 가진다.
- 고객에게 호감을 주는 사람으로 관계를 유지한다.
- 세일즈맨의 사소한 행동은 언젠가 큰 보상으로 돌아올 수 있다.

08 고객 유형별 상담 방법

- 빈정거리는 고객
  - 자존심을 살려 주면서 응대하고, 정중함을 유지하되 의연히 대처(감정 조절)한다.
  - 대화의 초점을 주제 방향으로 유도하여 해결에 집중한다.
  - 질문법을 통해 고객의 의도를 이끌어 낸다.
  - 빈정거림을 적당히 인정하고 상황에 맞게 받아 주면서 고객의 만족감을 유도한다.
- 우유부단한 고객
  - 본인의 불만을 확실하게 표현하지 않으므로, 폐쇄형 질문 및 문제 질문과 경청을 통해 고객의 의도를 파악한다.
  - 인내심을 가지고 천천히 응대한다.
  - 명확한 보상 기준과 이점을 설명하여 신뢰를 형성한다.
  - 선택지를 전달하고, 의사 결정 과정을 안내한다.
- 전문 지식을 가진 고객
  - 의견을 존중하며 상대의 말을 경청한다.
  - 자존감을 높여 주며 친밀감을 형성한다.
  - 상담자의 전문성을 강조하지 않고, 문제 해결에 초점을 둔다.
  - 고객을 가르치는 듯한 언행이나 반론은 지양한다.
- 지나치게 사교적인 고객
  - 상대방의 기분에 같이 휘말리지 않도록 한다.
  - 마음속으로 자기방어 또는 거절의 말을 준비하고 있는 경우가 많으므로 적절한 시기에 핵심 질문을 건네어 결정을 유도한다.
  - 고객을 대하는 것 이상의 우호적인 사교성이 필요하다.
- 저돌적인 고객
  - 음성에 웃음이 섞이지 않도록 유의한다.
  - 부드러운 분위기로 정성스럽게 이야기한다.
  - 침착함과 자신감 있는 자세를 유지한다.
  - 고객이 말을 끊거나 흥분할 경우 '진정하세요' 등의 표현으로 제어하지 않는다.
  - 문제에 대해 적극적으로 인정하고 진심으로 개선의 의지를 표한다.
- 같은 말을 반복하는 고객
  - 고객의 말에 지나치게 동조하지 않는다.
  - 고객이 하는 말을 요약 및 정리해서 의견을 충분히 이해했음을 알린다.
  - 문제 해결을 위한 확실한 결론을 제시한다.
  - 상황을 회피하려 하지 말고 신속한 결단으로 상황을 마무리한다.
- 불평을 늘어놓는 고객
  - 고객의 의견에 공감의 표현을 하며 시간을 가지고 설득한다.
  - 고객을 인정하고 차근차근 하나씩 설명하며 이해시킨다.
  - 고객의 불평이 사실과 다르더라도 회피하거나 바로 반박하지 않는다.

09 상황별 고객 상담 방법	• 고객이 말이 없을 때: 편안한 분위기를 만들고, 선택형 질문으로 고객의 기호를 파악하여 대답을 유도한다.
	• 큰 소리로 말할 때: 고객이 스스로 인지할 수 있도록 목소리를 낮추고 천천히 말한다. 더불어 장소를 전환하여 고객의 기분을 환기시킨다.
	• 가격이 비싸다고 할 때: 먼저 고객의 말을 인정하는 자세를 보이고, 상품의 강점이 돋보이도록 경쟁 상품과의 차이를 설명한다.
	• 동행인이 있을 때: 동행인 역시 응대의 대상으로 생각한다.
	  – 동행인이 상품에 대한 지식이 있는 경우 동행인이 공감할 수 있는 부분을 언급하거나 지식 수준에 대해 칭찬한다.
	  – 동행인이 아이인 경우 아이의 특징을 파악하여 칭찬하고, 고객이 상담에 집중할 수 있도록 간식이나 장난감을 준비하여 아이의 관심을 돌린다.
	• 구매를 망설일 때: 고객의 기호를 파악하여 자신 있게 상품을 권한다.

10 고객의 만족을 높이는 화법	• 쿠션 화법: 의미를 전달하기 전에 상대를 배려하고 미안한 마음을 먼저 표현하는 화법이다. • 신뢰 화법: 고객에게 신뢰를 줄 수 있는 표현을 사용하는 화법으로 부드러운 화법을 30%, 정중한 화법을 70% 정도 사용한다. • 레이어드 화법: 의뢰나 질문 형식으로 말하는 화법이다. • 아론슨 화법: 부정과 긍정 중 부정적인 내용을 먼저 말하고, 긍정적인 내용으로 마무리하는 화법이다. • 보상 화법: 고객이 저항하는 상품의 약점을 다른 강점으로 보완하여 강조하는 화법이다. • 후광 화법: 유명인이나 긍정적인 선입견을 지닌 근거를 제시하여 반대 저항을 감소시키는 화법이다. • 부메랑 화법: 고객이 지적한 특성이나 부정적인 요소를 먼저 인정하고 강점으로 승화시켜 이해시키는 화법이다. • YA 화법(Yes-And): 상대방이 표현한 부정적 의사 표현에 일단 공감을 하고, 바로 그 부분 때문에 자사 상품을 선택해야 한다고 주장하는 화법이다. • YB 화법(Yes-But): 상대방의 표현에 일단 공감을 하고, 그에 반박하는 반대 의견을 제시하는 화법이다.
11 MOT 관련 법칙	MOT는 '진실의 순간' 또는 '결정의 순간'을 의미한다. • 곱셈의 법칙: 고객이 느끼는 서비스의 만족은 각 접점에서 만족도의 합이 아닌 곱에 의해 결정되므로 한 항목의 점수가 0점일 경우 나머지 점수가 아무리 좋아도 총점은 0점이 된다. • 깨진 유리창의 법칙: 공터에 주차해 둔 차량을 유리창이 깨진 채로 방치해 둔다면, 얼마 후 그 차량은 전체가 파손된 모습으로 변하고 반대로 깨끗하게 관리된 차량 주변에는 좋은 차량들이 주차를 하게 된다. 이처럼 서비스 접점에서 깨진 유리창과 같은 사소한 실수를 방치한다면 큰 실패로 이어질 수 있다는 이론이다.

	• 100 − 1 = 0의 법칙: 100가지 서비스 중 하나만 마이너스 요인으로 작용하여도 서비스 전체 만족도에 영향을 미친다는 법칙으로, 깨진 유리창의 법칙을 설명해 주는 수학식이다. 고객은 여러 가지 서비스 중 가장 나빴던 서비스를 유독 잘 기억하고, 그 서비스를 기준으로 서비스의 질을 평가하게 된다. • 통나무 물통의 법칙: 나무로 된 통나무 물통은 여러 조각을 묶어 만들기 때문에 그중 한 부분이 깨질 경우 통 안에 물을 가득 채울 수 없고 오히려 채워진 물이 다 빠질 수도 있다. 서비스 역시 한 부분이 누수되면 전체 서비스의 품질이 낮아진다는 법칙이다.
12 MOT 사이클의 의의	• 고객이 서비스를 받는 과정에서 경험하는 사건의 연속적인 흐름을 보여 주는 도표이다. • MOT의 각 단계별 서비스 업무 시스템을 서비스 프로세스의 관점으로 표현한 것으로 '서비스 사이클(Service Cycle)'이라고도 부르며 원칙적으로 1시 방향부터 시계 방향으로 순서대로 작성한다. • 고객의 만족도를 높이기 위하여 고객의 입장에서 만든다. • 고객은 직원이 아니기에 자신들이 경험한 서비스 프로세스 전체 과정을 평가한다. 따라서 MOT 사이클은 부분이 아닌 기업이 제공하는 서비스 전체를 고려하여 만들어야 한다. • 서비스 기업의 모든 접점은 단순히 하나의 사이클이 아니라 여러 사이클의 조합으로 이루어진다. • 고객 접점에서 결정적인 순간을 분류하여 파악한 서비스 사이클을 통해 고객 만족을 실천할 수 있다.

고객 관계 관리(CRM)

01 고객 성장의 단계	• 잠재 고객: 현재는 사용하지 않지만 자사의 제품 및 서비스를 사용할 가능성이 높다. • 유망 고객: 가까운 미래에 구매 결정이 확실한 사람이다. • 사용자: 한 번 이상 구매한 사람으로 반복 구매로 유도할 필요가 있다. • 고객: 동일 브랜드를 반복 구매하고, 자사의 다른 상품도 구매를 시도한다. • 옹호 고객: 브랜드 충성도가 가장 높고 기업 매출의 큰 비중을 차지하는 핵심 고객이다.
02 고객 구매 사이클에 따른 특징	[1단계 – 인지] • 고객이 제품이나 서비스를 인지하는 단계이다. • 잠재 고객에게 경쟁 상품보다 우리 상품을 먼저 인지시키는 전략에 집중한다. • 기업의 다양한 마케팅 비용이 발생한다. • 기업과 결속이 이루어지지 않은 상태이다. [2단계 – 최초 구매] • 고객 충성도를 가늠할 수 있는 중요한 기회이다. • 최초 구매는 고객의 시도 목적의 구매이자 모험 구매이기에 처음 제공받는 기업의 서비스 활동에 따라 기업이나 브랜드에 대한 선입견이 생긴다. • 고객이 기업이나 브랜드에 대한 첫인상을 긍정적으로 느낄 수 있도록 많은 노력을 해야 한다. [3단계 – 구매 후 평가] 구매 전 기대와 이용 후 제품이나 서비스의 인상, 지불한 비용이나 시간 대비, 경쟁 제품 또는 서비스, 대체 가능한 제품 또는 서비스와 비교하여 만족/불만족을 평가한다. [4단계 – 재구매 약속] 고객 만족보다 더욱 강한 고객 충성도를 결정하는 단계로 다른 경쟁 상품보다 더 나은 구매 혜택을 받았다는 의미이다. 초기 재구매의 경우 상품이 가진 기능적 측면에 영향을 받지만, 이후 점차 감정적 유대를 더욱 중요시하는 경향이 있다. [5단계 – 재구매] 구매 사이클의 3~5단계를 반복하는 고객들의 행위의 시발점을 의미하며, 충성 고객으로 인정되는 시작점이다. 고객 가치를 증가시키는 기업의 노력이 필요한 단계이다.

03 고객 충성화를 위한 서비스 제공자의 전략	• 고객의 욕구 확인 및 기대의 진화를 분석하기 위한 노력을 한다. • 고객별 맞춤 상품을 개발하여, 경쟁 상품과 차별화된 가치를 제공한다. • 고객이 현재 사용하는 브랜드에서 다른 브랜드로 전환하는 것에 대비한다.
04 고객 가치의 구성	• 감성적 측면: 서비스 구매 과정에서 느끼는 정서 또는 감정 • 사회적 측면: 사회적 개념을 증대시키는 서비스 효용 • 기능적 측면: 제품의 사용으로 절감되는 시간과 비용 • 품질적 측면: 기대한 서비스 품질과 인지한 서비스 품질 간의 성과 차이
05 고객 생애 가치 (CLV)	고객 한 명이 평생 동안 산출할 수 있는 기대 수익으로, 고객 이탈로 인한 손실을 배제하면 고객 획득에 투자된 금액을 구할 수 있다. 고객 생애 가치(CLV) = 고객당 평균 소비 금액 × (평균 구매 횟수/년) ÷ 거래 연수

06
장기적·지속적인 고객 관계에서 얻는 기업과 고객의 상호 이익
	• 기업 입장에서의 이점
	  - 오랜 관계에서 나오는 고객에 대한 깊은 이해로 서비스 제공 기회의 증가
	  - 교차 판매(Cross-selling) 및 상향 판매(Up-selling)를 통한 거래 관계 확대
	  - 홍보를 위한 마케팅 비용 감소
	  - 신규 고객 확보에 드는 영업 비용 감소
	  - 서비스 제공 과정의 간소화로 효용성 향상
	  - 고객 만족도 증가
	  - 채용 및 교육에 필요한 인사 관련 비용 감소
	  - 고부가 가치 상품 개발
	  - 고객화 서비스 제공
	• 고객 입장에서의 이점
	  - 탐색 비용 감소(고객 구매 결정 단계의 2단계인 '정보 탐색'과 '대안 비교 평가' 단계의 과정을 단축시킴)
	  - 기업에 대한 학습 비용 감소
	  - 서비스 요청 단계 간소화
	  - 차별화 세일즈 수혜
	  - 고객화 서비스 수혜
	  - 새로운 상품 및 브랜드의 위험 감소

07 서비스 접점에서 파워의 형태	• 강제적 파워: 어떤 사람을 강제로 따르게 만드는 영향력으로 육체적·사회적·정치적·정서적·경제적으로 처벌할 수 있는 공포에 기반을 둔다. • 보상적 파워: 다른 사람들이 보상을 원하는 경우 보상을 제공할 수 있는 능력에 기반을 둔다. • 합법적 파워: 다른 사람들로부터 선출·임명되어 재량이 있는 지위에 오른 사람이 사회적으로 약속된 법과 제도에 따라 그 권한을 사용한다. • 준거적 파워: 자신이 소속된 집단과 집단이 공유하는 신념으로부터 발생하는 힘으로 영향력의 우월성에 대한 존경심과 동질화에 기초(일체감)를 둔다.

- 전문적 파워: 전문적인 기술이나 지식, 경험, 역량으로부터 발생하는 힘으로 직위에 상관없이 영향력을 미친다.
- 정보적 파워: 누군가에게 필요한 가치 있는 정보의 소유자 또는 정보에 접근할 권한을 가진 사람은 다른 사람의 행동에 영향을 미치는 권력을 가진다. 정보적 파워를 이용한 영향력 행사는 '설득'이라고도 한다.

08 서비스 접점에서의 직원과 고객과의 관계

- 상호 이해
  - 서비스 접점에서 직원과 고객 사이의 상호 이해는 고객 만족에 영향을 주는 핵심 요소이다.
  - 상호 이해를 위해 언어적/비언어적 메시지를 주고받을 때 왜곡이 없어야 한다.
- 특별한 행동: 고객이 요청하지 않은 것에 대해 직원이 특별한 행동을 제시한다면 고객은 기대하지 못한 즐거움과 혜택을 경험하게 된다.
- 진정성
  - 서비스 제공자가 진실하게 보여지는 정도를 말하며, 서비스 접점에서 직원의 감정은 고객에게 진실성으로 지각된다.
  - 서비스 접점에서의 진정성은 서비스 만족과 긍정적인 소비자 감정에 기여한다.
- 능숙도: 직원이 서비스 제공에 필요한 능력, 전문 지식의 보유와 더불어 용모, 복장, 인간적 관계 능력도 영향을 미친다.
- 실패 최소화: 만족스러운 접점들로는 기억되지 않지만 부정적인 감정을 축소하는 측면에서는 중요한 요소가 된다.

09 고객 관계 관리의 핵심 가치

- 어느 특정한 부서의 업무가 아닌 전사적 관점으로 가치를 공유하고 협력해야 한다.
- 고객 관계 관리의 궁극적 목적은 고객 가치 향상을 통한 기업 수익성의 극대화이다.
- 기업의 입장에서 가치 있는 고객을 구분 및 세분화하여 고객 관리 전략을 다양화한다.
- 회사 전체의 관점에서 통합된 마케팅 세일즈 및 고객 서비스 전략을 통하여 개별 고객의 평생가치를 극대화하는 것이다.
- 순환적 프로세스를 기반으로 오랜 기간 동안 지속되어야 한다.
- 현대 사회의 정보 기술(IT)을 바탕으로 데이터베이스(Database)를 이용해서 고객의 정보를 분석, 저장, 가공한다.

10 고객 관계 관리(CRM)의 기능

- 고객 중심의 마케팅 전략 실행
  - 신규 고객 유치 → 고객 확보(개발)
  - 기존 고객 유지 → 평생 고객 가치 향상
  - 우수 고객 개발 → 수익성 증대
- 순환적 프로세스(Circular Process)
  - 마케팅 조사 분석: 고객 정보 분석(분석 CRM), 데이터 웨어하우스, 데이터 마이닝
    예 고객 세분화, 이탈 고객 분석, 고객 가치 분석
  - 마케팅 관리: 분석된 자료를 바탕으로 마케팅 관련 전략 및 프로세스 수립
  - 세일즈와 서비스: 영업 활동 지원, 고객 커뮤니케이션 정보 제공
    예 콜 센터, 영업 관리, 고객 지원 센터, 텔레마케팅

11 고객 관계 관리 (CRM)의 역할	• 수익성 극대화 • 신규 고객 개발	• 고객 세분화 및 차별화 서비스 • 우수 고객 유지
12 고객 관계 관리 (CRM) 계획 과정	환경 분석 → 고객 분석 → CRM 전략 방향 설정 → 고객 가치 설정(마케팅 제안) → 서비스 개인화 → 수단 설계	

13
고객 관계 관리
(CRM) 전략의
성공 요인과
실패 요인
	• 성공 요인
	  – 전사 차원의 고객 중심 문화 확립
	  – 우량 고객에 대한 명확한 기준
	  – 고객에 대한 공정한 차별 기준 수립
	  – 유관 부서 간 협력 체제 확립
	  – 성과 평가의 합리적 반영
	• 실패 요인
	  – CRM을 IT 기술 기반의 개념으로 제한
	  – 기업 위주의 비즈니스 사고
	  – 고객 생애 가치(CLV)에 대한 이해 부족
	  – 경영자의 CRM에 대한 지원 의지 결여
	  – 분석 정보를 비즈니스 재설계에 반영 못함
	  – 통합 데이터의 평가 절하	

14 전략적 체험 모듈 경험 요인	• 감각적 요인: 시각, 청각, 촉각, 미각, 후각의 감각적 자극을 통해 즐거움, 흥분, 아름다움, 만족감 등을 제공함으로써 기업에 대한 좋은 기억을 각인시킨다. • 감성적 요인: 기업은 시각적 정체성, 슬로건, 공간적 환경 등의 다양한 경험 제공 요소를 통해 고객들에게 기업이나 브랜드에 대해 특별한 감정을 느끼도록 자극한다. 강한 감성은 오랜 시간에 걸쳐 반복된 긍정적 경험을 통해 발전된다. • 인지적 요인: 고객으로 하여금 기업이나 브랜드에 대한 긍정적 인식을 고취시키고 창조적 사고를 하도록 지성 경험을 제공하는 것이다. 이성적 판단에 근거하여 인간의 인지력과 문제 해결을 위한 사고의 경험 기회를 통해 기업이나 브랜드에 대한 지식을 형성한다. • 행동적 요인: 타인과 상호 작용의 결과로 발생하는 경험이며, 고객의 라이프 스타일 및 행동 패턴과 관련된 경험을 만들어 내기도 한다. • 관계적 요인: 타인과의 관계적 경험을 통하여 개인적이고 사적인 감정 이상의 개인적 경험을 증가시키고, 이상적인 자아나 타인, 문화 등과 연결시키면서 자기 향상 욕구를 자극한다.	
15 대인 서비스 접점	• 서비스 직원과 고객의 직접 접촉이 발생하는 접점이다. • 현대 사회에서는 정보 기술의 발전으로 대인 서비스 접점의 수가 줄어들고 있는 반면, 대인 서비스 접점의 질적 향상이 요구되며 중요성 역시 더욱 높아지고 있다.	

VOC와 컴플레인 관리

01 VOC의 정의	VOC(Voice Of Customer, 고객의 소리)란 고객이 기업에 들려주는 피드백을 의미하며, 고객이 기업에 보내는 커뮤니케이션을 총칭한다. 즉, 고객의 방문, 문의, 상담, 항의, 건의 제안, 거래 등 고객을 통해 습득된 모든 데이터를 말한다.
02 VOC의 중요성	• 서비스 개발과 혁신에 중요한 기초 데이터로 유용하게 활용될 수 있다. • 최근 VOC에 대한 중요도가 높아짐에 따라 VOC를 독립적인 시스템으로 도입하고, CRM을 대체, 보완하는 시스템으로 활용하는 곳도 증가하고 있다. • 정성적 자료와 정량적 자료를 모두 활용함으로써 고객이 원하는 요구 사항을 정리할 수 있고 고객 요구 사항을 친화도로 정리하면 체계적으로 고객 가치를 정리할 수 있다. • VOC를 통해 얻은 자료는 빅데이터 분석을 거쳐 고객 니즈를 파악할 수 있다. 이를 전략에 반영하거나 기업의 비전 정립, 효과적인 운영에도 기여할 수 있다.
03 VOC 관리 시스템의 주요 속성	• 서비스의 즉시성 • 수집 채널의 다양성 • 정보 시스템의 통합성 • 고객 및 내부 프로세스 피드백
04 컴플레인의 의의	• 문제 해결의 기회 • 부정적 구전 감소 • 재구매 유도 • 기업 이미지 향상
05 컴플레인의 원인	• 기업 측 문제 – 불충분한 고객 안내 또는 약속 불이행 – 고객과의 의사소통 오류(지나친 전문 용어 사용) – 업무 능숙도 부족 및 대기 시간 문제 – 고객 감정에 대한 배려심 부족 – 업무 지식 부족 또는 전문가라는 우월감(서비스에 대한 성공 확신) – 서비스 정신의 결여로 인한 성의 없는 접객 서비스 – 기업 입장에서만 정당화하는 태도와 기업의 규정만 준수하려는 행동 – 서비스 제공의 융통성 부족 – 타 부서로 책임 회피 – 상품 관리의 부주의

	• 고객 측 문제 　– 지나친 기대 　– 업무 및 프로세스에 대한 지식 부족 　– 고객의 착오 및 과실 　– 고객의 개인적인 감정 　– 고의성과 악의 　– 성급한 결론, 독단적인 해석 　– 업무 처리 지연에 대한 초조함과 긴장감 　– 고객이 왕이라는 우월감과 보상 심리 　– 기업이 여기뿐이냐는 비교 심리 　– 문제에 대한 항의 및 자존심 손상 　– 열등의식
06 컴플레인을 야기하는 직원의 태도	• 고객과 같이 흥분하기　　• 고객 의심하기 • 정당화하기　　　　　　• 개인화하기 • 응대의 로봇화　　　　　• 고객 응대 미루기 • 고객 무시하기
07 상황별 컴플레인의 종류	• 물리적 상황: 외형, 인테리어, 호텔, 음식점, 매장의 입지 조건, 설비, 재질 • 시간적 상황: 매장 운영 시간, 고객 상담 시간, 지연 시간 • 감각적 상황: 오감으로 느낄 수 있는 색조, 그림, 소음, 청결, 음악의 종류 • 인적 상황: 종업원 복장, 접객 태도, 상담 태도, 대화 상황 • 절차적 상황: 회원 가입 절차, 물건 구입 절차 • 정보적 상황: 카탈로그, 상품 설명서, 통보서, 인터넷 게시판 등의 정보 제공 • 금전적 상황: 지불 수단, 결제 조건, 멤버십 유무, 금전적 혜택, 우대 사항 • 제공적 상황: 제품이나 서비스를 제공하는 주체의 핵심적인 역할에 대한 불만
08 컴플레인 해결의 기본 원칙	• 피뢰침의 원칙: 고객이 나에게 개인적인 감정이 있어서 화를 내는 것이 아니라고 여기는 것이다. 고객의 불만, 화를 참고 견디는 것이 아니라 나에 대한 화가 아님을 의식하여 심리적 고통, 고객과의 갈등을 줄이기 위한 것이다. • 책임 공감의 원칙: 우리는 조직 구성원의 일원으로서 내가 한 행동의 결과든 다른 사람의 일 처리 결과든 고객의 불만족에 대한 책임을 같이 져야 한다. • 감정 통제의 원칙: 사람을 만나 의사소통하고 행동하는 것이 직업이라면 사람과의 만남에서 오는 부담감을 극복하고 자신의 감정까지도 통제할 수 있어야 한다. • 언어 절제의 원칙: 고객보다 말을 많이 하는 경우 고객의 입장보다는 자신의 입장을 먼저 생각할 수 있다. • 역지사지의 원칙: 고객을 이해하기 위해서는 반드시 고객의 입장에서 문제를 바라볼 수 있어야 한다. 우리가 우리에게 관심을 가져 주는 사람에게 관심을 갖듯이 고객 또한 자신에게 관심을 주는 사람에게 관심을 갖는다.

09 컴플레인 관리의 성공 포인트	• 고객 서비스에 대한 오만을 버려라. • 고객 불만 관리 시스템을 도입하라. • 고객 만족도에 직원 보상을 연계하라. • MOT(진실의 순간)를 관리하라. • 고객의 기대 수준을 뛰어넘어라.	
10 불만 고객 응대 요령	• MTP 기법: 컴플레인 처리 시 사람(Man), 시간(Time), 장소(Place)를 바꾸어 처리하는 방식이다. • 맞장구치기: 맞장구의 타이밍을 맞춰야 하며 "그럼요.", "옳은 말씀입니다." 등으로 짧게 한다.	
11 불만 처리의 4원칙	• 1원칙: 공정성 유지 • 3원칙: 고객 프라이버시 보장	• 2원칙: 효과적인 대응 • 4원칙: 체계적인 관리
12 불만 고객 처리 단계	경청 → 공감 → 사과 → 해결 방안 모색 → 해결 약속 → 신속한 처리 → 재사과 → 개선 방안 수립	

13 불만 고객 유형별 응대 방법	• 신중하고 꼼꼼한 유형
	  - 너무 많은 설명이나 지나친 설득은 의심을 갖게 할 수 있으므로 삼간다.
	  - 자신감 있는 태도로 간결하게 응대하며, 질문에 성의껏 대답한다.
	  - 사례나 타 고객의 예를 들며 추가 설명하거나 판매 제품과 비교 설명한다.
	  - 분명한 근거나 증거를 제시하여 스스로 확신을 갖도록 유도한다.
	  - 혼자 생각할 수 있는 시간적 여유를 준다.
	• 성격이 급하고 신경질적인 유형
	  - 동작과 함께 "네", "알겠습니다." 등의 말을 사용하고, 불필요한 말은 줄인다.
	  - 인내심을 가지고 신속하게 응대한다.
	  - 규정만 내세우지 않고, 늦어질 때에는 사유에 대해서 미리 말하고 양해를 구한다.
	  - 언짢은 내색을 보이지 않도록 하며 태도에 주의한다.
	• 빈정거리며 모든 것에 반대하는 유형
	  - 자존심을 존중해 주며, 고객의 빈정거림을 적당히 인정한다.
	  - 요령껏 받아 주면서 타협의 자세를 보인다.
	  - 대화의 초점을 주제 방향으로 유도하여 해결에 접근한다.
	• 쉽게 흥분하는 유형
	  - 고객의 화는 나를 향한 것이 아닌 회사에 항의하는 것이라 생각한다.
	  - 진정할 것을 요청하기보다는 스스로 감정을 조절할 때까지 기다린다.
	  - 조심스럽게 고객의 주의를 끌어 직원 영역 내의 방향으로 돌리도록 한 뒤에 조용히 사실에 대해 언급한다.
	  - 부드러운 분위기를 유지하여 정성스럽게 응대한다.
	  - 음성에 웃음이 섞이지 않도록 한다.
	• 자기 과시 유형
	  - 상대에 대한 칭찬과 감탄의 말로 응대하며 친밀감을 조성한다.
	  - 대화 중에 자존심을 건드리지 않도록 반론을 제기하는 등의 행동은 피한다.
	  - 자신의 전문성을 강조하기보다는 문제 해결에 초점을 맞춘다.	

	• 과묵한 유형 　– 말이 없다고 흡족한 것이 아니기 때문에 말과 태도 하나하나에 주의한다. 　– 정중하게 응대하고 차근히 일을 처리해 준다. • 소리를 지르는 유형 　– 자신의 목소리가 크다는 것을 인지시키기 위해 소리를 낮추고 조곤조곤하게 이야기한다. 　– 조용한 장소로 옮겨 대화가 중단되면 상대의 기분을 전환시키고 낮은 목소리로 다시 이야기를 시작한다. • 깐깐한 유형 　– 고객이 잘못을 지적했을 때 반론하지 않고, 감사히 받아들이는 자세를 보인다. 　– 불만이 발생하기 전에 사전 예방하는 것이 중요하다.
14 불만 고객 응대 후 자기 관리법	• 자기 만족하기: 어려운 불만 고객 응대를 잘 해결하여 고객 만족으로 이끌었다는 것에 대하여 스스로 칭찬한다. • 자신에게 보상하기: 자기 자신이 만족할 수 있을 만한 외재적 보상은 업무 성취도를 높여 준다. • 부정적인 기억(스트레스 등) 지우기: 불만 고객을 상대하면서 좋지 못한 기억이 있다면 깨끗하게 잊는 것이 좋다. 자칫, 부정적인 기억이 다른 고객과의 커뮤니케이션을 제한할 수 있다. • 자신을 객관적으로 들여다보기: 불만 고객 응대 시, 자신이 감정적이지는 않았는지 또는 응대 매뉴얼에 따라서만 움직이지 않았는지에 대하여 스스로를 점검하고 피드백해 본다.
15 서비스 실패의 요소	• 서비스 제공 결과의 실패 　– 결과적 차원은 '고객이 실질적으로 받는 것'이다. 　– 기업이나 서비스 제공자가 기본적인 서비스를 충족시키지 못하거나 핵심 서비스를 수행하는 데 결함이 생긴 것이다. • 서비스 제공 과정의 실패 　– 과정적 차원은 '고객이 어떻게 서비스를 받느냐는 것'이다. 　– 서비스 전달에 있어서 결함이 있는 것을 말한다.
16 서비스 실패의 원인	• 기업 측 원인 　– 품질 불량 　– 수리 및 수선 미흡 　– 소홀한 제품 관리 　– 불만 고객에 대한 인식과 고객 감정에 대한 배려 부족, 무성의한 태도 　– 부족한 지식으로 인한 미숙한 설명 　– 무리한 판매 권유 　– 교환이나 환불 지연 및 약속 불이행 　– 불친절 및 서비스 정신의 결여 　– 서비스 프로세스 및 지원 시스템의 결여 　– 원활하지 못한 내부 커뮤니케이션

	- 고객 측 원인
	  - 고객의 지나친 기대
	  - 고객의 기억 착오나 독단적인 해석으로 인한 오해
	  - 고객의 성급한 결론
	  - 할인, 거래 중단, 교환 등의 이유로 고의로 제기하는 불만
	  - 브랜드에 대한 잘못된 인식
	  - 고객의 고압적 자세와 감정적 반발

17 무(無)불평 행동	- 불평을 하지 않고 조용히 이탈하는 고객으로 가장 부정적인 결과를 가져올 수 있다. - 실제로 95%의 고객이 불평을 하지 않으며 그중 91%는 그 기업을 다시는 이용하지 않는다고 한다. 또한 거래를 단절한 전환 고객의 75%는 부정적 구전을 통해 그 기업을 다시 이용하지 않는다. - 기업의 입장에서는 겉으로 드러나지 않는 고객의 불평 행동에 대한 심각성에 주목할 필요가 있다.
18 서비스 회복의 중요성	- 효과적인 서비스 회복을 통해 다시 만족한 고객은 실패를 경험하지 않은 고객보다 해당 서비스를 더 높게 평가한다. - 고객은 자신이 거래하는 기업의 서비스 품질을 높게 인식할수록 서비스 회복에 대한 기대도 높아지며 잘 해결되었을 때 충성 고객이 될 가능성이 높다. - 첫 번째 서비스 실패 발생 후의 회복에서는 고객 충성도를 다시 높일 수 있지만 두 번째에는 회복의 역설 현상이 일어나지 않는다. - 서비스 실패에 대한 회복은 기업의 노력에 따라 고객과의 관계를 돈독하게 하기도 하지만, 기존의 서비스 문제를 더 악화시키기도 한다. 서비스 회복 과정에서 지나치게 빨리 해결하는 데만 초점이 맞춰질 경우 잠재적으로 이중 일탈 효과를 불러올 수도 있다. - 서비스 실패에 대한 효과적 대응은 개선 활동을 장려하는 기업 정책에 대한 고객과 직원의 믿음을 강화한다. 고객은 서비스 실패를 다루는 방법을 근거로 그 기업을 평가한다. - 신규 고객을 확보하는 것은 기존 고객을 유지하는 것보다 5배 이상의 노력이 필요하다. 회복 과정에서 고객 유지율을 20% 향상시키는 것은 10%의 비용을 절감시키는 효과가 있다.
19 불량 고객 관리의 기본 원칙	- 예방이 최선이다. - 고객에게 제품이나 서비스 사용법을 올바르게 알린다. - 고객과 접하고 있는 종업원들이 중요하다. - 고객 정보 시스템을 정비한다. - 모든 고객을 불량 고객으로 생각하지 않는다. - 고객의 입장에서 한 번 더 생각해 본다. - 관계의 청산은 프로페셔널하게 한다.

서비스 유통 관리

01 서비스 점포를 개설할 때 고려 사항	• 서비스의 접근 성격 • 서비스의 장비/설비 의존도 • 서비스의 대상 • 서비스의 제공자 • 서비스 제공의 전문성 • 서비스 자원의 통제 정도

02 유통의 필요성	• 수요 측면
	  – 소비자를 위한 가치 창출
	  – 탐색 과정 촉진
	  – 4가지 분류 기능(등급, 수합, 분배, 구색화)
	• 공급 측면
	  – 반복적인 거래 가능
	  – 교환 과정에서 효율성 제고

03 유통 범위의 결정	• 개방적 유통 전략
	  – 희망하는 소매점이면 누구나 자사의 상품을 취급할 수 있도록 한다.
	  – 식품, 일용품 등 편의품일 때 사용한다.
	• 선택적 유통 전략
	  – 개방적 유통 전략과 전속적 유통 전략의 중간적 형태로, 일정 지역 내에 일정 수준 이상의 이미지, 입지, 경영 능력을 갖춘 소매점을 선별하여 이들에게 자사 제품을 취급하도록 한다.
	  – 의류, 가구, 가전제품 등 선매품일 때 사용한다.
	• 전속적 유통 전략
	  – 일정한 상권 내에 제한된 수의 소매점에서 자사 상품만을 취급하게 한다.
	  – 귀금속, 자동차, 고급 의류 등 전문품에서 사용한다.

04 고객 특성에 따른 유통 경로 선호도	• 복잡한 고위험 서비스: 경제적·사회적·신체적 위험도가 높을수록 고객은 인적 채널에 의존하고, 기술적으로 복잡하거나 거래의 전문성이 필요한 경우 고객은 인적 채널에 의존한다. • 서비스 채널에 대한 확신: 서비스 채널에 대한 확신과 지식이 높을수록 고객은 비인적 채널(인쇄 매체, 방송 매체, 전시 매체)이나 셀프 서비스 채널(ATM 기기)을 선호한다. • 기술 수용 정도: 기술 수용에 우호적인 고객일수록 셀프 서비스 채널 이용에 긍정적이다.

	- 거래의 기능성 추구: 거래의 기능적 측면을 추구하는 고객은 주로 편리함을 선호한다. - 사회적 동기: 사회적 동기(특정한 목표를 달성하기 위한 행위의 계기가 되는 사회·문화적 보상이나 결과)를 지닌 고객은 인적 채널을 선호한다. - 편리함: 편리함은 대다수의 고객이 선호하는 채널이다.
05 다이렉트 채널의 의의	- 다이렉트 채널이란 서비스 제공자로부터 고객에게 바로 전달되는 직접 경로의 형태이다. - 직영 채널로 서비스 제공자가 중간상을 거치지 않고 직접 고객 접촉점을 소유, 관리한다. - 유통 경로의 구조는 주로 소규모 독립 서비스 제공자의 경우에 많이 나타난다.

06
다이렉트 채널의 장단점
	- 장점
	  - 서비스 생산, 판매 소비 현장을 완전 통제할 수 있다.
	  - 소유주가 서비스 생산이 제대로 수행되는지 감시, 통제, 평가, 보상함으로써 일관된 서비스 품질 제공이 가능하다.
	  - 고객 관계를 직접 관리할 수 있기 때문에 고객 서비스에 문제가 생겼을 경우 맞춤식 대응이 가능하다.
	  - 종업원의 채용, 해고, 교육, 동기 부여 등의 통제로 기업의 입장에서 이익을 가져온다.
	  - 중간상이 없기 때문에 조직 간 경로 갈등 문제가 발생하지 않는다.
	- 단점
	  - 직영 채널 운영에 대한 재무적 비용을 서비스 기업 단독으로 부담해야 한다.
	  - 지역적 문제로 서비스 유통에 어려움이 수반된다.
	  - 고객 만족을 이끌어 갈 수 있는 높은 전문성이 요구된다.

07
프랜차이즈
	- 의의: 프랜차이즈 본부(Franchisor)가 계약에 의해 가맹점(Franchisee)에 일정 기간 동안 특정 지역 내에서 자신들의 상표, 상호, 상업 운영 방식 등을 사용하여 제품이나 서비스를 판매할 수 있는 권한을 허가해 주고, 가맹점은 이에 대한 대가로 초기 가입비와 매출액의 일정 비율에 대해 로열티를 지급하는 형태의 경로 조직을 말한다.
	- 특성
	  - 가맹점은 프랜차이즈 본부의 상품, 서비스, 제조, 마케팅에 대한 노하우를 모두 전수받는다.
	  - 기업은 지점을 빠른 시간에 확대시킬 수 있다.
	  - 높은 투자 비용을 들이지 않고 복수의 지점들을 통해 일관된 서비스 콘셉트를 전달하는 데 효과적이다.
	  - 가맹점이 수행해야 할 서비스 활동을 명세화하고 개별 가맹점들에 대한 서비스 표준을 설계하여 통제할 수 있다.

08 에이전트 및 브로커	• 에이전트: 대리점 또는 대리인이라고도 하며, 기업이나 고객 중 어느 한쪽을 대신해 기업과 고객 간의 거래를 활성화시키는 역할을 한다. - 판매 에이전트: 판매 대행을 하기 때문에 서비스 생산자의 상품과 서비스를 판매할 수 있는 법적 권한을 갖는다. 일반적으로 하나의 서비스 공급자만을 대행하는 것이 아니라 다양한 서비스 공급자의 상품을 취급하고 있기 때문에 선택의 폭이 넓어진다. - 구매 에이전트: 소비자를 대신하여 상품과 서비스를 평가하고 구매하며, 전문 구매를 필요로 하는 소비자들과 장기적인 관계를 유지한다. • 브로커: 중개인이라고도 하며, 구매자와 판매자 간의 협상을 돕고 이들 간의 거래 관계를 맺어 주는 역할을 수행하는 중간상이다. 브로커는 구매자와 판매자의 대리자 역할을 지속적으로 하지 않고 거래가 성사되면 고용한 당사자로부터 수수료를 받기 때문에, 자금 조달과 같은 거래에 따른 위험 부담은 지지 않는다.	
09 전자 채널의 의의	• TV, 인터넷, SNS 등 다양한 전자 매체를 이용하여 서비스를 제공하는 유통 경로를 말한다. • 기업의 서비스 전달이 고객과의 직접적인 접촉이 아니라 전자 매체를 통하여 이루어지는 경우가 많다. • 최근에는 기업과 고객 모두 중간상을 배제하고자 하는 탈중간상화(Disintermediation) 현상이 나타나고 있다.	
10 전자 채널의 등장으로 인한 새로운 중간상의 역할과 기능	• 정보 수집의 역할 • 향상된 마케팅 커뮤니케이션 활동 • 기존 채널에 비해 향상된 고객 맞춤 서비스 제공 • 파이낸싱 역할 수행 • 물적 유통의 역할 수행	
11 유통 채널 간 갈등 발생 시, 의사 결정 원칙	• 채널 갈등의 대처는 수익성을 기준으로 의사 결정한다. • 채널별 수익과 비용 분석 결과를 토대로 육성의 우선순위를 결정한다. • 일반적으로 비용 측면에서는 전자 채널이, 수익 측면에서는 기존 채널이 유리한 경우가 많다. • 수익을 초과하는 비용이 발생하였다면 신중한 디마케팅 노력이 필요하다.	
12 성공적인 유통 경로	• 공동의 목표를 가진 고객 지향성 • 효과적, 효율적인 커뮤니케이션 • 공동 목표 달성을 위한 경로 구성원 간의 협조 • 명확한 통제 시스템과 보상 제도	

13 성장을 위한 유통 경로 전략 - 멀티 마케팅	• 복수 점포 전략 　- 장점: 빠른 확장, 빠른 매출의 성장, 쉬운 관리 　- 고려 사항: 좋은 입지, 재정적 지원, 품질 통제, 복수 매장 관리, 지나친 급성장 • 복수 서비스 전략 　- 장점: 기존 고객에게 더 좋은 서비스 제공, 신규 고객 확보에 용이, 매출 성장 　- 고려 사항: 효율성 저하, 재정적 지원, 복수 서비스 관리, 품질 통제 • 복수 시장 전략 　- 장점: 시설의 적절한 활용, 높은 매출 성장 　- 고려 사항: 보충 시장의 위치, 고객의 혼동, 서비스의 질 • 복수 점포 & 복수 서비스 전략 　- 장점: 매출 성장, 원스톱 쇼핑, 기존 고객에게 더 좋은 서비스 제공 　- 고려 사항: 간접비, 서비스의 질, 통제 가능한 시스템 규모 확보 • 복수 점포 & 복수 시장 전략 　- 장점: 매출 성장, 하나의 시장에 대한 각 점포의 전문화 　- 고려 사항: 간접비, 서비스의 질, 통제 가능한 시스템 규모 확보
14 옴니 채널	• 소비자가 온라인, 오프라인, 모바일 등 다양한 경로에서 상품을 검색하고 구매할 수 있는 서비스이다. • 각 유통 채널의 특성을 결합해 어떤 채널에서든 같은 매장을 이용하는 것처럼 느낄 수 있도록 한 쇼핑 환경을 뜻하기도 한다.
15 물리적 환경의 범주 - 베이커에 의한 구분	• 주변 요소 　- 실내 온도, 습도, 조명, 향기 등과 같은 배경적인 요소를 말한다. 　- 즉각 인지할 수 없지만 당연히 갖추어야 할 요소이기 때문에 부족하거나 적합하지 못할 때 인지된다. • 디자인 요소 　- 미적 요소(건축미, 색상)와 기능적 요소(레이아웃, 안정성)로 구분된다. 　- 서비스에 대한 긍정적 시각을 형성하고, 물리적 환경에 접근 행동을 자극할 수 있다. 　- 주변 요소에 비해 고객이 인식하기 쉽기 때문에 보다 큰 영향력을 행사한다. • 사회적 요소 　- 물리적 환경의 인적 요소인 고객과 종업원을 말한다. 　- 서비스 종업원의 숫자, 유니폼과 외모, 서비스 제공자의 행동 등이 해당된다. 　- 고객이 물리적 환경에 접근 또는 회피하는 행동에 영향을 미칠 수 있다.

16 물리적 환경의 역할

- 패키지 역할
  - 무형적인 서비스의 외적 표현으로 내부 이미지를 포장하여 고객에게 제공한다.
  - 고객에게 주는 첫인상으로 기대를 형성하는 데 중요한 영향을 준다.
- 편의 제공
  - 사람의 서비스 수행을 돕는다.
  - 물리적 환경을 어떻게 설계하느냐에 따라 서비스 활동이 증대되거나 억제될 수 있다.
  - 잘 설계되었다면 고객에게는 좋은 서비스 경험을, 종업원에게는 좋은 성과를 준다.
- 사회화 역할
  - 고객 또는 직원의 역할, 행동, 관계를 설명하는 데 도움이 된다.
  - 고객과 직원의 위치, 고객에게 보여지는 정도, 환경의 쾌적성을 보여 준다.
- 차별화 역할
  - 경쟁사로부터 차별화를 하면서 서비스 흐름에 맞춰 시장을 세분화할 수 있다.
  - 차별화는 포지셔닝과 세분화에 영향을 준다.

SUBJECT 05 코칭/교육 훈련 및 멘토링/동기 부여

01 성인 학습자의 특성	• 신체적 특성 　– 성장의 둔화와 함께 신체적 기능이 서서히 쇠퇴하기 때문에 성인기의 신체적 노화에 효과적인 학습 환경을 조성해야 한다. 　– 듣기 능력의 감퇴보다는 지각의 변화로 청력이 감소하므로 명확한 발음으로 천천히 교육해야 한다. • 심리적 특성 　– 자기 분야의 경험 축적으로 인해 자기중심적 경향 및 경직성으로 고집이 강해지는 경향이 있으므로 성인 학습자의 경험을 존중하고 학습에 시간적 여유를 충분히 준다. 　– 내향성과 조심성의 증가로 새로운 것에 시도하는 것을 두려워하는 경향이 있으므로 자신감을 갖도록 하는 촉진적인 자세와 친근한 사물 및 상황을 활용하는 것이 좋다. • 사회적 특성 　– 성인 초기, 중년기, 노년기 등 발달 단계 및 발달 과업에 따라 책임이 부여된다. 　– 책임 이행과 같은 선상에서 교육 요구가 발생한다.
02 성인 교육자로서 갖추어야 할 역량	• 전문성　　　　　　• 명확성 • 감정 이입　　　　• 열정 • 문화적 감수성
03 자기 주도적 학습	학습자 스스로가 자신의 학습 욕구를 진단하여 목표를 설정하고, 목표 달성을 위하여 필요한 인적 또는 물적 자원을 선택하며 학습 성과를 평가한다.
04 경험 학습 사이클	구체적인 경험 → 관찰과 성찰(성찰적 관찰) → 추상적인 개념화와 일반화 → 실험과 검증
05 직장 내/직장 외 교육 훈련	• 직장 내 교육 훈련(OJT; On the Job Training): 업무 현장에서 동료 선배가 피교육자의 직무 성숙 및 향상을 위한 교육 계획을 세우고 지도 및 평가하여 피교육자의 지도 육성에 관한 책임을 체계적으로 수행하는 기업 내 교육 훈련 방식이다. • 직장 외 교육 훈련(Off–JT; Off the Job Training): 기업에서 직무를 중단하고 직무 수행에서 벗어나 연수원 같은 장소에서 워크숍이나 집합 교육을 하는 것을 말한다.

06 교육 훈련 방법	• 강의식 방법: 정해진 강사와 교재 중심의 방법으로 교육 훈련에서 가장 보편적으로 사용한다. • 온라인 교육: 피교육자를 한곳에 집합시켜 교육하는 것이 곤란한 경우 사용되며 온라인에서 교육을 신청하고 PC나 모바일을 통해 학습하도록 한다. • 회의식 방법: 일정한 장소에 모여서 진행되며, 주제에 대한 견해, 지식, 경험 등을 발표하고 문제점 등에 대해 토론하는 방법이다. • 시청각 교육: 시청각 교재(비디오, DVD, 슬라이드, 오디오, 모형, 도표)를 이용한다. 학습 효과가 높기 때문에 강의식 방법에서 보조적으로 사용한다. • 직무 순환 교육: 담당 직무를 교대시킴으로써 직무 전반을 이해하고 경험을 풍부하게 만드는 훈련이다. • 사례 연구: 실제 사례를 선정하여 훈련 참가자들에게 소개하고 토론하는 방법이다. • 역할 연기(롤플레잉): 실제 현장과 동일한 상황을 가정하여 연출해 봄으로써 서비스 현장의 실무 지식을 획득할 수 있고, 고객 상황에 대한 공감 및 이해력을 향상시킨다. 교육생의 관심과 몰입도가 높으며, 커뮤니케이션 역량이 증대된다. • 비즈니스 게임(모의 경영): 경영 실태를 재현한 모의 회사를 운영해 보며 연습하는 방법이다. • 브레인스토밍: 5~10명이 집단 회의를 열어 자유롭게 아이디어를 창출하는 방법이다. 질보다 양에 치중한 아이디어를 개발할 수 있다. • 감수성 훈련: 대인 관계 속에서 정신적인 갈등이나 대립을 해결하면서 자기 통찰, 감수성의 개발이 촉진되고 상황에 적합한 태도 및 행동을 취하게 되는 것을 목적으로 한다.
07 코치의 역할	• 전문가(Specialist) • 조언자(Advisor) • 안내자(Guider) • 동반자(Partner) • 평가자(Assessor)

08
코칭의 5가지 스킬
	• 질문 스킬: 부하 직원의 잠재력을 끌어올리기 위해 특정 질문을 확대 질문으로, 과거 질문을 미래 질문으로, 부정 질문을 긍정 질문으로 바꾸어 질문한다.
	• 경청 스킬
	  - 적극적·공감적 경청을 통해 코칭 과정에서 상대방의 마음을 열고 신뢰를 형성할 수 있다.
	  - 객관적인 관점에서 상대방의 입장을 듣는 동시에 자기반성과 자기 성찰의 기회를 준다.
	• 직관 스킬
	  - 코치가 자신의 직관을 활용하여 코칭하는 기술이다.
	  - 코치는 생각하지 않고, 예측하지 않으며, 리드하지 않는다.

- 자기 관리 스킬: 코치는 자기 자신부터 관리할 수 있어야 한다.
- 확인 스킬: 피코치에게 중요한 사항을 확인하기 위한 기술로, 피코치의 과거, 현재, 미래를 확인한다.

09 GAPS 코칭 모델 단계별 스킬

[1단계 – 목표 설정하기(Goal Setting)]
- SMART 목표 설정
  - Specific: 구체적이고 실제적인 문제를 다루고 있는가?
  - Measurable: 측정 가능한가?
  - Achievable: 달성 가능한 목표인가?
  - Realistic/Result Oriented: 현실적인가?/결과 지향적인가?
  - Time Bound: 정해진 시간 내에 달성 가능한가?
- 질문하기: 피드백을 주고 그에 대한 영향과 이해도를 점검하기 위한 기술로, 직원의 가능성을 끌어내기 위한 질문을 사용할 수 있어야 한다.
  - 특정 질문 → 확대 질문
  - 과거 질문 → 미래 질문
  - 부정 질문 → 긍정 질문
  - 폐쇄형 질문 → 개방형 질문
- 경청하기
  - 상대방의 시각에 대해 탐색하고 경청하려는 태도를 취한다.
  - 코치가 정확히 듣고 이해하고 있는지 점검해야 하며 상대방이 이야기한 내용의 중요성을 인식하고 있다는 것을 보여 준다.
  - 이야기 속에 숨어 있는 감정과 필요에 대해 공감해 주어야 한다.
- 말하기: 의도하는 메시지가 정확하게 전달되었는지를 확인하고 상대방이 코치의 이야기가 미치는 영향에 대해 인식하고 있어야 한다.

[2단계 – 현재 진행 과정 평가하기(Assessing Current Progress)]
- 피코치가 현재까지 이루어 낸 결과에 대해 진지하고 공정하게 평가하고 피드백하는 단계이다.
- 건설적인 피드백으로 행동 실행의 과정, 결과, 개선점을 확인하고 스스로 마무리하도록 이끌어야 한다.
- 자료의 수집과 성과 달성 여부에 대한 이유 탐색 과정이 포함된다.
- 다양한 시각에서 자료를 수집하고 성과 달성 여부에 대한 이유를 탐색한다.

[3단계 – 다음 단계 계획하기(Planning the Next Steps)]
- 목표 수정이나 더 많은 지원 등 다음 단계에 무엇을 할 것인가를 함께 논의하는 단계이다.
- 새로운 원인과 대안 전략을 찾아내기 위해 브레인스토밍을 한다.
- 선택할 수 있는 대안들의 폭을 좁혀서 최선의 대안을 고려한다.

[4단계 – 변화 행동 지원하기(Supporting the Action)]
- 피코치의 재능, 역량, 기술 등을 향상시켜 더 높은 성과를 낼 수 있도록 코치가 환경 조성, 정보나 자료 제공, 지식 공유 등을 통해 적극적으로 도와주는 단계이다.
- 역할 모델이 되어 주고 피코치를 이해하고 있음을 지속적으로 표현하는 것이 필요하다.

10	피코치가 성과를 내지 못하는 이유	• 역량: 자신의 능력을 제대로 파악하지 못하고 너무 많은 일을 수행하는 경우, 자신의 시간을 효율적으로 관리하지 못하는 경우 • 능력: 필요한 지식과 스킬이 부족한 경우 • 태도: 다른 업무나 개인적인 문제가 특정 과제에 대한 태도나 마음가짐에 영향을 미치는 경우, 내면에 있는 좌절감이나 분노감의 원인이 불분명한 경우, 피코치에게 동기 부여를 하기에 부적합한 일인 경우 • 지원: 필요한 시간이나 자금, 지원 인력이나 도구의 보유 여부 등 피코치가 수행하는 데 필요한 것이 무엇인지 모르는 경우 • 문제 구성: 코치와 피코치가 문제를 구성하는 방법이 다른 경우

11	GROW 코칭 모델과 단계별 질문	• 1단계 – 목표(Goal) 설정: 단기/장기 목표 및 코칭 주제 설정
		  – 앞으로 어떻게 되기를 원하나요?
		  – 목표를 성취했을 때의 모습은 어떤가요?
		  – 당신의 목표 달성 정도를 계량화할 수 있나요?
		• 2단계 – 현실(Reality) 점검: 현재 어떤 상황에 있으며 어떤 일이 일어나고 있는가를 탐색
		  – 현재 자신의 위치에 대해 어떻게 생각하나요?
		  – 미흡한 것은 무엇이고, 개선책은 무엇이라고 생각하나요?
		  – 당신을 즐겁게 만드는 것은 무엇인가요?
		• 3단계 – 대안(Option) 탐구: 목표 달성을 위한 구체적이고 세부적인 방법 작성
		  – 여러 개선책 중 가장 중요한 것은 무엇인가요?
		  – 해결책을 시행하기 위해 어떤 자원이 필요하십니까?
		  – 구체적인 실행 계획은 어떻게 되나요?
		• 4단계 – 실행 의지(Will/Wrap-up): 미래 지향적 의지와 결론 도출
		  – 추가적인 개선책을 언제까지 할 수 있을까요?
		  – 예상되는 장애나 위협 요인이 있나요?
		  – 당신 스스로 평가한 후, 이를 개선하기 위해 어떤 지원이 필요한가요?

12	동료 코칭 전략	• 상대방에게 코칭이 필요한지, 원하고 있는지, 당신을 적절한 코치로 생각하고 있는지 파악하기 위해 개인적인 접근이 필요하다. • 고민과 도전 과제를 편안하게 공유할 수 있는 수준에서 관계를 형성한다. • 자연스러운 만남의 기회를 만든다. • 상대방에게 도움을 받을 의향이 있는지 물어본다. • 코칭의 목적을 명확하게 하는 것이 좋다. • 당신에 대한 이야기를 한다.
13	상사 코칭 전략	• 상사가 어떤 것을 잘하고 있는지를 알려 준다. • 피드백이나 건설적인 제안을 할 때, 상사의 강점이나 상사가 가치 있게 생각하는 목표와 연결하는 것이 좋다. • 부정적인 피드백 제공 시, 그 피드백이 얼마나 중요하고 적절한지, 상사가 해당 문제에 대해 변화 행동을 할 수 있을지에 대해 생각한다.

	• 상사가 피드백을 어느 정도 수용할 수 있을지에 대해 미리 파악한다. • 상사가 스스로 아이디어를 생각한 것처럼 만들어 주는 것이 바람직하다.

14
멘토링의 실행 방법
	• 경력 개발을 위한 멘토링
	  – 후원하기 – 노출 및 소개하기
	  – 지도하기 – 보호하기
	  – 도전적인 업무 부여하기
	• 심리 사회적 안정을 위한 멘토링
	  – 수용 및 지지하기 – 상담하기
	  – 우정 형성하기

15
감정 노동의 결과
	• 부정적 결과 – 소외가설(Alienation Hypothesis)
	  – 지속된 부조화는 자신 스스로를 거짓을 표현하는 자아로 인식하고 평상시의 감정 상황에서도 자신의 감정을 드러내기 두려워한다.
	  – 타인과의 감정적 관계 형성을 어려워하고 감정적 부조화가 감정적 고갈을 경험하게 한다.
	  – 신체적·정신적 문제를 야기한다.
	  – 종사자의 직무 스트레스 수준이 상승하고 직무 만족과 조직 몰입에 부정적인 영향을 미친다.
	• 긍정적 결과 – 안면환류가설(Facial Feedback Hypothesis)
	  – 종사자의 심리상 긍정적 영향으로 얼굴에 드러나는 표현 변화는 현재의 감정이 표면화된 것일 뿐만 아니라 반대로 감정의 변화를 유발한다.
	  – 감정 노동을 지각하는 종사자들 간에 상호 관계를 더욱 돈독하게 만들어 직무 만족도에 궁극적인 효과가 있다.
	  – 감정 노동이 익숙해지면 종사자들이 스스로 불쾌한 상황에서 심리적인 거리를 두기 때문에 스트레스가 감소하고 만족감을 증가시킬 수 있다.

16
직무 스트레스의 관리
	• 조직적 차원
	  – 과업의 재설계, 의사 결정에 관한 직원들의 참여를 늘리는 참여적 관리
	  – 구성원의 수행 역할을 명확히 정의하는 역할 분석(Role Analysis)
	  – 구성원의 개인적 성향을 고려한 업무 배치
	  – 구성원 개인의 직무에 대한 구체적인 목표 설정(Goal Setting)과 적극적 피드백
	  – 복리 후생 프로그램 및 조직 내 의사소통 향상
	• 개인적 차원
	  – 직무 환경(근무 교대 주기, 시간 관리) 등의 조정
	  – 생활 스타일(업무 외 생활, 여가 시간 활용, 긴장 완화 방법 모색) 관리
	  – 사회적 지원 네트워크 구축(친구, 가족 및 동료와의 관계, 전문가 상담 등)

17 **욕구 5단계 이론**	• 1단계: 생리적 욕구 • 2단계: 안전의 욕구 • 3단계: 사회적 욕구 • 4단계: 존경의 욕구 • 5단계: 자아실현의 욕구

18 임파워먼트의 수준	• 개인 수준의 임파워먼트: 개인의 직무 수행에 필요한 제반 역량의 증진으로, 조직 구성원들이 자기 효능감(Self-efficacy)을 가질 수 있도록 함으로써 무력감을 해소시키는 과정이다. 예 개인의 사고 변화와 역량 증대 • 집단 수준의 임파워먼트: 두 사람 이상의 상호 관계가 있을 때 생기는 개념으로, 조직 내 무력감을 없애는 권한의 생성·발전·증대에 초점을 맞추어 상대방의 저항을 극복하는 능력과 관련된 개념이다. 예 권한 이전과 관계 증진 • 조직 수준의 임파워먼트: 조직의 변화를 통하여 경쟁력을 갖추고 강화하려는 경영 흐름으로, 새로운 신념, 지식, 가치, 능력을 탐색하거나 창출 및 이용하는 과정이다. 즉 조직의 각종 규정, 제도, 구조 등의 변화를 의미한다. 예 제도, 구조 변화를 통한 임파워먼트 의향과 행동 정착
19 서비스 마케팅의 구성	• 외부 마케팅: 고객에 대한 기업의 마케팅 노력을 의미한다. • 내부 마케팅: 직원이 고객에게 최상의 서비스를 제공할 수 있도록 교육 훈련시키고 동기 부여를 한다. • 상호 작용 마케팅: 고객과 접촉하여 서비스를 제공하는 직원과 고객 간의 마케팅이다.
20 내부 마케팅의 역할	• 조직 내 서비스 문화의 창조와 유지 • 서비스 품질의 향상과 유지 • 조직적 통합
21 내부 마케팅의 성공 전략	• 직원의 역할과 중요성 인식 • 직원의 만족도 측정 • 통합적인 인적 자원의 관리 • 경영층의 적극적인 지원

고객의 꿈, 직원의 꿈, 지역사회의 꿈을 실현한다

펴낸곳 (주)에듀윌 **펴낸이** 양형남 **출판총괄** 김기철 **에듀윌 대표번호** 1600-6700
주소 서울시 구로구 디지털로 34길 55 코오롱싸이언스밸리 2차 3층
© 2025 eduwill. Created with AI assistance.
협의 없는 무단 복제는 법으로 금지되어 있습니다.

에듀윌 도서몰	• 부가학습자료 및 정오표: 에듀윌 도서몰 > 도서자료실
book.eduwill.net	• 교재 문의: 에듀윌 도서몰 > 문의하기 > 교재(내용, 출간) / 주문 및 배송

핵심요약(이론+모의고사)
무료특강 제공

고퀄리티의 강의로 SMAT 모듈 B
합격에 한 걸음 더 가까워집니다.

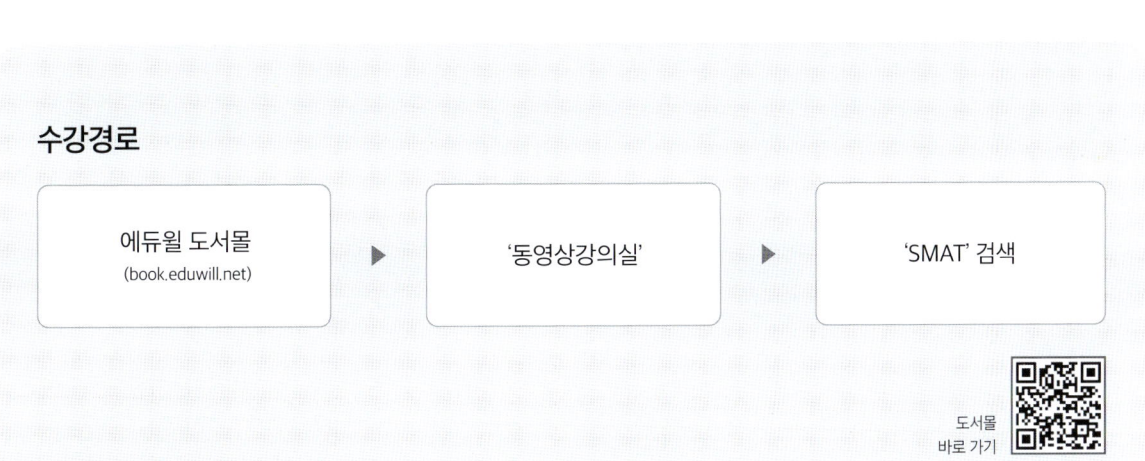

에듀윌로 합격한
찐! 합격스토리

김○아 합격생

모듈 A, B, C 한 번에 합격, 에듀윌이라 가능했어요!

육아와 가사로 인해 시간적 여유가 많지 않은 주부들에게는 단기간에 끝낼 수 있는 핵심정리와 요약이 굉장히 중요하잖아요! SMAT 공부를 하며 에듀윌의 빈출 족보와 사례형의 예시들이 이해하는 데 많은 도움이 되었습니다. 또한 무료 강의를 들으면서 강사님께서 각 파트별로 들어주는 예시들을 꼼꼼히 메모해 두었더니 복습할 때 큰 도움이 되더라고요. SMAT는 최소한 3회 복습을 기본적으로 하고, 헷갈리는 문제들이 많으니 요약된 지문을 자세히 정독하는 것을 추천합니다. 또 본문을 학습하면서 적중 예상문제를 푸는 것도 중요합니다! 여러분도 할 수 있습니다. 시작이 어려울 뿐 합격하고 나면 남는 건 뿌듯함입니다!

한○기 합격생

1주면 됩니다. 에듀윌 SMAT로 지금 시작하세요!

서비스직에 종사했었음에도 불구하고 생소한 용어들이 많았는데, 에듀윌 SMAT는 용어 개념정리를 먼저 해주고 '합격팁'으로 학습별 가이드를 제공하고 있어 단기간 이론 습득에 도움이 많이 되었습니다. 무엇보다 단기 합격에 초점을 맞춘 책이라 불필요한 내용이 없고 시험에 나온 내용 위주로 구성되어 있는 점, 실제 시험과 유사한 모의고사가 수록되어 있고 빈출족보가 수록되어 있다는 점 등이 단기 합격을 목표로 하고 있는 예비 응시생에게 적극 추천해 주고 싶은 부분입니다. 예비 응시생 여러분, 에듀윌 책 한 권으로 단 1주 만에 합격하고 Skill Up하세요!

강○미 합격생

SMAT 합격은 에듀윌을 추천합니다!

서비스 관련 전공을 했지만, 공부를 안 한 지 너무 오래되어 막상 자격증을 위한 시험을 본다고 하니 앞이 막막했는데 1주끝장으로 시원하게 합격했습니다. 하루에 한 파트씩 무료강의를 듣고 책 내용 중 빈출이라고 표시되어 있는 부분들을 중점적으로 보았는데 대체로 그 부분에서 시험 출제가 많이 되었습니다. 시험을 앞두고 가볍게 핸드북처럼 제공된 빈출족보를 들고 다니면서 수시로 외우고, 함께 수록되어 있는 OMR 카드로 마킹 시간까지 체크하며 모의고사를 실제 시험처럼 연습하였더니 좋은 성적으로 합격할 수 있었습니다. 합격을 위한 지름길, 책 한 권에 수험생들을 위한 배려까지 담아주는 에듀윌을 추천합니다!

다음 합격의 주인공은 당신입니다!

빠르고 확실한 1주 플래너

플래너 이용 TIP!
SUBJECT마다 자주 출제되는 유형에 맞춰 학습하세요!

 사례형 — 사례에서 이론을 찾을 수 있어야 해요!

 연결형 — 정의와 의미를 정확하게 알아두세요!

 OX형 — 헷갈리는 이론이 없도록 꼼꼼히, 여러 번 보세요!

	차례 및 학습순서			공부한 날	
SUBJECT 01 서비스 세일즈 및 고객 상담	CH 01 서비스 세일즈의 이해	P.18	1일	월	일
	CH 02 서비스 세일즈 전략 분석 사	P.23		월	일
	CH 03 성공적인 고객 세일즈 전략	P.32		월	일
	CH 04 고객 상담 방법 사	P.35		월	일
	CH 05 MOT 분석 및 활용 OX	P.38		월	일
	적중 예상문제	P.41		월	일
SUBJECT 02 고객 관계 관리(CRM)	CH 01 고객의 분류 및 고객 구매 사이클	P.58	2일	월	일
	CH 02 고객 포트폴리오 전략 및 고객 가치의 이해 OX	P.62		월	일
	CH 03 고객 관계의 이해	P.67		월	일
	CH 04 고객 가치를 높여 주는 고객 관계 관리(CRM)	P.74		월	일
	CH 05 고객 접점에서의 고객 경험 관리(CEM) 사	P.80		월	일
	적중 예상문제	P.85		월	일
SUBJECT 03 VOC와 컴플레인 관리	CH 01 VOC의 이해	P.100	3일	월	일
	CH 02 VOC 관리 시스템 사	P.104		월	일
	CH 03 컴플레인의 개념 및 해결 방법 사	P.109		월	일
	CH 04 서비스 실패와 회복 프로세스	P.117		월	일
	CH 05 우수 고객과 불량 고객	P.123		월	일
	적중 예상문제	P.127		월	일
SUBJECT 04 서비스 유통 관리	CH 01 상권의 이해	P.144	4일	월	일
	CH 02 서비스 유통 경로	P.147		월	일
	CH 03 서비스 유통 시간과 장소 관리	P.151		월	일
	CH 04 서비스 유통 채널 연	P.154		월	일
	CH 05 서비스 환경의 이해 사	P.161		월	일
	적중 예상문제	P.164		월	일
SUBJECT 05 코칭/교육 훈련 및 멘토링/동기 부여	CH 01 성인 학습의 이해	P.178	5일	월	일
	CH 02 교육 훈련 연	P.183		월	일
	CH 03 서비스 코칭의 이해와 실행 사	P.187		월	일
	CH 04 서비스 멘토링	P.193		월	일
	CH 05 감정 노동과 동기 부여 연	P.195		월	일
	CH 06 서비스 마케팅과 내부 마케팅	P.205		월	일
	적중 예상문제	P.208		월	일
특별부록	모의고사	01회		6일	월	일
		02회			월	일
	빈출족보			7일	월	일

여유가 있다면 2주 플래너

플래너 이용 TIP!
SUBJECT마다 자주 출제되는 유형에 맞춰 학습하세요!

- **사례형**: 사례에서 이론을 찾을 수 있어야 해요!
- **연결형**: 정의와 의미를 정확하게 알아두세요!
- **OX형**: 헷갈리는 이론이 없도록 꼼꼼히, 여러 번 보세요!

	차례 및 학습순서			공부한 날	
SUBJECT 01 서비스 세일즈 및 고객 상담	CH 01 서비스 세일즈의 이해	P.18	1일	월	일
	CH 02 서비스 세일즈 전략 분석 (사)	P.23		월	일
	CH 03 성공적인 고객 세일즈 전략	P.32		월	일
	CH 04 고객 상담 방법 (사)	P.35	2일	월	일
	CH 05 MOT 분석 및 활용 (OX)	P.38		월	일
	적중 예상문제	P.41		월	일
SUBJECT 02 고객 관계 관리(CRM)	CH 01 고객의 분류 및 고객 구매 사이클	P.58	3일	월	일
	CH 02 고객 포트폴리오 전략 및 고객 가치의 이해 (OX)	P.62		월	일
	CH 03 고객 관계의 이해	P.67	4일	월	일
	CH 04 고객 가치를 높여 주는 고객 관계 관리(CRM)	P.74		월	일
	CH 05 고객 접점에서의 고객 경험 관리(CEM) (사)	P.80	5일	월	일
	적중 예상문제	P.85		월	일
SUBJECT 03 VOC와 컴플레인 관리	CH 01 VOC의 이해	P.100	6일	월	일
	CH 02 VOC 관리 시스템 (사)	P.104		월	일
	CH 03 컴플레인의 개념 및 해결 방법 (사)	P.109		월	일
	CH 04 서비스 실패와 회복 프로세스	P.117	7일	월	일
	CH 05 우수 고객과 불량 고객	P.123		월	일
	적중 예상문제	P.127		월	일
SUBJECT 04 서비스 유통 관리	CH 01 상권의 이해	P.144	8일	월	일
	CH 02 서비스 유통 경로	P.147		월	일
	CH 03 서비스 유통 시간과 장소 관리	P.151		월	일
	CH 04 서비스 유통 채널 (연)	P.154	9일	월	일
	CH 05 서비스 환경의 이해 (사)	P.161		월	일
	적중 예상문제	P.164		월	일
SUBJECT 05 코칭/교육 훈련 및 멘토링/동기 부여	CH 01 성인 학습의 이해	P.178	10일	월	일
	CH 02 교육 훈련 (연)	P.183		월	일
	CH 03 서비스 코칭의 이해와 실행 (사)	P.187	11일	월	일
	CH 04 서비스 멘토링	P.193		월	일
	CH 05 감정 노동과 동기 부여 (연)	P.195		월	일
	CH 06 서비스 마케팅과 내부 마케팅	P.205	12일	월	일
	적중 예상문제	P.208		월	일
특별부록	모의고사	01회	13일	월	일
		02회		월	일
	빈출족보		14일	월	일

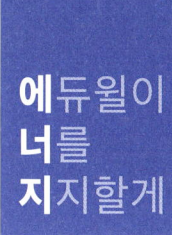

세상을 움직이려면
먼저 나 자신을 움직여야 한다.

– 소크라테스(Socrates)

에듀윌 SMAT 모듈 B

1주끝장

INTRO
머리말

※ 저자 순서는 가나다 순입니다.

SMAT 전문 교수진이 단기 합격을 보장합니다

SMAT로 서비스 기초부터 전문가 수준까지

그동안 서비스 산업 분야는 다른 산업과 달리 직무가 광범위하고 유동적이라는 이유로 하나의 통합된 학습을 통한 자격 인증을 한다는 것이 매우 어려웠다. 하지만 국가공인 SMAT는 다양한 서비스 분야의 종사자들이 자신의 직무에 얽매이지 않고, 서비스 기초부터 전문가 수준까지 수준별로 학습하고, 단계별로 자격을 인정받을 수 있는 기준을 제시하였다. 필자는 다양한 서비스 세일즈 현장을 경험한 실무 자산과 많은 교육 현장에서 SMAT를 지도해 온 경험 자산을 토대로 수험생이 이해하기 쉽고, 합격률을 높일 수 있는 내용을 이 책에 담았다.

김정현

- **약력**
  - 한국외국어대학교 경영대학원 석사
  - 현) 더몰트마곡/번타임코리아 대표
    - 부천대학교 공동훈련센터 외래교수
    - 산업인력공단 일학습병행 영업/마케팅 교수
  - 전) 대전보건대학교 창업&경영 겸임교수
    - 한국생산성본부 본부직속 SMAT 공인강사
    - 리츠칼튼 호텔 호텔리어
    - (주)프라이어스 사업 본부장

SMAT 합격으로의 지름길

수년간 많은 기업체와 대학에서 서비스 교육을 하면서 서비스가 학문으로서 인정받지 못하고 있다는 느낌을 받았다. 때문에 SMAT는 본인뿐 아니라, 많은 서비스 강사 혹은 교수들에게 사막의 오아시스 같은 존재였을 것이다. 이 책은 자격증 취득 이상으로 '서비스'에 물음표를 가지는 모든 이들에게 체계적으로 정리된 이론과 사례로 도움을 주고자 하였다. 현장 실무에서 꼭 알아야 하는 내용으로 서비스 입문자부터 관리자까지 누구나 이해하기 쉽게 구성하여 합격의 지름길로 안내할 것이다.

박정아

- **약력**
  - 한양대학교 교육공학과 박사과정, 서강대학교 교육대학원 석사
  - 현) IT&BASIC 교육연구소 소장
    - 포스코(POSCO) 외 CS전문강사
    - 한국생산성본부 파트너강사
  - 전) (주)호텔신라 면세유통사업부 CS팀 근무
    - (주)홈플러스테스코 CS전문강사
    - 오산대학교 관광서비스경영실무 외래교수
- **수상**
  - 제11회 i-TOP 경진대회 서비스경영 분야 최우수상

서비스 전문가로의 시작

더욱 다양해지는 고객의 요구에 기업은 고객 중심적인 사고와 행동으로 고객 감동을 실현하고 있다. 때문에 기업에서는 서비스 경쟁력 강화를 위해 반드시 서비스 전문가를 필요로 하고, SMAT는 이런 요구에 기초를 다지는 초석이 될 것이다. 다년간 SMAT를 준비하는 수험생들과 함께 공부하며 그들이 원하는 것이 무엇인지, 합격을 위해 어떻게 공부해야 되는지에 대한 고민을 하였고, 그 노하우를 이 책에 담았다. SMAT에 도전하는 모든 분들께 큰 도움이 되기를 바라며 진심으로 합격을 응원한다.

유지영

■ 약력
인하대학교 교육대학원 석사
현) SP컨설팅 대표
　　커넥트밸류(주) 전임강사
　　한국교육정보센터 이사
　　한국생산성본부 인증 SMAT 공인강사
　　연성대학교, 신안산대학교, 대림대학교 SMAT 외래교수
전) 한화생명 CS전문강사

검수
양용훈

■ 약력
경희대학교 일반대학원 마케팅 석사
현) 커넥트밸류(주) 대표
　　창의적서비스연구소 소장
　　한국강사협회 이사
전) 한국생산성본부 CS교육팀 책임전문위원/팀장
　　서울시 고객만족자문위원회 자문위원
　　SMAT 출제위원
　　행복한성공컨설팅 대표
　　제주국제자유도시개발센터 CS자문위원

GUIDE 시험 안내

국내 최초 서비스경영 분야 국가공인 자격

2015년부터 국가공인 자격시험으로 시행되어 다수의 기업과 대학에서 구성원의 서비스 역량 강화를 위해 활용하고 있다.

국가직무능력표준(NCS)기반 실무형 자격

NCS에 의거 산업별, 직무별 핵심 역량 및 성공 요인으로 설계되어 현장 활용도가 높은 실무형 자격시험이다.

학점은행제에 따른 학점인정

국가평생교육진흥원 고시 '제24차 자격학점 인정기준'에 의거하여 1급(컨설턴트) 취득 시 10학점, 2급(관리자) 취득 시 6학점이 부여되어 서비스경영 분야의 최대 학점으로 인정된다.

※ 1급(컨설턴트): 전문학사(경영, 관광경영), 학사(경영학, 관광경영학, 호텔경영학)일 경우, 전공필수 학점으로 인정
※ 2급(관리자): 전문학사(경영, 관광경영)일 경우, 전공필수 학점으로 인정
※ 위에 제시된 전공이 아닐 경우, 일반선택 학점으로 인정

1. 2026 시험일정

SMAT는 2, 4, 6, 8, 10, 12월은 둘째 주 토요일에, 5, 11월은 넷째 주 토요일에 시행됩니다(연 8회). 시험 방문접수는 'KPC자격지역센터'에서 가능합니다. 지역센터도 사전 연락 후 내방 바랍니다.

※ 시험일정은 시행처 사정에 따라 변경될 수 있으니 반드시 'KPC자격 홈페이지(license.kpc.or.kr)를 통해 확인 바랍니다.

2. 등급 부여 기준

SMAT는 각 모듈별로 응시할 수 있으며, 합격한 모듈에 따라 등급을 부여한다. 모듈 B 또는 모듈 C를 먼저 취득할 경우 모듈 A를 취득해야 자격이 부여되므로 모듈A의 우선 취득을 권장한다.

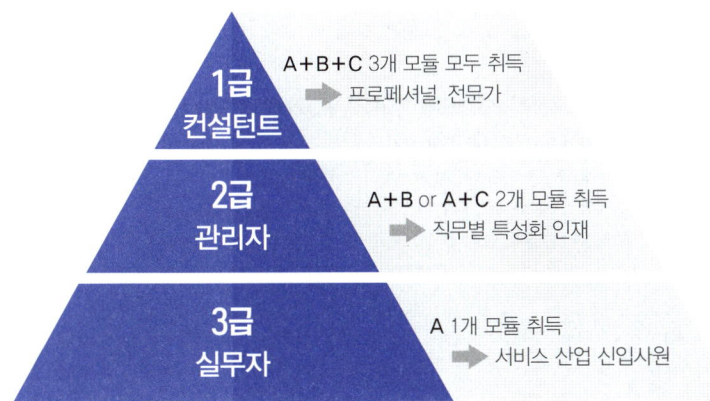

※ 시험방법: PBT 방식으로 모듈별 70분간 진행하며 5개 유형으로 총 50문항 출제
※ 합격기준: 100점 만점 중 70점 이상 합격

3. 모듈 B 세부 출제범위

과목	출제범위
서비스 세일즈 및 고객 상담	서비스 세일즈의 이해, 서비스 세일즈 전략 분석, 고객 상담 전략, 고객 유형별 상담 기법, MOT 분석 및 관리 등
고객 관계 관리 (CRM)	고객 관계 이해, 고객 획득-유지-충성-이탈-회복 프로세스, CRM 시스템, 고객 접점 및 고객 경험 관리, 고객 포트폴리오 관리 등
VOC 분석/관리 및 컴플레인 처리	VOC 관리 시스템 이해, VOC 분석/관리법 습득, 컴플레인 개념 이해, 컴플레인 대응원칙 숙지, 컴플레인 해결 방법 익히기 등
서비스 유통 관리	서비스 구매 과정의 물리적 환경, 서비스 유통채널 유형, 서비스 유통 시간/장소 관리, 전자적 유통경로 관리, 서비스 채널 관리 전략 등
코칭/교육 훈련 및 멘토링/동기 부여	성인 학습의 이해, 교육 훈련의 종류 및 방법, 서비스 코칭의 이해/실행, 정서적 노동의 이해 및 동기 부여, 서비스 멘토링 실행 등

GUIDE

4. 시험유형

SMAT 시험은 모듈별 50문항으로 구성되며, 5가지 유형으로 출제된다.

PART 1 일반형 | 5지선다형으로, 24문항 출제

1. 고객과의 올바른 상담 원칙에 해당하지 <u>않는</u> 것은?
   ① 고객의 말을 끝까지 듣고 경청한다.
   ② 중요 포인트마다 간단히 메모하고 반복하여 확인한다.
   ③ 상담 중에 수시로 칭찬하고 공감하여 고객을 신명나게 만든다.
   ④ 고객의 주장을 논리적으로 설득하면서 자신의 입장을 명확히 한다.
   ⑤ 감정적인 말에도 미소로 응대하며 고객이 원하는 것이 무엇인지 파악한다.

PART 2 O/X형 | 주어진 문장의 참과 거짓을 판별하는 유형으로, 5문항 출제

[25~29] 다음 문항을 읽고 옳고(O), 그름(X)을 선택하시오.

25. 서비스의 가장 민감한 현장인 MOT에서는 곱셈의 법칙이 적용되지 않는다. (① O ② X)

26. 고객 포트폴리오 관리는 시장과 고객에 대한 분석과 기업이 지닌 서비스 역량을 분석하여 불량 고객을 찾아내기 위하여 시행한다. (① O ② X)

PART 3 연결형 | 제시된 보기 중 문장에서 설명하는 내용과 일치하는 보기를 찾는 유형으로, 5문항 출제

[30~34] 다음 설명이 의미하는 적합한 단어를 각각 선택하시오.

| ① 불만 고객 | ② 롤 모델 | ③ 사업 형태 프랜차이징 |
| ④ MTP 기법 | ⑤ ERG 이론 | |

30. 고객의 컴플레인을 처리하는 기법 중 하나로 사람(Man), 시간(Time), 장소(Place)를 바꾸어 컴플레인을 처리하는 방법이다. (   )

PART 4 사례형 비즈니스 상황에서 접할 수 있는 다양한 상황을 서술한 제시문을 바탕으로 문제를 푸는 유형, 10문항 출제

38. 다음은 서비스 직원 대상 '컴플레인 처리 스킬 향상 교육'에서 강사가 서비스 실패의 원인에 대하여 설명한 내용이다. 이 중에서 '고객 측 원인'에 해당하는 사항으로만 구성된 것은?

> 가. 서비스 직원이 고객 감정을 제대로 살펴서 배려를 잘해야 하는데, 그렇게 하지 않으면 서비스 실패가 되기 쉽습니다.
> 나. 매일 반복되는 일을 하다 보면 자칫 고객 응대를 무성의하게 해서 고객의 기분을 상하게 하는 경우가 있습니다.
> 다. 거래를 중단하거나 바꾸려는 심리로 의도적인 불만 제기를 하는 경우도 간혹 있습니다.
> 라. 매출 목표 압박으로 인하여 무리하게 판매를 권유하게 되면 후유증이 나타날 수 있습니다.
> 마. 구매 전의 지나친 기대 심리나 자신의 기억 착오로 직원과 마찰이 생겨서 서비스가 나쁘다고 하는 경우도 많습니다.

① 가 - 나 ② 나 - 다 ③ 다 - 마
④ 다 - 라 ⑤ 라 - 마

PART 5 통합형 비즈니스 상황에서 접할 수 있는 다양한 상황을 서술한 제시문을 바탕으로 2개의 문항을 푸는 유형, 6문항 출제

[45~46] 다음은 패밀리 레스토랑에서의 고객과 점원 간의 대화이다. 읽고 물음에 답하시오.

> 고객: (메뉴판을 보며) 이것도 마음에 들고, 저것도 마음에 드네요. 도대체 어떤 것을 골라야 할지 모르겠어요. 아, 이것도 괜찮겠네요.
> 점원: 네, 고객님. 우리 레스토랑에서 가장 잘 나가는 메뉴는 A와 B세트 메뉴입니다. 다만, A세트 메뉴는 지금 할인이 되어 가격이 저렴하고, B세트 메뉴는 할인이 되지 않고 있습니다.
> 고객: 할인이 되는 A세트 메뉴는 어떤 장점이 있나요?
> 점원: A세트 메뉴는 할인이 되면서도 장점이 많습니다. B세트 메뉴에는 음료수가 포함되어 있지 않은데, A세트 메뉴는 음료수가 한 잔 제공됩니다. 하지만 고객님이 원하시는 메뉴를 고르는 게 중요하죠.
> 고객: A세트 메뉴는 가격 할인도 되고 여러모로 장점도 많네요. 사실 처음에는 B세트 메뉴가 더 맘에 들었는데, 설명해 주시는 것을 들으니 A세트 메뉴가 낫겠네요. A세트 메뉴로 하겠습니다.

시험 당일, 합격 전략

어렵다고 포기하지 말고 상황을 상상하자!

SMAT 시험은 실무형 자격 시험이라는 취지에 맞게 실제 사례를 묻는 문제가 많이 출제된다.
때문에 문제가 어려울 땐 포기하기보다는 실제 상황을 상상하면
어렵게만 느껴졌던 문제가 생각보다 쉽게 풀릴 수도 있다!

쉬는 시간을 활용하라!

모듈별 쉬는 시간은 20분,
시험 종료 15분 전부터 중도 퇴실이 가능하기 때문에 최대 35분의 쉬는 시간이 주어진다!
이 황금같은 시간 동안 빈출족보 또는 실제 시험 동형 모의고사를 확인하자.

주의 쉬는 시간만 너무 믿지는 말 것!
중도 퇴실 시 시험이 끝날 때까지 시험장에 들어갈 수 없다.
시험장 앞에서 공부가 잘 될 것이라는 보장은 없다.

STRUCTURE
구성과 특징

이론부터 문제까지 단기에!
단기 공략 커리큘럼

학습방향을 제시해주는! 과목별 이론

SMAT 공식 출제기준에 맞추어 구성하고, SUBJECT별 학습방법과 '빈출 키워드', 자주 출제되는 이론을 파악할 수 있는 '형광펜' 표시 등을 통해 단기 합격을 위한 학습방향을 제시하였다.

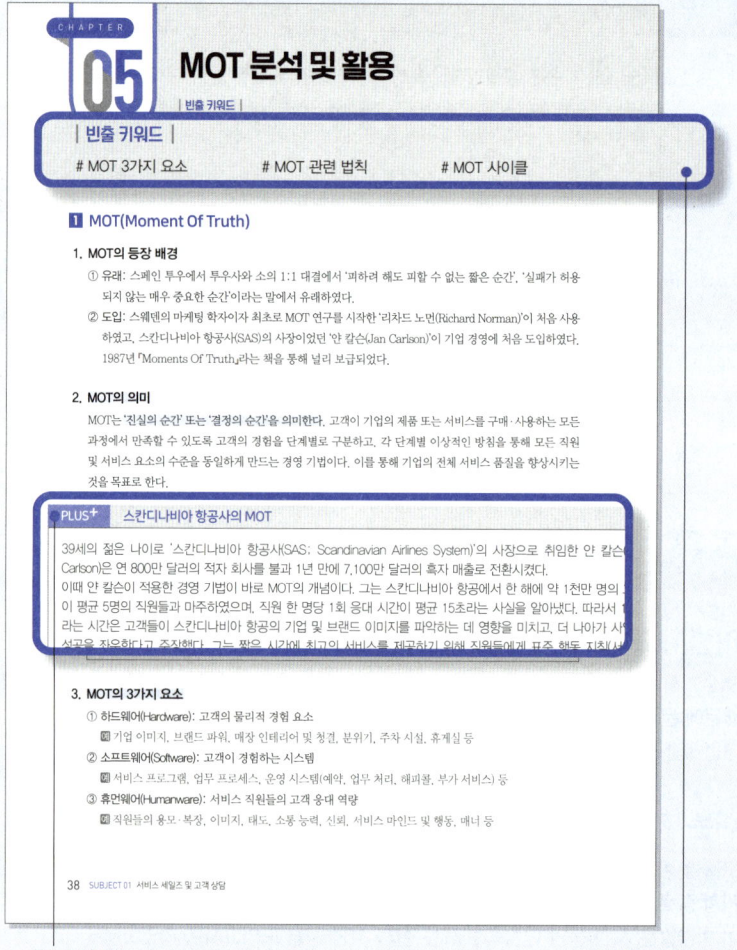

PLUS+
용어나 개념, 사례 등 이론을 이해하거나 학습의 흐름에 도움이 되는 이론 수록!

빈출 키워드
출제 비중이 높은 내용, 자주 출제되는 키워드 등을 학습 전에 먼저 확인!

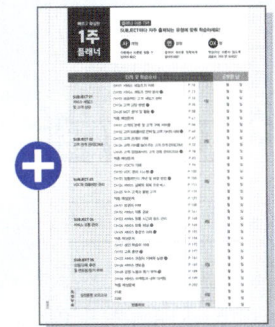

"1주/2주 플랜을 선택하여 플래너와 함께 학습하세요!"

에듀윌이 만든! 적중 예상문제

학습한 이론을 바로 확인할 수 있는 적중 예상문제를 실제 시험 난이도, 형태 그대로 수록하였다.

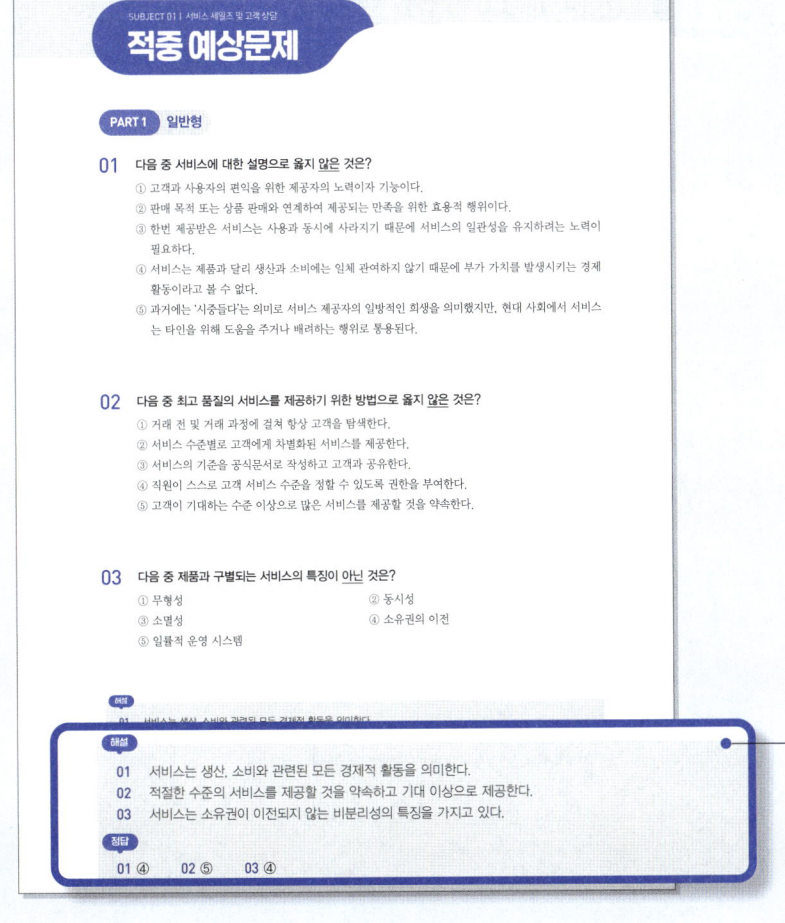

정답 및 해설
왜 정답인지 직관적으로 파악할 수 있는 해설! 문제와 같은 페이지에 수록하여 편리하게 오답 체크 가능!

STRUCTURE

시험 직전까지 볼,
시험장 필수 아이템

시험에 나올 이론을 한 손에! 빈출족보

시험에 나올 이론을 압축하여 시험 직전까지 빈출이론을 확인할 수 있도록 하였다.

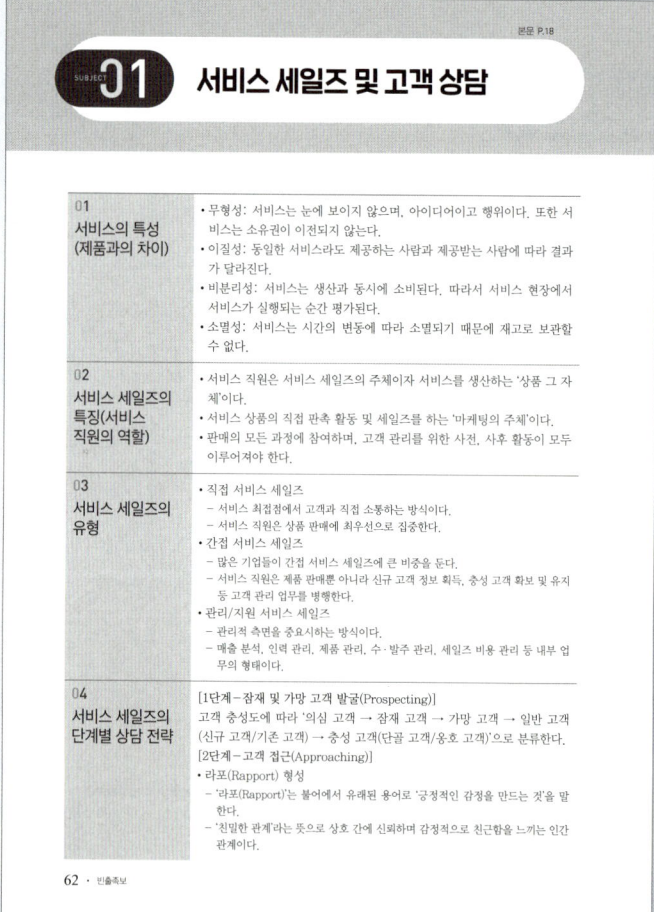

실제 시험과 완벽 동일 구성!
한국생산성본부(KPC) 제공
모의고사 그대로 수록!

주관처 제공 모의고사 그대로! 실제 시험 동형 모의고사

문제지부터 OMR 카드까지 실제 시험을 완벽하게 구현하였다.
여기에 상세한 정답 및 해설과 필수개념이 더해져 완벽한 마무리가 가능하다.

실제 시험 동형 모의고사
한국생산성본부에서 제공한 모의고사 그대로를, 실제 시험과 가장 유사하게 풀어본다.

필수개념
관련 이론을 한번에!
시험 직전 틀린 문제에 대한 필수개념은 꼭 확인하자.

CONTENTS 차례

SUBJECT 01 | 서비스 세일즈 및 고객 상담

- CHAPTER 01 서비스 세일즈의 이해 … 18
- CHAPTER 02 서비스 세일즈 전략 분석 … 23
- CHAPTER 03 성공적인 고객 세일즈 전략 … 32
- CHAPTER 04 고객 상담 방법 … 35
- CHAPTER 05 MOT 분석 및 활용 … 38
- 적중 예상문제 … 41

SUBJECT 02 | 고객 관계 관리(CRM)

- CHAPTER 01 고객의 분류 및 고객 구매 사이클 … 58
- CHAPTER 02 고객 포트폴리오 전략 및 고객 가치의 이해 … 62
- CHAPTER 03 고객 관계의 이해 … 67
- CHAPTER 04 고객 가치를 높여 주는 고객 관계 관리(CRM) … 74
- CHAPTER 05 고객 접점에서의 고객 경험 관리(CEM) … 80
- 적중 예상문제 … 85

SUBJECT 03 | VOC와 컴플레인 관리

- CHAPTER 01 VOC의 이해 … 100
- CHAPTER 02 VOC 관리 시스템 … 104
- CHAPTER 03 컴플레인의 개념 및 해결 방법 … 109
- CHAPTER 04 서비스 실패와 회복 프로세스 … 117
- CHAPTER 05 우수 고객과 불량 고객 … 123
- 적중 예상문제 … 127

SUBJECT 04 | 서비스 유통 관리

CHAPTER 01 상권의 이해   144
CHAPTER 02 서비스 유통 경로   147
CHAPTER 03 서비스 유통 시간과 장소 관리   151
CHAPTER 04 서비스 유통 채널   154
CHAPTER 05 서비스 환경의 이해   161
적중 예상문제   164

SUBJECT 05 | 코칭/교육 훈련 및 멘토링/동기 부여

CHAPTER 01 성인 학습의 이해   178
CHAPTER 02 교육 훈련   183
CHAPTER 03 서비스 코칭의 이해와 실행   187
CHAPTER 04 서비스 멘토링   193
CHAPTER 05 감정 노동과 동기 부여   195
CHAPTER 06 서비스 마케팅과 내부 마케팅   205
적중 예상문제   208

특별부록

빈출족보
- SUBJECT 01
- SUBJECT 02
- SUBJECT 03
- SUBJECT 04
- SUBJECT 05

실제 시험 동형 모의고사
- 01회
- 02회
- 정답 및 해설

SUBJECT 01

서비스 세일즈 및 고객 상담

CHAPTER 01 서비스 세일즈의 이해

CHAPTER 02 서비스 세일즈 전략 분석

CHAPTER 03 성공적인 고객 세일즈 전략

CHAPTER 04 고객 상담 방법

CHAPTER 05 MOT 분석 및 활용

학습 방법

- ☑ 서비스 세일즈의 정의와 목적, 특징을 이해하고 관련 용어를 숙지한다.
- ☑ 서비스 세일즈의 전체 과정을 이해하고, 각 단계별 세일즈의 상담 기법을 학습한다.
- ☑ 성공적인 서비스 세일즈의 결과를 위한 세일즈맨의 세일즈 스킬을 알아본다.
- ☑ 다양한 고객 유형에 적합한 고객 상담 기법을 적용할 수 있어야 한다.
- ☑ 고객과의 접점(MOT)의 유래와 중요성, 관련 이론 및 실무 적용 방법인 MOT 사이클과 차트에 대해 이해한다.

무료강의
바로보기

CHAPTER 01 서비스 세일즈의 이해

| 빈출 키워드 |
서비스의 특성 # 서비스 세일즈 # 서비스 직원의 역할
서비스 세일즈 방법

1 서비스 세일즈의 의미

1. 서비스(Service)

① 어원: '노예'라는 뜻의 라틴어 '세르부스(Servus)'에서 유래하며, '시중들다'라는 의미를 내포한다.
② 현대적 의미
  - 좁은 의미: 고객과 사용자의 편익을 위한 제공자의 핵심 상품 또는 부수적인 활동이다.
  - 넓은 의미: 물질적 재화 이외의 생산 및 소비와 관련된 모든 경제적 활동으로, 타인을 위해 도움을 주거나 배려하는 행위 또는 기술을 의미한다.
③ AMA(미국마케팅협회)에서의 정의: 서비스는 판매를 목적으로 제안되거나 상품 판매와 연계하여 제공되는 활동이자 혜택이며 만족이다. 또한, 이러한 서비스는 본질적으로 무형의 행위로서, 상품과 달리 물리적 실체가 없고 소유권을 이전하지 않는다.
④ 특성(제품과의 차이)
  - 무형성: 서비스는 눈에 보이지 않는 아이디어이고 행위이며, 서비스의 소유권은 이전되지 않는다.
  - 이질성: 동일한 서비스라도 제공하는 사람과 제공받는 사람에 따라 결과가 달라진다.
  - 비분리성: 서비스는 생산과 동시에 소비된다. 따라서 현장에서 서비스가 실행되는 순간 평가된다.
  - 소멸성: 서비스는 시간의 변동에 따라 소멸되기 때문에 재고로 보관할 수 없다.

> **PLUS+ 서비스 3단계**
>
> - [1단계] 사전 서비스(Service Before Sales)
>   - 판매 전 활동으로, 고객이 요청하기 전에 기업이 먼저 고객의 요구를 해결한다.
>   - 판매의 가능성을 촉진하는 단계이다.
>   예 상품 기획 소개, 광고, DM 등
> - [2단계] 중간 서비스(Service On Sales)
>   - 판매 중 활동으로, 서비스 제공자와 고객 사이의 접점에서 직접적인 상호 거래를 바탕으로 이루어진다.
>   - 서비스 제공자의 신속성, 정확성, 태도, 신뢰성 및 시스템의 편리성이 서비스 품질에 영향을 끼친다.
>   예 시공 및 설치, 기내 서비스, 금융 서비스, 서비스 만족도 점검 등
> - [3단계] 사후 서비스(Service After Sales)
>   - 판매 후의 활동으로, 현장 서비스가 종료된 상품 판매의 효용을 높인다.
>   - 이용 중 불편 및 불만 사항을 해결할 뿐만 아니라 서비스 내용의 품질을 높인다.
>   예 서비스 보증, 보상 제도, 유지 보수, 해피콜, 조작 및 사용법 교육 등

2. 세일즈(Sales)

① 정의
- 설득력 있는 커뮤니케이션을 통해 상호 이익이 되는 계약을 성사시키는 것을 말한다.
- 고객이 기업의 제품 및 서비스에 대해 잘 이해하여 선택할 수 있도록 올바른 정보와 상호 만족할 조건을 제시한다.
- 프레드 허먼(Fred Herman)은 세일즈를 '사람들이 원하는 것을 알아차리고, 그것을 찾도록 도와주고 교육하는 것'이라고 정의하였다.
- 계획과 전략적 업무를 통해 매출 및 영업 이익 등 수치화된 결과를 도출한다.
- 마케팅 전략 이후 최종적으로 클로징에 이르는 전술이다.

② 구분
- 인바운드(Inbound) 세일즈: 고객이 직접 찾아오는 세일즈를 말한다.
- 아웃바운드(Outbound) 세일즈: 고객을 찾아가는 세일즈를 말한다.

> **PLUS+ 세일즈맨과 세일즈 엔지니어** `빈출`
>
> - 세일즈맨(Salesman)
>   - 제품 또는 서비스를 소비자에게 직접 판매하고, 판매사의 입장에서 고객 개발 및 관리를 담당하는 직원을 말한다.
>   - 고객 발굴과 응대 및 상담 역량이 뛰어나야 하며, 고객의 니즈를 상품 기획 및 생산 과정에 전달하는 역할도 수행한다.
>   - 세일즈의 효과를 높이기 위해 지속적인 교육·훈련을 해야 한다.
> - 세일즈 엔지니어(Sales Engineer)
>   - 상품에 대한 전문가 수준의 지식과 뛰어난 기술을 습득하며, 고객뿐 아니라 동료 판매원에게도 기술적 지도와 조언을 전하는 판매원을 말한다.
>   - 세일즈맨의 역할뿐 아니라 제품 기술의 가치를 더해 고객이 필요로 하는 제품 및 서비스, 솔루션을 제공한다.
>   - 생산, 기술, 판매의 일체를 담당할 수 있는 전문성이 요구된다.

3. 서비스 세일즈(Service Sales)

① 정의
- 고객에게 기업이 생산한 유·무형의 상품을 판매하기 위해 고객 맞춤형 구매 전 서비스와 세일즈 토크를 활용하여 고객의 구매 의사 결정에 긍정적 영향을 미치는 것을 의미한다.
- 고객이 상품을 사용하는 동안 만족을 느끼게 하고, 재구매를 원하는 경우 원래의 세일즈맨을 찾아올 수 있도록 고객 충성도를 높인다.
- 무엇을 판매하는지보다 누가 판매하느냐가 중요하게 인식되면서 고객과의 관계 유지에 초점을 둔다.

② 등장 배경 `빈출`
- 기업 간 치열한 경쟁으로 상품의 수준이 평준화되면서 차별화된 서비스 세일즈 기법이 중요해졌다.
- 다양한 상품과 서비스의 출시로 개인별 맞춤형 세일즈 조건을 받고자 하는 고객의 욕구가 커졌다.
- 표출된 고객 니즈를 파악하고 숨겨진 고객 욕구까지 분석하는 사전 업무의 필요성이 높아졌다.
- 고객 의식이 높아짐에 따라 고객 만족을 위해 구매 과정의 차별성이 필요해졌다.
- 고객을 기업의 장기적 동반자로 보는 인식의 변화가 생겼다.
- 고객과의 세일즈 접점에서 고객경험관리의 중요성이 강조되면서 서비스 세일즈를 통해 고객 정보 및 니즈를 확보하고, 신규 고객을 충성 고객으로 전환시키는 활동의 필요성이 크게 요구되었다.

③ 특징(서비스 직원의 역할)
- 서비스 직원은 서비스 세일즈의 주체이자 서비스를 생산하는 '상품 그 자체'이다.
- 서비스 상품의 직접 판촉 활동 및 세일즈를 하는 '마케팅의 주체'이다.
- 판매의 모든 과정에 참여하며, 고객 관리를 위한 사전, 사후 활동이 모두 이루어져야 한다.

PLUS⁺ 서비스 세일즈 관련 용어 빈출

- **세일즈 토크(Sales Talk)**: 서비스 세일즈맨이 취급하는 상품을 판매하기 위한 상담 또는 설득을 말한다.
- **세일즈 에이드(Sales Aids)**: 세일즈맨이 효과적인 판매 활동을 하기 위해 사용하는 자료와 도구의 총칭이다.
  예 서비스 매뉴얼, 카탈로그, 팸플릿, 프로토타입 시뮬레이터(간접체험을 위한 시제품) 등
- **세일즈 포인트(Sales Point)**: 상품이 지니고 있는 효용성 중 고객이 원하는 부분으로 상품 고유의 가치를 만드는 특징이자 판매 시 특히 강조하고자 하는 상품 및 서비스의 중요점을 말한다.
- **세일즈 프로모션(Sales Promotion)**: 소비자들이 상품과 서비스에 대한 수요를 갖게 하거나 구매하고자 하는 욕구를 증폭시키는 판매 촉진 활동을 말한다. 예 경품, 쿠폰, 샘플, 가격 인하 등

2 서비스 세일즈의 역할

1. 서비스 세일즈 모델

서비스 세일즈는 기업의 생산 현장과 고객을 연결하여, 기업의 서비스 활동을 통해 고객으로부터 수익을 창출하는 활동이다.

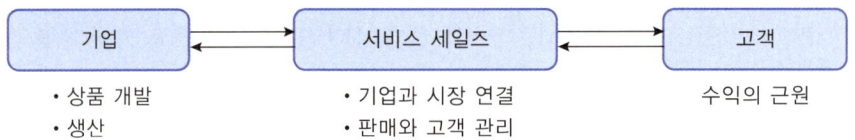

기업	서비스 세일즈	고객
• 상품 개발 • 생산	• 기업과 시장 연결 • 판매와 고객 관리	수익의 근원

2. 서비스 세일즈의 목적

기업과 고객 연결	• 기업의 상품을 더욱 가치 있게 포장하여 고객에게 전달한다. • 상품 판매 전후에 발생하는 다양한 상황에 적절한 서비스로 대응한다.
고객 창출 및 관리	• 고객의 다양한 욕구에 맞는 정보를 제공함으로써 고객 창출이 용이하다. • 기존 고객과의 신뢰를 바탕으로 유대 관계를 유지하여 장기적인 수익 증대에 기여한다.
수익 증대	고객 참여를 통해 고객 가치를 높여 기업의 상품 판매를 위한 촉진 비용을 줄일 수 있다.
기업 브랜드 향상	차별화된 서비스 상품을 제공함으로써 고객에게 브랜드가 긍정적으로 각인되고, 기업 이미지가 향상될 수 있다.

3. 서비스 세일즈의 유형

직접 서비스 세일즈	• 서비스 최접점에서 고객과 직접 소통하는 방식이다. • 서비스 직원은 상품 판매에 최우선으로 집중한다.
간접 서비스 세일즈	• 많은 기업들이 간접 서비스 세일즈에 큰 비중을 둔다. • 서비스 직원은 제품 판매뿐 아니라 신규 고객의 정보 획득, 충성 고객 확보 및 유지 등 고객 관리 업무를 병행한다.

관리/지원 서비스 세일즈	• 관리적 측면을 중요시하는 방식이다. • 매출 분석, 인력 관리, 제품 관리, 수주 및 발주 관리, 세일즈 비용 관리 등 내부 업무의 형태이다.

3 서비스 세일즈의 방법

1. 인적 판매(Human Sales) 빈출

고객을 대면하여 제품 또는 서비스를 직접 설명하면서 판매하는 것을 말한다. 인적 판매는 전문 인재를 양성하는 데 시간과 비용이 많이 든다는 단점이 있다.

내부 판매	점포 내에서 이루어지는 판매를 말하며, 내부 판매를 하는 직원을 판매 사원이라고 한다. 예 의류 판매, 휴대 전화 판매, 백화점 판매 등
외부 판매	점포 외부로 고객을 찾아가는 판매를 말하며, 외부 판매를 하는 직원을 영업 사원이라고 한다. 예 보험 영업, 제약 영업, 정수기 코디네이터 등

2. 텔레마케팅 판매(Telemarketing Sales)

정보 제공에 동의한 특정 고객에게 전화 및 통신 수단을 활용하여 상품을 알리고 판매를 권유하는 활동으로 통상 '아웃바운드 TM(Outbound TM)'이라고 지칭한다. '인바운드 TM(Inbound TM)'의 경우 불특정 고객들의 문의 및 컴플레인 또는 클레임에 대처하는 업무를 주로 한다.

3. 구전 마케팅(WOM; Word of Mouth Marketing)

기업 주도가 아닌 소비자나 개인에 의해 전파되는 정보를 '구전(口傳)'이라 한다. 다른 말로 '바이럴 마케팅(Viral Marketing)'이라고도 하며, 바이럴 마케팅과 유사한 용어로 벌의 앵앵거리는 소리에서 유래된 '버즈 마케팅(Buzz Marketing)'이 있다. 오늘날의 구전 마케팅은 SNS의 발전으로 전통적인 구전에 비해 파급 효과가 상당히 크기 때문에 홍보 효과는 탁월하나, 반대로 정제되지 않은 무분별한 정보가 확산될 수 있다는 부정적인 면도 있다.

4. 컨설팅 세일즈(Consulting Sales)

고객을 직접 만나 상담하면서 동시에 상품에 대해 설명하고 자사 상품을 판매하는 방법이다.
예 인테리어 회사에서 신축 아파트에 '보여 주는 집(구경하는 집)'을 만들고 입주 고객에게 인테리어 상담을 진행하면서 관심을 보이는 고객에게 인테리어 시공 세일즈를 하는 것

5. 온라인 커머스 라이브 판매(Live Sales for Online Commerce)

판매자 또는 전문 판매원이 인터넷 및 모바일 상거래 플랫폼에 진열된 상품을 실시간 라이브 스트리밍으로 직접 설명하고 소통하면서 비대면 온라인으로 판매하는 방식이다.

6. 언택트(UNTACT) 세일즈 접근 전략

'COVID-19' 이후 직접 세일즈맨을 대면하기 꺼려하는 고객들이 많아지는 사회적 분위기 속에서 무리하게 고객과의 상담을 대면 방식으로 진행하려는 것은 오히려 부정적인 효과를 초래할 수도 있다. 따라서 아래의 수단을 활용하여 비대면 세일즈 상담을 유도하는 것을 고려해야 한다.

① 고객과 약속을 잡고 화상 소통 플랫폼을 활용해 온라인으로 실시간 미팅을 진행한다.
② 온라인 미팅 시 사전에 준비된 고객 맞춤형 세일즈 에이드를 실시간으로 활용 및 제공하고, 고객의 요구사항을 획득하여 차후 미팅에 반영한다.
③ 상품 또는 서비스를 고객이 간접 체험할 수 있도록 온택트(Ontact) 서비스를 제공하여 고객의 구매 욕구를 자극한다.
④ 온라인으로 효력을 인정받을 수 있는 전자계약서 양식을 준비하여 고객이 세일즈맨을 대면하지 않고도 원하는 시간과 공간에서 비대면으로 계약을 진행할 수 있도록 한다.

6. B2B(Business-to-Business) 세일즈와 B2C(Business-to-Consumer) 세일즈

구분	B2B	B2C
정의	기업이 다른 기업을 대상으로 제품이나 서비스를 제공하는 거래 형태	기업이 개인 소비자를 대상으로 직접 제품이나 서비스를 판매하는 거래 형태
고객	기업	최종 사용자
관계	장기적 관계, 다양한 이해관계자	단기적 관계, 최종 사용자
상품 수량	크다	적다
구매 및 판매 주기	길다	짧다
구매 결정	계획적, 정형화	감성적, 정서적
브랜드 가치 창출	신뢰와 상호관계	광고 및 프로모션

7. D2C(Direct to Consumer) 세일즈

전통적인 도매상/소매점의 유통 단계를 거치지 않고 제조사나 브랜드가 직접 소비자에게 제품과 서비스를 판매하는 방식을 의미한다.

① **전통적 유통 구조**: 제조사 → 도매상 → 소매상(마트, 편집샵 등) → 소비자
② **D2C 구조**: 제조사/브랜드 → 소비자
 - 중간 유통 단계를 생략하는 유통 방식이다.
 - 자사몰, 앱, 소셜미디어, 온라인 플랫폼 등을 통해 브랜드가 직접 고객과 접점을 만들고 판매 · 배송 · CS까지 책임진다.
③ **핵심 특징**
 - 브랜드와 소비자를 직접 연결한다.
 - 고객 데이터(구매 이력, 피드백)를 직접 확보할 수 있다.
 - 마케팅 · 제품 개선에 즉각 활용한다.
 - 브랜드 통제력이 강화된다.
 - 가격, 프로모션, 고객 경험을 브랜드가 직접 설계한다.
 - 중간 마진을 줄이고, 브랜드 이미지 통일이 가능하다.
 - 옴니채널(Omni-Channel)과 결합이 가능하다.
 - 온라인 직판이 중심이지만, '팝업스토어 또는 플래그십 스토어'와 결합해 고객 경험을 확장하기도 한다.

서비스 세일즈 전략 분석

| 빈출 키워드 |

\# 서비스 세일즈 상담 전략　　\# 한계 고객　　\# 역마케팅
\# 라포 형성　　\# 와우 팩터　　\# FABE 화법

1 서비스 세일즈 전략

1. 서비스 세일즈 단계의 변화

전통적 세일즈는 상품 설명과 판매 제안에 중점을 둔 반면, 현대적 세일즈의 경우 고객과 세일즈맨 사이의 신뢰를 높이기 위해 고객과의 관계 형성과 강화에 큰 비중을 둔다. 세일즈맨은 세일즈를 할 때 단순히 상품을 가지고 하기보다는 고객과의 밀접한 관계를 통해 수집된 고객의 니즈와 욕구, 고객과의 신뢰를 바탕으로 한다.

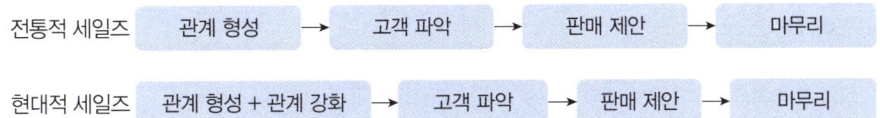

2. 서비스 세일즈의 목표

① 기업 및 서비스 조직: 안정적으로 기존 고객을 유지하고 지속적으로 신규 고객을 창출한다.
② 서비스 세일즈맨: 단계별 세일즈 전략을 효과적으로 수행하여 목표 이상의 성과를 창출한다.

2 서비스 세일즈의 단계별 상담 전략

1. [1단계] 잠재 및 가망 고객 발굴(Prospecting*)

제품과 서비스를 필요로 하는 고객을 찾는 단계로, 향후 비즈니스 결과를 만드는 가장 중요한 첫 단계이다. 서비스 세일즈맨은 고객이 찾아오기를 기다리는 것이 아니라, 제품 및 서비스가 필요한 고객을 찾아내거나 개발하여 능동적으로 자신만의 다양한 고객층을 확보하여야 한다.

* Prospecting의 목적은 '자사의 상품을 필요로 하는 가망 고객의 확보'이므로 잠재 고객 개발과 가망 고객 발굴이 모두 이루어져야 함

① 고객의 충성도에 따른 고객 분류 빈출

의심 고객 (Suspecting Customer)	기업의 제품, 서비스에 신뢰를 갖지 못하고 의심의 마음으로 바라보는 고객
잠재 고객 (Potential Customer)	아직 우리 기업에 대한 관심이 없지만 향후 고객이 될 잠재력이 있는 고객
가망 고객 (Prospecting Customer)	제품 및 브랜드에 관심을 갖고 있으며 곧 구매할 예정인 고객

일반 고객 (General Customer)	신규 고객	거래를 처음 시작한 고객
	기존 고객	제품 및 브랜드를 한 번 이상 구매한 고객
충성 고객 (Loyal Customer)	단골 고객	지속·반복적으로 구매하고 기업과의 유대 관계는 강하지만 타인에게 추천할 정도의 충성도는 가지고 있지 않은 고객
	옹호 고객	단골 고객이면서 타인에게도 적극적으로 추천하는 고객

PLUS⁺ 한계 고객과 역마케팅(Demarketing) 빈출

기업 운영의 목적은 이윤 추구에 있기 때문에 기업은 지속적이고 안정적인 수익성을 위해 고객과 상호 간에 도움이 되는 건강한 관계를 맺길 원한다. 하지만 고객 중에는 기업의 수익성에 도움이 되는 고객만 있는 것은 아니다. 기업의 고객 관리 비용은 일정한 기준에 따라 사용되는데, 보편적 고객 관리 비용 대비 기업의 수익 활동에 현저히 방해가 되는 마이너스 고객의 경우 신속한 결단을 통해 제공되는 서비스를 중단하거나, 고객의 권리를 회수해야 수익성 저하를 방지할 수 있다.

- **한계 고객**: 기업이 고객 관계를 유지할수록 기업 이익 실현에 마이너스(−)가 되는 고객이다.
  - 블랙 컨슈머(Black Consumer): 기업으로부터 부당 이익을 취할 목적으로 악성 민원을 고의·상습적으로 제기하는 소비자
  - 체리피커(Cherry Picker): 실제 구입 실적이나 서비스 사용 빈도는 거의 없지만, 기업의 프로모션 등 실속 챙기기에만 관심을 갖는 소비자
  - 저수익 고객(Low Profit Customer): 기업이 투자하는 마케팅 또는 영업 비용 대비 현재 수익 및 미래 관점에서 회수될 수익성이 매우 낮은 고객
  - 배드 마우스(Bad Mouth): 기업에 대한 개인적인 감정으로 사실과 다른 안 좋은 소문(Rumor)을 유포하는 고객
- **역마케팅(Demarketing, 디마케팅)**: 기업이 수익에 도움이 되지 않는 소비자 또는 한계 고객과 거리를 둠으로써 자사의 브랜드 가치를 지키고 장기적으로 수익을 극대화하기 위한 마케팅 활동이다.

② 잠재 고객 발굴 방법

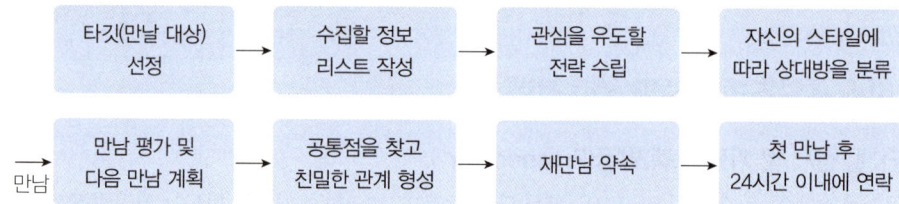

③ 고객 개발을 위한 전략

- **고객 유지를 넘어 고객 개발에 최선을 다할 것**: 고객 관리 차원을 목적으로 하는 방문에서 비즈니스 확장과 고객 개발을 위한 세일즈 방문으로 전환한다.
- **좋은 소식은 문서화할 것**: 과거 성공적인 거래 성과에 대한 기록과 자료를 활용한다.
- **경험자의 증언을 확보할 것**: 만족 고객에게 긍정적 증언 및 소개를 요청한다.
- **고객 니즈에 대한 자신의 이해를 재평가할 것**: 고객의 니즈를 지속적으로 재평가하고 연구한다.
- **미래 결정 기준에 영향을 줄 것**: 기존 고객이 니즈를 갖고 있지 않더라도 고객이 미래에 갖게 될 '구매 결정 기준'을 개발한다.

2. [2단계] 고객 접근(Approaching)

목표 고객과 관계를 맺는 단계이다.

① 라포(Rapport) 형성
- '라포(Rapport)'는 불어에서 유래한 용어로 '긍정적인 감정을 만드는 것'을 말한다.
- '친밀한 관계'라는 뜻으로 상호 간에 신뢰하며 감정적으로 친근함을 느끼는 인간관계이다.
- 라포 형성을 위한 멘트를 준비하여 고객과의 첫 만남에서 고객이 마음을 열 수 있게 한다.

② 라포 아이템(Rapport Item)
- 식사: 식사 여부, 선호 음식
- 날씨: 기후 변화, 날씨 예보
- 뉴스: 헤드라인, 최근 이슈
- 사업 및 직장: 사업 현황, 출장, 복지
- 건강: 상대의 건강 상태 및 안부
- 교통: 이동 수단 및 소요 시간
- 얼굴 및 스타일: 인상, 화장, 의상 변화, 스타일에 대한 칭찬
- 가정: 가족 구성원 및 안부, 주거지, 지역, 이사 계획
- 여가 및 취미 생활: 최근 여행 경험, 휴가 계획, 영화, 연극, 음악 장르

3. [3단계] 니즈 파악(Needs Grasp)

고객의 요구 사항과 문제점을 파악하는 과정으로 고객의 잠재적 니즈를 파악하는 것은 성공적인 세일즈를 위해 매우 중요하다. 고객의 이야기를 경청하고 숨어 있는 니즈를 찾아내기 위한 적절한 질문 기법을 사용해야 한다.

① 경청 – FAMILY 기법

Friendly	친근함 가지기	Attentive	주의 집중하기
Me too	맞장구 치기	Interestedly	흥미 가지기
Look	바라보기	You centered	상대의 입장에서 공감하기

② 질문
- 질문의 효과
    - 상대의 흥미를 자극하는 질문은 친밀도를 높이는 데 도움이 된다.
    - 질문을 통해 상대의 생각을 자극함으로써 다양한 관점의 대답을 이끌어 낼 수 있다.
    - 질문은 교감의 효과가 있기 때문에 상대방의 마음을 열게 한다.
    - 질문에 대답을 하면서 자신 스스로가 설득된다.
    - 질문은 우리가 필요로 하는 핵심 정보에 더욱 다가갈 수 있게 한다.

• 전략적 질문 유형 `빈출`

상황 질문	• 배경 사실과 자료 수집을 목적으로 한다. • 질문의 수를 적절하게 조절해서 고객의 기분을 상하지 않게 한다. • 사실 정보 획득을 위한 상황 질문은 필수 정보를 제공하므로 남용하지 않고 효율적으로 사용한다. 예 "저희 제품을 어떻게 알고 구매하셨습니까?" 　"상품에 따른 효과는 어느 정도입니까?" 　"저희 제품을 이용하시면서 불편했던 점이 있습니까?"
문제 질문	• 고객의 문제나 어려움, 불만을 알아내기 위한 질문이다. • 불만을 해결할 때 유용하게 쓰인다. • 고객 구매 결정 단계의 '니즈 인식 단계' 중 고객의 불만을 밝혀낼 수 있다. 예 "얼마의 가격이 적당하다고 생각하십니까?" 　"가장 고치고 싶은 부분이 무엇입니까?"
확대 질문	• 고객 문제의 시사점이나 그로 인해 발생할 결과를 탐색하는 질문이다. • 고객 구매 결정 단계의 '니즈 인식 단계' 중 고객의 불만을 개발하고, 가장 효과적인 해결책을 제공할 수 있는 영역에 대한 불만을 선택적으로 강화하는 데 도움이 된다. 예 "제품의 하자가 앞으로 어떤 파장을 가져올 거라 생각하시나요?" 　"이 문제로 인해 향후 발생될 손실은 얼마로 예상하십니까?"
해결 질문	• 해결된 문제가 지닌 가치 또는 유용성을 탐색하는 질문이다. • 불만이나 권한의 핵심부가 상담의 성공과 관련이 있다. 예 "디자인을 변경하면 제조 가격과 마케팅 비용 중 어느 쪽이 더 절감될까요?" 　"왜 A 제품보다 B 제품이 더 좋다고 생각하시나요?"

PLUS+ 개방형 질문과 폐쇄형 질문

개방형 질문(Open-ended Question)	폐쇄형 질문(Close-ended Question)
• 대화 초반에 이야기를 전개할 때 사용 • 고객이 다양하고 자유롭게 표현할 수 있도록 유도 • 질문자의 예상 이상으로 다양한 대답 예 "저희 제품 구성을 어떻게 생각하세요?"	• 대화의 막바지에 결론이 필요한 상황에 사용 • 고객의 구체적이고 확실한 표현을 유도 • 긍정/부정과 같이 닫힌 이분법적 대답 예 "저희 제품을 사용해 보니 만족하시나요?"

4. [4단계] 상품 설명(Presentation)

세일즈맨은 경청과 질문을 통해 파악한 고객의 니즈를 바탕으로 고객에게 상품을 설명해야 한다. 그러나 세일즈맨이 자사 상품에 대한 자부심으로 상품이 가진 효용성을 장황하게 이야기한다면 고객은 얼마 지나지 않아 집중력이 떨어지고 설명에 지루함을 느낄 것이다. 따라서 상품을 설명할 때도 고객의 니즈를 충족시키고 고객에게 강렬한 인상을 남기는 화법이 필요하다.

① **와우 팩터(Wow Factor)를 찾아 고객에게 상품의 가치 전달**: 세일즈에 있어 동일한 상품이라도 판매하는 세일즈맨에 따라 고객에게 상품의 특징과 장점이 다르게 전달된다. 이는 곧 상품의 가치에 대한 고객 기대의 차이로 이어진다.

> **PLUS⁺ 와우 팩터(Wow Factor)**
>
> 와우 팩터란 사람들의 주목을 끌 수 있는 요소를 말한다. 와우 팩터를 찾기 위해서는 다음과 같은 물음에 중심을 두고 있어야 한다.
> - Special: 잠재 고객에게 어떻게 특별한 느낌을 줄 수 있을까?
> - Comfort: 어떻게 하면 고객이 편안하게 설명을 들을 수 있을까?
> - Wait Time: 고객의 기다리는 시간을 즐겁게 할 수 있는 방법은 무엇인가?
> - Small Group: 소규모 고객들에게 대규모 고객들만큼이나 중요하다는 느낌을 주고 있는가?

② 고객의 구매 욕구를 자극하기 위한 사전 준비
- 고객과의 공통점을 찾는다.
- 고객의 환심을 얻기 위해 투자한다.
- 기억에 남을 만한 감사 인사를 사용한다.
- 충분한 시간적 여유를 가지고 고객을 응대한다.
- 고객에게 존경심을 나타내기 위해 고객의 마음을 깊이 이해한다는 표현을 한다.
- 남들과는 다른 차별점을 가지고 고객을 응대한다.

③ 콘셉트에 맞는 화법으로 상품 소개 및 설명
- 고객에게 전달되는 상품의 특징과 정보는 사실에 기반하여 제시한다.
- 세일즈 포인트를 정리해 설명하고, 장황한 설명은 지양한다.
- 상품 및 서비스 사용법을 설명하고, 고객이 어떤 효용과 이익을 얻을 수 있는지 설명한다.

④ 고객과의 신뢰를 바탕으로 고객 설득
- 약속은 최소화하고 실행은 약속 이상으로 최대화한다.
- 고객이 가장 중요시하는 핵심 부분(Key point)을 파악하고 관여한다.
- 제공되는 상품과 서비스로 고객이 지닌 문제를 해결할 수 있다는 점을 설명한다.
- 진정성을 담은 자료를 제공함으로써 고객의 신뢰를 얻는다.
- 고객과의 시간에는 질문에 중점을 두어 고객 니즈 파악을 위해 노력한다.
- 포기하지 않고 끈기 있게 설득하여 세일즈맨으로서 상품 가치에 대한 신념을 보여 준다.
- 고객과의 장기적인 관계를 위해 사소한 것부터 고객의 신뢰를 얻기 위해 노력하고, 점진적으로 신뢰를 쌓아 간다.

⑤ FABE 화법 이용 [빈출]
- Feature(특징): 상품이 지닌 핵심 기능 예 상품 형태, 활용 예 등
- Advantage(장점): 상품이 가진 경쟁력 예 경쟁사 대비 저렴한 가격, 편리성 등
- Benefit(고객의 이익): 상품의 구매로 고객이 얻게 될 경제적·시간적 이익 예 추가 혜택 등
- Evidence(증거): 상품의 장점과 이익을 확인하는 근거 예 후기, 수치 등

5. [5단계] 반론 극복(Overcome)

고객에게 상품을 설명하다 보면 고객이 가진 의구심 또는 고객의 지식과 경험을 근거로 세일즈맨에게 반론을 제시하기도 한다. 고객의 반론은 세일즈의 '완전한 거절'을 뜻하는 것이 아니라 '상품 구매의 불안함'이라는 심리적 반응을 나타낸 것이므로 반대 의견에 당황하지 말고 논리적이고 합리적인 대응으로 극복해야 한다.

① 반론의 원천
- 상품 및 서비스의 기능에 대한 불만
- 기업의 마케팅에 대한 실망
- 기존과 다른 업무 패턴 변화에 대한 불신
- 불쾌한 피드백과 반응에 대한 저항
- 가치를 이해할 수 없는 제공자의 정책 변화
- 제공한 상품 및 서비스에 대한 구매 거절 의사
- 제공자가 제시하는 가치와 구매자가 기대하는 가치의 불일치

② 세일즈맨의 대처 자세
- 저항을 탐색하고 예상한다.
- 저항을 인정하되 개인적으로 받아들이지 않는다.
- 저항의 원인을 분석하고 평가한다.
- 저항을 활용하여 강화하고 보완한다.

③ 효과적인 반론 극복 방법

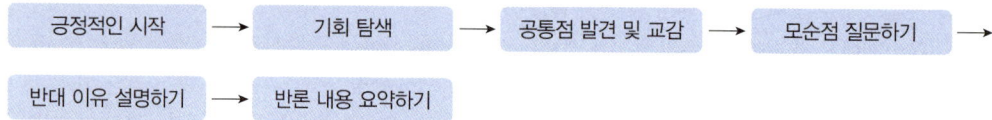

④ 거절 극복 방법

질문법	거절 이유에 대해 반문한다. 예 "결정하지 못하는 이유가 있으신가요?"
사례법	성공 사례에 대해 설명한다. 예 "이미 구매한 다른 고객님께서 극찬하는 상품입니다."
인정법	고객의 반론을 인정하고 보완 요소를 제시하거나 강점으로 전환한다. 예 "고객님의 말씀대로 가격이 아쉬운 점이나, 대신 품질에 모든 것을 걸었습니다."
부정법	고객의 반론을 원천 부정한다. 예 "기기가 약하다고요? 이미 소비자 단체에서 시행한 강도 평가에서 경쟁 상품 대비 가장 튼튼하다는 최고 등급을 받았습니다."
나열법	고객의 이익을 열거한다. 예 "첫 번째 혜택은 ~이고, 더불어 이번 행사에는 추가 혜택이 주어집니다."
근거 자료 제시법	주장을 뒷받침하는 근거 자료를 제시한다. 예 "이 기사를 보시면 고객님께서 걱정하신 문제를 보완했다는 객관적 자료가 있습니다."
체면 자극법	상품의 고객층을 설명하고 구매 자격을 언급한다. 예 "잘 알려진 대로 이 카드는 고객님과 같은 프리미엄 고객을 위해 출시된 한정판 상품으로 이미 많은 CEO들이 선택한 상품입니다."
포기법	반론한 고객의 세일즈를 포기한다. 예 "고객님께서 저가 상품과 계속 비교하신다면, 더 이상 고객님께 저희 상품을 권유하지 않겠습니다."

6. [6단계] 상담 마무리(Closing) 빈출

서비스 세일즈의 마무리는 고객의 결정을 받아 내는 것이다. 아무리 상담을 잘했다 하더라도 고객의 결정을 이끌어 내지 못한다면 실패한 세일즈로 봐야 한다.

① **권유형 마무리**: 직설적이며 간단하다. 고객에게 자연스럽게 결정을 권유하면서 거래를 마친다.
   예 "고객님의 기대에 충분히 부합하지 않나요? 그럼 2년 약정으로 계약하시겠습니까?"

② **지시형 마무리**: '마무리 후 기법'이라고도 불리며, 앞으로의 계획에 대해 설명하고 행동 방법을 알려 준다.
   예 "오늘 오후까지 입금하시면, 이번 주 목요일 오전 10시에 일괄 출고가 진행되어 늦어도 당일 점심까지 수령하실 수 있습니다."

③ **양자택일형 마무리**: 고객이 선택의 여지가 있는 것을 편하게 생각한다는 점에 착안해 선택지를 제시한다.
   예 "이제 고객님께서 선택만 하시면 됩니다. 일시불 결제를 통해 완전 구매를 하시겠습니까? 아니면 렌털을 통해 매달 관리를 받으시겠습니까?"

④ **2차적 마무리**: 고객이 선택하기 쉬운 상품 또는 서비스부터 결정을 유도하면서, 점차 큰 결정을 쉽게 할 수 있도록 이끄는 마무리 기법이다.
   예 "매우 저렴한 가격의 기본 구성부터 시작하세요. 추가 구성은 고객님의 상황에 맞게 옵션 상품으로 필요한 부분만 선택하시면 됩니다."

⑤ **승인형 마무리(주문서 마무리)**: 세일즈 상담이 끝나 갈 때 판매 계약서나 주문서를 자연스럽게 꺼내어 작성한다.

⑥ **추정 승낙법**: 고객이 이미 의사 결정을 내렸다는 전제하에 마무리하는 기법으로, 고객의 의사 결정을 촉구하여 결정을 내리게 한다.
   예 "고객님, 충분히 이해되셨나요? 그럼 계약서를 작성할까요?"

⑦ **긍정 암시법**: 고객이 최종적으로 상품의 긍정적 측면을 떠올릴 수 있도록 마무리에 만족과 관련된 단어를 사용한다.
   예 "마지막으로, 이 제품은 한정판으로 주변분들의 부러움을 사게 될 것입니다."

⑧ **결과 지적법**: 고객이 제품이나 서비스를 구매했을 때 획득 가능한 혜택(결과)을 강조한다.
   예 "이번 회원 가입으로 매년 건강 검진을 받으실 수 있습니다."

⑨ **최종어 제출법**: 고객이 표현한 마음의 결정을 한 번 더 반려할 수 있도록 마지막으로 선택의 기회를 제시한다.
   예 "그렇게 생각하신다니 유감이지만, 이번 마지막 행사로 가장 좋은 기회를 꼭 잡으셨으면 좋겠습니다."

> **PLUS+ 성공적인 서비스 세일즈 마무리를 위한 전제 요건**
> - 세일즈맨과 기업에 대한 고객의 신뢰가 기본이다.
> - 구매 결정 이전에 충분한 욕구 유발이 선행되어야 한다.
> - 고객에게 제품이나 서비스가 자신의 문제를 해결해 줄 수 있다는 확신이 있어야 한다.
> - 고객이 제품이나 서비스에 대한 사용법을 익히고 특성을 충분히 이해해야 한다.
> - 고객이 상품 구매를 위한 경제적 능력이 있어야 한다.
> - 세일즈맨은 상담 마무리 기법을 활용하고, 고객의 이의를 받아들여야 한다.

7. [7단계] 고객과의 관계 유지(Follow Up)

서비스 세일즈맨은 고객의 구매 결정 이후에도 고객과의 지속적인 관계 유지를 통해 추가적인 세일즈 결과를 만드는 데 주력해야 한다.

① 로열티(Loyalty) 프로그램: 구매 결정을 한 고객에게 자사 및 브랜드에 대한 충성도를 높이고, 고객 정보를 수집하여 마케팅이나 세일즈에 활용하기 위한 방법이다.
  - 쿠폰: 서비스 제공자가 직접 고객과 소통하는 방법이다.
  - 포인트 제도: 사용 실적별 포인트 적립, 고객 정보를 연계한 적립 등 다양하게 활용 가능하다.
  - 자사 카드: 고객 개인별 거래 내역 및 정보를 수집하여 차별화 마케팅 자료로 활용한다.
  - SMS: 고객의 위치와 성향을 분석할 수 있다.

② 굿맨의 법칙(John Goodman Rules): 1970년대 존 굿맨(John Goodman)은 기업이 고객의 요구사항을 얼마나 예민하게 받아들이고 진정성 있게 반응하느냐에 따라 고객의 만족도가 달라지고 재구매에도 영향을 미친다는 사실을 자사의 산업 및 기업 조사 결과를 근거로 주장하였다.
  - 제1법칙: 불만을 제시한 고객의 불만 처리가 잘 되었을 때 고객 충성도(재구매율, 브랜드 애호도)가 상승한다.
  - 제2법칙: 불만이 제대로 처리되지 않은 고객의 부정적 구전(입소문)은 만족한 고객의 긍정적 구전보다 더 큰 파급 효과를 가진다.
  - 제3법칙: 소비자 교육을 받은 고객은 기업에 대한 신뢰도가 높아진다.

3 고객 구매 결정 단계별 세일즈 전략

1. [1단계] 니즈 또는 문제 인식(Cognition)

기존 제품이나 서비스에 대해 불편을 느끼고 새 상품에 대한 필요성을 느낀다.
① 고객의 잠재된 불만을 밝혀낸다.
② 고객이 가지고 있는 문제를 최대한 확대한다.
③ 자사 상품 및 서비스가 해결 가능한 부분에 대해 선택적으로 불만을 강화시킨다.
④ 고객이 가진 문제를 해결할 방법이 있다는 것을 인지시킨다.

2. [2단계] 정보 탐색(Searching)

다양한 방법으로 정보를 수집하는 단계이다.
① 최대한 다양한 정보의 원천을 제공하되 고객이 스스로 정보를 획득하는 데 어려움을 느끼게 만든다.
② 세일즈맨에게 정보를 의존할 수 있도록 전문가적인 조언을 건넨다.

3. [3단계] 선택 정보 비교 평가(Comparative Evaluation)

수집된 정보를 분석하고 조건에 따라 분류하여 비교 및 평가한다.
① 세일즈에 활용할 수 있도록 자사 및 경쟁사의 서비스 정보를 정리한다.
② 정리된 정보를 고객이 쉽게 알아볼 수 있도록 구성한다.
③ 고객이 인지하는 불편의 정도에 따라 정보를 구분하여 자사의 상품이 가진 경쟁력을 부각시킨다.
④ 경쟁 상품과의 비교에서 고객의 니즈를 압도적으로 충족할 수 있는 대안을 제공한다.

4. [4단계] 불안 제거(Solution) 빈출

고객의 구매 결정을 방해하는 불안 요소를 제거하여 문제를 해결하는 단계이다.

① 고객이 제시한 불안 요소를 무시하거나 가볍게 생각하지 않는다.
② 고객이 고민하는 구매 후 발생할지 모르는 부정적 결과에 대해 면밀하게 분석한다.
③ 고객이 자신의 마음속 불안을 세일즈맨에게 이야기할 수 있도록 처음부터 신뢰 관계를 구축한다.
④ 고객이 스스로 불안과 두려움을 극복할 수 있도록 정보를 제공하고 충분히 기다려 준다.
⑤ 고객의 불안 요소에 대해 세일즈맨이 자신의 입장에서 생각하여 조언하거나 해결책을 주입 또는 강요하지 않는다.
⑥ 고객이 결정에 대한 압박을 느끼게 하지 않는다.

5. [5단계] 행동(Purchase and Use)

고객이 최근에 제품이나 서비스를 구매하여 막 사용을 시작한 시점을 의미한다.

① 고객들은 저마다 일정 시간의 사용 평가 기간이 필요하다.
② 다른 고객의 소개나 추가 구매와 같은 비즈니스 행동을 재촉하지 않는다.
③ 편안하게 상품을 사용하면서 좋은 감정을 느낄 수 있는 환경을 제공한다.
④ 일정 시간이 흘러 기존 고객으로 전환되었을 때 비즈니스 행동을 할 수 있도록 접근한다.

> **PLUS+ 고객의 생각 전환법** 빈출
>
> - **고객 선택 기준 강화하기**: 이미 고객이 만족하는 기준 또는 특정 요소의 중요성을 더욱 자극하여 보다 강화된 만족 기준을 갖춘 상품이나 서비스로 옮겨 가게 한다.
> - **고객의 생각 재정의 금지**: 고객이 중요하게 생각하는 핵심 기준이 세일즈맨이 충족시킬 수 없는 영역일지라도, 그 기준이 중요한 요소는 아니라고 고객을 설득하는 행동은 오히려 고객을 자극해서 그 기준을 더욱 강화시키고, 세일즈맨의 정보를 부정적으로 받아들이게 하는 부작용을 초래할 수 있기 때문에 지양해야 한다.
> - **상충 관계 보완하기**: 어떤 제품과 서비스도 고객을 완벽하게 만족시키기는 어렵다. A고객에게 별로 중요하지 않은 기준이 B고객에게는 매우 중요한 기준이 될 수도 있다. 따라서 고객이 원하는 핵심 기준의 충족에 따른 불이익 역시 고객에게 충분히 설명하여야 하며 불이익을 보완할 수 있는 방법도 개발해야 한다.
> - **창의적 대안 제시하기**: 기존에 존재하는 방법으로는 고객에게 감동을 줄 수 없다. 고객이 지닌 문제점을 해결할 수 있는 경쟁자들의 방안들을 분석하여 자신만의 창조적인 대안을 고객에게 제시한다.

성공적인 고객 세일즈 전략

| 빈출 키워드 |
서비스 세일즈맨의 태도   # 관계 세일즈   # 이메일 세일즈 전략
셀링 포인트

1 서비스 세일즈맨의 태도

1. 고객을 진심으로 대하는 방법
① 고객별 맞춤형 서비스로 세분화하여 차별화된 서비스를 제공한다.
② '할 수 없다'는 이야기는 가급적 하지 않는다.
③ 서비스의 기준을 공식문서화 한다.
④ 고객에게 정당한 서비스를 제공할 수 없다면 함부로 시작하지 않는다.
⑤ 한번 깨진 신뢰는 회복하기 어려우므로, 고객을 항상 진실로 대하고 거짓말을 하지 않는다.
⑥ 고객에게 전하는 말보다 듣는 것에 2배 이상 신경 쓰고, 경청하는 데 집중한다.
⑦ 고객이 하는 일에 관심을 갖고 업무적으로 도움이 될 수 있도록 정보를 수집한다.
⑧ 금전적인 수익과 별개로 고객을 도와주려는 의지를 보인다.
⑨ 전문가로서 명성을 유지하고 고객이 언제든지 의지할 수 있도록 지식 수준을 높여야 한다.
⑩ 자신이 취급하는 상품이나 제공하는 서비스에 자부심을 가진다.
⑪ 고객에게 호감을 주는 사람으로 관계를 유지한다.
⑫ 세일즈맨의 사소한 행동은 언젠가 큰 보상으로 돌아올 수 있다.

2. 고객의 메시지를 정확하게 파악하는 방법
① 평소 다양한 상품에 대한 지식을 학습한다.
② 고객과 지속적인 소통으로 교감을 나눈다.
③ 추천 및 입소문(Viral)과 같은 세일즈의 효력을 이해한다.
④ 구매를 권유하거나 하지 말아야 할 타이밍을 구분한다.
⑤ 세일즈 또는 마케팅의 대상을 정확하게 파악한다.
⑥ 고객의 말뿐만 아니라 태도, 몸짓, 전후 상황 등 모든 것을 고려하여 생각한다.

2 관계 세일즈

1. 관계 세일즈의 정의
서비스 세일즈맨과 고객의 장기적인 관계 유지를 통해 고객에게 진정한 가치를 제공하고 고객 가치를 높임으로써 상호 간에 원하는 이익을 모두 성취하는 윈윈(win-win) 전략을 추구하는 판매 방법이다.

2. 관계 세일즈의 중요성

① 기존 고객을 유지하는 비용이 신규 고객을 창출하는 비용보다 현저히 적다.
② 동일한 세일즈 상품이라도 기존 고객이 신규 고객보다 상품의 가격에 더욱 관대하다.
③ 기존 고객을 통해 연결된 신규 고객은 세일즈맨에 대해 호의적이다.
④ 세일즈맨의 브랜드 구축에 도움을 준다.
⑤ 세일즈맨의 업무적 생산성과 효율성을 높여 준다.

3. 관계 세일즈의 원칙

① 상품이 주는 이익보다 고객이 주는 기회를 우선으로 생각한다.
② 관계를 통해 고객의 니즈를 파악하고 상품에 반영할 수 있도록 노력한다.
③ 기존 고객들에게 더욱 정성을 들여 감동을 줄 수 있도록 노력한다.
④ 한번 맺어진 고객과의 인연에 감사하고 평생 유지할 수 있도록 체계적으로 관리한다.
⑤ 다른 세일즈맨과 차별화된 가치를 제공한다.
⑥ 구매로 이어졌는지, 고객이 만족해하는지 확인한다.

4. 관계 세일즈를 만드는 방법

① 관계를 맺는 기술을 특별하게 생각한다.
② 비즈니스 접촉보다 개인적이고 인간적인 부분으로 다가가 진지한 관계를 맺는다.
③ 팀원들과 함께 고객과의 관계를 개선하기 위한 고민을 하고 사례를 공유한다.
④ 고객과의 관계를 통해 새로운 고객을 개발하는 실무 기법을 연구한다.
⑤ 비즈니스 현장뿐 아니라 비공식적으로도 고객에게 도움이 될 방법을 찾는다.

3 성공적인 서비스 세일즈를 위한 기법

1. 바이럴 세일즈 전략 6단계

① [1단계] 최종 타깃(Target) 파악하기: 구매 의사가 있지만 나를 모르는 사람들이 최종 타깃인 고객이다.
② [2단계] 구매 당위성(명분) 만들기: 경쟁자들과 차별화하고, 나를 추천할 핵심 지인들이 나의 가치와 장점을 알고 있어야 한다.
③ [3단계] 세일즈 소구점 개발하기: 긍정적인 세일즈 메시지가 적절한 타이밍에 잠재 고객에게 효과적으로 전달되기 위해서 나의 세일즈 핵심 가치를 분석하고 정리한다.
④ [4단계] 메신저(입소문 메이커) 찾기: 나의 도움 또는 성공으로 이익을 얻은 사람 중에 나의 세일즈 가치를 전달해 줄 메신저를 찾아 접근한다.
⑤ [5단계] 메신저의 역할 준비하기: 나를 타인에게 추천해 줄 메신저가 그들의 지인에게 하게 될 핵심 질문들을 준비한다.
⑥ [6단계] 메신저에 관여하기: 입소문 세일즈의 성공을 위해서 메신저들의 성장과 이익에 관여하여 도움을 주면서 그들과 상호 이익을 함께 얻을 수 있도록 노력한다.

2. 이메일 세일즈 전략

① **이메일과 수신인의 관련성 고민**: 메일을 받게 될 고객에 대한 분석을 토대로 관련 내용을 전송한다.
② **도움이 되는 정보와 링크 제공**: 권위 있는 기관의 이름이나 고객이 관심을 끌 만한 주제를 제목으로 활용하여 고객의 관심을 유도한다.
③ **정보 위주의 내용으로 구성**: 업계 정보와 회사 소개의 비중을 80 : 20으로 구성하고, 자화자찬은 지양한다.
④ **개인적인 메일 형식으로 전달**: 개인적인 인사말로 시작하고, 자사의 고위 임원이 쓴 것처럼 작성한다.
⑤ **정직함으로 접근**: 자사를 자랑하는 상업적 요소는 배제하고 솔직하게 의미를 전달한다.

3. 서비스 상품 설명 전략

① 서비스 상품을 셀링 포인트 위주로 간결하게 설명하여 고객에게 확실한 인상을 심어 준다.
② 서비스 상품과 관련된 정보는 사실에 입각해서 정직하게 전달한다.
③ 과도한 사실 정보의 나열은 고객을 혼란스럽게 하므로 자제한다.
④ 각 서비스의 사용 방법과 도움이 되는 부분을 설명한다.
⑤ 서비스 상품의 구매 시 얻을 효용과 이익을 설명한다.

> **PLUS⁺ 셀링 포인트(Selling Point)**
>
> 세일즈 포인트라고도 하며 상품이나 서비스의 특징 및 이점을 의미한다. 구매를 촉진하기 위해 상품을 구입하려는 구매자에게 셀링 포인트를 강하게 호소해야 한다. 최근에는 셀링 포인트를 보다 진보시켜 구매자의 이익이 되는 점을 구매자 쪽의 입장에서 표현하는 '베네피트 포인트(Benefit Point)'로 변화 및 진행하는 추세이다.

CHAPTER 04 고객 상담 방법

| 빈출 키워드 |

\# 고객 유형별 특징   \# 상황별 고객 상담 방법

1 고객 유형별 특징 및 상담 방법 빈출

1. 빈정거리는 고객

특징	• 문제 자체에 집중하지 않고 특정 문구나 단어에 대해 항의한다. • 강한 추궁이나 정확한 면박에는 대답을 회피한다.
상담 방법	• 자존심을 살려 주면서 응대하며, 감정을 조절하면서 의연히 대처하고 정중함을 유지한다. • 대화의 초점을 주제 방향으로 유도하여 해결에 집중한다. • 질문법을 통해 고객의 의도를 이끌어 낸다. • 빈정거림을 적당히 인정하고 상황에 맞게 받아 주면서 고객의 만족감을 유도한다.

2. 우유부단한 고객

특징	• 본인이 바라는 내용을 정확하게 표현하지 않는다. • 주위의 눈치를 많이 보며, 타인에게 의사 결정을 전가한다.
상담 방법	• 본인의 불만을 확실하게 표현하지 않으므로, 폐쇄형 질문 및 문제 질문과 경청을 통해 고객의 의도를 파악한다. • 인내심을 가지고 천천히 응대한다. • 명확한 보상 기준과 이점을 설명하여 신뢰를 형성한다. • 선택지를 전달하고, 의사 결정 과정을 안내한다.

3. 전문 지식을 가진 고객

특징	• 자신이 가진 정보를 신뢰하고, 고집을 꺾지 않기 때문에 잘 설득되지 않는다. • 권위적인 느낌을 주어 상대의 판단에 영향을 미친다.
상담 방법	• 의견을 존중하며 상대의 말을 경청한다. • 자존감을 높여 주며 친밀감을 형성한다. • 상담자의 전문성을 강조하지 않고, 문제 해결에 초점을 둔다. • 고객을 가르치는 듯한 언행이나 반론은 지양한다.

4. 지나치게 사교적인 고객

특징	사교적이고 협조적이나 자신의 본심과 다른 약속으로 상대방을 실망시키는 경우가 있다.
상담 방법	• 상대방의 기분에 같이 휘말리지 않도록 한다. • 마음속으로 자기방어 또는 거절의 말을 준비하고 있는 경우가 많으므로 적절한 시기에 핵심 질문을 건네어 결정을 유도한다. • 고객을 대하는 것 이상의 우호적인 사교성이 필요하다.

5. 저돌적인 고객

특징	본인의 생각만이 정답이라고 믿으며, 상대방의 말을 끊고 자기 위주의 주장을 통해 분위기를 압도하려고 한다.
상담 방법	• 음성에 웃음이 섞이지 않도록 유의한다. • 부드러운 분위기로 정성스럽게 이야기한다. • 침착함과 자신감 있는 자세를 유지한다. • 고객이 말을 끊거나 흥분할 경우 '진정하세요' 등의 표현으로 제어하지 않는다. • 문제에 대해 적극적으로 인정하고 진심으로 개선의 의지를 표한다.

6. 같은 말을 반복하는 고객

특징	자아가 강하고 끈질긴 성격이다.
상담 방법	• 고객의 말에 지나치게 동조하지 않는다. • 고객이 하는 말을 요약 및 정리해서 의견을 충분히 이해했음을 알린다. • 문제 해결을 위한 확실한 결론을 제시한다. • 상황을 회피하지 말고 신속한 결단으로 상황을 마무리한다.

7. 불평을 늘어놓는 고객

특징	고객 나름의 소신이 있는 경우가 많으며, 말 한마디마다 트집을 잡는다.
상담 방법	• 고객의 의견에 공감의 표현을 하며 시간을 가지고 설득한다. • 고객을 인정하고 차근차근 하나씩 설명하며 이해시킨다. • 고객의 불평이 사실과 다르더라도 회피하거나 바로 반박하지 않는다.

2 상황별 고객 상담 방법

고객이 말이 없을 때	• 편안한 분위기를 만든다. • 선택형 질문으로 고객의 기호를 파악하고 대답을 유도한다.
큰 소리로 말할 때	• 고객이 스스로 인지할 수 있도록 목소리를 낮추고 천천히 말한다. • 장소를 전환하여 고객의 기분을 환기시킨다.

가격이 비싸다고 할 때	• 먼저 고객의 말을 인정하는 자세를 보인다. • 상품의 강점이 돋보이도록 경쟁 상품과의 차이를 설명한다.
동행인이 있을 때	• 동행인 역시 응대의 대상으로 생각한다. • 동행인이 상품에 대한 지식이 있는 경우 동행인이 공감할 수 있는 부분을 언급하거나 지식 수준에 대해 칭찬한다. • 동행인이 아이인 경우 아이의 특징을 파악하여 칭찬하고, 고객이 상담에 집중할 수 있도록 간식이나 장난감을 준비하여 아이의 관심을 돌린다.
구매를 망설일 때	고객의 기호를 파악하여 자신 있게 상품을 권한다.

3 고객 만족을 높이는 화법 빈출

쿠션 화법	의미를 전달하기 전에 상대를 배려하고 미안한 마음을 먼저 표현하는 화법이다. 예 "실례합니다만, ~" "번거로우시겠지만, ~"
신뢰 화법	고객에게 신뢰를 줄 수 있는 표현을 사용하는 화법으로 부드러운 화법을 30%, 정중한 화법을 70% 정도 사용한다. 예 "고객님께서 믿어주신 기대에 보답하기 위해 최선을 다해 문제를 해결해 드리겠습니다."
레이어드 화법	의뢰나 질문 형식으로 말하는 화법이다. 예 "잠시만 자리를 이동해 주시겠습니까?"
아론슨 화법	부정과 긍정 중 부정적인 내용을 먼저 말하고, 긍정적인 내용으로 마무리하는 화법이다. 예 "사업 기간은 짧지만 단기간에 고객 만족 조사 1위를 한 기업입니다."
보상 화법	고객이 저항하는 상품의 약점을 다른 강점으로 보완하여 강조하는 화법이다. 예 "표기된 마력은 동일하지만, 신기술로 에너지 효율과 출력을 높였습니다."
후광 화법	유명인이나 긍정적인 선입견을 지닌 근거를 제시하여 반대 저항을 감소시키는 화법이다. 예 "이 제품은 프랑스 유명 브랜드와 같은 가죽을 사용합니다."
부메랑 화법	고객이 지적한 특성이나 부정적인 요소를 먼저 인정하고 강점으로 승화시켜 이해시키는 화법이다. 예 "화면의 크기가 큰 만큼 가시성이 좋다는 것이 장점입니다."
YA 화법 (Yes-And)	상대방이 표현한 부정적인 의사 표현에 일단 공감을 하고, 바로 그 부분 때문에 자사 상품을 선택해야 한다고 주장하는 화법이다. 예 "보험의 실비 보장 범위가 ○○에 한정적이네요." "네, 맞습니다. 그래서 이 상품을 ○○ 전문 보험이라고 합니다."
YB 화법 (Yes-But)	상대방의 표현에 일단 공감을 하고, 그에 반박하는 반대 의견을 제시하는 화법이다. 예 "이 차는 승차감이 너무 딱딱해요." "저희도 충분히 공감합니다. 하지만 이 차는 주행 능력에 충실한 스포츠 세단이기 때문에 안정성을 우선으로 개발된 점을 감안하면 타 업체 동일 모델과 비교해서 승차감이 준수한 편입니다."

CHAPTER 05 MOT 분석 및 활용

| 빈출 키워드 |

\# MOT 3가지 요소　　\# MOT 관련 법칙　　\# MOT 사이클
\# MOT 차트

1 MOT(Moment Of Truth)

1. MOT의 등장 배경
① 유래: 스페인 투우에서 투우사와 소의 1:1 대결에서 '피하려 해도 피할 수 없는 짧은 순간', '실패가 허용되지 않는 매우 중요한 순간'이라는 말에서 유래하였다.
② 도입: 스웨덴의 마케팅 학자이자 최초로 MOT 연구를 시작한 '리차드 노먼(Richard Norman)'이 처음 사용하였고, 스칸디나비아 항공사(SAS)의 사장이었던 '얀 칼슨(Jan Carlson)'이 기업 경영에 처음 도입하였다. 1987년 『Moments Of Truth』라는 책을 통해 널리 보급되었다.

2. MOT의 의미
MOT는 '진실의 순간' 또는 '결정의 순간'을 의미한다. 고객이 기업의 제품 또는 서비스를 구매·사용하는 모든 과정에서 만족할 수 있도록 고객의 경험을 단계별로 구분하고, 각 단계별 이상적인 방침을 통해 모든 직원 및 서비스 요소의 수준을 동일하게 만드는 경영 기법이다. 이를 통해 기업의 전체 서비스 품질을 향상시키는 것을 목표로 한다.

> **PLUS⁺ 스칸디나비아 항공사의 MOT**
>
> 39세의 젊은 나이로 '스칸디나비아 항공사(SAS; Scandinavian Airlines System)'의 사장으로 취임한 얀 칼슨(Jan Carlson)은 연 800만 달러의 적자 회사를 불과 1년 만에 7,100만 달러의 흑자 회사로 전환시켰다.
> 이때 얀 칼슨이 적용한 경영 기법이 바로 MOT의 개념이다. 그는 스칸디나비아 항공에서 한 해에 약 1천만 명의 고객이 평균 5명의 직원들과 마주하였으며, 직원 한 명당 1회 응대 시간이 평균 15초라는 사실을 알아냈다. 따라서 15초라는 시간은 고객들이 스칸디나비아 항공의 기업 및 브랜드 이미지를 파악하는 데 영향을 미치고, 더 나아가 사업의 성공을 좌우한다고 주장했다. 그는 짧은 시간에 최고의 서비스를 제공하기 위해 직원들에게 표준 행동 지침(서비스 표준안)을 만들어 훈련을 시켰고, 이를 통해 서비스의 전체 과정에 존재하는 모든 요소들을 당시 고객들이 기대하는 수준 이상으로 끌어올릴 수 있었다.

3. MOT의 3가지 요소
① 하드웨어(Hardware): 고객의 물리적 경험 요소
　예 기업 이미지, 브랜드 파워, 매장 인테리어 및 청결, 분위기, 주차 시설, 휴게실 등
② 소프트웨어(Software): 고객이 경험하는 시스템
　예 서비스 프로그램, 업무 프로세스, 운영 시스템(예약, 업무 처리, 해피콜, 부가 서비스) 등
③ 휴먼웨어(Humanware): 서비스 직원들의 고객 응대 역량
　예 직원들의 용모·복장, 이미지, 태도, 소통 능력, 신뢰, 서비스 마인드 및 행동, 매너 등

4. MOT 설계 및 실행 시 중요 사항 [빈출]

① 고객과 각각의 접점이 모여 하나의 서비스 품질을 형성하며, MOT 구성 중 어느 하나만 실패해도 고객을 잃는다. 따라서 한 가지 서비스의 강화가 아닌 전체 서비스 품질의 향상에 집중해야 한다.
② 고객의 니즈와 직원의 사고의 차이를 전제로 고객 입장에서 MOT를 설계해야 하며, 고객의 소리(VOC)를 통해 지속적으로 고객의 니즈를 파악하고 MOT에 반영한다.

5. MOT 관련 법칙 [빈출]

곱셈의 법칙	고객이 느끼는 서비스의 만족은 각 접점에서 만족도의 합이 아닌 곱에 의해 결정되므로 한 항목의 점수가 0점일 경우 나머지 점수가 아무리 좋아도 총점은 0점이 된다.
깨진 유리창의 법칙	공터에 주차해 둔 차량을 유리창이 깨진 채로 방치해 둔다면, 얼마 후 그 차량은 전체가 파손된 모습으로 변하고 반대로 깨끗하게 관리된 차량 주변에는 좋은 차량들이 주차를 하게 된다. 이처럼 서비스 접점에서 깨진 유리창과 같은 사소한 실수를 방치한다면 큰 실패로 이어질 수 있다는 이론이다.
$100-1=0$의 법칙	• 100가지 서비스 중 하나만 마이너스 요인으로 작용하여도 서비스 전체 만족도에 영향을 미친다는 법칙으로, 깨진 유리창의 법칙을 설명해 주는 수학식이다. • 고객은 여러 가지 서비스 중 가장 나빴던 서비스를 유독 잘 기억하고, 그 서비스를 기준으로 서비스의 질을 평가하게 된다. 예 고객에게 서비스를 제공하는 물리적 환경 중 어느 한 곳의 불결함을 방치한다면 고객들은 다른 곳도 불결하다고 생각한다.
통나무 물통의 법칙	나무로 된 통나무 물통은 여러 조각을 묶어 만들기 때문에 그중 한 부분이 깨질 경우 통 안에 물을 가득 채울 수 없고 오히려 채워진 물이 다 빠질 수도 있다. 서비스 역시 한 부분이 누수되면 전체 서비스의 품질이 낮아진다는 법칙이다.

2 MOT 사이클과 차트

1. MOT 사이클의 의의 [빈출]

① 고객이 서비스를 받는 과정에서 경험하는 사건의 연속적인 흐름을 보여 주는 도표이다.
② MOT의 각 단계별 서비스 업무 시스템을 서비스 프로세스의 관점으로 표현한 것으로 '서비스 사이클(Service Cycle)'이라고도 부르며 원칙적으로 1시 방향부터 시계 방향으로 순서대로 작성한다.
③ 고객의 만족도를 높이기 위하여 고객의 입장에서 만든다.
④ 고객은 직원이 아니기에 자신들이 경험한 서비스 프로세스 전체 과정을 평가한다. 따라서 MOT 사이클은 부분이 아닌 기업이 제공하는 서비스 전체를 고려하여 만들어야 한다.
⑤ 서비스 기업의 모든 접점은 단순히 하나의 사이클이 아니라 여러 사이클의 조합으로 이루어진다.
⑥ 고객 접점에서 결정적인 순간을 분류하여 분석한 내용으로 설계한 서비스 사이클을 통해 고객 만족을 실천할 수 있다.

PLUS⁺ MOT 사이클의 예 - 병원 진료

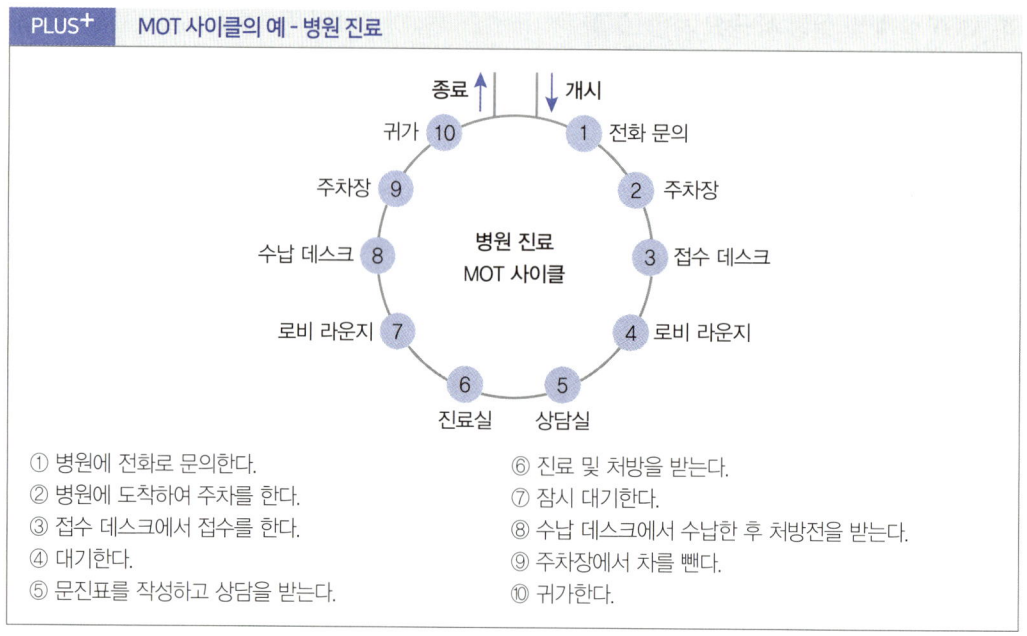

① 병원에 전화로 문의한다.
② 병원에 도착하여 주차를 한다.
③ 접수 데스크에서 접수를 한다.
④ 대기한다.
⑤ 문진표를 작성하고 상담을 받는다.
⑥ 진료 및 처방을 받는다.
⑦ 잠시 대기한다.
⑧ 수납 데스크에서 수납한 후 처방전을 받는다.
⑨ 주차장에서 차를 뺀다.
⑩ 귀가한다.

2. MOT 차트의 의의

① MOT 차트는 고객의 표준 기대치를 중심으로 왼쪽은 플러스 요인, 오른쪽은 마이너스 요인이다.
② MOT 차트는 서비스 업무를 진행하는 직원들의 성공적인 서비스 전달을 위한 방법과 기준을 제시한다.

PLUS⁺ MOT 차트의 예 - 은행에서의 고객 응대

플러스 요인	고객의 표준 기대치	마이너스 요인
• 밝은 목소리로 반기며 인사한다. • 고객의 대기 시간을 줄이기 위해 직원 모두가 응대한다. • 고객의 이야기를 진지하게 경청하고 공감해 준다. • 고객과 눈을 마주치며 자상하게 설명한다. • 고객의 상황을 고려하여 맞춤형 상품을 추천한다.	• 반갑게 인사해 준다. • 기다리는 시간이 너무 길게 느껴지지 않도록 신경 써 주길 기대한다. • 담당자가 고객의 이야기를 잘 들어 주길 기대한다. • 친절하게 설명해 주길 기대한다. • 나에게 필요한 상품을 추천해 주길 기대한다.	• 무뚝뚝하고 작은 목소리로 인사한다. • 번호표만 제공하고 아무 안내 없이 각자의 업무를 한다. • 건성으로 듣거나 고객의 말을 중간에 자르고 마무리한다. • 기계적이고 성의 없이 설명한다. • 실적을 위해 부담스러운 상품을 추천한다.

3. MOT 사이클 및 차트의 분석 및 기획

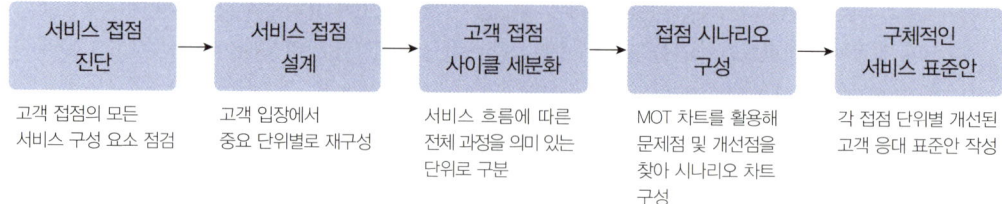

서비스 접점 진단: 고객 접점의 모든 서비스 구성 요소 점검
서비스 접점 설계: 고객 입장에서 중요 단위별로 재구성
고객 접점 사이클 세분화: 서비스 흐름에 따른 전체 과정을 의미 있는 단위로 구분
접점 시나리오 구성: MOT 차트를 활용해 문제점 및 개선점을 찾아 시나리오 차트 구성
구체적인 서비스 표준안: 각 접점 단위별 개선된 고객 응대 표준안 작성

적중 예상문제

SUBJECT 01 | 서비스 세일즈 및 고객 상담

PART 1 일반형

01 다음 중 서비스에 대한 설명으로 옳지 않은 것은?
① 고객과 사용자의 편익을 위한 제공자의 노력이자 기능이다.
② 판매 목적 또는 상품 판매와 연계하여 제공되는 만족을 위한 효용적 행위이다.
③ 한번 제공받은 서비스는 사용과 동시에 사라지기 때문에 서비스의 일관성을 유지하려는 노력이 필요하다.
④ 서비스는 제품과 달리 생산과 소비에는 일체 관여하지 않기 때문에 부가 가치를 발생시키는 경제 활동이라고 볼 수 없다.
⑤ 과거에는 '시중들다'는 의미로 서비스 제공자의 일방적인 희생을 의미했지만, 현대 사회에서 서비스는 타인을 위해 도움을 주거나 배려하는 행위로 통용된다.

02 다음 중 최고 품질의 서비스를 제공하기 위한 방법으로 옳지 않은 것은?
① 거래 전 및 거래 과정에 걸쳐 항상 고객을 탐색한다.
② 서비스 수준별로 고객에게 차별화된 서비스를 제공한다.
③ 서비스의 기준을 공식문서로 작성하고 고객과 공유한다.
④ 직원이 스스로 고객 서비스 수준을 정할 수 있도록 권한을 부여한다.
⑤ 고객이 기대하는 수준 이상으로 많은 서비스를 제공할 것을 약속한다.

03 다음 중 제품과 구별되는 서비스의 특징이 아닌 것은?
① 무형성
② 동시성
③ 소멸성
④ 소유권의 이전
⑤ 일률적 운영 시스템

해설
01 서비스는 생산, 소비와 관련된 모든 경제적 활동을 의미한다.
02 적절한 수준의 서비스를 제공할 것을 약속하고 기대 이상으로 제공한다.
03 서비스는 소유권이 이전되지 않는 무형성의 특징을 가지고 있다.

정답
01 ④   02 ⑤   03 ④

04 다음 중 서비스 세일즈의 특징으로 옳은 것은?
① 서비스 세일즈의 핵심은 고객이다.
② 서비스 직원은 서비스를 직접 생산하지는 않는다.
③ 직원에게 투자하는 것보다 상품 개발이 더 중요하다.
④ 서비스 직원은 서비스 제공 이외의 마케팅 활동은 하지 않는다.
⑤ 서비스 세일즈의 활동은 판매 전부터 판매 후까지 전 과정이 포함된다.

05 다음 중 서비스 세일즈의 등장 배경으로 옳지 <u>않은</u> 것은?
① 공급이 수요보다 많다.
② 과거에 비해 고객의 욕구는 더욱 복잡해졌다.
③ 기업 간 치열한 경쟁으로 제품과 서비스가 평준화되었다.
④ 인터넷의 발달로 오프라인 접점 서비스의 중요성이 낮아졌다.
⑤ 접점의 서비스 활동이 기업의 핵심 가치로서 중요한 역할을 하게 되었다.

06 다음 중 B2C 세일즈의 특징으로 옳은 것은?
① 감성적인 접근
② 장기적 관계 구축
③ 정형화된 구매 절차
④ 결정에 긴 시간 필요
⑤ 다양한 이해관계자들의 구매 결정 과정 참여

07 서비스 세일즈 방법 중 인적 판매의 특징에 해당하는 것은?

① 피드백에 오랜 시간이 걸린다.
② 주로 단기적인 관계 구축에 필요하다.
③ 전문 직원 양성에 많은 비용이 소모된다.
④ 판매 대상인 고객에게 무차별적으로 접근한다.
⑤ 불특정 고객의 욕구에 유연하게 대응할 수 있다.

08 충성도에 따른 고객 발달 단계를 순서대로 바르게 나열한 것은?

| 가. 잠재 고객 | 나. 기존 고객 | 다. 가망 고객 | 라. 신규 고객 | 마. 옹호 고객 |

① 가 → 나 → 다 → 라 → 마
② 가 → 다 → 라 → 나 → 마
③ 나 → 가 → 라 → 다 → 마
④ 나 → 라 → 가 → 마 → 다
⑤ 다 → 가 → 라 → 나 → 마

09 충성도에 따른 고객의 분류 중 다음 설명에 해당하는 고객의 유형은?

> 특정 제품과 서비스에 대한 관심이 있고 그것과 관련된 정보를 얻기 위해 다양한 루트로 접근하였지만, 아직 구매 행동으로 옮기지 않는 고객이다.

① 잠재 고객
② 가망 고객
③ 기존 고객
④ 단골 고객
⑤ 옹호 고객

해설

04 ① 서비스 세일즈의 핵심은 직원이다.
② 서비스 직원은 서비스를 직접 생산한다.
③ 직원에게 투자하는 것은 상품 개발만큼이나 중요하다.
④ 서비스 직원은 서비스 제공 이외의 마케팅 활동에도 중요한 역할을 한다.
05 인터넷의 발달로 온·오프라인 접점의 서비스가 모두 중요해졌다.
06 ②, ③, ④, ⑤는 B2B 세일즈의 특징에 해당한다.
07 인적 판매를 위해 세일즈 전문 인력을 구축하는 데 많은 비용이 필요하다.
08 기업의 고객 만족 경영은 잠재 고객을 옹호 고객으로 만드는 과정이다.
09 가망 고객은 조만간 구매하겠다는 의지를 가지고 제품이나 서비스를 탐색하는 단계의 고객이다.

정답

04 ⑤   05 ④   06 ①   07 ③   08 ②   09 ②

10 서비스 세일즈의 단계별 상담 전략 중 고객 접근 단계에 해당하는 것은?
① 라포 형성
② 고객 설득
③ 잠재 고객 개발
④ 고객 유형 분류
⑤ 고객의 잠재적 니즈 파악

11 다음 중 신규 고객을 위한 행동으로 옳은 것은?
① 고객의 브랜드 전환을 방어하기 위해 노력한다.
② 첫 거래에 대한 감사의 표현을 하고 초기 혜택을 제공한다.
③ 고객화(Customize) 과정에서 고객에게 참여의 기회를 제공한다.
④ 추가적인 혜택이나 교차 판매를 통해 고객의 욕구를 충족시킨다.
⑤ 고객 충성도를 강화할 수 있는 새로운 제품 및 서비스를 판매한다.

12 다음 중 서비스 세일즈 '고객(니즈) 분석' 단계에 해당하는 설명으로 옳은 것은?
① 잠재 고객에 대한 정의를 먼저 한다.
② 나의 메시지를 전달해 줄 인맥을 찾는다.
③ 성공적인 입소문은 판매를 위해 서로 돕는 것이다.
④ 추천 가능한 인맥들이 우리의 강점을 알고 있는지 확인한다.
⑤ 적절한 타이밍에 잠재 고객들에게 세일즈 메시지를 성공적으로 전달할 수 있도록 준비한다.

13 다음 중 해결책을 제시할 때 궁극적으로 강조해야 할 사항으로 옳은 것은?

① 해결책의 가격
② 해결책의 장점
③ 해결책의 구성
④ 해결책의 새로운 점
⑤ 해결책으로 얻게 되는 이익

14 고객 응대 전략 중 디마케팅(Demarketing)을 해야 하는 한계 고객의 유형이 <u>아닌</u> 것은?

① 체리피커(Cherry Picker)
② 불만 고객(Complainer)
③ 블랙 컨슈머(Black Consumer)
④ 배드 마우스(Bad Mouth)
⑤ 저수익 고객(Low Profit Customer)

15 다음의 질문에 해당하는 고객 세일즈 마무리 기법으로 옳은 것은?

> "이 정도 구성이라면 고객님을 충분히 만족시킬 수 있을 것 같은데, 이 제품으로 구매하시겠습니까?"

① 권유형 마무리
② 2차적 마무리
③ 긍정 암시법
④ 최종어 제출법
⑤ 승인형 마무리

해설

10 고객 접근 단계에서의 핵심은 고객과의 친밀감을 높이는 것으로 친밀한 관계를 뜻하는 라포 형성이 중요하다.
11 신규 고객에게는 첫 거래 후 부조화를 예방하기 위해 감사 인사 또는 소정의 성의를 표현해야 한다.
12 고객 분석 단계에서는 상품이나 서비스를 구매할 의향은 있지만 우리를 알지 못하는 잠재 고객을 확보해야 한다.
13 해결책 제시에는 Feature(특징), Advantage(장점), Benefit(이익)의 3단계가 있으며 이 중에서 궁극적으로 강조해야 할 것은 고객이 해결책을 통하여 어떤 이익을 얻게 될지 전달하는 Benefit(이익)이다.
14 불만 고객은 기업의 드러나지 않는 서비스 불안 요소를 다른 고객들을 대신해 전달해 주는 중요한 고객이다.
15 직설적이면서 자연스럽게 고객의 결정을 권유하며 거래를 마무리한다.

정답

10 ① 11 ② 12 ① 13 ⑤ 14 ② 15 ①

16 다음 중 빈정거리는 고객을 응대할 때의 상담 기법으로 가장 적절한 것은?

① 인내심을 가지고 천천히 응대한다.
② 고객의 말에 지나치게 동조하지 않는다.
③ 대화 중 자존심을 건드리는 언행은 삼간다.
④ 부드러운 분위기를 유지하며 정성스럽게 응대한다.
⑤ 정중함을 잃지 않으면서 질문법을 통해 고객의 의도를 이끌어 낸다.

17 다음 중 상황별 고객 응대 방법으로 옳지 않은 것은?

① 고객이 말이 없을 때는 편안한 분위기를 조성한다.
② 가격이 비싸다고 할 때는 먼저 고객의 말을 인정하고 할인 가격을 제시한다.
③ 아이를 동반했을 때는 아이의 특징을 파악하여 칭찬을 하고, 아이가 편안함을 느끼게 한다.
④ 상품에 대한 지식이 있는 동행인이 있을 때는 동행인을 칭찬하거나 상품에 대해 차분히 설명한다.
⑤ 고객이 목소리가 큰 경우에는 자신의 목소리가 크다는 것을 스스로 인지할 수 있도록 직원이 목소리를 낮추고 천천히 응대한다.

18 다음 중 MOT에 대한 설명으로 옳지 않은 것은?

① 고객과의 특정 시점을 집중적으로 고려해야 한다.
② MOT는 고객의 입장에서 편리하게 설계되어야 한다.
③ MOT는 투우사가 소의 공격을 마주하는 찰나의 순간을 의미한다.
④ 스칸디나비아 항공사의 얀 칼슨 사장에 의해 기업에 처음으로 MOT 개념이 도입되었다.
⑤ MOT의 대표적인 법칙에는 곱셈의 법칙, 통나무 물통의 법칙, '100−1=0' 법칙이 있다.

19 다음 중 서비스 접점의 특징이 <u>아닌</u> 것은?

① 서비스 접점은 일방적 관계이다.
② 서비스 접점은 상호 보완적이다.
③ 서비스 접점은 목적이 다양하다.
④ 서비스 접점에서의 역할은 각 접점 간 제한적이다.
⑤ 서비스 접점은 역할의 성과를 만드는 측면에서 중요하다.

20 다음 중 서비스 직원과 고객의 관계에 대한 설명으로 옳지 <u>않은</u> 것은?

① 서비스 직원의 특별한 행동은 고객에게 부담감을 줄 수 있으므로 자제한다.
② 고객은 서비스 제공자의 업무 태도에 따라 서비스 품질을 평가하고, 업무 실적 등을 결정한다.
③ 서비스 접점에서 고객 만족에 영향을 주는 핵심 요소는 고객과 접점 직원 간의 상호 이해이다.
④ 서비스 제공자의 숙련도는 상품에 대한 전문성과 고객과의 인간적 소통 역량을 모두 평가 받는다.
⑤ 서비스 실패의 최소화는 만족스러운 접점은 아니지만 부정적 감정을 예방한다는 측면에서 중요한 요소이다.

해설

16 빈정거리는 고객은 문제 자체에 집중하지 않고 특정 문구나 단어에 대해 항의할 수 있다. 이러한 경우 정중함을 잃지 않고 의연하게 대처해야 하며, 질문을 통해 고객의 의도를 알아내야 한다.
17 가격이 비싸다고 할 때는 공감하면서 상품의 강점이 돋보이도록 설명한다.
18 MOT는 특정 시점이 아닌 기업이 고객에게 제공하는 서비스 전체의 영역을 고려해야 한다.
19 서비스 접점은 직원과 고객 간의 양방향 상호 작용의 관계이다.
20 상황에 맞는 서비스 직원의 특별한 행동은 고객에게 감동을 줄 수 있다.

정답

16 ⑤   17 ②   18 ①   19 ①   20 ①

21 MOT 차트는 표준 기대치를 중심으로 플러스 요인과 마이너스 요인으로 구성된다. 다음의 표준 기대치에 따라 MOT 차트의 왼쪽에 기록할 내용으로 옳은 것은?

> - 한 번의 전화로 해결된다.
> - 담당자가 친절하게 응대해 준다.
> - 전화가 잘 연결된다.

① 담당자를 모르겠다.
② 담당자와 한 번에 연결이 되지 않는다.
③ 담당자가 정형화된 매뉴얼대로 응대한다.
④ 담당자가 급하게 서두르면서 전화를 빨리 끊으려 한다.
⑤ 담당자가 친절하게 고객의 질문에 적절한 대답을 해 준다.

22 다음 중 서비스 품질을 측정하는 과정에서의 MOT에 대한 설명으로 적절하지 <u>않은</u> 것은?

① 서비스 약속을 많이 제공할수록 MOT에 대한 고객 만족이 증가한다.
② 서비스 제공자에 대한 확신이 강하면 MOT 관리에 있어 불확실성을 줄일 수 있다.
③ 고객 상황에 대한 공감성을 높이면 서비스 제공 과정에서 MOT의 관리가 효율적이다.
④ 고객의 요구에 빠르게 대응하는 것은 서비스 품질이나 MOT 관리에 있어 모두 중요하다.
⑤ 고객이 인식하는 서비스 프로세스를 감안하여 유형성을 설계하면 MOT에 대한 고객 만족을 증가시킬 수 있다.

23 고객과의 세일즈를 진행 시 세일즈맨이 갖춰야 할 기본 태도로 옳지 <u>않은</u> 것은?

① 고객의 말을 경청한다.
② 고객의 경험에 공감한다.
③ 고객에게 무조건 할인 혜택을 제시한다.
④ 문제 해결을 위한 적극적 자세를 보인다.
⑤ 고객의 반론에 유연한 태도를 유지한다.

24 고객이 구매를 앞두고 느끼는 불안을 제거하는 방법으로 옳지 <u>않은</u> 것은?

① 고객이 제시한 불안 요소를 무시하거나 가볍게 생각하지 않는다.
② 고객이 자신의 마음속 불안을 세일즈맨에게 이야기할 수 있도록 처음부터 신뢰 관계를 구축한다.
③ 고객이 고민하는 구매 후 발생할지 모르는 부정적 결과에 대해 면밀하게 분석한다.
④ 고객의 불안 요소에 대해 잘못된 선택을 하도록 세일즈맨은 자신의 입장을 적극적으로 제시하고 해결책을 강하게 주입해야 한다.
⑤ 고객이 스스로 불안과 두려움을 극복할 수 있도록 정보를 제공하고 충분히 기다려 준다.

해설

21 MOT 차트의 왼쪽은 플러스(+) 요인으로 고객의 표준 기대치 이상의 요인을 기재한다.
22 MOT에 대한 고객 만족을 높이기 위해서는 서비스 약속보다 이행에 더욱 집중해야 한다.
23 무조건적인 가격 할인은 고객과의 신뢰가 손상될 수 있다.
24 고객이 부담을 느끼지 않으면서 자연스럽게 불안 요소를 극복할 수 있도록 강하게 압박하거나 해결책을 강요해선 안 된다.

정답

21 ⑤   22 ①   23 ③   24 ④

PART 2 O/X형

[25~29] 다음 문항을 읽고 옳고(O), 그름(X)을 선택하시오.

25 전통적 세일즈가 판매 제안에 많은 비중을 두는 반면, 현대적 세일즈는 고객과의 관계 형성 및 관계 강화에 많은 비중을 둔다. (① O ② X)

26 고객을 진심으로 이해하고 존중하는 마음을 전하기 위해서는 반드시 판매 및 금전적 이윤과 관련된 일에 집중해서 고객을 도와야 한다. (① O ② X)

27 서비스 실패로 인한 불만족한 경험을 한 고객이라도 특별한 이해관계가 없는 한 주변의 잠재 고객에게 영향을 미치지 않는 것으로 나타난다. (① O ② X)

28 상황별 고객 상담 시 동행인은 직접적으로 제품을 구입하지 않는 고객이므로 중요한 존재가 아니며, 구매 대상에게만 집중해야 한다. (① O ② X)

29 레이어드 화법은 부정과 긍정 중 부정적인 내용을 먼저 말하고 긍정적인 내용을 나중에 말하는 화법을 말한다. (① O ② X)

PART 3 연결형

[30~34] 다음 설명에 적절한 보기를 찾아 각각 선택하시오.

보기
① 깨진 유리창의 법칙   ② 휴먼웨어   ③ 세일즈 에이드   ④ FABE   ⑤ 한계 고객

30 MOT 구성 요소 중 직원들의 용모·복장, 이미지, 태도, 소통 능력, 신뢰, 서비스 마인드 및 행동, 조직 문화, 매너 등을 의미한다. (   )

31 공터에 주차해 둔 차량의 유리창을 깨진 채로 방치한다면, 일정 시간이 흐른 후 그 차량은 전체가 파손된 모습으로 변한다는 이론이다. (   )

32 고객과의 상담 시 효과적으로 설득하기 위해 사용하며, 판매하고자 하는 상품의 특징과 장점, 혜택을 객관적 증거를 제시하여 논리적으로 설명하는 화법이다. (   )

33 세일즈맨이 효과적인 판매 활동을 위해 사용하는 자료와 도구의 총칭이다. (   )

34 고객 관계를 유지할수록 기업 이익 실현에 손해가 되는 고객이다. (   )

해설
25 ○
26 × 거래로 이어지지 않는 일이라도 기꺼이 도움을 주었을 때 고객은 세일즈맨에 대해 좋은 소문을 낼 것이다.
27 × 서비스 실패를 경험한 고객은 본인뿐 아니라 주변의 잠재 고객들에게 부정적인 영향을 미친다.
28 × 동행인 역시 응대의 대상으로 생각하고 친절하게 상품에 대해 설명한다.
29 × 아론슨 화법에 대한 설명이다.
30 휴먼웨어
31 깨진 유리창의 법칙
32 FABE
33 세일즈 에이드
34 한계 고객에는 블랙컨슈머, 체리피커 등이 있다.

정답
25 ①   26 ②   27 ②   28 ②   29 ②   30 ②   31 ①   32 ④   33 ③   34 ⑤

PART 4 사례형

35 다음 사례에서 설명하는 서비스의 특징은 무엇인가?

> • 강의가 시작됨과 동시에 학생들은 교육 서비스를 받게 된다.
> • 승무원의 기내 서비스는 고객이 탑승한 순간부터 생산되어 그 순간 고객에게 소비된다.
> • 호텔리어의 환대를 받는 순간 고객은 기분이 좋아진다.

① 소멸성
② 비분리성
③ 이질성
④ 무형성
⑤ 즉시성

36 다음 사례에 대한 설명으로 옳지 <u>않은</u> 것은?

> COVID-19(코로나바이러스 감염증)의 확산으로 인해 대면 영업 활동에 어려움을 겪고 있던 보험 판매 대리점의 영업팀 임직원들은 장기적인 관점에서 고객 관리 방법에 변화가 필요하다고 느끼면서 비대면 영업 활동을 위한 온라인(모바일) 영업 플랫폼을 개발하기로 했다. 개발에 앞서 플랫폼에 구성될 내용 및 자료들을 선별하기 위해 보험 설계사를 대상으로 다양한 설문을 진행하여 내부 의견을 취합하였다. 또한 고객들이 온라인 플랫폼을 사용함에 있어 불편한 점을 찾아 개발에 반영하고자 개발 업체의 포트폴리오와 작업 사례도 면밀하게 살펴보았다. 이렇게 수집된 자료를 취합하고 분석하여 고객들에게 일어날 수 있는 여러 상황에 따른 '보험 혜택과 관련 상품', '업계 최신 동향', '관리사 개개인의 활동 사례', '보험 가입 절차 및 마케팅 프로모션' 등의 다양한 콘텐츠를 구성하였고, '실시간 고객 상담'을 통해 비대면 영업 활동의 효과를 높이고자 하였다. 드디어 온라인 플랫폼 개발이 마무리되어 영업 사원들의 발 빠른 노력으로 순조롭게 기존 고객들에게 안내가 되었고, 모든 고객들의 스마트폰에 애플리케이션 설치가 완료되었다. 고객들의 초기 반응은 좋았다. 더불어 직원들도 비대면 영업 업무에 점차 익숙해져 갔다. 하지만 3개월의 시간이 흐르고 분기 결산을 해 보니, 온라인 플랫폼을 통한 비대면 영업 활동의 성과가 그동안 준비한 노력에 비해 부진한 것으로 나타났다. 심지어 시간이 흐를수록 방문자 수 및 트래픽 양이 점차 떨어지고 있다는 분석에 영업팀은 깊은 고심을 하게 되었다. 그러던 중 신입 직원 박 사원의 제안으로 고객 설문 조사 및 충성 고객 면담을 통해 온라인 플랫폼의 문제점과 비대면 영업 활동이 영업 성과로 이어지지 않는 원인을 찾아보기로 했다. 설문 조사와 고객 면담 결과, 온라인 플랫폼이 개별 고객들의 니즈를 반영하지 못하고 있으며 신규 계약이나 소개와 같은 고객 활동에 동기 부여가 되지 못한다는 사실 또한 알게 되었다.

① 온라인 플랫폼을 통한 비대면 영업 활동은 성공하지 못하였다.
② 영업팀은 온라인 플랫폼에 다양한 정보를 구성하고자 노력하였다.
③ COVID-19는 '대면 영업 활동'에서 '비대면 영업 활동'으로의 업무 변화를 촉진하였다.
④ 영업팀은 비대면 플랫폼 개발에 앞서 고객들의 니즈를 파악하기 위해 고객 대상의 적절한 사전 조사를 진행하였다.
⑤ 앞으로 비대면 영업 활동의 성과를 높이기 위해 온라인 플랫폼에 고객들의 신규 계약이나 지인 소개 활동을 독려할 수 있는 보상 프로그램을 강화해야 한다.

37 다음 사례를 보고 세일즈맨이 취한 태도에 해당하는 것은?

> 직원: 안녕하세요, ○○ 면세점입니다.
> 고객: 직장 상사와 친구 생일에 줄 선물용 괜찮은 위스키 추천해주시겠어요?
> 직원: 선물 받으시는 분들의 취향과 예산을 말씀해 주시면 거기에 맞게 추천드리겠습니다.
> 고객: 정확한 취향을 잘 모르겠지만, 두 명 다 비교적 과실향이 많이 나는 위스키를 좋아한다고 들었어요. 두 병 합해서 30만 원 생각하고 있어요.
> 직원: 상사분께 A 제품은 어떠세요? 요즘 30~40대 분들에게 가장 인기가 많은 위스키입니다. 기존 시장 가격이 33만 원인데, 현재 면세점 한시 프로모션 중이라 금일 구매 시 8만 원 할인된 25만 원에 구매가 가능하세요.
> 고객: 저도 이 위스키 좋은 건 아는데 친구 선물도 사야 해서 가격이 부담되네요. 20만 원 이하로 구매하고 싶은데 어쩌죠?
> 직원: 그러시군요, 물론 20만 원 이하 제품도 많지만 프로모션이 적용된 25만 원이면 다른 20만 원 이하의 제품보다 확실히 브랜드 인지도나 품질 측면에서도 가치가 뛰어나 받는 분께서도 감동이 크실 거예요. 이렇게 하시면 어떨까요? 상사분께는 A 제품을 준비해 주시고, 친구분께는 대중적으로 인기가 있는 제품 중에 프로모션 적용되어 시장 가격 11만 원, 할인가 9만 원인 B 제품으로 추천드릴게요. 그렇게 2병 이상 구매하시면 면세점 추가 할인이 가능해서 A 제품은 23만 원, B 제품은 7만 원, 총 합 30만 원에 구매가 가능하세요.
> 고객: 정말요? 제야 예산만 안 넘긴다면, 너무 좋죠!
> 직원: 감사합니다. 바로 준비해 드리겠습니다

① 저항을 탐색하고 예상한다.
② 저항을 인정하되 개인적으로 받아들이지 않는다.
③ 저항의 원인을 분석하고 평가한다.
④ 저항을 활용하여 강화하고 보완한다.
⑤ 저항에 강하게 반박한다.

35 서비스는 제품과 달리 유통의 과정 없이 생산과 동시에 바로 소비되는 비분리성을 특징으로 가진다.
36 영업팀은 비대면 플랫폼 개발 전 고객을 대상으로 니즈 파악을 하지 않았고, 내부 직원들과 개발 업체의 자료에 의존하였다.
37 직원은 고객의 가격 저항을 이해하고 강화해서 보완된 가격 방안을 제시했다.

정답

35 ②   36 ④   37 ④

PART 5 통합형

[38~39] 다음의 피트니스 클럽 이용 상담과 관련된 대화를 읽고 문제에 답하시오.

> 건강을 위해 피트니스 클럽을 찾은 고객과 피트니스의 매니저가 운동 등록 상담을 하고 있다.
> 매니저: 고객님 저희 클럽을 찾아 주셔서 감사합니다. ① 운동을 하려는 목적이 어떻게 되세요?
> 고　객: 갑자기 살이 너무 찌고, 체력도 떨어져서 건강을 위해 하려고 합니다.
> 매니저: ② 갑자기 살이 찐 특별한 문제라도 있으신가요?
> 고　객: 요새 업무 스트레스 때문에 폭식하고 꼼짝 안 하고 재택근무만 했거든요.
> 매니저: 그러시군요. ③ 그렇다면 혹시 다이어트가 많이 급하신 건가요?
> 고　객: 꼭 그런 건 아니지만 이왕이면 빨리 날씬해지면 좋겠어요. 그런데 제가 운동을 처음 하는 건데 운동 방법도 알려 주시나요?
> 매니저: 저희가 기본적인 기구 사용법과 운동 방식은 알려 드립니다. 하지만 고객님께서 조금 더 전문적인 도움이 필요하시다면 개인 레슨을 별도로 신청할 수도 있습니다.
> 고　객: 연예인들이 많이 받는다는 개인 레슨 말인가요? 그건 레슨 한 번에 10만 원씩 비용이 든다고 하는데 부담스러워서 생각해 본 적은 없어요.
> 매니저: 네, 이해합니다. 하지만 연예인들과 달리 저희는 일반인 대상으로 가격을 책정해 두었기 때문에 고객님 생각처럼 그렇게 비싸지 않습니다. 실제 레슨비는 회당 5만 원 수준으로, 다른 종목의 개인 레슨비와 비교해도 저렴한 편입니다.
> 고　객: 그래도 개인 레슨은 처음부터 생각하고 오질 않아서 조금 더 고민을 해 봐야 될 것 같아요. 일단은 피트니스 이용권만 6개월 등록하고 싶습니다.
> 매니저: 알겠습니다. 그렇게 진행하겠습니다. 하지만 개인 레슨을 등록하시는 분들께 개인 레슨 기간만큼의 피트니스 이용권을 50%나 할인해 주는 행사를 진행 중이니 한 번 더 고려해 보세요.
> 고　객: 네? 50% 할인을 해 준다고요?
> 매니저: 그렇습니다. 지금 개인 레슨을 등록하시면 제가 운동복과 개인 사물함을 추가 비용 없이 운동 기간 동안 무상으로 쓰실 수 있도록 지원해 드리겠습니다.
> 고　객: 아… 갑자기 고민되네요. ④ 제가 지금 개인 레슨을 등록하면 얼마나 혜택을 볼까요?
> 매니저: 고객님께서 지금 개인 레슨을 계약하시면 클럽 회원권을 정상적으로 등록하시고 나중에 개인 레슨을 따로 등록하시는 것보다 '회원권 할인'에 '개인 사물함'과 '운동복'까지, 지원받는 비용을 따져 보면 최대 약 25만 원 정도 현금 혜택을 받으실 수 있는 겁니다. 조금만 생각을 해 보시면 현명한 결정 내리시는 일은 어렵지 않습니다. ⑤ 어떠세요? 개인 레슨을 등록해 드릴까요?

38 두 사람의 대화에서 밑줄 친 부분과 질문법이 <u>잘못</u> 연결된 것은?

① 상황 질문: 운동을 하려는 목적이 어떻게 되세요?
② 문제 질문: 갑자기 살이 찐 특별한 문제라도 있으신가요?
③ 폐쇄형 질문: 그렇다면 혹시 다이어트가 많이 급하신 건가요?
④ 해결 질문: 제가 지금 개인 레슨을 등록하면 얼마나 혜택을 볼까요?
⑤ 확대 질문: 어떠세요? 개인 레슨을 등록해 드릴까요?

39 다음 중 위의 상담 내용에 대한 설명으로 옳지 <u>않은</u> 것은?

① 매니저는 적절한 질문을 계속함으로써 상담 초기 분위기를 이끌었다.
② 연예인의 사례로 후광 효과를 기대하였지만 고객이 설득되지 않았다.
③ 매니저는 "네, 이해합니다. 하지만~"의 YA 화법으로 고객의 부정적 표현을 반론하였다.
④ 고객에게 개인 레슨 등록 시 얻을 수 있는 이익(Benefit)을 설명하여 고객의 마음을 흔들었다.
⑤ 매니저는 권유형 마무리를 하였다.

38 확대 질문은 문제가 가져올 파장에 대해 물어보는 질문으로 위의 대화에서는 제시되지 않았다.
39 매니저는 YA 화법이 아닌 "네, 이해합니다. 하지만~"의 YB 화법으로 고객의 의사에 반론을 제시하고 있다.

38 ⑤   **39** ③

SUBJECT 02

고객 관계 관리 (CRM)

CHAPTER 01 고객의 분류 및 고객 구매 사이클

CHAPTER 02 고객 포트폴리오 전략 및 고객 가치의 이해

CHAPTER 03 고객 관계의 이해

CHAPTER 04 고객 가치를 높여 주는 고객 관계 관리(CRM)

CHAPTER 05 고객 접점에서의 고객 경험 관리(CEM)

학습방법

- ☑ 수익성에 따라 고객을 분류하고, 구매 사이클별 고객의 행동을 알아본다.
- ☑ 고객 포트폴리오의 개념과 고객 가치의 정의 및 측정 기법 등을 학습한다.
- ☑ 고객 관계 관리(CRM)의 핵심 가치와 역할을 중심으로 학습하고 성공적인 CRM 전략을 위한 방법들을 알아본다.
- ☑ 고객 경험 관리(CEM)의 중요성과 슈미트의 경험 요인, 고객 경험 접점별 특징을 이해한다.

무료강의
바로보기

고객의 분류 및 고객 구매 사이클

| 빈출 키워드 |
고객 성장의 단계   # 고객 구매 사이클   # 고객 충성화
고객 구매 후 부조화

1 고객 분류

1. 고객의 의미 [빈출]
① 어원적 의미: '돌아볼 고(顧)+손 객(客)'으로 상품을 반복해서 구입하는 손님을 의미한다.
② 좁은 의미: 보편적인 의미는 기업의 상품을 구매 및 사용하는 데 관여하는 사람이다. 소비자와 비슷하게 사용되나, 소비자는 구매 가능성 및 구매 의사를 가진 경제적 주체라는 포괄적 개념이고, 고객은 특정 상품의 소비 주체라는 좁은 의미의 개념이다.
③ 넓은 의미: 기업의 생산부터 유통, 마케팅의 모든 과정에 어떤 형식으로든 관계를 맺고 있는 사람이다.

2. 고객 분류의 의의
모든 고객이 기업에 대해 똑같은 수익성을 보장하지는 않기 때문에 기업은 고객을 기업에 대한 수익성 공헌 수준에 따라 분류하고 관리한다. 고객은 기업의 제품 및 서비스를 구매하고 사용하는 정도에 따라 성장하므로 기업은 고객의 성장 수준에 따라 자사의 사업 전략에 적합하면서 높은 수준의 가치를 제공해 주는 고객을 발굴하고 관리한다. 고객 분류는 기업의 고객 관리 전략을 위한 중요한 활동이다.

3. 고객 성장의 단계

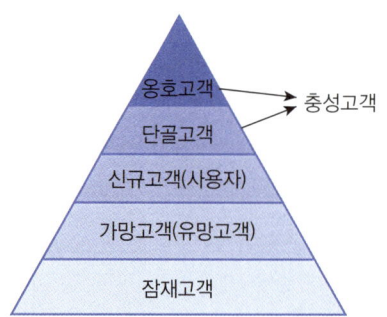

① **잠재 고객**: 아직 기업의 존재를 모르고 현재는 니즈(needs)가 없어 사용하지 않지만 미래에 자사의 제품 및 서비스를 사용할 가능성이 있는 고객이다.
② **가망(유망)고객**: 현재 니즈에 의해 조만간 구매 결정을 할 예정이며, 다른 경쟁 업체와 상품을 비교 중인 고객이다.
③ **신규 고객(사용자)**: 한 번 이상 구매한 사람으로 반복 구매로 유도할 필요가 있다.
④ **단골 고객**: 동일 브랜드를 반복 구매하고, 자사의 다른 상품도 구매를 시도한다.
⑤ **옹호 고객**: 브랜드 충성도가 가장 높고 기업 매출의 큰 비중을 차지하는 핵심 고객이다. 옹호 고객은 잠

재 고객 및 유망고객의 구매 결정에 긍정적인 영향을 미치고 기업의 부정적 이미지를 방어하는 역할을 한다. 이에 옹호고객이 동기부여가 될 수 있는 특별한 혜택을 제공해야 한다.

⑥ 충성 고객: 단골고객과 옹호고객을 포함하는 고객의 개념이다.

> **PLUS⁺ 파레토 법칙(Pareto Principle)**
>
> 이탈리아의 경제학자인 빌프레도 파레토(Vilfredo Pareto)가 '이탈리아 인구의 20%가 토지의 80%를 소유하고 있다'는 이탈리아의 경제적 불균형 현황을 제시한 것에서 기인한 것으로 '80:20 법칙'이라고도 한다. 그 예로 백화점 고객의 15%에 해당하는 소수 고객이 전체 매출의 76%를 발생시키고, 서비스 기업의 전체 고객 중 20%가 전체 매출의 80%를 책임진다는 연구 조사가 있다. 이에 많은 서비스 기업들이 수익성의 최상단에 있는 VIP 고객들과 유지할수록 오히려 마이너스(-)가 되는 한계 고객들을 구분하여, VIP 고객만을 위한 특별한 서비스를 제공하면서 동시에 수익성이 좋지 않은 고객들을 위한 서비스는 배제하는 전략을 취하기도 한다.
> 하지만 파레토 법칙을 맹신한 극단적인 고객 관리 전략은 잠재 고객을 개발하거나 신규 고객을 획득하는 등의 새로운 시장 개척이나 신규 매출 창출에 어려움이 있고, 서비스 상품의 가치 하락이나 사회·경제적 변화에 따른 잠재적 위험(Risk)에 대응이 늦을 수 있다는 단점도 있다. 따라서 파레토 법칙을 적절히 이용한 단계별 고객 서비스 전략으로 수익 구조를 다양화해야 한다.

2 고객 구매 사이클

1. 고객 구매 사이클에 따른 특징

고객이 제품이나 서비스를 구매할 때는 다음과 같은 일정한 사이클을 경험하게 된다.

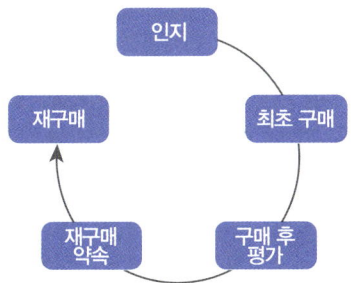

▲ 고객 구매 사이클의 흐름

[1단계] 인지	• 고객이 제품이나 서비스를 인지하는 단계이다. • 잠재 고객에게 경쟁 상품보다 자사 상품을 먼저 인지시키는 전략에 집중한다. • 기업의 다양한 마케팅 비용이 발생한다. • 기업과 결속은 이루어지지 않은 상태이다.
[2단계] 최초 구매	• 고객 충성도를 가늠할 수 있는 중요한 기회이다. • 최초 구매는 고객의 시도 목적의 구매이자 모험 구매이기에 처음 제공받는 기업의 서비스 활동에 따라 기업이나 브랜드에 대한 선입견이 생긴다. • 고객이 기업이나 브랜드에 대한 첫인상을 긍정적으로 느낄 수 있도록 많은 노력을 해야 한다.
[3단계] 구매 후 평가	구매 전 기대와 이용 후 제품이나 서비스의 인상, 지불한 비용이나 시간 대비 경쟁 제품 또는 서비스, 대체 가능한 제품 또는 서비스와 비교를 바탕으로 만족 또는 불만족을 평가한다.
[4단계] 재구매 약속	고객 만족보다 더욱 강한 고객 충성도를 결정하는 단계로 다른 경쟁 상품보다 더 나은 구매 혜택을 받았다는 의미이다. 초기 재구매의 경우 상품이 가진 기능적 측면에 영향을 받지만, 이후 점차 감정적 유대를 더욱 중요시하는 경향이 있다.

[5단계] 재구매	구매 사이클의 3~5단계를 반복하는 고객들의 행위의 시발점을 의미하며, 충성 고객으로 인정되는 시작점이다. 고객 가치를 증가시키는 기업의 노력이 필요한 단계이다.

2. 구매 사이클에 따른 충성 고객 확보 전략

최초 구매 고객	• 고객의 문제에 대해 관심을 가지고 경청한다. • 첫 거래에 대한 감사의 표현과 재방문을 위한 비전을 제시한다. • 지킬 수 있는 것만 약속하며 고객의 기대감을 충족시킨다.
반복 구매 고객	• 추가 혜택 제공 또는 부가적인 교차 판매 기회를 통해 고객 충성도를 형성한다. • 고객의 브랜드 전환을 대비하여 방어한다.
충성 고객	• 고객 맞춤 서비스와 고객화 과정에 참여할 기회를 제공한다. • 고객의 라이프 스타일 변화를 지원한다.

3 고객 충성화 전략

1. 고객 충성화의 목적

건강하고 지속적인 고객과의 유대 관계를 통해 불필요한 마케팅과 영업 비용을 절감하고, 기존 거래의 유지 및 확장을 통한 공동의 이익 추구에 목적을 둔다.

2. 고객 충성화의 의의

① 충성 고객이 된다는 것은 고객과의 관계가 많이 발전되었다는 것을 의미한다.
② 초기 구매 고객에 대한 문제가 처음 발생했을 때 신속하고 적절하게 대응하는 것이 고객 충성화의 지름길이다.

> **PLUS⁺ 충성 고객의 특징** 빈출
> • 이탈 또는 전환 행동을 하지 않는다.
> • 지인들에게 구전(입소문)을 통해 추천한다.
> • 구매 또는 사용하는 상품이 아닌 기업의 다른 상품 영역에도 접근한다.
> • 기업 활동 전반에 대해 관심을 가진다.

3. 고객 충성화를 위한 서비스 제공자의 전략

① 고객의 욕구 확인 및 기대의 진화를 분석하기 위한 노력을 한다.
　예 상향 판매(Up-selling) 및 교차 판매(Cross-selling)를 통한 경험 정보 획득, 고객 만족 조사, CRM과 VOC의 활용
② 고객별 맞춤 상품을 개발(Customization)하여, 경쟁 상품과 차별화된 가치를 제공한다.
③ 고객이 현재 사용하는 브랜드에서 다른 브랜드로 전환하는 것에 대비한다.

4 고객 구매 후 부조화 요인과 극복 방안 〔빈출〕

1. 구매 후 부조화의 개념
1957년 미국의 심리학자 레온 페스팅거(Leon Festinger)는 자신이 발표한 책인 『인지적 부조화 이론』에서 다룬 '태도와 태도, 또는 태도와 행동이 서로 일관되지 않거나 모순이 존재하는 상태'를 의미하는 '인지 부조화(Cognitive Dissonance)'의 개념을 소개하였다. 이후 소비자 행동 분석의 연구에 인지 부조화 이론이 적용되면서 파생된 개념이 '구매 후 부조화'이며, 소비자의 평소 신념이나 사고와 다른 소비 행동을 했을 때 나타나는 불편한 감정을 의미한다.

2. 구매 후 부조화의 발생 원인
① 구매 결정이 중요한 것일수록 부조화 상태는 심화된다.
② 구매 전 고려했거나 선택하지 않았던 경쟁 상품의 수가 많거나 조건이 좋을수록 부조화는 심화된다.
③ 해당 상품이나 브랜드의 구매 빈도가 낮을수록 부조화는 심화된다.
④ 구매를 취소할 수 없을 경우 부조화는 심화된다.

3. 구매 후 부조화를 최소화하는 방안 〔빈출〕
① 환불 조건을 명시하여 고객의 부조화를 감소시킨다.
② 상품과 관련된 최대한 많은 정보를 제공하여 학습 기회를 제공한다.
③ 경쟁 제품이나 서비스와의 비교 평가를 통해 자사 상품의 우월한 점을 부각시킨다.
④ 구매 결정을 재촉하지 않고 스스로 구매 결정을 하도록 충분한 시간을 준다.
⑤ 같은 선택을 한 '다수의 증거'를 제시해 심리적 안도감을 준다.
⑥ 해피콜을 통해 구매한 상품이 주는 긍정적 혜택을 한번 더 강조한다.

CHAPTER 02 고객 포트폴리오 전략 및 고객 가치의 이해

| 빈출 키워드 |
외부 지향적 접근법   # 고객 가치의 구성   # 고객 생애 가치
고객 가치 측정의 구성 요소

1 고객 포트폴리오 전략

1. 고객 포트폴리오 3가지 전략 빈출

포트폴리오(Portfolio)는 금융업에서 유래된 말로 어느 한곳에 집중적으로 투자하면서 발생할 수 있는 위험을 줄이고 다양한 분야에 분산 투자함으로써 보다 효율적인 이익을 추구한다는 것을 의미한다. 이 원리를 고객 관리에 적용한 것이 고객 포트폴리오 전략이다. 고객과 시장, 동시에 기업이 가진 서비스 역량을 분석하여 기업의 다양한 사업 전략에 최적화된 고객을 찾아내 기업의 수익성을 극대화하는 고객 관리 기법은 크게 3가지 전략으로 구성된다.

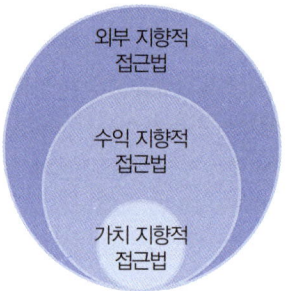

① **외부 지향적 접근법**
- **정의**: 잠재 고객과 경쟁사 고객을 획득하는 것에 초점을 두고, 전체 시장에서의 침투율과 시장 점유율을 높이기 위한 방법을 도출하기 위해 고객과 시장을 분석한다.
- **한계**
  - 고객 확보와 시장 확장으로 인한 투입 비용 부담으로 수익성의 악화가 우려된다.
  - 전략적 포지션의 약화로 브랜드 이미지가 불안하다.

② **수익 지향적 접근법**
- **정의**: 공헌 이익과 매출 규모를 기준으로 포트폴리오를 분류하는 방법으로 합리적인 고객 선별을 통해 기업 성과를 개선할 수 있다.
- **방법**
  - 전략적 집중: 공헌 이익 ↑, 매출 규모 ↑
  - 효율성 유지: 공헌 이익 ↑, 매출 규모 ↓
  - 잠재성 개발: 공헌 이익 ↓, 매출 규모 ↑
  - 디마케팅: 공헌 이익 ↓, 매출 규모 ↓

- 한계
  - 기업의 사업 목표, 전략, 자원, 역량의 분산으로 경영 혼란 가중이 우려된다.
  - 중장기적 성과에 대한 전망이 낮다.
③ 가치 지향적 접근법
- 정의: 상이한 가치와 특성을 지닌 고객들을 어떻게 공략할 것인가를 기준으로 분류한 것이다. 고객 생애 가치 측정에 초점을 두고 적합한 고객을 파악한다.
- 효과
  - 수익성을 기반으로 지속적인 성장이 가능하다.
  - 새로운 사업 기회가 확대된다.
- 한계: 단기 수익성이 낮아 사업 초기 기업 또는 소자본 기업에 적용하기 어렵다.

2. 가치 성장을 위한 구조적 포트폴리오 전략

고객 포트폴리오는 브랜드 포트폴리오, 제품 포트폴리오와 결합하여 사업 포트폴리오를 구성하게 된다. 사업 포트폴리오를 구성하는 3가지의 구성 요소를 만족하지 못하는 개별 사업들은 과감히 정리하여 사업 리스크(Risk)를 줄여야 한다. 만약 포트폴리오를 잘못 분석한다면 미래의 잠재적 역량이 있는 사업을 정리하는 잘못을 범할 수도 있고, 반대로 현재 수익 뒤에 숨겨진 잠재적 위험이 존재하는 사업을 계속 진행하는 경우가 발생하기도 한다. 따라서 사업 포트폴리오별로 사업 대상을 결정할 때는 현재 보이는 역량이나 수익뿐 아니라 미래의 성장 잠재력도 고려해야 하며, 동시에 드러나지 않는 위험과 관련된 예측까지도 통합적이고 면밀하게 분석해야 한다.

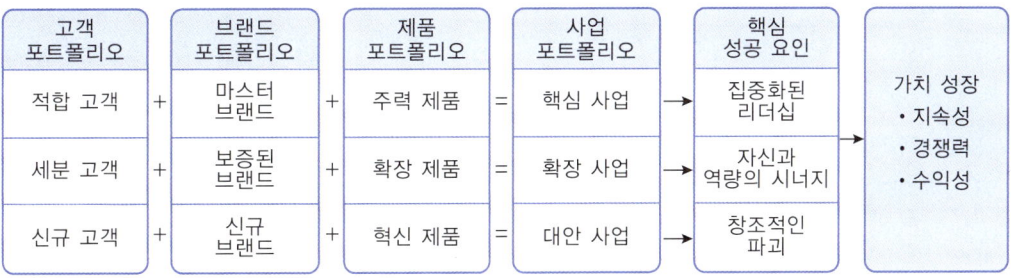

2 고객 가치(Customer Value)

1. 고객 가치의 개념 빈출

① 등장 배경: 제품 중심의 산업 사회에서 서비스 중심의 산업 사회로 전환되면서, 기업의 경영 활동에 가장 중요한 것은 고객이 기업에게 바라는 니즈(Needs)를 충족시키고 잠재적 욕구를 먼저 해결해 줌으로써 고객 만족 이상의 고객 감동을 구현하는 것이다.
② 의미: 고객 가치란 기업 활동에 상응하는 고객의 보상 정도를 말한다. 고객 가치가 기업 전체의 가치라고 단정할 수는 없지만, 기업이 보유한 고객들과의 신뢰를 바탕으로 한 유대 관계는 기업의 미래 수익성에 대한 가장 확실한 자산이자 중요한 기업 가치임에 틀림없다.

③ **중요성**: 고객 가치는 기업이 얻는 금전적·비금전적 이익을 모두 포함하며, 기업이 고객에게 일정한 서비스를 제공하더라도 각 고객별 고객 가치는 동일하지 않다. 따라서 기업은 고객 가치의 평가를 통해 고객을 세분화하고 이에 따라 차별적인 고객 관리로 고객의 성장을 유도한다.

④ **공정 가치선**: 고객 가치의 평가를 위해 일반적으로 매출 기반과 수익 기반으로 고객을 세분화하고, 고객의 매출 대비 기여 정도를 파악하여 고객 관리 전략을 수립한다. 고객 관점과 기업 관점의 전략적 방향성을 나타낸다.

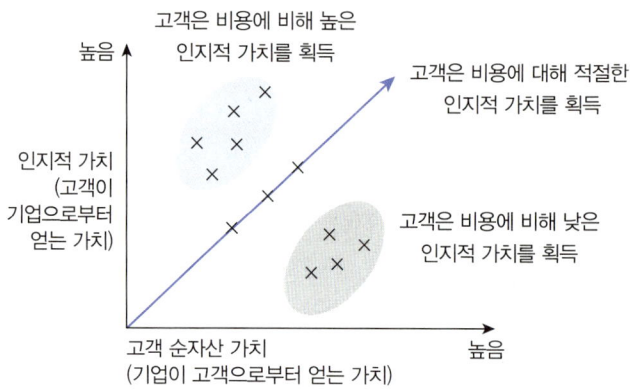

⑤ **고객 가치의 구성**

감성적 측면	서비스 구매 과정에서 느끼는 정서 또는 감정
사회적 측면	사회적 개념을 증대시키는 서비스 효용
기능적 측면	제품의 사용으로 절감되는 시간과 비용
품질적 측면	기대한 서비스 품질과 인지한 서비스 품질 간의 성과 차이

⑥ **고객 가치의 특성**

동적성	고객 가치는 서비스 구매 단계 및 시간의 흐름에 따라 영향을 받는다.
주관성	고객의 주관적 판단에 의해 고객 가치가 결정된다.
상황성	고객이 처한 상황과 영향에 따라 고객 가치에 대한 판단이 달라진다.
다양성	고객 가치 결정 요소는 단계적이며 다양하게 존재한다.

> **PLUS+ 우드러프와 가디얼의 고객 가치 구성 차원**
>
> 1998년 우드러프(Woodruff)와 가디얼(Gardial)은 고객 가치 구성 차원에 대하여 다음과 같이 주장하였다.
> 첫째, '특정 제품이나 서비스가 가지고 있는 특징인 속성', '제품 사용을 통해 초래되는 소비자의 긍정적 또는 부정적인 결과', '고객이 바라는 최종적 상태'의 3가지 단계를 모두 고려해야 한다.
> 둘째, 고객이 제품이나 서비스로부터 근본적으로 얻고자 하는 욕구(Needs)나 바람(Desire)이 반영되어야 한다.
> 셋째, 제품 구매 전에 이상적으로 소망하는 가치도 포함되어야 한다.
> 넷째, 특정 제품이나 공급자와 관계없이 요구되는 본원적 성격의 욕구를 나타내는 것이어야 한다.
> 다섯째, 제품이나 서비스의 사용 및 소비 시기와 관계없는 미래 지향적 성격을 가지고 있어야 한다.

2. 고객 가치의 측정 기법

① **고객 순자산 가치(CE; Customer Equity)** 빈출
- 기업이 지닌 고객 가치는 기업과 고객의 관계적 가치에 기인하며, 고객 순자산 가치는 고객이 기업에 제공하는 재무적 기여의 총합을 말한다.
- 고객을 기업의 자산 항목으로 간주하여 그 가치를 평가하는 것을 의미한다.
- 고객이 직접 거래를 통해 창출하는 직접적 기여 가치인 고객 생애 가치뿐 아니라, 기업과의 관계에서 나오는 간접 기여와 비재무적 가치도 포함된다.

> 고객 순자산 가치(CE)=전체 고객의 고객 생애 가치(CLV)+전체 고객의 고객 추천 가치(CRV)

② **고객 생애 가치(CLV; Customer Lifetime Value)**
- 고객 한 명이 평생 동안 산출할 수 있는 기대 수익으로 고객의 이탈 없이 기업과 장기적인 관계를 유지하는 개별 고객으로 인해 증가하는 가치를 계산하는 것이다.
- 즉, 고객 이탈로 인한 손실을 배제하면 고객 획득에 투자된 금액을 구할 수 있다.

> 고객생애가치(CLV)=고객 평균 구매 (소비)금액×구매빈도(평균구매횟수 / 특정기간)×고객수명(특정기간 단위)

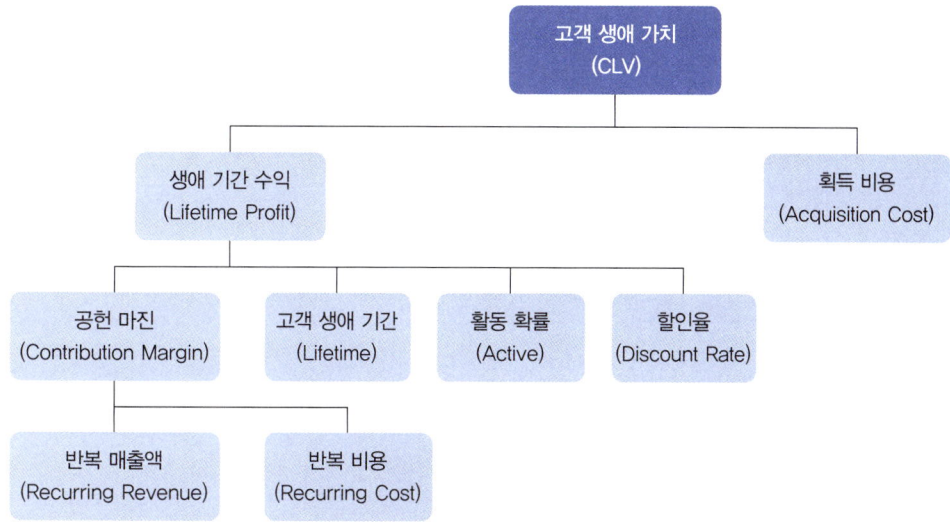

▲ 고객 생애 가치의 개념적 구상도

③ **RFM(Recency, Frequency, Monetary) 지수**
- 가치 있는 고객을 추출해서 이를 기준으로 고객을 분류할 수 있는 계산법이다.
- 마케팅에서 많이 사용되고 있는 분석법으로 구매 가능성이 높은 고객을 선정하기 위해 사용된다.
- Recency(최근 구매일), Frequency(구매 빈도), Monetary(구매액)의 값들의 가중치를 산출하여 통합한 것이다.
- RFM 지수가 높은 고객 집단이 수익성이 높다는 것을 알 수 있다.

> RFM 지수=a×Recency(최근 구매일)+b×Frequency(구매 빈도)+c×Monetary(구매액)

④ 고객 가치 측정의 구성 요소

공헌 마진 (Customer Margin)	고객이 기업과 처음 거래를 시작한 시점부터 현재까지 기여한 총 가치를 말한다.
할인율 (Discount Rate)	미래에 발생하게 될 고객 가치를 현재 가치로 환산하기 위해 필요한 할인율은 고객 생애 가치(CLV)를 평가할 때 모든 고객에 대해 동일하게 적용한다.
고객 추천 가치 (CRV; Customer Recommendation Value)	고객들이 기업에 간접적으로 제공하는 추천 및 입소문의 가치를 측정할 수 있는 방법으로, 고객 생애 가치와 함께 고객 순자산 가치를 측정하는 가치이다.
고객 구매력 (Purchasing Power)	특정 상품군에서 고객이 소비할 수 있는 총 금액 또는 상품군의 모든 기업들이 특정 고객에게 상품을 판매하는 총액이다.
고객 점유율 (Share of Customer)	잠재 구매력을 지닌 고객에게 기업이 어느 정도 성과를 달성하고 있는지에 대한 판단 지표로, 기존 고객 유지와 관계 강화 활동으로 고객 점유율을 높일 수 있다.
고객 가치 방정식	고객 가치 = $\dfrac{\text{고객에게 제공된 결과물} + \text{프로세스 품질}}{\text{고객이 지불한 가격} + \text{서비스 획득 비용}}$
고객 간접 기여 가치	충성 고객의 긍정적인 입소문이나 추천 행위로 기업의 제품이나 서비스를 구매하게 되어 마케팅이나 영업 활동의 전개 없이 확보된 신규 고객의 가치를 의미한다.

CHAPTER 03 고객 관계의 이해

| 빈출 키워드 |
고객 관계의 정의   # 기업과 고객의 이점   # 경제적 교환 관계
서비스 접점의 파워

1 고객 관계(Customer Relation)

1. 고객 관계의 정의
① 고객과 기업(또는 조직) 간의 상호작용을 통해 형성되는 관계를 의미한다.
- 좁은 의미: 상품 및 서비스의 판매 시점에 있는 기업과 고객과의 상호 간 관계
- 넓은 의미: 고객이 상품과 서비스를 '이용 전, 이용 중, 이용 후'의 모든 과정에서 기업과 맺게 되는 관계

② 단순한 거래(transaction)를 넘어, 고객이 기업의 제품·서비스를 이용하면서 느끼는 만족, 신뢰, 충성도 등이 모두 포함된다.
③ 고객과 기업이 상호 가치를 창출하기 위해 지속적으로 형성·유지하는 관계이다.

2. 고객 관계의 분류
① **시간적 개념**: 단기적 관계, 장기적 관계
② **행위적 개념**: 거래 시점, 관계 시점
③ **거리적 개념**: 공적 관계, 사적 관계

3. 고객 관계의 범위

범위	영역	고객 관계 기법
세일즈	• 판매 매장 • 방판 영업 • 영업 지원부	• 고객 카드(CN; Customer Note) • 고객 경험 관리(CEM; Customer Experience Management)
마케팅	• 고객 관리 • CS 부서	• 고객 관계 관리(CRM; Customer Relationship Management) • 고객의 소리(VOC; Voice Of Customer) • 진실의 순간(MOT; Moment Of Truth)
경영	경영 지원	• 전사적 자원 관리(ERP; Enterprise Resource Planning) • 공급망 관리(SCM; Supply Chain Management)

4. 고객 관계의 중요성 빈출

고객 관계는 세일즈와 마케팅의 전 영역에서 다양하게 이루어지며 고객 관계의 밀접성과 지속성에 따라 기업의 수익성과 고객 유치 비용의 증감이 달라진다. 고객과의 관계가 '단순 거래 중심적 관계'에서 '로열티(Loyalty)를 바탕에 둔 상호 의존적 관계'로 이어진다면 고객은 기업의 제품 및 서비스에 호의적인 태도로 다가올 것이다. 또한 고객 관계는 기업과 고객이 상호 간 충성적인 관계가 되었을 때 효용을 극대화할 수 있다.

① **기업 입장**: 생산성 증대와 영업 및 마케팅 비용 절감이라는 경제적 이점과 브랜드 가치 향상이라는 기업 이미지 강화의 혜택을 모두 가져올 수 있다.

② **고객 입장**: 고객이 원하는 가치를 상품에 반영하고, 나만을 위한 세일즈를 제공함에 따라 차별화된 서비스를 받을 수 있다.

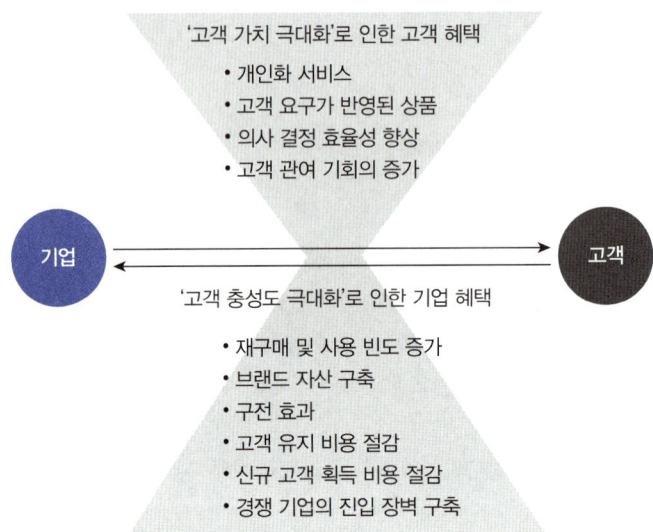

5. 장기적·지속적인 고객 관계에서 얻는 상호 이익

① **기업과 고객의 이점 비교** 〔빈출〕

기업	고객
• 오랜 관계에서 나오는 고객에 대한 깊은 이해로 서비스 제공 기회의 증가 • 교차 판매(Cross-selling) 및 상향 판매(Up-selling)를 통한 거래 관계 확대 • 홍보를 위한 마케팅 비용 감소 • 신규 고객 확보에 드는 영업 비용 감소 • 서비스 제공 과정의 간소화로 효용성 향상 • 고객 만족도 증가 • 채용 및 교육에 필요한 인사 관련 비용 감소 • 고부가 가치 상품 개발 • 고객화 서비스 제공	• 탐색 비용 감소(고객 구매 결정 단계의 2단계인 '정보 탐색'과 '대안 비교 평가' 단계의 과정을 단축시킴) • 기업에 대한 학습 비용 감소 • 서비스 요청 단계 간소화 • 차별화 세일즈 수혜 • 고객화 서비스 수혜 • 새로운 상품 및 브랜드의 위험 감소

② **직원이 얻는 이점**
- 고객 관계 및 거래와 관련된 이해 증가 및 업무 숙련도 향상
- 오랜 고객과의 친밀도 형성으로 직무 만족도 증가 및 업무에 대한 자부심 증가
- 고객과의 불필요한 갈등 회피 및 비효율적인 작업 감소
- 고객과의 밀접한 관계 형성으로 성공적인 서비스 제공에 필요한 정보와 협조를 제공받음

6. 공적인 관계를 사적인 관계로 전환하는 기법

기업과 고객이 거래를 목적으로 한 공적 관계에서 서로의 가치를 지지해 주는 사적인 관계로 전환되었을 때 상호 간의 관계는 더욱 공고해지면서 기업은 고객 점유율을 높이고, 고객은 기업 활동에 참여자로서 참여할 수 있다. 때문에 처음에는 고객과의 거래 계약을 통한 공적인 관계로 시작하지만 점차 사적인 관계로 발전하기를 원하므로 그동안 거래해 온 고객과 오랜 관계를 유지하기 위해 다양한 노력을 해야 한다.

① 고객이 관계를 대체할 수 있는 잠재적 가능성을 낮춘다.
- 고객에게 희소성 있는 독점적 서비스를 제공한다.
  예 신기술, 특수·전문 분야, 독점 기술 등
- 결과적으로 우수한 품질의 서비스를 제공한다.
  예 법률 승소, 이자율, 합격률, 완치율 등
- 제공되는 인적(관계) 서비스의 역량을 높인다.
  예 의료, 컨설팅, 이·미용, 교육 등 인적 서비스

② 상호 의존적인 고객 관계를 만든다.
- 서비스 제공 과정에서 고객에게 수행할 역할에 대해 인지시키고 참여할 수 있도록 한다.
- 고객이 편하게 의견을 제시할 수 있는 수평적인 소통 창구를 만들어 쌍방향 의사소통을 한다.

③ 구체적으로 정보를 교환한다.
- 고객과의 소통에서 획득한 정보의 이용 목적과 보호에 대한 믿음을 줘야 한다.
- 고객이 정보를 제공하는 데 생기는 거부감을 줄이기 위해 정보에 대한 라벨링(Labelling, 정보 요청에 앞서 고객이 정보를 제공해야 하는 명분)을 활용한다.

④ 개별 규칙을 적용한다.
- 서비스 접점의 유연한 문화는 직원들과 고객들 사이를 더욱 친밀하게 만들고 상호 간 활동을 더욱 역동적으로 만든다.
- 고객과의 관계에서 현장의 직원들이 정해진 규정에 집착한다면 고객과의 관계가 더 이상 밀접해지기 어렵다. 따라서 고객을 응대하는 현장의 직원들이 보장된 자율권 안에서 고객들에게 개인화된 서비스를 제공함으로써 개인적 친밀감을 높일 수 있다.

⑤ 비금전적 보상을 한다. 빈출
- 고객과의 거래 관계에서 금전적인 보상은 기본이다. 하지만 금전적인 보상은 고객에게 보다 더 큰 금전적 혜택이 생길 경우 새로운 관계를 선택하게 한다. 반면 기업의 비금전적 보상으로 고객이 만족한다면 고객과의 관계는 더욱 공고해지고 경쟁자의 진입을 더욱 어렵게 한다.
- 비금전적 보상에는 기업의 사회적 책임(CSR; Corporate Social Responsibility)과 같은 윤리적 보상과 상품을 사용하면서 느끼는 성취감 그리고 서비스 제공에 따른 만족감 등이 있다.

⑥ 고객과 감정을 공유한다.
- 고객에게 특별한 경험을 제공한 것은 고객으로 하여금 기업의 서비스를 떠올릴 때 감정적 자극을 줄 수 있다.
- 리츠칼튼 호텔의 사훈인 "우리는 신사 숙녀를 위한 신사 숙녀이다(We Are Ladies and Gentlemen Serving Ladies and Gentlemen)."에서 볼 수 있듯이 리츠칼튼 호텔은 숙박 시설이라는 기능적 측면뿐 아니라 개별화된 서비스 경험의 제공을 통해 고객으로 하여금 더욱 특별한 감정을 느끼게 한다.

⑦ 장소의 개념을 공간의 개념으로 확장한다.
- 장소가 고객들에게 기능적 목적을 달성하는 곳이라면, 공간은 고객들이 다양한 즐거움을 느끼게 하는 복합적 서비스의 제공처이다.
- 예를 들어, 전통적인 공항은 비행기를 타고 내리는 장소적 개념이지만 현대적인 공항은 여행을 떠나는 여행객에게 필요한 여러 서비스를 제공하며 고객들로 하여금 설렘과 안락함의 추억을 가지게 하는 공간의 개념이다.

> **PLUS⁺ 노드스트롬 백화점의 고객 서비스 전략**
>
> 존 노드스트롬(John W. Nordstrom)과 칼 월린(Carl F. Wallin)에 의해 설립된 미국의 노드스트롬(Nordstrom) 백화점은 신발 소매상으로 시작하였으나, 1978년 개장한 이래 현재에는 의류와 가방, 주얼리, 화장품, 향수 그리고 가정용품 등을 판매하는 미국의 대표 백화점 체인이다. 노드스트롬 백화점의 특별한 고객 서비스 전략은 다음과 같다.
> - 일선 직원에 최대한의 권한 부여
> - 현장 배회 경영(MBWA; Management By Wondering Around)
> - 역피라미드 지주 시스템
> - 무조건적인 환불 정책
> - 개인별 고객 수첩

2 서비스 접점에서의 교환 관계

고객과의 장기적인 유대 관계를 유지하는 것은 기업의 안정적이고 지속적인 수익을 위해 매우 중요하다. 유대 관계를 만드는 시발점은 협의의 고객 관계(서비스 접점에서의 고객과 서비스 제공자 간의 상호 교환 관계)를 성공적으로 수행함으로써 고객 만족을 통해 유발되는 행위를 말한다.

1. 경제적 교환 관계

기업은 서비스 현장에서 고객에게 직접 서비스를 제공하는 직원들과 기업이 생산한 서비스를 경제적 대가를 치르고 구매하는 고객 모두와 경제적 교환 관계를 맺고 있다.
① 기업은 직원들의 시간과 전문성이라는 노동력의 대가로 급여를 지급하고, 직원들은 급여에 부합하는 시간과 능력을 제공한다.
② 기업은 고객이 지불한 비용에 적합한 제품 및 서비스의 결과물을 제공해야 하며, 고객은 기업의 생산과 유통, 마케팅 활동에 필요한 금전적 비용을 지불해야 한다.

2. 사회적 교환 관계

① 서비스를 제공하는 직원과 고객 사이에는 직접적인 경제적 자원의 교환이 아닌 신뢰와 전문성, 매력과 같은 사회적 자원의 교환이 이루어진다.
② 서비스 본연의 기능적 임무보다는 사람이 제공하는 서비스의 역량, 즉 인적 서비스 역량을 통해 고객과 직원 간의 인간관계가 형성된다. 이는 개별적 친밀도를 높여 상호 간 기대하는 서비스 결과물의 수준을 높이는 데 큰 영향을 미친다.
③ 고객이 직원에게 매너와 존중 등 비금전적인 행동을 보였을 때 직원은 고객에 대한 깊은 신뢰와 감사를 바탕으로 더욱 전문화되고 매력적인 역량을 전달하게 된다.

④ 예를 들어, 비행기 승무원은 탑승 안내와 기내식 제공 등 기능적 서비스를 제공하면서 미소와 상냥함이라는 인적 서비스를 제공한다. 인적 서비스의 수준이 높을수록 승객과의 관계가 친밀해지며, 이에 따른 보상으로 받는 개인적 칭찬이나 'Thanks Letter'와 같은 고객의 공적 행동을 통해 업무 만족도를 높이고, 이는 더욱 수준 높은 현장 서비스를 제공하는 원동력이 된다.

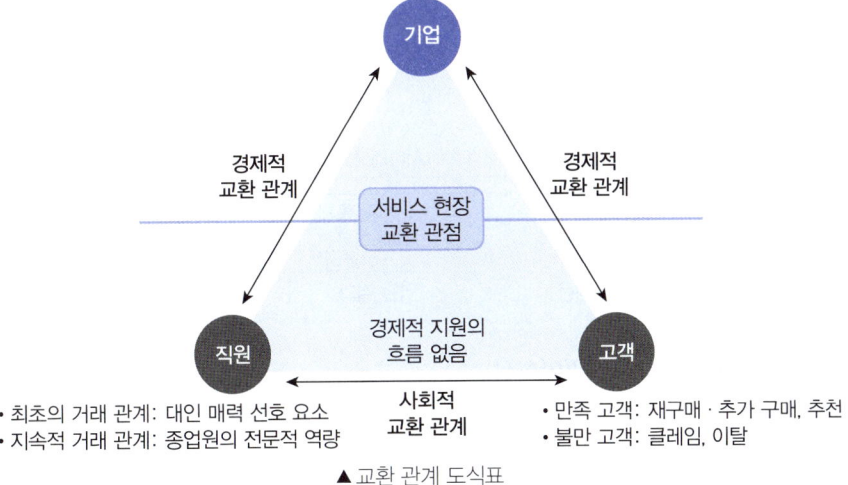

▲ 교환 관계 도식표

3 서비스 접점에서의 파워 관계

1. 서비스 접점의 구성
① **기업(서비스 조직)**: 투자한 비용 대비 더욱 높은 수익과 이점을 얻고자 한다.
② **직원**: 지급받은 노동의 대가 대비 편하고 쉬운 직무와 보다 나은 근무 환경을 원한다.
③ **고객**: 지불한 비용보다 더 많은 혜택을 받고 싶어 한다.

2. 서비스 접점의 삼각 구조 빈출
영향력이 다른 주체의 이익 및 권리를 침해한다고 판단되면, 주체 간 갈등이 시작된다. 상호 호혜적인 태도로 서비스 접점에서의 관계를 유지한다면 힘의 균형이 이상적인 삼각 구조를 만들 수 있고, 반대로 자신들만의 이익을 위해 일방적인 영향력 행사를 강행한다면 접점의 균형은 깨진다.

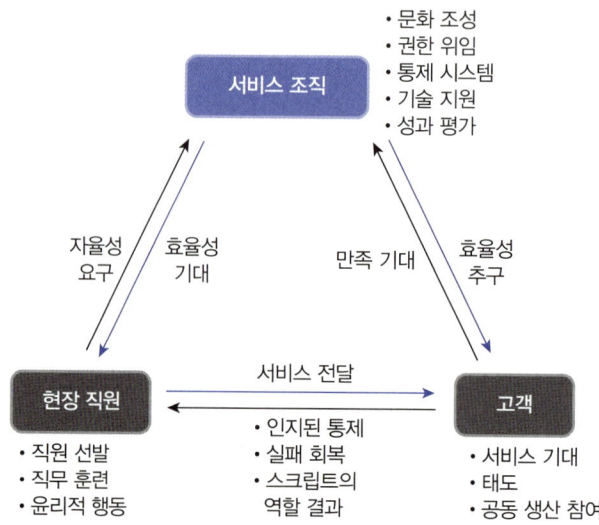

3. 서비스 접점의 구성원 간 파워(영향력)

파워(Power)는 어떤 개인 또는 집단이 다른 개인이나 집단의 행동을 움직이게 하거나 통제하는 힘 또는 영향력을 말한다. 서비스 접점을 구성하는 세 구성원은 자신들이 가진 파워를 통해 다른 구성원들을 통제하려고 하는데 이 영향력은 '파워가 지닌 원천(Power Sources)'과 '의존성(Dependence)'에 따라 정도의 크기가 달라진다.

① **원천**: 구성원이 강력하고 다양한 파워의 원천을 가지고 있을수록 구성원 간의 의존도가 높아진다.

> **PLUS+ 의존도(Dependence)의 정의**
>
> - **에머슨(Emerson)의 정의**: 개인이나 집단(A)의 파워는 다른 개인이나 집단(B)이 A에 대한 의존성의 정도가 높아질수록 커진다.
>   예 B가 A의 목표를 진심으로 받아들이고, A 외의 다른 대안이 없을수록 A에 대한 B의 의존성은 커지고 A의 파워도 커진다.
> - **다흘(Dahl)의 정의**: A가 B에게 영향력을 미치지 않았다면 하지 않았을 일을 A의 파워로 B가 그 일을 하게끔 하는 정도이다.

② **의의**
- 경제적·사회적·문화적·정치적 관계를 포함한 모든 타인과의 관계에서 발생한다.
- 파워의 원천은 다양한 수단으로 영향력 행사에 사용되며 구성원을 둘러싼 환경 및 특성에 따라 지속적으로 개발된다.
- 파워는 직접적인 행동뿐 아니라 심리적 자극 같은 간접적인 압력으로도 타인에게 영향을 미친다.

③ **파워의 형태(Bases of Power, 1959)** 빈출: 프렌치(French)와 라벤(Raven)은 자신들의 연구를 통하여 파워의 원천을 5가지 유형으로 구분하고 이후 라벤(Raven)에 의해 정보적 파워가 추가되었다.

강제적 파워 (Coercive Power)	어떤 사람을 강제로 따르게 만드는 영향력으로 육체적·사회적·정치적·정서적·경제적으로 처벌할 수 있는 공포에 기반을 둔다.
보상적 파워 (Reward Power)	다른 사람들이 보상을 원하는 경우 보상을 제공할 수 있는 능력에 기반을 둔다.

합법적 파워 (Legitimate Power)	다른 사람들로부터 선출·임명되어 재량이 있는 지위에 오른 사람이 사회적으로 약속된 법과 제도에 따라 그 권한(Authority)을 사용한다.
준거적 파워 (Referent Power)	자신이 소속된 집단과 집단이 공유하는 신념으로부터 발생하는 힘으로 영향력의 우월성에 대한 존경심과 동질화에 기초(일체감)를 둔다.
전문적 파워 (Expert Power)	전문적인 기술이나 지식, 경험, 역량으로부터 발생하는 힘으로 직위에 상관없이 영향력을 미친다.
정보적 파워 (Information Power)	누군가에게 필요한 가치 있는 정보의 소유자 또는 정보에 접근할 권한을 가진 사람은 다른 사람의 행동에 영향을 미치는 권력을 가진다. 정보적 파워를 이용한 영향력 행사는 '설득'이라고도 한다.

4. 서비스 접점에서의 직원과 고객과의 관계

① 상호 이해
- 서비스 접점에서 직원과 고객 사이의 상호 이해는 고객 만족에 영향을 주는 핵심 요소이다.
- 상호 이해를 위해 언어적/비언어적 메시지를 주고받을 때 왜곡이 없어야 한다.

② **특별한 행동**: 고객이 요청하지 않은 것에 대해 직원이 특별한 행동을 제시한다면 고객은 기대하지 못한 즐거움과 혜택을 경험하게 된다.

③ 진정성
- 서비스 제공자가 진실하게 보여지는 정도를 말하며, 서비스 접점에서 직원의 감정은 고객에게 진실성으로 지각된다.
- 서비스 접점에서의 진정성은 서비스 만족과 긍정적인 소비자 감정에 기여한다.

④ **능숙도**: 직원이 서비스 제공에 필요한 능력, 전문 지식의 보유와 더불어 용모와 복장, 인간적 관계 능력도 영향을 미친다.

⑤ **실패 최소화**: 서비스 실패 최소화는 만족스러운 접점들로는 기억되지 않지만 부정적인 감정을 축소하는 측면에서는 중요한 요소가 된다.

CHAPTER 04 고객 가치를 높여 주는 고객 관계 관리(CRM)

| 빈출 키워드 |

\# 고객 관계 관리의 기능   \# 고객 관계 관리의 역할   \# CRM 전략의 성공·실패 요인

1 고객 관계 관리(CRM; Customer Relationship Management)

1. 고객 관계 관리(CRM)의 이해

고객 관계 관리는 고객과 지속적인 유대 관계를 유지하여 고객 가치 향상을 통해 수익성을 높이고 기존 고객이 가진 정보를 분석하여 신규 고객 창출에 활용하는 고객 관리 기법이다. 기업은 최초 구매를 통해 맺어진 고객과의 관계를 효과적으로 관리하기 위해 고객의 행동·태도·요구 사항 등의 다양하고 광범위한 정보를 분석하고 보관한다. 이렇게 가공된 고객 정보를 개별 고객에 맞는 마케팅의 연구와 전략 수립에 활용하는 경영기법을 고객 관계 관리(CRM)라 한다.

① 시대적 등장 배경

구분	1960년대	1970년대	1980~2000년대	2000~2020년대	2020년대 이후
마케팅 가치	생산자 중심 (대량 생산)	판매자 중심 (서비스/품질)	고객 중심	관계 & 정보 중심	최적화 중심
소비자 욕구	동질성	이질성	개성 & 부가 가치	검증된 상품	편의와 비대면 (Untact)
마케팅 전략	매스 마케팅 (Mass Marketing)	목표의 그룹화 (Target)	틈새시장(Niche Market) & 개인화(Individual)	관계(Relationship) & 통합·융합 (Convergence)	간접 경험(체험) & 초개인화
마케팅 도구	매스 미디어 (Mass Media)	정보 추적 (Barcode)	고객의 소리(VOC), 데이터베이스(DB) 고객 관계 관리(CRM)	블로그(Blog), 소셜 CRM, E-CRM, 고객 경험 관리(CEM)	인공 지능(AI), 가상 현실(VR), 디지털 트랜스포메이션 (DT)
마케팅 개념	제품 중심 마케팅	표적 마케팅, 직접 마케팅	데이터베이스 기반의 고객 분석 마케팅	온라인 중심의 실시간 정보 가공 및 교류	빅데이터와 인공 지능을 활용한 디지털 마케팅

② 핵심 가치 빈출
- 어느 특정한 부서의 업무가 아닌 전사적 관점으로 가치를 공유하고 협력해야 한다.
- 고객 관계 관리의 궁극적 목적은 **고객 가치 향상을 통한 기업 수익성의 극대화**이다.
- 기업의 입장에서 가치 있는 고객을 구분 및 세분화하여 고객 관리 전략을 다양화한다.
- 회사 전체의 관점에서 통합된 마케팅 세일즈 및 고객 서비스 전략을 통하여 개별 고객의 평생가치를 극대화하는 것이다.
- 순환적 프로세스를 기반으로 오랜 기간 동안 지속되어야 한다.
- 현대 사회의 정보 기술(IT)을 바탕으로 한 데이터베이스(Database)를 이용해서 고객의 정보를 분석, 저장, 가공한다.

PLUS⁺ DBM과 CRM의 비교

DBM(Data Base Management)	CRM(Customer Relationship Management)
• 기업 내·외부 데이터 분석 • 마케팅 또는 영업 관련 특정 부서 주도 • 단기적 성과 목적 • 기초 사실 정보 • 신규 고객 창출	• 개별 고객의 특성 분석 • 전사적 가치 공유 및 협업 • 장기적 관계 유지 목적 • 다양한 행동 정보 • 기존 고객 가치 극대화

2. 고객 관계 관리(CRM)의 기능

고객 중심의 마케팅 전략 실행	순환적 프로세스(Circular Process)
• 신규 고객 유치 → 고객 확보(개발) • 기존 고객 유지 → 평생 고객 가치 향상 • 우수 고객 개발 → 수익성 증대	• 마케팅 조사 분석: 고객 정보 분석(분석 CRM), 데이터 웨어하우스(Data Warehouse), 데이터 마이닝(Data Mining) 　예 고객 세분화, 이탈 고객 분석, 고객 가치 분석 • 마케팅 관리: 분석된 자료를 바탕으로 마케팅 관련 전략 및 프로세스 수립 • 세일즈와 서비스: 영업 활동 지원, 고객 커뮤니케이션 정보 제공 　예 콜 센터, 영업 관리, 고객 지원 센터, 텔레마케팅

PLUS⁺ 데이터 마이닝(Data Mining)

기업의 경영 활동 결과로 나타나는 방대한 고객 정보로부터 기업에 유용하고 최적화된 고객 정보 혹은 고객 지식을 찾아내는 과정이다. 일반적으로는 확보된 많은 데이터 중에서 알려지지 않았지만 가치 있는 지식을 찾기 위한 기술을 의미한다.

3. 고객 관계 관리(CRM)의 역할

수익성 극대화	• 수요자 중심의 시장에서 고객은 기업 이익의 근원임 • 고객 관계 관리를 통하여 고객을 획득·개발·유지
고객 세분화 및 차별화 서비스	• 수익성을 기초로 한 고객 세분화를 통해 차별화된 서비스 제공 • 고객의 수익 수준별 전략적 관리 모델 구축

신규 고객 개발	• 기존 고객과의 특별한 관계 유지 및 고객 데이터를 활용한 고객 특성 분석 • 분석 정보를 기업의 잠재 고객 발굴에 활용
우수 고객 유지	• 우수 고객과의 장기적 관계 유지 및 고객 이탈 방지를 위한 활동 • 관계 모니터링 예 설문 조사, 이탈 고객 조사, 불평 모니터링, 해피콜 등

> **PLUS+** MGM(Members Get Members Campaign)
> 기존 고객에게 추천인의 정보를 제공받아 신규 고객을 확보하는 기법을 말한다.

4. 고객 관계 관리(CRM)의 기대 효과 [빈출]

① 틈새시장을 개척하여 가망 고객을 탐색하고 잠재 고객을 활성화시킬 수 있다.
② 자료 분석을 통해 향상된 영업망을 형성함으로써 판매액의 증가 가능성을 높일 수 있다.
③ 품질 개선과 고객 만족 증대를 동시에 달성할 수 있으며 재구매 가능성을 높일 수 있다.
④ 사업을 입체적인 관점으로 이해할 수 있다.
⑤ 잠재 고객의 프로파일(Profile)을 기반으로 '영업 자동화(SFA; Sales Force Automation)'를 구현한다.
⑥ 고객의 수익 기여도에 따른 고객별 전략을 수립할 수 있다.
⑦ 차별화된 고객 서비스 지원으로 고객 만족을 향상시킨다.
⑧ 고객 충성도를 유지함으로써 우수 고객을 유치할 수 있다.
⑨ 이탈 경보 시스템을 통해 이탈 가능한 고객을 집중 관리하여 이탈 고객을 줄일 수 있다.
⑩ 고객과의 관계를 강화하여 수익성이 증대된다.
⑪ 개인화 마케팅(Target Marketing)을 통해 투자 자본 수익률(ROI)을 높인다.
⑫ **상향 판매(Up-selling)**, **교차 판매(Cross-selling)**, 재판매(Re-selling)를 통해 고객 가치를 높이고 판촉 효율을 증가시킬 수 있다.
⑬ 신사업 아이템에 대한 아이디어를 얻을 수 있다.
⑭ 휴면 고객을 활성화하여 수익에 기여시킨다.
⑮ 고객과 시장에 대한 정보를 전사적으로 공유한다.

2 고객 관계 관리(CRM)의 실행

1. 고객 관계 관리(CRM) 계획 과정

환경 분석	고객과 시장의 환경 고려하기
고객 분석	고객 평가와 고객 세분화하기
CRM 전략 방향 설정	목적과 기대 효과를 위한 활동 및 주체 설정하기
고객 가치 설정 (마케팅 제안)	고객 니즈(Needs)에 맞는 서비스 상품 구상하기(What)
서비스 개인화	고객의 인적 특성 및 심리적 특성을 반영한 서비스 상품 설계하기
수단 설계	서비스 상품의 제공 방법 구상하기(How)

2. 성공적인 고객 관계 관리(CRM) 전략 〔빈출〕

고객 유지 전략	고객이 상품에 대해 알고 있는 부정적 요소와 구매 후 부조화의 최소화 → 고객 정보를 통한 문제의 사전 제거 및 불만 관리와 보상 체계
고객 활성화 전략	인센티브, 쿠폰, 이벤트 등을 통해 서비스 활용 빈도 향상
고객 충성도 제고 전략	고정(단골) 고객에 대한 차별적 서비스 제공으로 충성도 향상
교차 판매 전략 (Cross-selling)	이미 특정 상품의 구매를 결정한 고객에게 자사의 다른 상품 구매 유도 예 자동차 보험 가입자에게 운전자 보험의 가입을 권유
휴면 고객 활성화 전략	과거 거래 데이터를 통해 중단 고객의 재거래 유도
신규 고객 확보	거래 경험이 없는 잠재 고객에게 상품 구매 유도 접근 전략 예 온라인 쇼핑몰의 검색 페이지 내 쿠키 정보를 활용한 관련 상품 광고 제공

3. 고객 관계 관리(CRM) 전략의 성공 요인과 실패 요인

성공 요인	실패 요인
• 전사 차원의 고객 중심 문화 확립 • 우량 고객에 대한 명확한 기준 • 고객에 대한 공정한 차별 기준 수립 • 유관 부서 간 협력 체제 확립 • 성과 평가의 합리적 반영	• CRM을 IT 기술 기반의 개념으로 제한 • 기업 위주의 비즈니스 사고 • 고객 생애 가치(CLV)에 대한 이해 부족 • 경영자의 CRM에 대한 지원 의지 결여 • 분석 정보를 비즈니스 재설계에 반영하지 못함 • 통합 데이터의 평가 절하

4. 관계 마케팅(Relationship Marketing)

① 의의: 1983년 베리(Berry)는 '관계 마케팅'이라는 용어를 소개하면서 고객과의 관계는 단순히 거래라는 행위를 위해 맺고 끝내는 것이 아니라, 첫 거래로 맺어진 신규 고객과의 관계를 지속적으로 유지·관리함으로써 장기적으로 긴밀한 관계가 이어지는 데 초점을 둔다고 하였다. 기존 고객과의 장기적 유대 관계로 발생된 로열티(Loyalty)의 목적은 기업의 안정적인 수익 증대를 도모하고 기업과 고객이 모두 만족할 만한 목표 가치를 함께 이루어 나가는 데 도움을 주는 것이다.

② 목적
- 기존 고객 유지
- 고객 관계 강화
- 상호 편익 증가
- 신규 고객 개발

③ 거래 마케팅과 관계 마케팅의 차이

구분	거래(Transaction) 마케팅	관계(Relationship) 마케팅
초점	판매	고객과의 관계
고객 서비스	상품이 곧 서비스	거래의 모든 과정이 서비스
관계 기간	단기적	장기적
고객 관여	저관여	고관여
고객과의 관계	수동적	적극적

> **PLUS+** 마케팅의 변화 과정
> - 프로세스 중심 전략 → 정보 중심 전략
> - 제품 중심 전략 → 고객 중심 전략
> - 마케팅 활동 중심 전략 → 고객과의 관계 강화 및 고객 가치 증대 전략
> - 단방향 커뮤니케이션 → 양방향 커뮤니케이션
> - Push-Marketing 전략 → Pull-Marketing 전략

5. e-CRM

e-CRM이란 온라인상의 CRM으로 CRM과 동일하게 로열티(Loyalty) 고객 확보와 고객 생애 가치(CLV)증대에 전략적 목표를 두고 있으나 고객과의 접촉 경로에 있어 CRM과 차이가 있다. 전통적인 CRM은 오프라인 중심의 고객 접촉으로 정보를 수집하여 경영 혁신 등 전사적 경영 활동에 활용하지만 e-CRM은 웹로그(Weblog) 형태로 기록된 고객의 웹페이지상 활동 정보를 수집하여 분석한 결과를 신규 고객의 획득 및 기존 고객의 유지에 활용한다. e-CRM은 2000년대 이후 ICT(정보 통신 기술)가 급격하게 발전하면서 그 역할이 다양해지고 기업의 CRM 구축에 있어 매우 중요한 수단으로 활용되고 있다. 기업은 e-CRM을 통해 관리된 고객 정보를 온라인 마케팅뿐 아니라 홍보, 이벤트, 캠페인, 영업 자동화 등에 활용할 수 있다. 현재의 CRM은 전통적인 정보 취합 방식과 e-CRM의 활동을 포괄적으로 함유한 의미라고 볼 수 있다.

① e-CRM의 전략적 정의
- 온라인상의 전자적 고객 접점 경로
- 비대면 환경에서의 공격적 고객 접촉
- 온라인 매장(오프라인 무점포) 중심의 통합 커뮤니케이션
- 디지털 환경 중심의 다기능 접촉 도구 활용
- 인터넷 고객센터에서의 고정 고객 관리 강화

② e-CRM의 운용 목적
- 목표 고객에 대한 고객 관계 집중화
- 고객 이탈 방지를 위한 적극적인 고객 마케팅
- 고객과의 실시간 소통 및 마케팅 채널 구축
- 데이터 마이닝을 통한 고객 자산 기반의 전략화
- e-고객 정보 통합 솔루션
- 온라인 환경에서의 5C(Customer/Communication/Contents/Commerce/Community) 활성화

③ e-CRM의 활용 분야
- 판매: 소매점 판매, 현장 판매, 통신 판매, 웹 판매
- 마케팅: IMC(Integrated Marketing Communication), 캠페인, 콘텐츠 개발
- 서비스: 콜 센터, 웹 서비스 고객 센터, 무선 서비스
- 개발: 신상품 개발, 서비스 개발, 사업 개발

PLUS+ **IMC(Integrated Marketing Communication)**

통합된 마케팅 커뮤니케이션을 의미한다. 각각의 다양한 마케팅 Tool(수단)을 하나의 통합된 운영체계로 사용하여 마케팅 효과를 극대화하는 시스템이다.

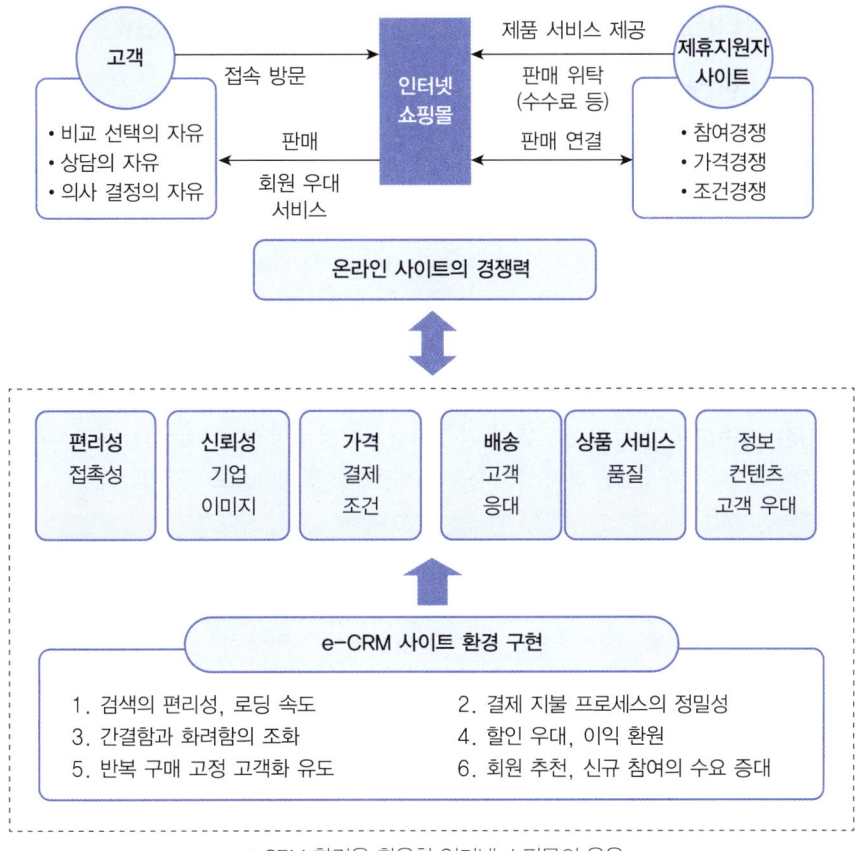

▲ CRM 환경을 활용한 인터넷 쇼핑몰의 운용

PLUS+ **Social CRM 구축 전략**

- 포레스터 리서치(Forrester Research)는 소셜 CRM을 구현하기 위한 전략으로 소셜 CRM을 즉시 도입하여 실험하되 사회적 준비 상황을 진단하고 변화를 전망하며, 자사 고객의 사회적 성격을 정확히 파악하고 있어야 한다고 하였다.
- 자사의 소셜 CRM 역량을 체계적으로 평가하며, 소셜 CRM 솔루션의 전반적인 상황을 이해하고 자사의 소셜 CRM 역량 확충 계획과 일정을 명확하게 하여 CRM의 성공 매트릭스를 확정할 것을 제안하고 있다.

CHAPTER 05 고객 접점에서의 고객 경험 관리(CEM)

| 빈출 키워드 |
고객 경험 관리   # 슈미트의 전략적 체험 모듈   # 서비스 접점의 분류

1 고객 경험 관리(CEM; Customer Experience Management)

1. 고객 경험 관리의 개념

① 정의 빈출
- 기업과 고객의 모든 접점에서 수집·분석한 다양한 고객 경험 정보를 고객이 체험하게 될 접점에 반영함으로써 고객에게 만족스러운 경험 인식을 갖게 하는 고객 관리 프로그램이다.
- 제품이나 회사에 대한 고객의 전반적인 경험을 전략적으로 관리하는 프로세스로 과정과 실행에 중점을 두는 고객 만족의 개념이다.

② 목적: 기업과의 접점에서 만족스러운 경험을 한 고객들에게 기업의 제품 및 서비스에 대한 긍정적인 인식을 심어 주고, 고객의 의사 결정에 영향을 줌으로써 재구매 및 추천 활동에 긍정적인 영향을 준다.

③ 등장 배경: 기존 고객 만족 경영(CSM)의 '기존 고객 중심의 경영 전략'으로 인한 잠재 고객 창출의 어려움과 만족한 고객마저 재구매를 하지 않는 등의 한계점에 대한 대안으로 제시되었다.

구분	고객 만족 경영(CSM)	고객 경험 관리(CEM)
시점	1990년대 초	2000년대 초
목적	만족한 고객의 추천을 통한 신규 고객 획득 및 기존 고객의 재구매	고객의 경험을 개선함으로써 잠재 고객의 신규 구매 및 기존 고객의 재구매 활성화
고객	기존 고객	잠재 고객
특징	구매 및 사용 후 만족에 집중	구매 및 사용 전후 모든 고객과의 접점에서 만족스러운 경험 전달에 초점

2. 고객 경험 관리의 필요성

① 고객의 경험 소비에 대한 욕구가 증가한다.
② 경험의 질이 기업 성과에 중요한 영향을 미친다.
③ 고객 관계 관리의 보완적 수단으로 사용할 수 있다.
④ 구매의 반응 속도를 높일 수 있다.

3. 고객 경험 관리의 접근법 [빈출]

고객 경험 관리는 모든 접점에서 고객과의 관계를 맺어 주고 서로 다른 경험 요소를 연결시켜 통합한다. 고객은 고객 경험 관리를 통해 제품이나 서비스 구매 과정에서 정보나 서비스를 제공받을 수 있고, 기업은 고객과 지속적인 상호 작용을 통해 새로운 고객의 경험 정보를 획득할 수 있다. 이러한 고객과의 경험 정보는 고객이 만족 이상의 감동적인 접점을 체험하는 데 사용되며 고객 충성을 유발시켜 기업의 가치를 높인다.

① 고객의 경험 관점
- 상품 경험: 상품을 사용하면서 획득하는 경험이다.
- 구매 경험: 구매 과정을 통해 획득하는 경험이다.
- 서비스 경험: 기업이 제공하는 모든 서비스 활동에서 얻게 되는 경험이다.

② **전략적 체험 모듈(SEMs; Strategy Experiential Modules) 경험 요인**: 슈미트(Bernd H. Schmitt)는 체험을 감각, 감성, 인지, 행동, 관계로 구분하고, 전략적 체험 모듈이라 하였다.

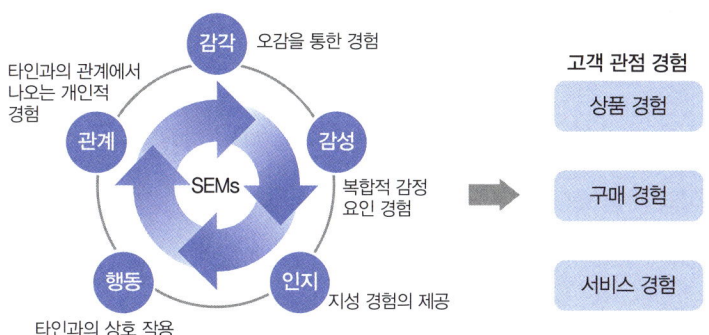

감각적 요인	시각, 청각, 촉각, 미각, 후각의 감각적 자극을 통해 즐거움, 흥분, 아름다움, 만족감 등을 제공함으로써 기업에 대한 좋은 기억을 각인시킨다.
감성적 요인	기업은 시각적 정체성, 슬로건, 공간적 환경 등의 다양한 경험 제공 요소를 통해 고객에게 기업이나 브랜드에 대해 특별한 감정을 느끼도록 자극한다. 강한 감성은 오랜 시간에 걸쳐 반복된 긍정적 경험을 통해 발전된다.
인지적 요인	고객으로 하여금 기업이나 브랜드에 대한 긍정적 인식을 고취시키고 창조적 사고를 하도록 지성 경험을 제공하는 것이다. 이성적 판단에 근거한 인간의 인지력과 문제 해결을 위한 사고의 경험 기회를 통해 기업이나 브랜드에 대한 지식을 형성한다.
행동적 요인	타인과 상호 작용의 결과로 발생하는 경험이며, 고객의 라이프 스타일 및 행동 패턴과 관련된 경험을 만들어 내기도 한다.
관계적 요인	타인과의 관계적 경험을 통해 개인적이고 사적인 감정 이상의 개인적 경험을 증가시키고, 이상적인 자아나 타인, 문화 등과 연결시키면서 자기 향상 욕구를 자극한다.

③ 슈미트의 고객 경험 관리 프로세스별 요소

[1단계] 고객 경험 과정 분석하기	• 제품과 서비스 • 사람	• 커뮤니케이션
[2단계] 고객 경험 기반 확립하기	• 경험과 우선순위 • 경험의 차별성	• 경험의 자극 역치

[3단계] 고객 경험 디자인하기	• 고객 경험과 소비자 역할의 변화 • 고객 경험과 피드백 • 고객 경험과 상호 작용
[4단계] 고객 인터페이스 구조화하기	다양한 접점에서 일관성 있는 경험 수준을 제공하기 위한 통합적인 경험 관리
[5단계] 지속적으로 혁신하기	상황적·접점별 특성이 고려되고, 시기별 트렌드에 부합하는 고객이 원하는 경험을 제공하기 위한 지속적인 경험 개발

④ 고객 경험 관리의 프레임워크(Framework)

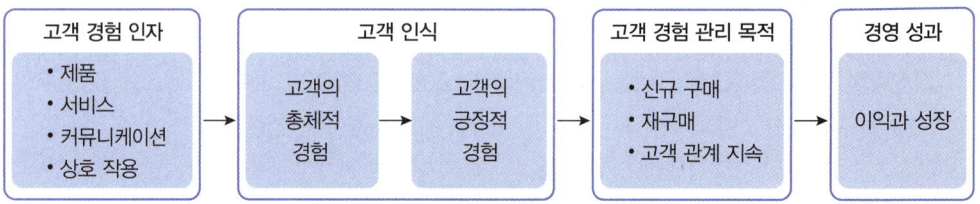

2 고객 경험 관리에서의 서비스 접점(Service Encounter)

1. 서비스 접점의 개념 [빈출]

고객이 기업에서 제공하는 제품이나 서비스를 직접 구매 및 사용하는 시점, 공간, 또는 고객과 기업이 대면하여 상호 작용하는 시공간을 의미한다.

① 의미
- 넓은 의미: 서비스의 생산·유통 과정에서 고객이 접촉하는 모든 서비스 요소를 의미하며, 대인 접점과 비(非)대인 접점을 모두 포함한다.
- 좁은 의미: 서비스 생산·유통 과정에서 고객이 마주하는 현장 직원들의 대인적 접촉으로 제한한다.

② 일반적 특성
- 다양한 목적을 가지고 있다.
- 고객과 서비스 직원이 상호적인 관계이다.
- 사전 지식이 절대적으로 요구되지 않는다.
- 서비스 접점은 범위가 제한적이다.
- 고객과 서비스 직원 간의 역할이 정의되어 있다.
- 일시적으로 현저한 지위 차이가 발생할 수 있다.
- 서비스 접점은 박애주의가 아니다.
- 통합적 인식에 의한 성과가 결정된다.

2. 서비스 접점 관리의 중요성

① 서비스 접점이 복잡해진다.
② 고객의 요구가 다양해지면서 서비스 접점의 기능적 요소도 다양하게 요구된다.
③ 서비스 접점이 고객 인식과 경험, 경영 성과에 점점 더 많은 영향을 미친다.
④ SNS의 발전으로 접점의 고객과 잠재 고객 간의 실시간 소통 및 정보 교류가 가능하다.
⑤ 서비스 접점은 고객 서비스 혁신을 추구하기에 최고의 현장이다.

3. 서비스 접점의 분류 [빈출]

① 대인 서비스 접점
- 서비스 직원과 고객의 직접 접촉이 발생하는 접점이다.
- 현대 사회에서는 정보 기술의 발전으로 대인 서비스 접점의 수가 줄어들고 있는 반면, 대인 서비스 접점의 질적 향상이 요구되며 중요성 역시 더욱 높아지고 있다.

② 음성 서비스 접점
- 서비스 직원과 고객이 직접 대면하지 않지만, 전화 및 기타 통신 장비를 통해 음성으로 접촉하는 접점이다.
- 많은 산업에서 편리성과 경제성의 이유로 대면 서비스 접점에서 음성 서비스 접점으로 변화하고 있지만, 비대면으로 인한 정보 전달에서의 오해와 왜곡 문제를 야기할 수 있다.

③ 기술 기반 서비스 접점
- 고객과 서비스 직원의 상호 작용에 있어 인적 요소가 배제된 기술 기반 접촉 환경을 말한다.
- ICT(Information Communication Technology)의 발전과 정보 통신 산업의 활성화로 기술 기반 서비스 접점은 점점 증가하고 있는 추세이다.
- 장단점

구분	장점	단점
기업	• 대면 고객 서비스 비용의 감소 • 서비스 인건비의 감소 • 인적 고용에 따른 문제(이직, 감정 노동) 해결 • 숙련도 불균형으로 인한 서비스의 비일관성 해결 • 24시간 서비스 제공 가능 • 새로운 사업 기회 확대	• 최신 기술의 도입을 위한 지속적 투자 • 기술 기반 접점에서의 서비스 패러독스(Paradox) 발생 • 기업과 고객의 욕구 인식 차이(GAP) • 투자 자본 수익률(ROI)의 문제 • 비용(Cost)과 가치(Value)의 산정 문제
고객	• 시간적·공간적 접근성 향상 • 물리적 편리성 증가 • 금전적·비금전적 비용의 절감 • 고객 가치 증가	• 신기술 학습의 어려움 • 불편한 기술적 사용자 환경(UI) • 고객의 자원 사용에 대한 문제 • 개인 정보 보호 및 취급에 관련한 문제

④ 온택트(Ontact)상의 서비스 접점
- 2020년 세계적으로 발생한 코로나 바이러스로 인한 사회적 거리두기 정책은 이후 산업사회의 여러 분야에 비대면(Untact) 활동을 촉진시켰다.
- 교육 분야에서 시작된 '온라인상의 실시간 대면 활동(온택트)'은 점차 비즈니스의 다양한 영역으로 확대되어 일반 기업의 업무환경뿐만 아니라 쇼핑, 관광, 의료시장 등의 폭넓은 서비스 산업에 필수적인 접객 환경이 되었다.
- 온택트 서비스 접점과 기존의 'O2O(On-line to Off-line) 서비스'의 차이점은 'O2O플랫폼'이 주문과 배달 사이의 온라인상 무인접점인 것과 달리 '온택트(Ontact) 서비스'의 핵심은 서비스 제공자와 서비스 소비자 간의 직접 소통 환경을 구축한다는 것이다. 여기서 서비스 전달자가 온라인상에서 오프라인 못지않게 소비자의 마음을 움직일 수 있도록 세심한 부분까지 고민하고 노력하는 활동을 '휴먼터치(Human Touch)'라고 한다.
- 앞으로 서비스 제공자에 대한 교육과 지원이 더욱 확대된다면 온택트 서비스 접점 중심의 산업 구조가 더 넓은 분야에서 자리 잡을 것으로 기대된다.

4. 서비스 접점에서 고객의 역할

① **무존재**: 서비스 생산과 전달 과정에 고객이 존재하지 않으며 서비스 제공자가 일정한 서비스를 제공한다.
   예 택배 배송, 배달 대행, 주문 요리 등

② **존재**: 서비스의 생산과 전달 과정에 고객이 존재하며 고객에게 직접 서비스를 제공한다.
   예 의료 시술, 미용, 교육 등

③ **참여**: 서비스 생산과 전달 과정에 선택 또는 결정과 같은 고객의 일정 역할이 있다.
   예 금융 상품 선택, 수술 동의, 패스트푸드 등

④ **공동 생산**: 서비스의 성공을 위해 고객의 역할과 노력이 결정적으로 중요한 서비스 상태를 말한다.
   예 적금, 여행, 다이어트 등

PLUS⁺ 고객의 행동 분류

구분	역할 내(In Role)	역할 외(Extra Role)
순기능	협력 행동 – 고객의 책임과 행동에 올바른 역할 수행	시민 행동 – 고객 본연의 역할 외에 자발적이고 이타적인 행동
역기능	회피 행동 – 수동적 태도로 모든 책임을 서비스 제공자에게 전가	반생산 행동 – 서비스 제공자에 대한 의도적이고 공격적인 언행

SUBJECT 02 | 고객 관계 관리(CRM)
적중 예상문제

PART 1 일반형

01 다음 내용 중 옳지 <u>않은</u> 것은?
① 고객 가치(Customer Value)는 기업 활동에 상응하는 고객의 보상 정도를 의미한다.
② 사업 포트폴리오는 고객 포트폴리오, 브랜드 포트폴리오, 기업 포트폴리오로 구성되어 있다.
③ 서비스 접점은 크게 대인 서비스 접점, 음성 서비스 접점, 기술 기반 서비스 접점으로 구분된다.
④ 고객 관계의 대체 가능성을 낮추는 요소에는 제공되는 서비스의 희귀성, 제공되는 서비스의 결과 품질, 고객의 역할 제시가 있다.
⑤ 고객 포트폴리오는 고객과 시장, 기업이 가진 서비스 역량을 분석하여 기업의 다양한 사업 전략에 최적화된 고객을 찾아내는 것이다.

02 다음 중 장기적이며 지속적인 거래가 고객에게 주는 이점이 <u>아닌</u> 것은?
① 사회적 편익
② 탐색 비용의 감소
③ 고객화 서비스의 수혜
④ 서비스 요청 단계의 간소화
⑤ 교차 판매(Cross-selling)나 상향 판매(Up-selling)를 통한 거래 관계 확대

03 다음 중 구매 후 부조화에 대한 설명으로 옳은 것은?
① 구매를 돌이킬 수 있을 때 부조화는 심화된다.
② 구매 결정이 중요하지 않을수록 부조화 상태는 심화된다.
③ 선택하지 않은 제품의 조건이 나쁠수록 심리적 부조화는 심화된다.
④ 제품이나 브랜드의 구매 빈도가 높을수록 구매 후 부조화는 심화된다.
⑤ 구매 전 고려했던 대체 가능한 경쟁 상품의 수가 많을수록 부조화 상태는 심해진다.

해설
01 사업 포트폴리오는 고객 포트폴리오, 브랜드 포트폴리오, 제품 포트폴리오로 구성되어 있다.
02 교차 판매나 상향 판매를 통한 거래 관계 확대는 기업이 얻는 이점이다.
03 ① 구매를 돌이킬 수 없을 때 부조화는 심화된다.
② 구매 결정이 중요할수록 부조화 상태는 심화된다.
③ 선택하지 않은 제품의 조건이 좋을수록 심리적 부조화는 심화된다.
④ 제품이나 브랜드의 구매 빈도가 낮을수록 구매 후 부조화는 심화된다.

정답
01 ② **02** ⑤ **03** ⑤

04 다음 중 고객의 구매 후 부조화를 최소화하는 방안으로 옳지 <u>않은</u> 것은?

① 같은 선택을 한 다수의 증거를 제시하여 심리적 안도감을 준다.
② 해피콜을 통해 구매한 상품이 주는 긍정적 혜택을 한번 더 강조한다.
③ 서비스와 관련된 최대한 많은 정보를 제공하면 이탈할 확률이 높아진다.
④ 구매 결정을 재촉하지 않고 스스로 구매 결정을 할 수 있도록 충분한 시간을 준다.
⑤ 경쟁 제품이나 서비스와의 비교 평가를 통해 자사 상품의 우월한 점을 부각시킨다.

05 다음 중 고객 순자산 가치를 계산하는 공식으로 옳은 것은?

① 반복 매출액＋반복 비용
② 고객 생애 기간＋공헌 마진
③ 공헌 마진＋고객 획득 비용
④ 전체 고객 생애 기간 수익＋고객 획득 비용
⑤ 전체 고객의 고객 생애 가치＋전체 고객의 고객 추천 가치

06 다음 중 고객 획득 비용에 대한 설명 중 옳지 <u>않은</u> 것은?

① 신규 고객 획득 비용을 포함한다.
② 경쟁이 심해지면 고객 획득 비용도 증가한다.
③ CAC(Customer Acquisition Cost)라고 한다.
④ 고객 획득 비용은 고객 한 명당 기준으로 계산한다.
⑤ 고객을 획득하는 데에 소요되는 직접 비용만을 의미한다.

07 프렌치(French) & 라벤(Raven)이 말한 파워의 유형에 대한 설명 중 옳지 않은 것은?

① 전문적 파워: 전문적인 기술이나 지식에 기반해 발생하는 힘
② 합법적 파워: 회사 내부의 규정, 법규, 제도와 같은 권한을 사용하는 힘
③ 보상적 파워: 경제적으로나 정신적으로 보상을 제공해 줄 능력에 기반을 두는 힘
④ 정보적 파워: 가치 있는 정보를 많이 가지고 있거나 정보에 접근이 용이한 역량
⑤ 준거적 파워: 무력, 위협, 감봉, 해고 등으로 다른 사람을 처벌할 수 있는 공포에 기반을 둔 힘

08 다음 중 CRM 시스템의 장점이 아닌 것은?

① 고객 유지율 향상
② 고객 지원 개선 활동
③ 고객 획득 비용의 증가
④ 신사업에 대한 아이디어 제공
⑤ 집중된 고객 상호 작용의 가능

09 다음 중 CRM의 성공 요인이 아닌 것은?

① 관련 부서 간의 협력 체계 확립
② 불량 고객에 대한 명확한 기준의 설정
③ 조직 전반에 걸친 고객 중심 문화의 확립
④ 고객에 대한 공정한 기준의 차별 대우 설정
⑤ CRM에 대한 전사적·통합적인 이해와 인식

해설

04 고객에게 상품과 관련된 최대한 많은 정보를 제공하여 고객 스스로 학습할 수 있도록 하면 구매 후 부조화를 줄일 수 있다.
05 고객 순자산 가치는 고객이 직접 거래를 통해 창출하는 직접적 기여 가치인 고객 생애 가치뿐 아니라, 기업과의 관계에서 간접적으로 기여하는 고객 추천 가치도 포함한다.
06 고객 획득 비용은 고객을 획득하는 데 소요되는 직·간접 비용을 말한다.
07 어떤 사람을 강제로 따르게 만드는 영향력으로 다른 사람을 처벌할 수 있는 공포에 기반을 둔 힘은 강제적 파워이다. 준거적 파워는 자신이 속한 집단과 집단이 공유하는 신념으로부터 발생한 힘으로 존경심과 동질화에 기초를 둔다.
08 CRM을 통해 고객 획득 비용을 줄일 수 있다.
09 CRM의 성공을 위해 불량 고객이 아닌 충성 고객에 대한 명확한 기준과 보상이 있어야 한다.

정답

04 ③   05 ⑤   06 ⑤   07 ⑤   08 ③   09 ②

10 다음 중 고객 관계 관리(CRM)의 기대 효과에 대한 설명으로 옳지 <u>않은</u> 것은?

① 사업에 대해 입체적인 관점으로 이해할 수 있다.
② 신사업 아이템에 대한 아이디어를 얻을 수 없다.
③ 고객의 수익 기여도에 따른 고객별 전략 수립을 할 수 있다.
④ 잠재 고객의 프로파일(Profile)을 기반으로 영업 자동화를 구현한다.
⑤ 고객 충성도를 유지하여 수익성을 높이고, 고객 이탈을 방지할 수 있다.

11 다음 중 CRM의 활용을 통한 기대 효과로 적절하지 <u>않은</u> 것은?

① 자료 분석을 통해 향상된 영업망을 구축함으로써 판매 수익에 기여한다.
② 품질 개선과 고객 만족을 동시에 달성하여 재구매 가능성을 높일 수 있다.
③ 고객 충성도를 유지하여 고객 이탈을 방지하고 우수 고객을 유치할 수 있다.
④ 교차 판매의 가능성은 낮아지지만 고객 가치를 쉽게 파악하여 판촉 효율을 증가시킬 수 있다.
⑤ 니치마켓을 새롭게 개척함으로써 구매 가능성이 있는 가망 고객을 탐색하여 잠재 고객을 활성화시킬 수 있다.

12 다음 중 CRM과 매스 마케팅의 차이점에 대한 설명으로 옳지 <u>않은</u> 것은?

① CRM의 목표 고객은 고객 개개인이다.
② 매스 마케팅의 기본 방향은 판로 확정이다.
③ CRM의 차별화 대상은 상품의 차별화이다.
④ 매스 마케팅은 단기적 관점에서 마케팅을 실행한다.
⑤ 매스 마케팅은 규모의 경제성 즉 효율성을 추구한다.

13 다음 중 고객 경험 관리의 필요성이 아닌 것은?

① 고객의 경험 소비에 대한 욕구가 증가했다.
② 고객 경험의 질은 기업의 성과에 영향을 미친다.
③ 고객 관계 관리의 보완적 수단으로 사용할 수 있다.
④ 고객 경험 관리는 고객 관계 관리를 대체하는 수단이다.
⑤ 고객 경험 관리는 고객 관계 관리보다 구매 결정 속도를 향상시킬 수 있다.

14 다음 중 서비스 접점 관리의 중요성에 대한 설명으로 옳은 것은?

① 서비스 접점의 구조는 단순해지고 있다.
② 서비스 접점은 고객 갈등이 야기되는 곳이다.
③ 고객 요구의 다양화에 비해 접점의 기능은 한정적이다.
④ 서비스 접점은 서비스 혁신을 이끌어 내기에 한계가 있다.
⑤ 서비스 접점에 대한 효과성과 기업의 성과는 관련이 없다.

15 고객 대응 전략 중 디마케팅(Demarketing) 전략의 대상 고객으로 가장 적절한 것은?

① 불만 고객
② 관심 고객
③ 저수익성 고객
④ 우호 소액 고객
⑤ 초우량 핵심 고객

10 CRM의 분석 기능을 통해 신사업 아이템에 대한 아이디어를 얻을 수 있다.
11 CRM을 통해 고객 분석이 용이해져 교차 판매 및 상향 판매의 가능성을 높일 수 있다.
12 CRM 시스템의 궁극적인 목표는 고객을 차별화하기 위함이다.
13 고객 경험 관리(CEM)와 고객 관계 관리(CRM)는 고객의 차별적 관리와 접점에서의 경험 관리라는 측면에서 대체하기 어렵다.
14 서비스 접점은 고객의 다양한 욕구를 바탕으로 서비스 혁신이 빠르게 적용되고 다양한 접점의 기능적 역할을 수행하고 있다. 이런 접점의 효과성은 기업 성과에 긍정적인 영향을 미친다.
15 저수익성 고객은 구매 활동 자체가 매우 적고 기업에 기여하는 이익이 거의 없는 고객이다. 이러한 고객은 디마케팅의 대상이 될 수 있다.

정답

10 ②   11 ④   12 ③   13 ④   14 ②   15 ③

16 고객의 충성도에 따른 5단계 분류 중 기업의 상품과 서비스에 가장 충성도가 높은 고객으로 입소문을 퍼트리거나 다른 고객에게 추천을 장려할 수 있는 고객은?

① 단골 고객
② 옹호 고객
③ 일반 고객
④ 잠재 고객
⑤ 의심 고객

17 기술 기반 서비스 접점에 대한 설명으로 옳지 않은 것은?

① 고객들의 시간적·공간적 접근성이 향상된다.
② 고객 입장에서는 새로운 기술을 학습해야 한다.
③ 기업 입장에서 최신 기술을 활용한 투자는 필요 없다.
④ 직원들의 숙련도에 따른 서비스의 비일관성이 해소된다.
⑤ 서비스 제공자와 고객과의 상호 작용에서 인적 요소가 배제된 것을 의미한다.

18 충성고객의 특징으로 옳지 않은 것은?

① 다른 기업이나 브랜드로의 이탈 행동에 부정적이다.
② 내가 사용하는 브랜드를 자주 구매해도 지인에게 추천하지 않는다.
③ 기업의 다른 상품 영역에도 관심을 가지고 접근한다.
④ 브랜드 가격 정책에 대해 이해하려는 마음이 있다.
⑤ 기업이나 브랜드의 부정적 소문에 적극적으로 방어한다.

19 슈미트(Bernd H.Schmitt)의 전략적 체험 모듈의 경험 요인으로 잘못된 설명은?

① 감각적 요인은 시각, 청각, 촉각, 미각, 후각의 감각적 자극을 통해 즐거움, 흥분, 아름다움, 만족감 등을 제공하는 것이다.
② 인지적 요인은 고객으로 하여금 기업이나 브랜드에 대한 긍정적 인식을 고취시키고 창조적 사고를 하도록 지성 경험을 제공하는 것이다.
③ 행동적 요인은 타인에게 일방적으로 제공받음으로써 발생하는 경험이며, 고객의 라이프 스타일 및 행동 패턴에는 영향을 미치지 않는다.
④ 관계적 요인은 타인과의 관계적 경험을 통해 개인적이고 사적인 감정 이상의 개인적 경험을 증가시키고, 이상적인 자아나 타인, 문화 등과 연결시키면서 자기 향상 욕구를 자극한다.
⑤ 감정적 요인은 기업이 시각적 정체성, 슬로건, 공간적 환경 등의 다양한 경험 제공 요소를 통해 고객들에게 기업이나 브랜드에 대해 특별한 감정을 느끼도록 자극하는 것이다.

20 서비스 접점에서의 고객 역할이 아닌 것은?

① 무존재
② 존재
③ 방관
④ 참여
⑤ 공동생산

해설

16 옹호 고객은 기업의 상품이나 서비스에 대해 가장 충성도가 높은 고객이다. 기업은 옹호 고객이 입소문을 퍼트릴 수 있도록 충분한 기회를 제공해 주어야 하며, 이들은 다른 고객에게 추천을 장려할 수도 있다.
17 기업 입장에서 지속적으로 최신 기술을 위한 투자를 해야 한다.
18 충성고객은 반복 구매 및 타인에게 추천하는 고객을 포함한다.
19 행동적 요인은 타인과의 상호작용의 결과로 발생하는 경험이며, 고객의 라이프 스타일 및 행동 패턴과 관련된 경험을 만들어 내기도 한다.
20 고객은 서비스 접점에서 다양한 형식으로 서비스 생산에 기여한다.

정답

16 ② 17 ③ 18 ② 19 ③ 20 ③

PART 2 O/X형

[21~23] 다음 문항을 읽고 옳고(O), 그름(X)을 선택하시오.

21 데이터 마이닝(Data Mining)이란 기업이 다양한 경영 활동을 통해 획득한 고객 정보들로 기업의 사업 전략에 필요한 가치 있는 고객 정보 및 필요한 지식 정보를 추출하는 과정을 말한다.
(① O ② X)

22 반복적으로 구매하는 단골 고객의 충성도를 더욱 높이기 위해서 고객과 밀접한 관계를 유지할 수 있다면, 제품과 서비스의 품질이 다소 떨어지더라도 문제되지 않는다. (① O ② X)

23 성공적인 고객 관계 관리(CRM) 전략을 위한 방안으로 교차 판매, 쿠폰/이벤트, 고객에 대한 평등적 고객 서비스 방안 등이 있다.
(① O ② X)

PART 3 연결형

[24~27] 다음 설명에 적절한 보기를 찾아 각각 선택하시오.

―| 보기 |―
① CRM   ② CEM
③ CLV   ④ MGM 기법

24 2000년대 초기에 등장한 개념이자 고객 만족 경영(CSM)이 지닌 한계를 극복하기 위한 대안으로, 모든 고객 접점에서 고객과의 관계를 맺게 해 주고, '고객 경험 요소'를 서로 통합해 주는 것을 말한다. (   )

25 전사적인 관점에서 통합된 마케팅, 세일즈 및 고객 서비스 전략을 바탕으로 개별 고객의 평생 가치를 극대화하고, 이를 통해 기업 수익성을 최대한 높이기 위한 총체적 고객 관계 향상 활동을 의미한다. (   )

26 기업이 기존 고객에게 추천인의 정보를 제공받아 신규 고객을 확보하는 기법을 말한다.
(   )

27 고객 한 명이 평생 산출할 수 있는 기대 수익으로 고객의 이탈 없이 기업과 장기적인 관계를 유지하는 개별 고객으로 인해 증가하는 가치이다.
(   )

PART 4 사례형

28 다음 사례에서 정 상무가 직원들에게 기대하는 CRM의 핵심 가치가 아닌 것은?

> 인터넷 쇼핑몰에서 고객 관리 부서장으로 새로 부임한 정병호 상무는 고객을 관리하는 기존 방식이 업무를 비효율적으로 만드는 모습과 직원들이 타성에 젖어 관습적으로 일하는 모습을 보고 새로운 고객 관계 관리(CRM) 시스템을 구축하여 담당 부서뿐 아니라 기업의 고객에 대한 인식 및 관리 방법을 개선하고자 한다. 정 상무는 CRM의 가치를 재정립하기 위해 직원들로부터 새로운 CRM 시스템의 필요성을 말하고 직원들 스스로 핵심 가치를 찾아 제출하라고 했다.

① 순환적 프로세스를 기반으로 오랜 기간 동안 지속되어야 한다.
② 기업에 가치 있는 고객을 구분 및 세분화하여 고객 관리 전략을 다양화한다.
③ 어느 특정한 부서의 업무가 아닌 전사적 관점으로 가치를 공유하고 협력해야 한다.
④ 개별화된 고객 서비스를 제공하여 고객 관계를 개선하고 고객의 평생 가치를 높인다.
⑤ 정보 기술(IT)의 시스템적인 관점으로 생각하고 엔지니어 중심의 업무 프로세스를 구축한다.

해설
21 ○
22 × 고객과 밀접한 관계를 유지함과 동시에 제품과 서비스의 품질을 더욱 개선해야 한다.
23 × 고객 관계 관리(CRM) 전략을 위해서는 고객에 대한 차별적 고객 서비스 방안을 마련해야 한다.
24 CEM
25 CRM
26 MGM 기법
27 CLV
28 IT 기술을 기반으로 제한하는 것은 CRM 전략의 실패 요인이다. CRM 전략은 고객 가치의 이해를 바탕으로 고객의 행동 심리와 구매 패턴을 분석하는 인문학적이고 경영학적인 관점에서 IT 기술을 활용하는 방향으로 세워야 한다.

정답
21 ①   22 ②   23 ②   24 ②   25 ①   26 ④   27 ③   28 ⑤

29 다음은 맛집으로 유명한 레스토랑에서 식사한 후에 부부가 나눈 대화이다. 대화의 마지막에 남편이 언급한 부분이 뜻하는 것은?

> 남편: 자기야, 여기 스테이크 어때요? 가격 대비 고기 질이 괜찮은 것 같아요.
> 아내: 네~ 그러네요. 오빠가 일부러 예약까지 하고 이곳으로 온 이유를 알겠어요.
> 남편: 사실 친구의 추천으로 소개받고 오긴 했는데, 자기가 별로라고 할까 봐 내심 불안했어요.
> 아내: 나도 여기 소문은 듣고 있었어요. 요즘 그 흔한 가게 홍보도 안 하는데 순수하게 고객들 소문으로만 장사가 잘된다고 해서요.
> 남편: 그러게요~ 때로는 비용을 많이 쓴 홍보의 효과보다 직접 체험한 고객들의 후기와 같은 입소문의 힘이 훨씬 크기도 해요. 특히 마케팅 활동이 아닌 우리처럼 소개를 받고 온 손님들의 가치는 마케팅으로 찾아온 손님보다 클 거예요.

① 고객 점유율
② 공헌 마진
③ 고객 구매력
④ 고객 순자산 가치
⑤ 고객들의 간접적 기여 가치

30 개업한 지 1년 된 카페를 운영하는 사장은 멤버십 카드를 만들어 등급별로 혜택을 주기 위해 표본이 필요했다. 이에 지난 기간 자주 오는 단골손님 A를 표본으로 CLV가치를 파악하고자 한다. 다음 조건을 갖춘 단골손님 A의 CLV를 구하시오.

―| 조건 |―
1회 평균당 소비 금액 : 12,000원
한 달 평균 구매 횟수 : 8번
총 거래기간 : 11개월

① 96,000원
② 1,056,000원
③ 132,000원
④ 960,000원
⑤ 1,152,000원

PART 5 통합형

[31~32] 다음 유명 프랜차이즈 미용실의 사례를 보고 질문에 답하시오.

> 김지영 원장은 10년 전 헤어 디자이너로 시작해 지금은 같은 브랜드 30여 개의 직영 매장을 개설한 뷰티 회사의 대표이다. 보유 직영점이 많아지고 고객 또한 다양해지면서 최근 고객들을 체계적인 시스템으로 관리하고 응대하는 경영 기법에 대한 관심이 부쩍 많아졌다. 그래서 전문가를 초빙해 컨설팅도 받고 관련 공부를 통해 고객에 대해 재정의하고 고객을 분류하는 것이 고객과의 관계 관리를 위한 첫 시작임을 깨달았다. 김 원장은 본사 차원에서 전사적으로 고객을 관리하기 위해 각 매장의 최근 5년간의 고객 정보를 분석해 '잠재 고객, 기존 고객, 충성 고객'으로 나누고 충성 고객을 다시 '단골 고객과 옹호 고객'으로 구분하라고 경영 관리 부서에 지시했다. 경영 관리 부서는 각 매장에 요청해 고객 데이터베이스를 전송받아 전국 매장의 고객 정보를 분석하고 분리하는 업무를 통해 고객을 일정 기준으로 분류하였고, 그에 따른 마케팅 및 고객 서비스 전략을 전면적으로 다시 설계하기 시작했다. 하지만 6개월 후 분류된 고객을 대상으로 한 전략들이 실패하게 되고 그 원인을 파악하게 되었다. 첫 번째 실패 원인으로 6개월 전 각 매장에서 전송한 고객 정보가 정확하지 않을 뿐더러 주관적인 기준으로 정리가 되어 있었다는 것을 알게 되었다. 또한 두 번째 원인으로 고객 분류 작업의 기준으로 1인당 판매 가격만을 잡았고, 경영 관리 부서의 분류 작업에서도 수작업으로 인해 상당히 심각한 오류가 발생했다는 것을 발견하였다. 이에 김 원장은 다시 깊은 고민에 빠지게 되는데…….

29 추천이나 구전(Viral)과 같은 고객의 간접적인 기여 활동은 직접적인 매출로 기업에 기여하지 않지만, 다른 잠재 고객에게 전달되는 정보의 신뢰를 높이는 중요한 역할을 한다. 이를 통해 기업은 마케팅 비용을 절감할 수 있고, 무형의 기업 가치를 높일 수 있기 때문에 기업에 대한 고객의 간접 기여 가치는 매우 중요하다.

30 12,000(평균소비액)×8(월 소비횟수)×11(거래기간)=1,056,000원

29 ⑤   30 ②

31 김 원장이 가진 문제를 해결하기 위해 취해야 할 행동이 아닌 것은?

① 단순 판매 가격 중심의 고객 가치의 분류 기준을 고객 순자산 가치(CLV)와 RFM 지수 등을 통해 다각도로 재검토한다.
② 매장의 고객 정보는 그 매장 내에서만 필요하기 때문에 굳이 비용을 들여 통합적 고객 관리 프로그램을 구축할 필요는 없다.
③ 정확한 고객의 니즈를 파악하기 위해 전문 리서치 기관에 의뢰하고 고객 만족 조사를 진행하여 고객 관리 전략을 다시 수립한다.
④ 모든 매장의 직원들에게 브랜드 가치를 공유함으로써 회사에 소속감을 느끼게 하고 전사적인 고객 관계 관리를 할 수 있도록 교육을 진행한다.
⑤ 고객의 가치 분류 시 많은 거래를 하지 않지만, 비금전적인 추천이나 정보 제공 등의 행동을 하는 간접적 기여 가치가 높은 고객도 역시 고려해야 한다.

32 충성 고객에 대해 취해야 할 전략이 아닌 것은?

① 고객의 라이프 스타일이나 비즈니스 스타일의 변화를 지원한다.
② 차별화된 고객화(Customization) 서비스를 개발하고 제공해야 한다.
③ 단골 고객을 옹호 고객으로 전환하기 위한 가치 공유 프로그램을 제시한다.
④ 공헌 이익이 떨어지면 역마케팅(Demarketing)을 통해 고객의 자격을 박탈한다.
⑤ 고객이 제품과 서비스 과정에 참여할 기회를 제공하고 적극적으로 수용해야 한다.

해설

31 통합적 고객 관리 프로그램은 본사의 컨트롤 타워(Control Tower)에서 각 매장의 고객 정보를 수집하여 분석하고 일정한 기준으로 선별할 수 있는 고객 관계 관리(CRM)의 도구로 현대 사회의 방대한 고객 관련 데이터를 수집하는 데 있어 매우 중요하다.

32 충성 고객의 공헌 이익이 감소하면 기업의 주력 상품 또는 서비스에 중대한 결함이 발생한 것으로 간주하고, 고객과의 소통을 통해 문제점을 개선하고 고객 가치를 높일 수 있도록 서비스 생산 과정에 참여시켜야 한다.

정답

31 ②   32 ④

SUBJECT 03

VOC와 컴플레인 관리

CHAPTER 01 VOC의 이해

CHAPTER 02 VOC 관리 시스템

CHAPTER 03 컴플레인의 개념 및 해결 방법

CHAPTER 04 서비스 실패와 회복 프로세스

CHAPTER 05 우수 고객과 불량 고객

학습방법

- ☑ VOC의 개념과 유형을 알아보고 VOC 수집 방법에 대하여 학습한다.
- ☑ VOC 관리 시스템의 프로세스와 주요 속성, 다양한 기술에 대하여 학습한다. 이를 경영 활동에 접목하여 유의미한 성과를 창출할 수 있어야 한다.
- ☑ 컴플레인과 클레임의 차이를 구분할 수 있고, 해결을 위한 원칙을 이해한다.
- ☑ 서비스 실패의 의미 및 원인과 결과를 이해한다.
- ☑ 우수 고객과 불량 고객의 유형과 유형별 고객 관리 방법에 대하여 숙지한다.

무료강의
바로보기

CHAPTER 01 VOC의 이해

| 빈출 키워드 |
\# VOC의 정의   \# VOC의 유형   \# VOC와 고객 충성도
\# VOC의 수집 방법

1 VOC

1. VOC의 정의 및 의의
① 정의: VOC(Voice Of Customer, 고객의 소리)란 고객이 기업에 들려주는 피드백을 의미하며, 고객이 기업에 보내는 커뮤니케이션을 총칭한다. 즉, 고객의 방문, 문의, 상담, 항의, 건의 제안, 거래 등 고객을 통해 습득된 모든 데이터를 말한다.
② 의의: 제조업의 ZD(Zero Defect)에서 비롯된 무결점 운동을 시작으로 서비스업에서는 이를 ZC(Zero Complain)라고 하며 고객의 불만과 불평을 최소화하자는 데에서 비롯되었다.

2. VOC의 중요성
① VOC는 서비스 개발과 혁신에 중요한 기초 데이터로 유용하게 활용될 수 있다.
② 최근 VOC에 대한 중요도가 높아짐에 따라 VOC를 독립적인 시스템으로 도입하고, CRM을 대체, 보완하는 시스템으로 활용하는 곳도 증가하고 있다.
③ 정성적 자료와 정량적 자료를 모두 활용함으로써 고객이 원하는 요구 사항을 정리할 수 있고 고객 요구 사항을 친화도로 정리하면 체계적으로 고객 가치를 정리할 수 있다.
④ VOC를 통해 얻은 자료는 빅데이터 분석을 거쳐 고객 니즈를 파악하는 데 쓰일 수 있다. 이를 전략에 반영하거나 기업의 비전 정립, 효과적인 운영에도 활용할 수 있다.

3. VOC의 목적
① 제품이나 서비스에 대한 고객의 만족·불만족 여부를 파악할 수 있다.
② 변화하는 고객의 니즈를 파악함으로써 시장의 변화에 대한 이해를 높일 수 있다.
③ 고객의 관점에서 나오는 새로운 아이디어를 서비스 개선 및 개발에 반영할 수 있다.
④ 장기적인 관점에서 고객과의 원활한 소통으로 고객과 유대 관계를 강화하여 충성 고객을 육성하고 성장의 파트너를 형성할 수 있다.

4. VOC의 발달 과정

VOC 1.0	• 전화나 인터넷 게시판을 통한 접수 및 상담이 주를 이루면서 IT 기술을 활용하여 고객의 소리를 수집하고 처리하기 시작한 시기이다. • 고객의 불만이나 의견을 수집하는 데 집중한다. • 비슷한 불만들이 반복적으로 나오는 문제를 해결하지 못한다는 한계가 있다.

VOC 2.0	• VOC를 통하여 더 나은 서비스를 개발하고 이익을 창출할 수 있다고 인식하면서 VOC를 소중한 자원으로 활용하려는 노력이 활발해지는 시기이다. • 다양한 채널의 VOC를 통합적으로 분석하면서 단순 불만 처리가 아닌 문제의 근본을 해결하기 위해 노력한다. • 기업 내부 직원의 VOC에도 귀를 기울이기 시작한다.
VOC 3.0	• 고객이 말하지 않은 것까지 찾아서 해결하려는 능동성을 보이며 VOC를 발굴하기 위해 실시간으로 고객과 소통하고 가치를 전달하는 체계를 구축한다. • SNS 등을 통해 기업에 접수되지 않은 외부 VOC에도 집중한다.
VOC 4.0	• 언택트(Untact) 시대의 고객 경험 관리를 의미한다. • 실제 고객을 대면하지 못하는 비대면 서비스 산업 현장이 빠르게 정착되면서 온라인상의 고객 행동과 관련된 데이터로 고객의 취향을 파악하여 0.1명의 고객을 위한 초개인화 서비스를 제공하는 데 목적을 둔다. • VOC 4.0의 핵심은 직접 전달되지 않는 간접 고객의 소리까지 수집·분석하여 시장의 흐름과 잠재 고객의 욕구까지 만족시키는 서비스를 제공하는 것이다.

2 VOC의 유형

1. VOC 내용에 따른 분류

제안형	• 제품의 성능이나 고객 서비스, 서비스 절차 등에 대한 고객의 소리로, 불평이나 불만을 제기하기 위함보다는 개선의 목적을 우선시한다. • 상품 개발 및 서비스 개선에 중·장기적으로 적용한다.
불만형	• 제품 및 서비스 실패로 인해 발생된다. • 신속한 대응으로 불만족을 만족으로 전환시키고 재발하지 않도록 구조적으로 해결하여 고객 이탈을 방지한다. • 접수 당시에는 불만 형태이지만 개선을 위해서는 제안 형태로 전환된다.
만족형	• 제품 및 서비스의 우위성을 객관적으로 평가할 수 있다. • 우수 사례로 활용된다.
임의적	• 대화나 행동 등에서 무의식적으로 튀어나오는 고객의 선호도, 취향 등을 말한다. • 1:1 고객 서비스에서 활용된다.

2. VOC 제기 주체에 따른 분류

고객	• 외부 고객이 기업에 직접 의견을 제기하는 VOC이다. • 제안형, 불만형, 만족형, 임의적 VOC를 모두 포함한다.
직원	• 직원(내부 고객)이 상품이나 서비스 개선을 위해 제기하는 VOC이다. • 직원들이 고객의 입장에서 VOC를 제기하는 것으로 주로 제안형 VOC가 많다.

3. VOC 접수 채널에 따른 분류

대면 채널	고객 접점 현장에서 고객이 직접 제기하는 경우이다.
비대면 채널	고객이 VOC 담당자 또는 관련 직무 담당 부서로 전화나 편지, 온라인(이메일, 게시판, SNS 등)으로 제기하는 경우이다.

4. VOC 발생 원인에 따른 분류

인적 원인	서비스를 수행하는 직원의 실수 또는 고객의 이해 부족이나 오해로 인해 발생한다.
비인적 원인	서비스 프로세스, 장비, 공간의 문제로 인해 발생한다.

5. VOC 형성 장소에 따른 분류

내부 형성	고객이 기업으로 직접 접수하는 VOC를 말한다.
외부 형성	고객이 VOC를 기업이 아닌 언론사, 소비자 단체, 경쟁사, 동호회, 관련 사이트, 구전 등 외부 경로를 통해 제기하여 기업 외부 환경에서 유포되고 확산되는 VOC를 말한다.

3 VOC와 고객 충성도

Under the VOC (고객 충성도 낮음)	아주 기본적인 요구 사항으로 고객이 언급하지 않더라도 이 부분을 충족시키지 못하면 고객은 불만을 표시할 수 있다.
The VOC (고객 충성도 보통)	고객이 원하는 요구 사항을 직접 언급한다.
Over the VOC (고객 충성도 높음)	고객 자신도 인지하지 못했던 요구 사항으로 창의적인 영역이기 때문에 찾기 어렵지만 기업에서 먼저 충족시켜 줄 경우 고객 감동을 실현할 수 있다.

> **PLUS+** 소비자 불만 자율 관리 시스템(CCMS; Consumer Complaints Management System)
> - 기업이 자체적으로 제정하고 운영하는 소비자 불만 예방 및 구제 프로그램이다.
> - 직원에게 소비자 불만의 예방과 신속한 사후 구제의 중요성을 인식시키고 관련된 업무 처리에 대한 명확한 행동 기준 등을 제시한다.
> - 이를 통해 궁극적으로 소비자 만족을 제고시키고 기업의 경쟁력을 향상시키고자 한다.

4 VOC 수집 방법

고객 만족도 조사	• 고객으로부터 직접 만족도에 대한 가치를 측정받는 것이다. • 설문 등의 형태로 고객의 만족도를 과학적으로 분석한다. • 조사 결과로 수집된 VOC를 통해 문제점을 파악하고 해결 방안을 종합적으로 검토할 수 있다.
서비스 모니터링	• 서비스 기업에서 정한 서비스 표준대로 고객 접점에서 서비스가 이루어지고 있는지 전문가를 통하여 과학적으로 평가하는 활동이다. • 고객을 대면하는 접점 직원의 서비스 수준, 서비스 환경, 고객 접근 프로세스, 운영 부분 등을 측정한다.
미스터리 쇼핑	• 마케팅 조사 회사에서 훈련받은 전문 요원이 고객으로 가장하여 서비스를 체험하며 조사하는 방식이다. • 교육을 받은 사람이 실제 고객(또는 잠재 고객)으로 가장하여 고객 서비스 과정을 관찰한 후 그 경험을 객관적으로 보고하여 평가한다.
고객 패널	• 일정 기간 동안 서비스에 대한 고객의 태도와 지각을 기업에 알려 주기 위해 모집된 지속적인 고객 집단을 말한다. • 상품이나 서비스를 제공하는 회사와 계약을 맺고 지속적으로 모니터링 자료를 제공한다.

CHAPTER 02 VOC 관리 시스템

| 빈출 키워드 |

\# VOC의 주요 속성   \# VOC 빅데이터   \# 데이터 마이닝

1 VOC 관리 시스템

1. VOC 관리 시스템의 정의

① VOC 관리 시스템이란 온·오프라인으로 유입되는 모든 고객의 소리를 통합적으로 접수하고, 그 결과를 저장하여 고객의 불만, 칭찬, 성향, 만족도 등을 측정한 후 이를 서비스 품질 관리 활동으로 연결시키는 포괄적인 경영 활동 체계이다.

② 쌍방향 소통을 통해 고객과 유대를 강화하고 만족시킴으로써 VOC에 근거한 경영 활동 체계를 수립하여 기업 가치를 극대화할 수 있다.

2. VOC 관리 프로세스

수집	• VOC는 고객과 상호 작용하는 모든 접점(전화, 팩스, 이메일, 홈페이지, SNS 등)에서 의견을 제기하는 것부터 시작한다. • 제품 및 서비스에 관한 고객의 소리를 다양한 채널을 통해 효과적으로 수집할 수 있는 시스템적·업무적 체계를 구축한다.
처리	• 접수부터 대응하며 처리 결과와 고객 평가, 해피콜까지의 전 단계를 포함한다. • 고객 접점에서 1차 처리 완료를 목표로 서비스 품질 관리를 하며, 접수 후 해피콜까지 진행되는 시간과 만족도를 지표화하여 관리한다.
분석	• VOC의 발생, 접수 채널, 중요도 등 다양한 기준으로 분류하는 기본 통계 분석을 말한다. • 반복적인 실패를 방지하기 위하여 개선 방법을 도출한다. • 관련 프로세스와 대응 부서에 대한 내부 역량을 분석하고, 제안된 고객 의견에서 사업 기회를 분석하여 다양한 분석 목적에 맞추어 정보를 창출한다.
공유	• VOC를 접점 부서만의 문제가 아닌 전사적인 문제로 보고 전 직원이 공유할 수 있도록 지식 공유 시스템과 연계하여 설계한다. • 전사적 공유와 대응 방안을 모색하여 이를 바탕으로 기본 가치를 수립한다.
반영	• VOC를 통해 개선이 필요한 사항을 경영에 반영한다. • 개선 내용과 결과를 고객에게 전달 및 홍보한다.

3. VOC 관리 시스템의 주요 속성 빈출

① 서비스의 즉시성: VOC의 속성 중 가장 중요한 것으로, 진실의 순간에 고객의 요구 사항에 대한 빠른 서비스로 서비스 품질 만족도를 높이는 것을 말한다.

② **수집 채널의 다양성**: 다양한 채널을 통해 고객의 소리를 직극적으로 수집할 수 있어야 한다.
- 온·오프라인으로 구분
    - 온라인 접점: 온라인 고객 센터, 홈페이지, SNS
    - 오프라인 접점: 전화, 콜 센터, A/S 요원 방문, 고객 방문
- 내부/외부로 구분
    - 내부적 측면: 정기적 고객 조사를 통한 고객 반응 접수, 모니터링을 통한 서비스 반응 접수
    - 외부적 측면: 타 웹사이트, 신문 등의 각종 고객 조사

③ **정보 시스템의 통합성**
- 데이터의 통합은 다양한 종류의 데이터베이스에서 다양한 모양의 자료를 상호 호환하여 검색하고 조회함으로써 정보의 효율성을 높이는 것을 말한다.
- 다양한 채널을 통해 획득된 데이터가 통합되어 중앙 데이터베이스에 저장되고 고객과 VOC 프로세스에 다시 피드백될 수 있어야 한다.
- 조직 내 다른 부문에서 수집되는 VOC 정보를 일정한 기준으로 분류, 통합, 정리하여 고객 관리 부서나 경영층에서 종합적인 판단을 할 수 있도록 지원되어야 한다.

PLUS⁺ VOC 정보 시스템 통합 프로세스

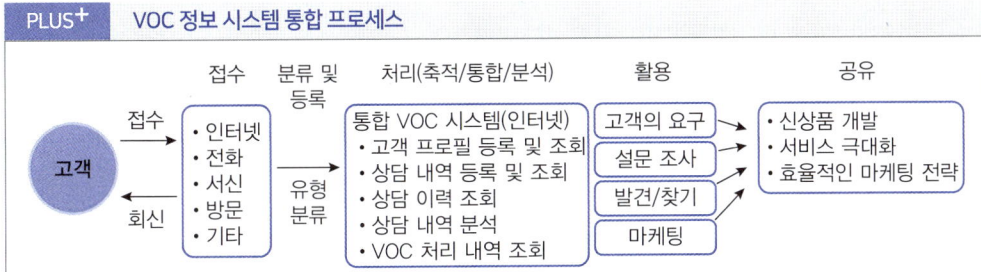

- **VOC 접수**: VOC가 기업에 접수된다.
- **VOC 분류 및 등록**: 접수된 VOC를 내부 분류 체계에 맞춰 코드에 대응하는 명칭을 통일하여 등록하고 고객 접점에서 유형 분류가 가능하도록 데이터가 변화되고 저장되는 환경을 조성한다.
- **처리 부서 할당 및 담당자 배분**: 접수된 VOC를 해결할 담당 부서와 부서 내 VOC 처리 담당자를 지정한다.
- **VOC 처리 및 처리 결과 등록**: 접수된 VOC에 대한 신속한 해결책을 강구하고, 담당자가 처리 결과를 데이터베이스에 등록한다.
- **처리 결과 통보**: 처리 결과를 접수 부서에 통보한다.
- **고객 안내 및 만족 여부 확인**: 처리 결과를 고객에게 안내하고 만족 여부를 확인한다.
- **통계/분석 및 개선 사항 공유**: 원인을 분석하고 통계 보고서를 작성한 후 원인 제거 및 프로세스 개선을 위해 관련 부서와 공유한다.

④ **고객 및 내부 프로세스 피드백**
- 분석된 VOC 정보를 바탕으로 더 나은 제품과 서비스로 고객에게 대응하고 경영 프로세스 개선으로 연결하여 직원들에게 공유하는 것을 말한다.
- 고객 피드백으로 축적된 VOC 정보의 피드백, 해피콜을 통한 서비스 만족도 측정이 있다.
- 내부 프로세스 개선 요인으로는 고객 서비스 증진을 위한 프로세스 개선, 제도 및 사규의 개선, 피드백 내용의 직원 공유 등이 있다.

2 VOC 빅데이터의 수집과 활용

1. VOC 빅데이터의 정의
① 빅데이터란 디지털 환경에서 생성되는 데이터로, 짧은 생성 주기에 그 규모가 매우 방대하고 수치 데이터뿐만 아니라 문자와 영상 데이터를 포함하는 형태를 갖는 대규모 데이터를 말한다.
② 빅데이터는 기존 데이터보다 양이 방대하여 기존의 방법이나 도구로 수집, 저장, 분석이 어려운 정형·비정형 데이터를 의미한다.

2. VOC 빅데이터의 등장 배경
1990년대부터 PC와 인터넷이, 2000년대부터 스마트폰 이용이 생활화되면서 사람들이 도처에 남긴 정리되지 않은 데이터가 기하급수적으로 늘어나기 시작하였다. 그 가운데 짧은 시간에 거대한 정보와 데이터가 생산되는 빅데이터 환경이 조성되었다.

3. VOC 빅데이터의 중요성
① 빅데이터 환경은 과거에 비해 데이터의 양이 폭증하고 종류도 다양해져 사람들의 행동은 물론, 위치 정보와 SNS를 통해 생각과 의견까지 분석하고 예측할 수 있다.
② 기업에서는 이러한 데이터를 활용하여 고객의 동선과 욕구를 파악하고 서비스를 제공하는 위치 기반 서비스(Location Based Service)를 시작하였다.
③ 지속적으로 재구매를 창출하기 위해서는 기존 고객들에 대한 빅데이터 관리가 매우 중요하다. 서비스 과정에서 발생하는 VOC 빅데이터에는 상담 제품군, 상담 날짜, 상담 유형 등으로 구성되는 정형 데이터뿐 아니라 고객 상담 내용 등 음성과 텍스트로 이루어진 비정형 데이터도 포함되어 있다.
④ VOC 데이터를 체계화하고 분석하여 마케팅에 활용할 수 있어야 하며 VOC로부터 도출할 수 있는 개선 요소를 CS 부서와 타 부서(상품 기획, 영업, 마케팅, 서비스 등)가 상호 공유하려는 노력이 필요하다.

4. VOC 빅데이터의 종류

정형 데이터	• 고정된 필드에 저장된 데이터 • 관계형 데이터베이스 및 스프레드시트 예 엑셀의 테이블 등
반정형 데이터	• 고정된 필드에 저장되어 있지 않지만 메타 데이터나 스키마 등을 포함하는 데이터 • XML 및 HTML 텍스트 예 웹페이지에 실린 칼럼 등
비정형 데이터	• 고정된 필드에 저장되어 있지 않은 데이터 • 사진, 이미지, 동영상, 음성 데이터 등 예 유튜브, SNS 등

5. VOC 빅데이터의 특징(5V)

양(Volume)	• 데이터의 물리적 크기를 말한다. • 기업 데이터, 센싱 데이터, SNS 데이터 등 최근 그 규모가 엄청나게 커지고 있다.

속도(Velocity)	• 데이터의 생산 및 유통, 수집 및 분석 속도가 증가한다. • 데이터 수집 및 가공, 분석 등 일련의 과정을 실시간 또는 일정 주기에 맞춰 처리할 수 있는 데이터의 처리 능력이 필요하다.
다양성(Variety)	관계형 데이터베이스 등과 같은 정형 데이터에서부터 비정형 데이터, 반정형 데이터를 모두 포함한다.
가치(Value)	• 빅데이터는 궁극적으로 비즈니스에 실현된 가치(생산성 향상, 혁신)에 중점을 둔다. • 고객 행동을 예측하여 대응 방안을 마련해 기업의 경쟁력을 강화한다.
정확성(Veracity)	의사 결정이나 기업 활동에 활용될 수 있도록 신뢰성 있고 정확해야 한다.

6. VOC 빅데이터의 분석 기술 및 표현 기술

① 분석 기술

데이터 마이닝 (Data Mining)	• 기업에서 경영 활동의 결과로 나타나는 방대한 고객 정보로부터 기업에 유용하고 최적화된 고객 정보 혹은 고객 지식을 찾아내는 과정이다. • 일반적으로는 확보된 많은 데이터 중에서 알려지지 않았지만 가치 있는 지식을 찾기 위한 기술이다.
텍스트 마이닝 (Text Mining)	• 자연어 처리 방식(Natural Language Processing)을 이용하여 텍스트 형태로 이루어진 비정형 데이터들의 정보를 추출하는 기법이다. • 텍스트 정보에서 문맥을 파악하고 텍스트 간의 연계를 분석하는 등 비정형화된 문서에서 정보를 얻을 수 있는 장점이 있다.
오피니언 마이닝 (Opinion Mining, 평판 분석)	• 텍스트 마이닝에서 발전된 분석 기법으로, 소셜 미디어 등에서 여론의 향방을 긍정/중립/부정으로 구분하여 선호도를 판별하는 기술이다. • 분석 대상인 키워드와 긍정/중립/부정을 뜻하는 단어의 출현 빈도수를 측정하여 해당 키워드에 대한 여론을 측정한다. • 주로 특정 상품의 선호나 정치인에 대한 호감도를 판별하는 데 활용된다.
소셜 네트워크 분석 (Social Network Analytics)	• SNS에 내포되어 있는 정보들과 시스템을 분석하는 기법으로, SNS상에서 입소문의 중심이나 허브(Hub) 역할을 하는 영향 요소를 찾는 데 주로 활용된다. • 소셜 네트워크상에서 실시간으로 수집되는 대화 정보를 통해 신제품 반응 관찰, 기업 및 브랜드와 상품에 대한 평가, 불만 모니터링, 상품 및 서비스에 대한 소비자들의 행적을 토대로 추출한 성향 파악과 숨은 니즈 등의 다양한 정보를 얻을 수 있다.
군집 분석 (Cluster Analytics)	• 변화가 많은 대상 집단을 일정한 군집으로 나누어 특성을 분석하고 각 데이터를 분석하여 비슷한 유형에 대한 성향을 파악하거나 타 집단과의 차이점을 관측하기 위해 활용된다. • 유사한 취미나 관심을 가진 그룹의 특성을 파악할 때 유용하다.
친화도 분석 (Affinity Diagram, 어피니티 다이어그램)	• 일본의 인류학자 카와키타 지로(Kawakita Jiro)가 개발하였으며, 방대한 데이터에서 개념이나 의미 있는 결론을 이끌어 구조화하는 데 효과적인 분석 방법이다. • 지식과 경험을 토대로 직관적인 접근을 통해 자료를 정리하며 정성적인 방법으로 다양한 아이디어나 정보를 몇 개의 연관성 높은 그룹으로 분류하고 이에 대한 해결책을 도출한다. • 수많은 데이터 사이에서 규칙을 발견할 수 있으며 여러 가지 데이터들의 연관 관계를 분석하여 Bottom-up 방식으로 합쳐 나간다.

② 표현 기술
- 빅데이터 분석 기술을 통해 분석된 데이터의 의미와 가치를 시각적으로 표현하는 기술이다.
- 디지털 시대의 사람들은 영상, SNS, 클라우드 서비스 등을 통해 무한정 데이터에 노출되어 있으며, 이러한 수많은 정보들을 시각적으로 묘사하고 정보를 효율적으로 제공하는 '데이터 시각화'의 필요성이 증가하고 있다.
- 표현 기술의 방법

정보 시각화	보통 대규모 데이터를 색채, 통계(도표, 그래프 등), 이미지 등을 활용하여 요약적으로 시각화하여 표현하는 기술이다.
과학적 시각화	실험 결과나 시뮬레이션 데이터 등 복잡한 데이터를 쉽게 탐색할 수 있도록 3차원 그래픽 기술 등을 활용하여 시각화하는 기술이다.
인포그래픽	인포메이션(Information)과 그래픽(Graphic)의 합성어로, 복잡한 수치나 글로 표현되어 있는 다량의 정보를 차트, 지도, 다이어그램, 로고, 일러스트레이션 등을 활용하여 한눈에 파악할 수 있도록 하는 시각화 기술이다.

7. VOC 빅데이터 활용 시 고려 사항
① 기업 외부의 데이터 활용 가능성과 기업 내·외부 데이터의 체계적 결합 및 VOC의 전사적 이용 가능성을 높일 필요가 있다.
② 개인 정보 및 프라이버시 보호에 대한 준비, 지적 재산권, 법적 책임 관련 사전 준비가 필요하다.
③ 빅데이터 인프라 구축을 위해서 클라우드 기반 통합 분석 시스템의 활용이 필요하다.
④ 대용량 데이터 분석 기술과 실시간 분석 및 대응, 시각화 소프트웨어에 대한 역량을 준비해야 한다.
⑤ 빅데이터 전문가를 활용하여 VOC 데이터 중심의 조직을 갖추고 전문 인력을 양성해야 한다.

8. 기존 VOC 시스템의 한계
① 기존 고객의 소리 및 사후적 고객의 소리에만 집중된다.
② 경쟁사를 이용하는 고객의 소리나 새로운 시장에서의 고객의 소리를 놓치거나 파악하지 못한다.
③ 새로운 서비스나 상품의 출시에 대한 기대를 파악하기 어렵다.
④ 빅 마우스(Big Mouth, 입이 가벼운 사람)에 대한 영향력을 파악하지 못한다.
⑤ 데이터의 80%가 비정형 데이터임에도 불구하고 제대로 파악할 수 없다.

CHAPTER 03 컴플레인의 개념 및 해결 방법

| 빈출 키워드 |

\# 컴플레인과 클레임의 차이 \# 컴플레인의 원인 \# MTP 기법
\# 불만 고객 처리

1 컴플레인과 클레임의 개념

1. 컴플레인

① 정의
- 사전적인 의미는 '불평하다', '투덜거리다', '호소하다'라는 뜻으로, 서비스 마케팅 차원에서 고객이 상품을 구매하는 과정이나 구매한 상품에 관한 품질·서비스·불량 등을 이유로 불만족한 감정을 토로하는 것을 말한다.
- 상대방의 잘못된 행위에 대한 불만 사항의 통보로 주의 정도에 해당하는 불만족을 의미한다.
- 행동 또는 자체 내부의 조치에 의해 즉시 해결될 수 있다.

② 의의 `빈출`

문제 해결의 기회	• 고객의 컴플레인은 상품의 결함이나 문제점을 조기에 파악하여 그 문제가 확산되기 전에 신속히 해결할 수 있는 기회를 제공한다. • 불만이 있어도 침묵하는 고객은 그대로 기업을 이탈하지만 컴플레인을 하는 고객은 회복할 수 있는 기회를 주는 것이다. 컴플레인을 하지 않는다고 해서 문제가 없는 것은 결코 아니다. • 컴플레인을 제기한 고객은 기업이나 판매자 측에 서비스 품질을 향상시킬 수 있는 유용한 정보를 제공한다.
부정적 구전 감소	• 불만 고객에게서 나오는 좋지 않은 평판은 빠른 시간 내에 퍼진다. • 고객의 컴플레인은 부정적인 구전 효과를 최소화한다. 불만족을 기업, 판매자나 직원에게 직접 불평하도록 유도하면 제3자에게 전하는 부정적 구전은 감소한다.
재구매 유도	고객의 컴플레인을 성의껏 처리해 주었을 때 고객은 자사의 재구매 고객이 될 가능성이 크다.
기업 이미지 향상	성의를 다하는 컴플레인 처리는 회사의 신뢰도를 높이고 기업 이미지를 긍정적으로 구축하는 데 도움이 된다.

2. 클레임

① 사전적인 의미는 '주장하다', '요구하다', '제기하다'라는 뜻으로 어떤 고객이든 제기할 수 있는 객관적인 문제점에 대한 고객의 지적을 말한다.
② 계약 위반 또는 상품 표시 내용과 일치하지 않는 것, 품질 불완전 및 손상 등의 내용으로 손해 배상 청구나 이의를 제기하는 것이다.
③ '당연한 것으로서의 권리, 유산 등을 요구 혹은 청구하다.'라는 뜻을 내포하고 있다. 클레임 처리가 잘못되었을 경우 고객에게 물질적·정신적 보상은 물론 법적 판결에 따라 보상하기도 한다.

3. 컴플레인과 클레임의 차이 [빈출]

컴플레인	클레임
• 객관적이거나 주관적 • 불평, 불만에 의한 항의 • 감정적 • 감정 속에 사실적인 요구를 포함 [예] 서비스 센터에서 나중에 온 고객이 먼저 온 고객보다 먼저 서비스를 받게 되어 컴플레인을 제기하였다.	• 객관적 • 주장, 요구, 청구 • 합리적, 사실적 • 법적 근거, 규정 등에 의거 [예] 서비스 센터에서 부품 부족으로 보증 기간 내 제품 수리 서비스를 제공할 수 없다고 하여 클레임을 제기하였다.

> **PLUS⁺ 굿맨의 법칙**
>
> 미국 TARP사는 정부 자문 기관으로 시작하여 고객 만족에 대해 많은 의미가 있는 연구 자료를 발표한 연구 기관이다. 그곳의 회장이었던 Goodman이 발표한 '굿맨의 법칙'은 기업들에게 고객 만족의 중요성에 대해 시사하는 바가 크다. 많은 기업들이 '굿맨의 법칙'을 토대로 고객 만족에 관한 경영 혁신을 대대적으로 전개했다는 점에서 이는 서비스 경영의 새로운 장을 열었던 개념이라 할 수 있다. 이 법칙은 고객 불만에 대한 사과와 고객 만족도와의 관계를 의미 있게 설명하고 있다.
> - **제1법칙**: 불만을 느끼는 고객 중 고충을 제기하고 그 해결에 만족한 고객의 당해 상품 및 서비스의 재구입 결정률은 불만이 있으면서 고충을 제기하지 않는 고객에 비해 매우 높다.
> - **제2법칙**: 고충 처리에 불만을 품은 고객의 비호의적인 소문은 만족한 고객의 호의적인 소문에 비해 두 배나 강한 영향력으로 판매를 방해한다.
> - **제3법칙**: 소비자 교육을 받은 고객은 기업에 대한 신뢰도가 높아져 호의적인 소문의 파급 효과가 기대될 뿐만 아니라 상품의 구입 의도가 높아져 시장 확대에 공헌한다.

2 컴플레인의 원인과 종류

1. 컴플레인의 원인 [빈출]

① 기업과 고객 측 문제

기업 측 문제	고객 측 문제
• 불충분한 고객 안내 또는 약속 불이행 • 고객과의 의사소통 오류(지나친 전문 용어 사용) • 업무 숙련도 부족 및 대기 시간 문제 • 고객 감정에 대한 배려심 부족 • 업무 지식 부족 또는 전문가라는 우월감(서비스에 대한 성공 확신) • 서비스 정신의 결여로 인한 성의 없는 접객 서비스 • 기업 입장에서만 정당화하려는 태도와 기업의 규정만 준수하려는 행동 • 서비스 제공의 융통성 부족 • 타 부서로 책임 회피 • 상품 관리의 부주의	• 지나친 기대 • 업무 및 프로세스에 대한 지식 부족 • 고객의 착오 및 과실 • 고객의 개인적인 감정 • 고의성과 악의 • 성급한 결론, 독단적인 해석 • 업무 처리 지연에 대한 초조함과 긴장감 • 고객이 왕이라는 우월감과 보상 심리 • 기업이 여기뿐이냐는 비교 심리 • 문제에 대한 항의 및 자존심 손상 • 열등의식

② 컴플레인을 야기하는 직원의 태도
- 고객과 같이 흥분하기
- 고객 의심하기
- 정당화하기
- 개인화하기
- 응대의 로봇화
- 고객 응대 미루기
- 고객 무시하기

2. 상황별 컴플레인의 종류 빈출

물리적 상황	외형, 인테리어, 호텔·음식점·매장의 입지 조건, 설비, 재질
시간적 상황	매장 운영 시간, 고객 상담 시간, 지연 시간
감각적 상황	오감으로 느낄 수 있는 색조, 그림, 소음, 청결, 음악의 종류
인적 상황	종업원 복장, 접객 태도, 상담 태도, 대화 상황
절차적 상황	회원 가입 절차, 물건 구입 절차
정보적 상황	카탈로그, 상품 설명서, 통보서, 인터넷 게시판 등의 정보 제공
금전적 상황	지불 수단, 결제 조건, 멤버십 유무, 금전적 혜택, 우대 사항
제공적 상황	제품이나 서비스를 제공하는 주체의 핵심적인 역할에 대한 불만

3 컴플레인의 해결과 예방법

1. 컴플레인 해결의 기본 원칙 빈출

피뢰침의 원칙	• 고객이 나에게 개인적인 감정이 있어서 화를 내는 것이 아니라고 여기는 것이다. • 고객의 불만이나 화를 참고 견디는 것이 아니라 나에 대한 화가 아님을 의식하여 심리적 고통을 줄이고 고객과의 갈등도 줄이기 위한 것이다. • 일 처리에 대한 불만으로 회사의 복잡한 규정과 제도에 대한 항의라는 관점을 가져야 한다.
책임 공감의 원칙	• 우리는 조직 구성원의 일원으로서 내가 한 행동의 결과든 다른 사람의 일 처리 결과든 고객의 불만족에 대한 책임을 같이 져야 한다. • 고객에게는 담당자가 누구인지보다 자신의 문제를 해결해 줄 것인지가 더 중요하다.
감정 통제의 원칙	• 사람을 만나 의사소통하고 행동하는 것이 직업이라면 사람과의 만남에서 오는 부담감을 극복하고 자신의 감정까지도 통제할 수 있어야 한다. • 자신의 감정을 끝까지 잘 지키면서 타인에게 끌려가지 않도록 주의해야 한다.
언어 절제의 원칙	• 고객보다 말을 많이 하는 경우 고객의 입장보다는 자신의 입장을 먼저 생각할 수 있다. • 고객 상담에서는 말을 많이 하기보다는 많이 들어주는 것이 고객의 문제를 빨리 해결할 수 있는 방법이다. • 우리는 지식과 경험을 바탕으로 상황을 지레짐작해서 말하곤 한다. 이로 인해 고객이 자신의 마음을 털어놓을 기회를 놓치게 되면서 불만이 가중된다.

역지사지의 원칙	• 고객을 이해하기 위해서는 반드시 고객의 입장에서 문제를 바라볼 수 있어야 한다. 우리가 우리에게 관심을 가져 주는 사람에게 관심을 갖듯이 고객 또한 자신에게 관심을 주는 사람에게 관심을 갖는다. • 고객은 우리의 규정을 보지 못했고 그 규정의 합리적인 이유 혹은 업무가 처리되는 절차에 대해서는 더더욱 관심이 없다.

> **PLUS⁺ 배설의 원리**
>
> 세계적으로 유명한 정신과 의사들이 하는 공통적인 말은 "나는 환자들이 하는 말을 진심으로 이해하려고 애쓰며 들어 준 것밖에는 없다."이다. 이것은 배설의 원리 중 하나로 자신의 묵은 감정의 응어리들을 터뜨려 배설하는 것이야말로 자신의 건강한 감정을 되살리는 길인 것이다.

2. 컴플레인 관리의 성공 포인트

① 고객 서비스에 대한 오만을 버려라. [빈출]

내용	고객 불만 관리의 최대 적은 고객 서비스에 대한 '오만'이다. 실제로 기업들은 자신의 서비스 수준을 과신하는 경향이 있다. 기업들은 '자신들이 생각하는 자사 제품 및 서비스의 수준과 실제로 고객이 인지하는 수준 간에 큰 차이가 존재한다.'는 사실에 주목할 필요가 있다.
사례	미국 최대의 할인점이었던 'K마트'는 고객 서비스에 대한 오만으로 인해 몰락하였다. K마트는 기본적으로 질 좋은 제품을 가장 저렴한 가격에 제공하겠다는 고객과의 약속을 지키지 않았다. '우리는 당신이 원하는 것을 가장 저렴한 가격에 제공하고 있다.'는 광고 메시지를 전달하면서 특별 할인 제도를 폐지했다. 게다가 직원들의 서비스 질도 엉망이었다.

② 고객 불만 관리 시스템을 도입하라.

내용	고객 불만 관리의 핵심은 불만 요인을 사전에 인지해서 제거하는 것이다. 그러기 위해서는 시스템적으로 고객 불만을 식별하여 원인을 분석하고 대응 방안을 수립할 수 있도록 해야 한다. 또한 개선 사항을 정기적으로 모니터링할 수 있는 고객 불만 관리 체계의 구축이 필수적이다.
사례	파나소닉 브랜드로 알려져 있는 마츠시타는 'VOC21'이라고 불리는 고객 불만 관리 시스템을 통해 고객 상담 센터나 수리 상담 센터로 접수되는 고객의 불만을 실시간으로 통합 관리한다. 'VOC21' 시스템으로 접수된 고객의 목소리는 고객 설문 결과와 함께 경영진에게 전달되며, 상품 개발에 활용되고 있다. 무엇보다 인지된 고객의 불만을 조기에 개선함으로써 또 다른 고객의 불만을 예방하는 효과를 거두고 있다.

③ 고객 만족도에 직원 보상을 연계하라.

내용	기업이 고객 불만을 관리하기 위해서는 현장에서 직접 서비스를 제공하는 직원들을 어떻게 교육하고, 동기 부여를 할 것인가가 매우 중요하다. 고객 서비스 수준을 높이기 위해서는 고객 만족도와 직원들의 보상을 연계시킬 필요가 있다.
사례	IT 솔루션을 제공하는 '시벨 시스템'은 경영진 인센티브의 50%, 판매 인력 보상의 25%를 고객 만족 지수와 연동시키고 있다. 성과급을 곧바로 지급하는 대부분의 기업들과는 달리 시벨 시스템은 판매 계약을 체결하고 1년 후 고객 만족 결과가 확인된 다음에 인센티브를 지급한다. 이처럼 선진 기업들은 직원들에게 적절한 인센티브를 제공함으로써 직원들이 능동적으로 고객 불만을 해소하고 적극적으로 고객 만족도 제고 활동에 나서도록 유도하고 있다.

④ MOT(진실의 순간)를 관리하라.

내용	흔히 진실의 순간이라고 번역되는 'MOT(Moment Of Truth)'란 현장에서 고객과 접하는 최초의 15초를 의미한다. 얀 칼슨은 현장에 있는 직원과 고객이 처음 만나는 '15초' 동안의 고객 응대 태도에 따라 기업 이미지가 결정된다고 주장하였다. 결국 '15초'는 기업의 운명을 결정짓는 가장 소중한 순간이며, 고객의 불만을 초래해서는 안 되는 순간인 것이다.
사례	미국의 '노드스트롬 백화점' 직원들에게 제시된 첫 번째 규칙은 '모든 상황에서 스스로 최선의 판단을 하라.'는 것이다. 복잡하고 관료적인 규칙 대신 고객의 이익만을 생각하라는 단 하나의 원칙만을 정하고 나머지 사항에 대해서는 직원들 스스로 결정하게 한 것이다. 노드스트롬의 철학을 대표하는 사례로 세일 기간이 끝나 바지를 구매하러 온 고객에게 현장 직원이 같은 바지를 다른 백화점에서 정가로 구매하여 세일 가격으로 제공한 사례가 있다.

⑤ 고객의 기대 수준을 뛰어넘어라.

내용	고객의 기대를 뛰어넘는 서비스로 고객을 감동시킴으로써 고객의 불만을 줄이는 적극적인 방법도 있다. 통상 고객의 기대 수준을 뛰어넘는 일은 매우 어려워 보인다. 대부분의 기업들은 고객의 기대 수준을 맞추는 것도 쉽지 않다고 말하지만, 실제로는 아주 사소한 아이디어 하나, 또는 경쟁사가 제공하지 않는 서비스를 제공함으로써 고객에게 감동을 주는 사례도 적지 않다.
사례	미국 대형 마트 시장에서 2위를 달리고 있는 '타깃'은 마트를 찾는 고객들에게 저렴한 가격 외에 신속한 쇼핑이라는 새로운 가치를 제공하였다. 고객의 빠른 쇼핑을 위해 계산대에 줄이 길게 늘어서지 않도록 추가 계산원을 즉시 투입하도록 한 것이다. 계산을 위해 기다리는 줄이 줄어들면서 고객들은 쇼핑 시간을 단축할 수 있었을 뿐만 아니라 보다 넓은 공간에서 쇼핑할 수 있게 되었다. 결과적으로, 타깃은 고객을 생각하는 대형 마트로서 확고한 브랜드 이미지를 구축하여 경쟁사와의 차별화에 성공할 수 있었다.

3. 불만 고객 응대 요령

① **MTP 기법**: 컴플레인 처리 시 사람(Man), 시간(Time), 장소(Place)를 바꾸어 처리하는 방식이다. `빈출`

Man(사람)	• 본인 스스로의 마인드를 바꾼다.
	  - 나의 표정이 진지했는지 점검해 본다.
	  - 고객을 존중하는 자세로 임했는지 점검해 본다.
	  - 불만 고객에게 시선을 집중하여 응대했는지 점검해 본다.
	• 새로운 사람으로 바꾼다.
	  - 담당 직원 → 책임자 - 하급자 → 상급자
	  - 판매 사원 → 매니저 - 직원의 성별(남 → 여/여 → 남)

Time(시간)	• 즉각적인 해결 방안을 제시하기보다는 고객에게 이성적으로 생각할 수 있는 시간을 준다. • 고객이 화가 난 경우 마실 것을 권유하는 등 그 상황을 잠시 끊어 준다.
Place(장소)	• 편안한 자리에 앉을 것을 권유한다. 분노한 사람도 앉으면 감정이 잦아드는 경우가 많다. • 조용하고 차분한 분위기를 유지시킨다. • 상담 장소를 매장에서 사무실이나 소비자 상담실로 권하는 것도 한 방법이다.

② **맞장구치기** `빈출`

- 맞장구의 타이밍을 맞춰야 하며 상대가 열을 올리고 있을 때는 맞장구를 잠시 멈춘다.
- "그럼요.", "옳은 말씀입니다." 등으로 짧게 한다.
- 상대방으로부터 긍정의 대답을 얻고 싶을 때는 긍정의 말에만 맞장구를 친다.

4. 불만 처리의 4원칙 `빈출`

[1원칙] 공정성 유지	공정함을 유지하고 고객에게도 공정하게 보여야 한다. 도움이 필요하다면 독립적인 조사 기관으로부터 도움을 받는 것도 좋다.
[2원칙] 효과적인 대응	보상에 쓰이는 돈의 총액 중에서 불만 처리에 드는 비용은 적지만 고객에게 보여 주는 데는 굉장한 효과가 있다. 즉, 보상 방침은 관대하게 하는 것이 좋다.
[3원칙] 고객 프라이버시 보장	불평 행동에 대한 비밀을 지켜 주기를 바라는 고객들이 있음을 알고 이를 존중한다.
[4원칙] 체계적인 관리	고객이 제기한 불평 내용에 대해 조치를 취하고 결과를 고객에게 알린다. 또한 고객의 불평에서 알게 된 내용을 조직 내의 다른 사람들과 공유한다.

5. 불만 고객 처리 단계 `빈출`

[1단계] 경청	• 고객의 불만을 신속하게 접수하고, 공손한 자세로 고객의 불평을 끝까지 경청한다. • 중요한 사항은 메모하며 듣는다. • 고객의 자극적이고 강한 불만에 말려들지 않도록 하고 자신의 의견을 개입시키기보다는 전체적인 사항을 듣는다. 이때 선입견을 버리고 고객 입장에서 문제를 파악하는 것이 중요하다.
[2단계] 공감	• 고객의 항의에 공감하고 마음을 충분히 이해할 수 있음을 적극적으로 표현한다. • 긍정적인 비언어적 신호(고개 끄덕이기 등)를 활용한다. • 고객이 일부러 시간을 내서 문제점을 지적해 준 덕분에 서비스를 개선할 수 있음에 대해 감사를 표시한다.
[3단계] 사과	• 변명은 문제를 더 확대시키므로 문제점에 대해 솔직하게 인정하고 정중하게 사과하며 이해와 용서를 바라는 것이 좋다. • 고객의 잘못으로 발생한 일이라고 할지라도 고객에게 책임을 묻지 않으며 고객의 문제를 잘 해결할 수 있도록 돕는다는 생각에 집중한다.
[4단계] 해결 방안 모색	• 질의응답을 통해 많은 정보를 확보하고 원인을 규명한다. • 고객의 입장에서 대책을 강구한다. • 본인이 해결하기 어려운 문제일 경우 관련 담당자를 통해 해결 방안을 함께 모색한다.
[5단계] 해결 약속	• 고객에게 해결 방안을 제시하고 이를 위해 어떤 조치를 취할 것인지 설명한다. • 고객이 원하는 처리 방법이 있으나 불가능한 경우 적절한 대안을 강구한다. • 해결에 대한 확실한 약속은 고객에게 안정감과 신뢰감을 준다.
[6단계] 신속한 처리	• 우선순위에 따라 신속하고 완벽하게 처리한다. • 문제 해결을 위해 최대한 노력하고 있음을 보여 준다.
[7단계] 재사과	• 불만 사항을 처리한 후 고객에게 결과를 알리고 만족 여부를 확인한다. • 고객에게 다시 한번 정중하게 사과하며 감사 표현을 한다.
[8단계] 개선 방안 수립	• 다른 직원에게 고객 불만 사례를 공유한다. • 재발하지 않도록 방안을 강구하고 고객 응대 매뉴얼을 정립한다.

6. 불만 고객 유형별 특징과 응대 방법 〔빈출〕

① 신중하고 꼼꼼한 유형

특징	• 꼼꼼히 따지며 논리적이다. • 실용성에 대해 질문하고 망설임이 많다.
응대 방법	• 너무 많은 설명이나 지나친 설득은 의심을 갖게 할 수 있으므로 삼간다. • 자신감 있는 태도로 간결하게 응대하며, 질문에 성의껏 대답한다. • 사례나 타 고객의 예를 들며 추가 설명하거나 판매 제품과 비교 설명한다. • 분명한 근거나 증거를 제시하여 스스로 확신을 갖도록 유도한다. • 혼자 생각할 수 있는 시간적 여유를 준다.

② 성격이 급하고 신경질적인 유형

특징	• 계속 재촉하거나 다른 고객을 응대하는 사이에 끼어든다. • 한 번에 많은 이야기를 하거나 작은 일에 민감하게 반응한다.
응대 방법	• 동작과 함께 "네.", "알겠습니다." 등의 말을 사용하고, 불필요한 말은 줄인다. • 인내심을 가지고 신속하게 응대한다. • 규정만 내세우지 않고, 늦어질 때에는 사유에 대해서 미리 말하고 양해를 구한다. • 언짢은 내색을 보이지 않도록 하며 태도에 주의한다.

③ 빈정거리며 모든 것에 반대하는 유형

특징	• 열등감이 있거나 허영심과 자부심이 강하다. • 문제 자체보다는 특정 사람, 문구, 단어 등 사소한 것에 집착한다.
응대 방법	• 자존심을 존중해 주며, 고객의 빈정거림을 적당히 인정한다. • 요령껏 받아 주면서 타협의 자세를 보인다. • 대화의 초점을 주제 방향으로 유도하여 해결에 접근한다.

④ 쉽게 흥분하는 유형

특징	• 자신만 옳다고 생각하며 남의 이야기를 듣지 않으려 한다. • 겉보기와 달리 불안감이 높은 경우도 있다.
응대 방법	• 고객의 화는 나를 향한 것이 아닌 회사에 항의하는 것이라 생각한다. • 진정할 것을 요청하기보다는 스스로 감정을 조절할 때까지 기다린다. • 조심스럽게 고객의 주의를 끌어 직원 영역 내의 방향으로 돌리도록 한 뒤에 조용히 사실에 대해 언급한다. • 부드러운 분위기를 유지하며 정성스럽게 응대한다. • 음성에 웃음이 섞이지 않도록 한다.

⑤ 자기 과시 유형

특징	• 모든 것을 다 알고 있다는 듯 전문가적인 태도를 취하며 자신의 고집을 잘 꺾지 않는다. • 상대에게 권위적인 느낌을 주어 상대의 판단에 영향을 미치려고 한다. • 직원보다는 책임자와 마주하려 한다. • 언어나 행동은 겸손한 듯하지만 내면에 강한 우월감을 갖고 있으면서 거만한 인상을 준다.

응대 방법	• 상대에 대한 칭찬과 감탄의 말로 응대하며 친밀감을 조성한다. • 대화 중에 자존심을 건드리지 않도록 반론을 제기하는 등의 행동은 피한다. • 자신의 전문성을 강조하기보다는 문제 해결에 초점을 맞춘다.

⑥ 과묵한 유형

특징	• 불만이 있어도 내색하지 않아 속마음을 헤아리기 어렵다. • 한 번 마음에 들면 관계가 오래가지만 반대로 마음이 돌아서면 말없이 관계를 끊기 쉽다.
응대 방법	• 말이 없다고 흡족한 것이 아니기 때문에 말과 태도 하나하나에 주의한다. • 정중하게 응대하며, 일을 차근하게 처리해 준다.

⑦ 소리를 지르는 유형

특징	• 목소리를 크게 내면 더 빨리 해결될 것이라고 생각한다. • 말에 욕을 섞어 하는 경우도 있다.
응대 방법	• 자신의 목소리가 크다는 것을 인지시키기 위해 소리를 낮추고 조곤조곤하게 이야기한다. • 조용한 장소로 옮겨 대화가 중단되면 상대의 기분을 전환시키고 낮은 목소리로 다시 이야기를 시작한다.

⑧ 깐깐한 유형

특징	• 직원을 깍듯이 대하지만 직원의 잘못은 꼭 짚고 넘어간다. • 말이 많지 않고 예의 바르게 행동한다.
응대 방법	• 고객이 잘못을 지적했을 때 반론을 말하지 않고, 감사히 받아들이는 자세를 보인다. • 불만이 발생하기 전에 사전 예방하는 것이 중요하다.

4 불만 고객 응대 후 자기 관리법 빈출

자기만족하기	어려운 불만 고객 응대를 잘 해결하여 고객 만족으로 이끌었다는 것에 대하여 스스로 칭찬한다.
자신에게 보상하기	본인 스스로 만족할 수 있을 만한 외재적 보상은 업무 성취도를 높여 준다.
부정적인 기억 (스트레스 등) 지우기	불만 고객을 상대하면서 좋지 못한 기억이 있다면 깨끗하게 잊는 것이 좋다. 자칫 부정적인 기억이 다른 고객과의 커뮤니케이션을 제한할 수 있다.
자신을 객관적으로 들여다보기	불만 고객 응대 시, 자신이 감정적이지는 않았는지 또는 무조건적으로 응대 매뉴얼에 따라서만 움직이지 않았는지에 대하여 스스로를 점검하고 피드백한다.

> **PLUS+ 외재적 보상과 내재적 보상**
>
> • 외재적 보상: 눈에 보이는 직접적인 보상으로 동기 부여와 단기적 업무 성과의 향상에 효과적이다.
>   예 휴가, 휴식
> • 내재적 보상: 성취감, 만족감, 보상 등을 주며 바로 효과가 나타나지는 않지만 장기 몰입이 가능하다.

CHAPTER 04 서비스 실패와 회복 프로세스

| 빈출 키워드 |
서비스 제공 결과/과정의 실패   # 서비스 실패의 원인   # 고객 불평 행동
서비스 회복

1 서비스 실패

1. 서비스 실패의 정의
① 일반적으로 서비스 접점에서 고객의 불만족을 야기하는 일련의 고객 경험이다.
② 서비스 제공자에 의한 실수 또는 잘못으로 발생하는 고객과의 약속 위반이자 고객 응대 실패이다.
③ 다수의 고객에게는 일반적인 서비스가 한 명의 고객에게는 심각한 서비스 실패일 수 있으며 이 경우 서비스 제공자가 문제를 인지하지 못할 수도 있다. 이때 서비스 제공자가 인지하지 못하는 부정적인 경험도 서비스 실패에 포함된다.

2. 서비스 실패의 요소 빈출
① 서비스 제공 결과의 실패
- 결과적 차원은 '고객이 실질적으로 받는 것'이다.
- 기업이나 서비스 제공자가 기본적인 서비스를 충족시키지 못하거나 핵심 서비스를 수행하는 데 결함이 생긴 것이다.
② 서비스 제공 과정의 실패
- 과정적 차원은 '고객이 어떻게 서비스를 받느냐는 것'이다.
- 서비스 전달에 있어서 결함이 있는 것을 말한다.

3. 서비스 실패의 유형
동일한 교육과 훈련을 받은 서비스 제공자더라도 성향 차이로 인해 고객의 평가는 다를 수 있다. 즉, 동일한 서비스 실패여도 고객에 따라 심각한 문제로 확장되거나 사소한 문제로 여겨질 수도 있음을 의미한다.

핵심 서비스 실패	업무상 실수, 계산서 오류 등
서비스 접점 실패	서비스 제공자의 무례함, 전문성 부족, 고객에 대한 무관심 등
서비스 실패 반응	문제 제기 시 무반응 또는 부정적인 반응
이용 불편	서비스를 제공받는 위치, 시간, 대기 시간, 예약 시간의 불편함 등
경쟁사 반응	경쟁사의 서비스가 더 우수한 상황 등
윤리적 문제	속임수, 안전상의 문제, 강압적 판매, 이해관계 대립 등
가격	높은 가격, 가격 인상, 불공정한 가격 산정 등
비자발적 전환	서비스 제공자의 업무 중단 또는 이전, 고객 이동 등

4. 서비스 실패의 원인 빈출

기업 측 원인	고객 측 원인

• 제품 문제
  – 품질 불량
  – 수리 및 수선 미흡
  – 소홀한 제품 관리
• 서비스 문제
  – 불만 고객에 대한 인식과 고객 감정에 대한 배려 부족, 무성의한 태도
  – 부족한 지식으로 인한 미숙한 설명
  – 무리한 판매 권유
  – 교환이나 환불 지연 및 약속 불이행
  – 불친절 및 서비스 정신의 결여
  – 서비스 프로세스 및 지원 시스템의 결여
  – 원활하지 못한 내부 커뮤니케이션
	• 고객의 지나친 기대
	• 고객의 기억 착오나 독단적인 해석으로 인한 오해
	• 고객의 성급한 결론
	• 할인, 거래 중단, 교환 등의 이유로 고의로 제기하는 불만
	• 브랜드에 대한 잘못된 인식
	• 고객의 고압적 자세와 감정적 반발

5. 서비스 실패의 영향

① 서비스 실패를 경험한 고객은 본인뿐 아니라 주변의 잠재 고객들에게도 부정적인 영향을 미친다.
② 일반적으로 서비스 실패를 경험한 고객은 불만을 잘 표현하지 않는다.
③ 고객의 부정적인 경험은 긍정적인 경험보다 더 오래 기억된다.
④ 기업의 제품과 서비스에 대한 기대에 부정적인 영향을 주며, 고객 충성도의 구축 실패로 서비스 품질의 저하, 수익률 저하, 직원의 이탈을 유발한다.

PLUS+ Ten - Ten - Ten 법칙
- **1원칙**: 고객을 유지하는 데는 $10 소요
- **2원칙**: 고객을 잃어버리는 데는 10분 소요
- **3원칙**: 그 고객을 다시 찾는 데는 10년 소요

6. 서비스 실패에 대한 고객 반응

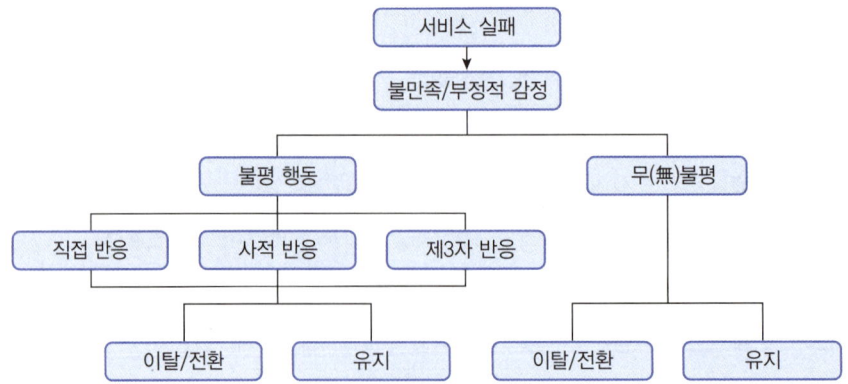

① 불평 행동과 무(無)불평 행동
- 불평 행동

직접 반응	불만족한 거래 대상에 대한 소비자의 반응으로 기업, 제조업체 등에 불평 행동을 취한다.
사적 반응	가족이나 친구들에게 불만을 표현하는 것으로, 불만족한 경험과 직접적인 관련은 없지만 부정적 구전, 이용 중단 권고, 충고 등의 표현 양식이다.
제3자 반응	직접적인 행동과 유사한 외적 행동 표현의 일부이다. 불만족한 거래와 직접적으로 연관된 기업이 아닌 언론(신문, 잡지), 단체(소비자 보호 단체, 사법 기관) 등에 표현한다.

- 무(無)불평 행동 빈출
  - 불평을 하지 않고 조용히 이탈하는 고객으로 가장 부정적인 결과를 가져올 수 있는 고객이다.
  - 기업의 입장에서는 겉으로 드러나지 않는 고객의 불평 행동에 대한 심각성에 주목할 필요가 있다.

PLUS+ 고객 불평 행동의 이유 빈출

- **보상 획득**: 경제적 손실 회복 및 해당 서비스를 다시 제공받을 목적이다.
- **분노 표출**: 자존심을 회복하고 싶거나 자신의 분노와 좌절을 표출하고자 한다.
- **서비스 개선에 대한 도움**: 서비스에 깊이 관여된 경우 서비스 개선 후 재이용할 목적으로 적극적인 피드백을 제공한다.
- **이타주의**: 같은 문제로 다른 사람들이 피해를 입지 않았으면 좋겠다는 생각으로 불평을 한다. 이러한 생각은 문제가 개선된 후 고객에게 큰 보람을 느끼게 한다.

② 내적 귀인과 외적 귀인 빈출
- 귀인 이론은 어떤 사건의 원인과 의미를 이해하려는 개별적 시도를 말하는 것으로 어떤 일이 발생하게 된 이유, 어떤 사람이 무엇인가를 행하거나 말하게 된 이유 등에 관한 심리적인 추론을 말한다.
- 서비스 만족 시 고객들은 그 원인을 자신의 덕분이라 생각하는 경향이 있고, 서비스 불만족 시 그 원인을 외부적인 상황으로 돌리는 경향이 있다.
- 고객이 서비스 실패의 원인을 외적 귀인으로 지각하는 경우, 내적 귀인으로 지각할 때보다 서비스 실패로 인한 부정적인 인식이 더욱 높아져 서비스 만족도는 낮아진다.

내적 귀인 (Internal Attribution)	• 행동의 원인을 그 사람의 내적 요소(기질, 성격 특성, 태도 등)에 귀인하는 것으로 본다. • 서비스 구매 후 발생한 사건의 원인을 본인 스스로에게 돌린다. • 자신의 결정, 취향, 실수 등으로 불만족이 발생하였다고 판단한다. 예 고객 자신의 부주의로 제품이 고장 난 경우, 고객 자신의 무리한 재촉으로 서비스 실패가 발생했다고 생각하는 경우 등
외적 귀인 (External Attribution)	• 행동의 원인을 그 사람의 상황적 요소(외부 압력, 사회적 규범, 우연한 기회 등)에 귀인하는 것으로 본다. • 서비스 구매 후 발생한 사건의 원인을 자신이 통제할 수 없는 외부적 요소나 타인에게 돌린다. • 원인을 서비스 기업이나 직원에게 돌려 자기 보호적인 해석을 한다. 예 직원의 불친절로 서비스 실패가 발생했다고 여기는 경우, 기업의 상품 결함으로 인하여 리콜이 발생한 경우 등

> **PLUS+** 서비스 실패 관련 효과
>
> - 후광 효과(Halo Effect): 서비스 실패로 인한 하나의 부정적인 이미지가 전체 기업 이미지에 영향을 미친다.
> - 도미노 효과(Domino Effect): 특정 분야의 서비스 실패가 다른 서비스 속성이나 분야의 실패를 연속적으로 유도할 수 있다.

2 서비스 회복

1. 서비스 회복의 정의

① 서비스 회복(Service Recovery)이란 고객의 불만족을 해소하기 위해 공급자가 취하는 행동으로 잘못된 서비스를 수정하거나 이를 회복하는 것이다.
② 기업이 서비스 실패로 인해 잃어버린 고객의 신뢰를 최소한 서비스 실패가 일어나기 이전의 상태 또는 그 이상으로 복원하고자 하는 노력이다.
③ 제공된 서비스에 문제가 발생한 경우 제공자가 그 문제를 적극적으로 해결해 주는 것을 의미한다.

2. 서비스 회복과 불만 관리의 차이

서비스 회복	불만 관리
• 서비스 실패에 대한 반응을 겉으로 표현하는 고객과 표현하지 않는 고객 모두의 서비스 불만에 근거한다. • 서비스 실패가 발생했을 때 회사가 즉시 반응한다.	• 서비스 실패로 인해 겉으로 드러나는 고객 불평에 근거한다. • 서비스 실패가 발생하고 서비스 제공자와 기업이 인지한 후에 반응한다.

3. 서비스 회복의 중요성 빈출

① 효과적인 서비스 회복을 통해 다시 만족한 고객은 실패를 경험하지 않은 고객보다 해당 서비스를 더 높게 평가한다.
② 고객은 자신이 거래하는 기업의 서비스 품질을 높게 인식할수록 서비스 회복에 대한 기대가 높아지며 잘 해결되었을 때 충성 고객이 될 가능성이 높다.
③ 첫 번째 서비스 실패 발생 후의 회복에서는 고객 충성도를 다시 높일 수 있지만 두 번째에는 회복의 역설 현상이 일어나지 않는다.
④ 서비스 실패에 대한 회복은 기업의 노력에 따라 기업과 고객 간의 관계를 돈독하게 하기도 하지만, 기존의 서비스 문제를 더 악화시키기도 한다. 서비스 회복 과정에서 지나치게 빨리 해결하는 데만 초점이 맞춰질 경우 잠재적으로 이중 일탈 효과를 불러올 수도 있다.
⑤ 서비스 실패에 대한 효과적 대응은 개선 활동을 장려하는 기업 정책에 대한 고객과 직원의 믿음을 강화한다. 고객은 서비스 실패를 다루는 방법을 근거로 그 기업을 평가한다.
⑥ 신규 고객을 확보하는 것은 기존 고객을 유지하는 것보다 5배 이상의 노력이 필요하다. 회복 과정에서 고객 유지율을 20% 향상시키는 것은 10%의 비용을 절감시키는 효과가 있다.

4. 서비스 회복의 영역과 유형

① 영역
- **회복 수단**: 고객에게 직접 전달되는 결과물
  - 예 재수행, 환불/보상, 사과/해명, 할인, 관여, 교환 시점
- **회복 과정**: 회복 수단이 고객에게 전달되는 과정과 절차
  - 예 회복 주체, 회복 속도, 회복 태도

② 유형
- **심리적 회복**: 사과와 공감으로 이루어진 감정적 회복
- **물질적 회복**: 금전적 손실과 불편함에 대한 물질적 보상

> **PLUS⁺ 적절한 보상 수준**
>
> - **기업 이미지**: 고객이 서비스 품질에 높은 프리미엄이 있다고 인식하는 경우 서비스 회복과 보상은 일반적인 기업의 수준에 비해 높아야 한다.
> - **서비스 실패의 심각성 정도**: 보상은 실패의 심각성 정도에 맞추어 제공되어야 하는데 지나치게 많은 보상은 비용 지출이 크고 고객이 기업의 보상 동기에 대해 의심하게 한다.
> - **고객의 상태**: 장기 고객 혹은 서비스 구매를 위해 많은 지출을 하는 고객, 영향력이 큰 고객에게 서비스 실패가 일어났을 경우 더 높은 집중과 보상을 하는 것이 바람직하다.

5. 서비스 회복 과정에서 고객이 기대하는 공정성 유형

① 공정성 이론(Equity Theory)에서는 결과에 대한 투자와 보상을 비교 평가하고 다른 사람들의 유사한 경험 및 상황과 비교하려는 동기와 인지 과정에 초점을 두어 자신의 보상이 비교 대상에 비하여 낮다고 판단되면 공정하지 않다고 느낀다.
② 교환 과정에서 고객이 투입한 내용이 그들이 얻은 결과를 초과했다고 지각할 때 불공정을 느끼게 된다.
③ 즉, 고객이 서비스에 더 많은 시간, 비용, 노력을 투입할수록 실패에 대한 회복 기대도 커지게 된다.

결과(분배) 공정성	• 고객이 얻게 되는 결과 또는 산출물이다. • 고객이 불만 수준에 맞는 보상을 기대하는 것으로 금전적 보상, 차후 무료 서비스 제공, 가격 할인, 수리 및 교환의 형태가 있다.
절차 공정성	• 문제를 해결하는 과정에서 적용될 수 있는 기준이다. • 서비스 실패를 처리하기 위해 사용되는 절차에 대하여 지각하는 것으로 회사의 정책, 규칙, 적시성 등이 있다.
상호 작용 공정성	• 회복 과정에서 서비스 제공자의 응대 태도를 기대하는 것이다. • 정중함, 관심, 진실성, 무례함, 친절, 배려, 공손한 응대 등을 뜻한다.

6. 서비스 회복을 위한 방법

① **경제적 보상**: 현금, 마일리지, 할인 쿠폰, 무료 이용권
② **심리적 보상**: 사과, 설명, 감정 이입
③ **반응 속도**: 회복 시간

3 서비스 보증

1. 서비스 보증의 정의
① 서비스 보증이란 서비스가 일정 수준에 이르지 못하는 경우 손쉬운 교환, 환불, 재이용 등의 보상을 사전에 약속하는 것이다.
② 잘 설계된 서비스 보증은 효과적인 서비스 회복과 지속적인 서비스 품질 향상을 가능하게 한다.
③ 기업은 고객 유지, 시장 점유 및 서비스 품질의 향상을 목적으로 서비스 보증 제도를 개발한다.

2. 서비스 보증의 설계 조건
① 무조건적이어야 한다.
② 이해와 소통이 쉬워야 한다.
③ 고객에게 중요한 내용이어야 한다.
④ 요청하기 쉽고, 받기 쉬워야 한다.
⑤ 확실해야 한다.

3. 서비스 보증의 분류

단일 속성 수준의 구체적 보증	가장 중요한 하나의 속성에 대해 보증 기준과 보증에 대한 보상도 함께 제시한다.
다속성 기준의 구체적 보증	해당 서비스에 대해 다수의 중요한 속성이 보증의 대상이며 보증의 대상을 확대하여 제시하고, 보상에 대한 것은 구체적으로 제시한다.
완전 만족 보증	해당 서비스의 모든 속성이 예외 없이 보증의 대상이다.
결합된 보증	완전 만족 보증과 구체적인 속성 수준의 장점을 결합한 방식으로 고객에게 조금 더 신뢰감을 제시하는 효과가 있다.

CHAPTER 05 우수 고객과 불량 고객

| 빈출 키워드 |

\# 화이트 컨슈머   \# 블랙 컨슈머   \# 불량 고객 관리

1 우수 고객

1. 우수 고객의 특성

① **순가치**: 기업이 고객에게 제품을 제공하는 데 드는 비용을 고려했을 때 고객이 기업에게 제공하는 가치
② **도덕성**: 기업과의 관계에 있어 고객이 법을 준수하는지의 여부
③ **절약/검약**: 경제적 능력 한도 내에서의 소비/지출
④ **시간 엄수**: 기업과 약속한 시간 내에서의 대금 지불
⑤ **기업 커뮤니케이션 활동에 대한 반응**: 적절한 기업 커뮤니케이션 활동에 반응하는지의 여부
⑥ **정보 제공**: 기업이 고객 정보를 변경하거나 새로운 고객 정보를 얻고자 할 때 신뢰성 있는 정보를 제공하는지의 여부
⑦ **건전한 습관**: 적당한 음주와 금연, 남녀평등 사상
⑧ **안전**: 안전 운전, 안전에 관한 습관
⑨ **권리와 책임 수용**: 상호 이익을 위해 기업과의 협력 방식을 배우고자 하는 자세
⑩ **불평**: 정당할 경우에만 불평을 제기하는 고객
⑪ **추천 의사**: 제품이 좋다고 판단했을 때 다른 사람에게 제품을 추천할 의사
⑫ **안정성**: 안정적이고 예측이 가능한 고객

2. 우수 고객의 유형

① **화이트 컨슈머**
- 화이트 컨슈머는 '따뜻한 가치를 지닌 소비자'라는 뜻으로 기업과 함께 상생하기 위해 사회적 책임을 다하는 소비자를 말한다.
- 소비자의 권리를 정직하게 행사하고 기업의 발전을 위해 비판이 아닌 제안을 한다.
- 소비자를 보호의 대상이 아닌 권리의 주체로 인식함으로써 소비자의 권익 증진과 소비자의 책무를 포함한 「소비자기본법」 또한 제·개정되었다.

> **PLUS⁺ 화이트 컨슈머의 4대 가치**
> - 소비자와 기업의 상생
> - 소비자의 정직한 권리
> - 소비자의 발전적 제안
> - 소비자의 사회적 책임

② **책임형 고객**
- 책임형 고객이란 이성적이고 합리적이며 일관성을 가지고 서비스에 참여하는 고객을 말한다.

- 유연하면서도 정의롭고 엄격한 태도를 보인다.
- 모든 것은 나름대로의 가치가 있다고 인정하는 태도를 보인다.
- 서비스 프로세스의 공동 생산자로서 지식, 경험, 상식, 양심을 가지고 성실하게 자신의 역할을 수행하려고 한다.
- 더불어 사는 인간, 사회, 문화의 참된 생활로 의미를 찾으려고 하며 개방적, 사교적, 타협적이다.
- 과소비, 사치, 향락, 쓰레기, 환경 오염, 파괴, 자원 고갈 등의 문제에 대해 생각한다.

2 불량 고객

1. 불량 고객의 의의
① 불량 고객은 각 산업별 혹은 기업별로 유형이 천차만별이다.
② 불량 고객 유형 분석을 통해 불량 고객과의 관계를 시작하는 것을 사전에 예방할 수 있다.
③ 불량 고객에게 지출되는 비용을 절감할 수 있다면 기업으로서는 더 높은 수익을 얻을 수 있을 뿐만 아니라 우량 고객과의 관계를 한층 더 강화시킬 수 있다.
④ 지금은 불량 고객이지만 기업과의 관계 속에서 기업과 함께 가치를 공유해 나갈 수 있는 고객을 발견할 수도 있으며, 현재 기업이 직면하고 있는 불량 고객을 각 유형별로 대처하는 방안을 모색할 수도 있다.

2. 불량 고객의 유형
① 블랙 컨슈머(악덕 소비자)
- 블랙 컨슈머란 'Black(악덕)'과 'Consumer(소비자)'의 합성어로, 보상금을 목적으로 의도적인 악성 민원을 제기하는 소비자를 일컫는다. 이들은 기업의 생산 능력을 저하시켜 결과적으로 선량한 소비자의 비용 부담을 증가시킨다.
- 블랙 컨슈머의 4가지 유형

공갈 협박형	언론 기관에 신고하겠다고 하는 형태
업무 방해형	장기간 반복적으로 민원을 제기하는 형태
솔직 담백형	원하는 보상을 구체적으로 요구하는 형태
전문가형	타인을 가장하여 수차례 소액 보상을 요구하는 형태

② 제이커스터머: '제이워커(Jaywalker)'는 무단 횡단자를 일컫는다. 이러한 맥락에서 서비스나 제품을 잘못 소비하거나 잘못 사용하는 불량 고객을 '제이커스터머(Jay Customer)'라고 부른다.
- 도둑형(Thief)

특징	제품이나 서비스에 대한 대가를 지불하지 않거나 훔치는 고객 또는 원래 정해진 가격을 다 지불하지 않으려는 고객을 말한다. 예 호텔 내 미니바의 음료수를 마신 후 물을 담아 놓는 행동, 인터넷상에서 타인의 ID 도용, 서점에서 책 훔치기, 타인의 주민등록번호로 휴대전화 개통 등
대응 방법	상품에 전자 태그를 부착하거나 도난 방지 시스템을 마련하여 부정직한 행위에 대한 경각심을 일깨우고, 이에 대한 방지책을 마련한다.

- 규칙 위반형(Rule Breaker)

특징	정부, 기업에서 정한 규칙을 무시하고 행동하는 고객이다. 예 보험 계약을 약속하고 피하는 행동, 매매 주문 후 가격 변동 시 주문 사실을 부인하는 경우 등
대응 방법	고객이 규칙을 인지할 수 있도록 학습 시스템을 제공하고 기존 규칙이 고객에게 불편을 주지 않는가에 대해 검토한다.

- 호전형/싸움꾼형(Belligerent)

특징	상점, 공항, 호텔, 식당 등에서 얼굴을 붉히며 고함을 지르거나, 욕을 하며 삿대질을 하는 고객이다. 예 술에 취해 기내에서 난동 부리는 고객, 은행 창구에서 소리 지르며 육체적 폭력을 행사하는 고객 등
대응 방법	안정성, 단호함, 예의 바름, 동정심, 확신, 능력 등이 갖추어진 종업원 채용 및 다양한 상황에 대처할 수 있는 기술 등을 교육한다.

- 내분형/가정 싸움꾼형(Family Feuders)

특징	화난 고객 중에서도 다른 고객들과 싸우는 고객이다. 예 야구 경기장에서의 관람객 간의 싸움, 자신의 정당성을 주장하기 위해 주변 다른 고객들을 자기편으로 끌어들이는 모습, 레스토랑에서 시끄럽게 뛰어다니는 아이 때문에 손님 간 말다툼이 발생하는 경우 등
대응 방법	싸움이 발생하면 고객들을 다른 장소로 이동시켜 다른 고객들에게 피해가 가지 않도록 하는 것이 중요하며, 무엇보다 고객을 이해하려는 마음으로 신중히 생각하고 신속히 행동하는 것이 중요하다.

- 파괴형(Vandal)

특징	기업의 시설이나 장비에 물리적 가해를 주어 손상시키는 고객이다. 예 은행의 ATM기에 콜라를 엎지르거나, 건물 벽에 낙서를 하는 고객, 외부 간판을 파손하거나 엘리베이터를 고장 내는 경우 등
대응 방법	경고문을 붙이고 CCTV 설치 등으로 관리하며, 파손 시 고객에게 비용을 부과한다.

- 부랑자형/신용 불량형(Deadbeat)

특징	기업에게서 제공받은 제품이나 서비스에 대한 값을 지불하지 않으려고 하는 고객이다. 예 1개월 동안 국제 전화를 마음껏 사용하고 행방을 감추는 고객, 술집에서 술값이 없다며 도망가는 고객, 부도를 내서 투자자들에게 손실을 입히는 부실 상장 및 등록 기업(증권 거래소 입장에서의 신용 불량형 고객) 등
대응 방법	사전에 기업 내용 공시를 철저히 하여 투명성을 확보하고 선불 제도 또는 서비스 종료 후 빠른 청구 등의 사전 예방 방법을 강구한다.

3. 불량 고객 관리의 기본 원칙

① 예방이 최선이다.
- 매출 및 비용에 대한 체계적인 분석을 통해 최상의 고객을 유치하고 불량의 위험이 있는 고객을 사전에 예방하는 것이 중요하다.
- 애초에 잘못된 고객을 유치하지 않는다면 나중에 관계를 청산해야 하는 어려움을 겪을 필요가 없기 때문이다.

② 고객에게 제품이나 서비스 사용법을 올바르게 알린다.
- 고객들의 잘못된 행동은 올바른 사용법을 몰라서 발생하는 경우가 많다.
- 제품을 잘못 사용하여 발생한 피해를 따지러 온 고객에게는 제품을 올바르게 사용하는 방법을 상세하게 설명하는 것이 좋다.
- 미리 불량 고객으로 치부해 버리고 고객과의 관계를 끊어 버리게 되면 올바른 고객으로 전환될 수 있는 기회를 잃을 수 있다.

③ 고객과 접하고 있는 종업원들이 중요하다.
- 불량 고객에 대처하는 데 있어 고객과 접하는 종업원들의 역할이 크다.
- 불량 고객의 행동을 유형별로 분석하고 유형에 따라 종업원들이 어떻게 대처해야 하는지에 대하여 종업원들에게 알려 주어야 한다.
- 필요시 인력을 지원하거나 종업원 개인의 안전을 보장해 주어야 한다.

④ 고객 정보 시스템을 정비한다.

어떤 고객이 불량 고객인지, 각 불량 고객별로 어떠한 처방이 최선인지를 구성원들이 공유한다. 이러한 공유를 통해 기업은 모든 고객들을 의심의 눈길로 바라보지 않아도 되고, 각 불량 고객별로 개별화된 대응을 할 수 있다.

⑤ 모든 고객을 불량 고객으로 생각하지 않는다.

불량 고객을 미리 발견하여 대처하는 것은 좋으나, 대부분의 선량한 고객들에게 자신이 불량 고객인 것처럼 대해진다는 느낌을 주어서는 안 된다.

⑥ 고객의 입장에서 한 번 더 생각해 본다.

기업이 지속하고자 하는 관계에 있어 파트너인 고객이 의심되더라도 그럴 수밖에 없는 상황은 아닌지 고객의 입장에서 한 번 더 생각해 보는 것이 필요하다.

⑦ 관계의 청산은 프로페셔널하게 한다.
- 고객과의 관계를 끝낼 때는 프로페셔널하게 해야 한다. 관계를 끝내기 전에 미리 충분한 시간을 주어야 하며, 다른 기업을 소개해 주는 등 순조롭게 인수인계가 이루어질 수 있도록 한다.
- 자사 기업을 악용한 고객이 아니라면 지속적으로 연락하며 지내도록 한다.
- 상황이 바뀌면 고객과 관계를 재개하게 될 수도 있으며, 이러한 고객들이 신규 고객에게 자사를 추천해 줄 수도 있다.

SUBJECT 03 | VOC와 컴플레인 관리
적중 예상문제

PART 1 일반형

01 다음 중 VOC에 대한 설명으로 옳지 <u>않은</u> 것은?
① 불만족한 고객 중 불만을 드러내는 고객보다 드러내지 않는 고객이 더 많다.
② 정성적 자료와 정량적 자료를 모두 포함하여 고객의 요구 사항을 정리해야 한다.
③ VOC는 '고객의 소리'라는 뜻으로 고객 불만족에 대해 기업이 대응할 방법만을 의미한다.
④ VOC의 중요성이 더 커지면서 CRM을 대체, 보완하는 시스템으로 활용하는 곳도 증가하고 있다.
⑤ 만족을 얻지 못한 고객은 그 기업의 제품을 더 이상 구매하지 않으며 그 경험을 주변 사람에게 알린다.

02 다음 중 VOC 관리 시스템의 주요 속성에 대한 설명이 <u>아닌</u> 것은?
① 서비스의 이질성
② 서비스의 즉시성
③ 수집 채널의 다양성
④ 정보 시스템의 통합성
⑤ 고객 및 내부 프로세스 피드백

03 다음의 VOC 분석 기술로 옳은 것은?

> 소셜 미디어 등에서 여론의 향방을 긍정/중립/부정으로 구분하여 선호도를 판별하는 기술이다. 특정 상품의 선호도나 정치인에 대한 호감도를 판별해 내는 데 주로 활용되며, 분석 대상인 키워드와 긍정/중립/부정을 뜻하는 단어가 자주 출현하는 빈도수를 측정하여 해당 키워드에 대한 여론을 측정한다.

① 군집 분석
② 텍스트 마이닝
③ 데이터 마이닝
④ 오피니언 마이닝
⑤ 소셜 네트워크 분석

해설

01 VOC는 고객이 기업에 들려주는 피드백을 의미하며 불만뿐만 아니라 방문, 문의, 상담, 항의, 건의, 제안, 거래 등 고객에게서 습득한 모든 데이터를 뜻한다.
02 VOC 관리 시스템의 주요 속성은 서비스의 즉시성, VOC 수집 채널의 다양성, VOC 정보 시스템의 통합성, 고객 및 내부 프로세스 피드백이다.
03 오피니언 마이닝은 텍스트 마이닝에서 발전된 분석 기법으로, 소셜 미디어 등에서 여론의 향방을 긍정/중립/부정으로 구분하여 선호도를 판별하는 기술이다.

정답
01 ③   02 ①   03 ④

04 서비스 실패로부터 발생하는 행동 중 내적 귀인에 해당하는 것은?

① 기업의 상품 결함으로 리콜이 발생한 경우
② 안내 착오로 고객의 대기 시간이 길어진 경우
③ 직원의 불친절로 서비스 실패가 발생했다고 여기는 경우
④ 고객 자신의 재촉으로 서비스 실패가 발생했다고 생각하는 경우
⑤ 제공받은 서비스가 기대에 미치지 못해 고객이 실망감을 느끼는 경우

05 다음 중 서비스 실패에 대한 반응으로 옳은 것은?

① 겉으로 표현하는 고객의 불평 행동에 더 집중해야 한다.
② 직접 불만을 제기하는 고객이 불만을 표현하지 않는 고객보다 많다.
③ 불만족 고객 중 95%는 자신의 의견을 말하고 적극적으로 해결되기를 원한다.
④ 불만을 표현하지 않는 고객이 직접 불만을 제기하는 고객보다 부정적인 영향이 더 크다.
⑤ 불만을 표현하지 않는 고객은 관계를 단절시키고 이중 소수만 타인에게 부정적인 영향을 준다.

06 미국 최대의 할인점이었던 K마트의 몰락은 성의 없는 고객 서비스, 불성실한 최저 가격 보상제, 이름뿐인 고객 중심 정책 등이 주요 원인이라고 한다. 이와 관련된 불만 관리 성공 포인트로 적절한 것은?

① MOT를 관리하라.
② 고객의 기대 수준을 뛰어넘어라.
③ 고객 서비스에 대한 오만을 버려라.
④ 고객 불만 관리 시스템을 도입하라.
⑤ 고객 만족도에 직원 보상을 연계하라.

07 다음 중 불만 고객 응대 후의 자기 관리 방법으로 옳지 <u>않은</u> 것은?

① 자기만족을 가져라.
② 스트레스 등 부정적인 기억은 지워라.
③ 자신이 만족할 만한 외재적 보상을 해라.
④ 자신이 지나치게 감정적이지 않았는지 점검하라.
⑤ 응대 매뉴얼대로 따르지 않은 점을 반성하고 더욱 매뉴얼에 의존한다.

08 컴플레인 해결을 위한 기본 원칙 중 피뢰침의 원칙에 대한 설명으로 옳은 것은?

① 자신의 감정을 끝까지 잘 지키면서 타인에게 끌려가지 않도록 주의해야 한다.
② 우리가 우리에게 관심을 가져 주는 사람에게 관심을 가지듯이 고객 또한 자신에게 관심을 가지는 사람에게 관심을 가져 준다.
③ 우리는 조직 구성원의 일원으로서 내가 한 행동의 결과든 다른 사람의 일 처리 결과든 고객의 불만족에 대한 책임을 같이 져야 한다.
④ 우리는 지식과 경험을 바탕으로 상황을 지레짐작해서 말하곤 한다. 이로 인해 고객이 자신의 마음을 털어놓을 기회를 놓치게 되면서 불만이 가중된다.
⑤ 고객은 나에게 개인적인 감정이 있어서 화를 내는 것이 아니라고 여기는 것이다. 일 처리에 대한 불만으로 회사의 복잡한 규정과 제도에 대한 항의라는 관점을 가져야 한다.

09 컴플레인 해결의 기본 원칙 중 책임 공감의 원칙에 대한 설명으로 옳은 것은?

① 자신을 통제할 수 있는 사람이 주도적으로 문제를 이끌 수 있다.
② 사람은 타인의 입장이 되어 보지 않고서는 타인의 마음을 알 수 없다.
③ 조직 구성원의 일원으로서 자신에 의한 불만이 아니라도 받아들여야 한다.
④ 말을 많이 한다고 직원의 마음이 고객에게 올바르게 전달되는 것은 아니다.
⑤ 직원은 지식과 경험을 바탕으로 상황을 미리 짐작해서 말하는 경향이 있다.

해설

04 내적 귀인은 행동의 원인을 그 사람의 내적 요소에 귀인하여 서비스 구매 후 발생한 사건의 원인을 본인 스스로에게 돌리는 것을 말한다. 반면에 외적 귀인은 행동의 원인을 그 사람의 상황적 요소에 귀인하는 것으로 서비스 구매 후 발생한 사건의 원인을 자신이 통제할 수 없는 외부적 요소나 타인에게 돌리는 것을 말한다. ①, ②, ③, ⑤는 외적 귀인에 대한 설명이다.

05 ① 불만을 표현하지 않는 고객이 직접 불만을 제기하는 고객보다 부정적인 영향이 더 크므로 기업은 겉으로 드러나지 않는 고객의 불평 행동에 주목해야 한다.
② 불만을 표현하지 않는 고객이 직접 불만을 제기하는 고객보다 많다.
③ 불만족 고객의 약 95%는 불평을 하지 않는다.
⑤ 불만을 표현하지 않는 고객은 관계를 단절시키고 75%가 타인에게 부정적인 영향을 준다.

06 한때 미국 최대의 할인점이었던 'K마트'의 몰락은 고객 서비스에 대한 오만에서 비롯되었다. K마트의 오만은 성의 없는 고객 서비스, 불성실한 최저 가격 보장 정책, 이름뿐인 고객 중심 정책으로 이어졌다.

07 불만 고객 응대 시 자신이 감정적이지는 않았는지, 무조건적으로 응대 매뉴얼에 따라서만 움직이지는 않았는지에 대하여 자신을 점검하고 피드백한다.

08 ① 감정 통제의 원칙, ② 역지사지의 원칙, ③ 책임 공감의 원칙, ④ 언어 절제의 원칙에 대한 설명이다.

09 ① 감정 통제의 원칙, ② 역지사지의 원칙, ④, ⑤ 언어 절제의 원칙에 대한 설명이다.

정답

04 ④   05 ④   06 ③   07 ⑤   08 ⑤   09 ③

10 다음은 불만 고객 처리 단계이다. 괄호 안에 들어갈 적절한 말은?

> 경청 → 공감 → 사과 → (　　) → 해결 약속 → 신속한 처리 → 재사과 → 개선 방안 수립

① 부서 내의 회의
② 해결 방안 모색
③ 조치 방안 설명
④ 중요한 사항을 메모
⑤ 해결 기회에 대한 감사 표현

11 다음 중 서비스 회복(Service Recovery)에 대한 설명으로 옳은 것은?

① 우수한 서비스 회복은 항상 불만족한 고객을 만족한 상태로 되돌릴 수 있다.
② 기업에 충성도가 높은 대부분의 고객들은 서비스 실패 시 회복을 기대하지 않거나, 아무 말없이 떠나 버린다.
③ 고객은 자신이 거래하는 기업의 서비스 품질을 높게 인식할수록 서비스 회복의 기대도 높아 해결이 잘 되었을 때 충성 고객이 될 가능성이 크다.
④ 효과적 서비스 회복을 통해 만족을 경험한 고객들은 처음부터 서비스 실패를 경험하지 않은 고객들보다 해당 서비스를 더 낮게 평가한다.
⑤ 신규 고객을 확보하는 것보다 기존 고객을 유지하는 것이 5배 이상 어렵다. 따라서 기업은 신규 고객 확보에 노력하는 전략을 써야 한다.

12 다음 중 고객 측의 서비스 실패 원인이 <u>아닌</u> 것은?

① 고객의 기억 착오로 인한 갈등
② 거래를 중단하거나 바꾸려는 심리
③ 고객의 고압적인 자세와 감정적 반발
④ 충분하지 않은 설명이나 의사소통의 미숙
⑤ 할인, 거래 중단, 교환 등의 이유로 고의나 악의에서 제기하는 불만

13 다음 사례 중 설명과 귀인 유형의 연결이 잘못된 것은 무엇인가?

① 한 고객이 "제품이 고장 난 건 내가 설명서를 제대로 읽지 않고 설치했기 때문이야"라고 생각했다. → 내적 귀인

② A씨는 음식점에서 불친절한 서비스를 경험하고 "오늘 직원이 컨디션이 안 좋아서 그런 거겠지"라고 여겼다. → 외적 귀인

③ B고객은 인터넷 연결 오류가 발생하자 "내가 제대로 확인하지 못한 탓이야"라고 해석했다. → 내적 귀인

④ C고객은 온라인 쇼핑몰 배송이 지연되자 "택배 회사의 시스템 문제가 아니라 내 주문 방식이 잘못돼서 생긴 일일 거야"라고 해석했다. → 외적 귀인

⑤ D씨는 항공편이 지연되었을 때 "이건 항공사 관리 부실 때문이야"라고 판단했다. → 외적 귀인

10 불만 고객 처리 단계는 '경청 → 공감 → 사과 → 해결 방안 모색 → 해결 약속 → 신속한 처리 → 재사과 → 개선 방안 수립'이다.

11 ① 우수한 서비스 회복으로도 불만족한 고객을 만족한 수준으로 돌려놓지 못하는 경우가 많다.
② 기업에 충성도가 없는 대부분의 고객들은 서비스 실패 시 회복을 기대하지 않거나 아무 말없이 떠나 버리고 돌아오지 않는다. 반면 충성 고객들은 기업이 서비스를 회복할 수 있도록 사업 기회를 제공한다.
④ 효과적 서비스 회복을 통해 만족을 경험한 고객들은 처음부터 서비스 실패를 경험하지 않은 고객들보다 해당 서비스를 더 높게 평가한다.
⑤ 신규 고객을 확보하는 것은 기존 고객을 유지하는 것보다 5배 이상의 노력이 필요하다.

12 충분하지 않은 설명이나 의사소통의 미숙은 기업 측의 서비스 실패 원인이다.

13 C고객은 자신의 주문 방식이 잘못돼서 생긴 일이라고 해석했는데, 이는 개인 내부의 잘못(내적 귀인)으로 보는 것이다.

10 ②   11 ③   12 ④   13 ④

PART 2 O/X형

[14~16] 다음 문항을 읽고 옳고(O), 그름(X)을 선택하시오.

14 서비스 회복이란 서비스 실패로 잃어버린 고객의 신뢰를 최소한 서비스 실패가 일어나기 이전의 상태 또는 그 이상으로 복원하고자 하는 노력이다. (① O ② X)

15 서비스 회복은 서비스 실패로 인해 겉으로 드러나는 고객 불평에 근거하고, 불만 관리는 서비스 실패에 대한 반응을 겉으로 표현하는 고객과 표현하지 않는 고객 모두의 서비스 불만에 근거한다. (① O ② X)

16 적절한 보상이란 서비스 실패를 경험한 고객의 의사에 맞추는 것을 말한다. (① O ② X)

PART 3 연결형

[17~20] 다음 설명에 적절한 보기를 찾아 각각 선택하시오.

| 보기 |
① 서비스 실패   ② 결과 공정성   ③ MTP 기법   ④ 서비스 보증

17 고객이 불만 수준에 맞는 보상을 기대하는 것으로 금전적 보상, 차후 무료 서비스 제공, 가격 할인, 수리 및 교환의 형태가 있다.   (   )

18 서비스가 일정 수준에 이르지 못하는 경우 손쉬운 교환, 환불, 재이용 등의 보상을 사전에 약속하는 것이다.   (   )

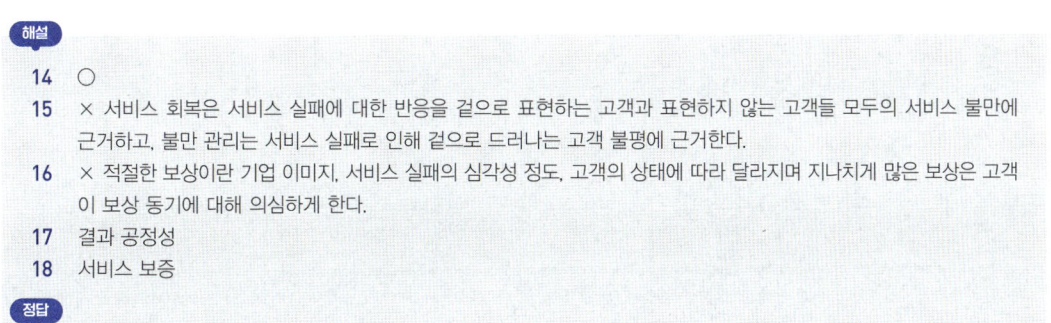

19 서비스 제공자에 의해 서비스 제공 과정에서 발생하는 여러 가지 실수들로, 고객과의 약속 위반과 같이 여러 형태로 나타나는 서비스의 오류이다.　　　　　　　　　　(　　　　　)

20 고객 컴플레인 처리 시 사람(Man), 시간(Time), 장소(Place)를 바꾸어 처리하는 방식이다.
　　　　　　　　　　　　　　　　　　　　　　　　　　　　　　(　　　　　)

PART 4 사례형

21 다음은 서비스 실패의 원인에 대하여 설명한 내용이다. 이 중에서 '기업 측 원인'에 해당하는 사항을 모두 고르면?

> 가. 간혹 거래를 중단하거나 바꾸려는 심리로 의도적인 불만 제기를 하는 경우도 있습니다.
> 나. 구매 전의 지나친 기대 심리나 자신의 기억 착오로 직원과 마찰이 생겨서 서비스가 나쁘다고 하는 경우도 많습니다.
> 다. 서비스 직원은 고객 감정을 제대로 살펴서 배려를 잘해야 합니다. 그렇지 않으면 서비스 실패가 되기 쉽습니다.
> 라. 매출 목표의 압박으로 인하여 무리하게 판매를 권유하게 되면 그 후유증이 나타날 수 있습니다.
> 마. 매일 반복되는 일을 하다 보면 자칫 고객을 무성의하게 응대해서 고객의 기분을 상하게 하는 경우가 있습니다.

① 가, 나, 마
② 가, 나, 다
③ 가, 나, 라
④ 다, 라, 마
⑤ 나, 라, 마

해설
19 서비스 실패
20 MTP 기법
21 가, 나는 고객 측 원인이다.

정답
19 ① 20 ③ 21 ④

22 다음 사례가 보여주는 서비스 회복의 효과로 가장 적절한 것은 무엇인가?

> A호텔에 투숙한 고객은 체크인 과정에서 예약이 누락되어 한 시간을 기다려야 했다. 그러나 직원은 즉시 사과하고 객실을 업그레이드해 주었으며, 무료 조식 쿠폰까지 제공했다. 고객은 불편을 겪었음에도 오히려 "다음에도 이 호텔을 이용하고 싶다"고 긍정적인 평가를 남겼다.

① 신규 고객 확보가 기존 고객 유지보다 더 많은 비용이 든다는 점을 보여준다.
② 서비스 실패가 반복되면 회복의 효과가 줄어든다는 점을 보여준다.
③ 서비스 회복을 통해 고객이 실패를 경험하지 않은 경우보다 더 높은 만족을 보일 수 있다는 점을 보여준다.
④ 서비스 회복 과정에서 이중 일탈 효과가 발생할 수 있다는 점을 보여준다.
⑤ 서비스 품질에 대한 기대가 낮은 고객일수록 회복 효과가 크다는 점을 보여준다.

23. 서울에 위치한 백화점 본점과 지점에서 동일한 제품이 다른 가격에 판매되고 있음을 알게 된 A 고객이 항의하자 백화점은 다음과 같이 대응하였다. 고객 불만을 잠재우기 위해 적절한 현장 서비스 전략은 무엇인가?

> - A 고객은 정가 제품이 아닌 세일 제품이었지만 넥타이가 본점과 지점에서 다른 가격으로 판매되고 있음을 알게 되었다.
> - A 고객은 다른 모든 고객들을 기만하는 행위일 수도 있음을 강력하게 항의하고 대고객 서비스 차원에서 문제를 해결하도록 요구하였다.
> - 서비스 직원은 장소에 따라 가격을 달리하는 정책은 백화점 고유 권한임을 내세워 특별히 잘못하고 있지 않음을 합리화하려고 하고 있다.
> - '차후에 이런 문제가 재발하지 않도록 신경을 쓰겠다'는 극히 피상적이고 형식적인 태도를 보이고 있다.

① 규정대로 이행하였기 때문에 물러설 이유가 없다.
② 고객의 대응 강도에 따라 차별화된 서비스로 다가간다.
③ 문제를 제기한 고객에게 차액을 돌려주고 마무리 짓는다.
④ 경쟁 업체 및 동종 업계의 관행에 따라 그에 적합한 서비스를 제공한다.
⑤ 모든 고객에게 알리고 사과문을 게시함과 동시에 명확한 보상처리를 행한다.

해설
22 서비스 실패 이후 신속하고 효과적인 보상과 대응으로 인해 고객이 오히려 더 큰 만족을 느끼는 회복의 역설로, 서비스 회복이 실패 경험이 없는 고객보다 더 높은 만족과 충성도를 유발할 수 있다는 점을 보여주는 대표적 사례이다.
23 고객 불만이 생겼을 때는 상황을 투명하게 오픈하고 공정하게 처리를 진행해야 한다.

정답
22 ③   23 ⑤

24 다음은 어느 보험 회사에서 컴플레인 유형별 분류와 해결 방법에 대한 교육을 받은 직원이 기록한 내용이다. 다음의 내용 중에서 '쉽게 흥분하는 고객 유형'에 대한 응대 방법에 해당하는 사항만 모두 고른 것은?

> 가. 어떤 유형보다도 인내심이 요구되므로 "참는 자에게 복이 온다."라는 심정으로 참는다.
> 나. 함께 화를 내거나 논쟁하지 말고 고객의 화는 회사에 항의하는 것이라고 생각한다.
> 다. 진정할 것을 요청하기보다는 스스로 감정을 조절할 수 있는 우회적 화법을 사용한다.
> 라. 부드러운 분위기를 유지하며 정성스럽게 응대하되 음성에 웃음이 섞이지 않아야 한다.
> 마. 불필요한 대화를 줄이고 회사 규정과 같은 원리 원칙만 내세우지 않는다.

① 나, 다, 라
② 가, 다, 마
③ 가, 나, 다
④ 가, 나, 라
⑤ 가, 라, 마

25 다음 상황에 대한 유추로 옳은 것은?

> - **카드 분실 당일**: 카드를 잃어버린 고객이 분실신고와 함께 재발급 신청을 하였다. 담당자는 1주일 전후로 카드를 받을 수 있다고 하였고 부재 시에는 동료에게 전달한다고 하였다.
> - **카드 분실 이후(4일째)**: 그러나 1주일이 채 되기 전에 카드가 도착하였고 고객이 현재 신분증이 없다고 하자 카드는 다시 본사로 되돌아갔다. 당황한 고객이 카드회사에 전화하여 동료도 대신 받을 수 있다고 하였는데, 왜 본인이 수령할 수 없냐고 물었더니 지금은 확인해 줄 수 없다고 하며, 카드도 신분증이 없으면 받을 수 없다고 응답하였다. 그러면서 원하면 차후에 녹취 내용을 확인한 후, 담당자가 연락을 준다며 전화를 끊었다.
> - **카드 분실 이후(5일째)**: 담당자가 연락을 해서 죄송하다면서 카드를 다시 배송할지의 여부를 물었다. 고객이 녹취 내용을 확인해달라고 했으나 계속 죄송하다고만 하였고 재차 묻고 나서야 결국 상담원이 잘못 전달하였음을 시인하였다. 고객은 차후에 다시 연락하여 재발급을 받겠다고 하였다.
> - **카드 분실 이후(6일째 이후)**: 며칠 후 고객이 다시 전화를 하여 카드 재발급을 요청하였을 때 상담원은 수취 6일 전에 수취 거부된 카드에 대한 재발급인지를 확인하였다.

① 카드회사의 전화 상담 시 총 2번의 VOC 수집 기회가 있었으나 모두 기업에서 활용 가능한 형태로 수집되었다.
② 전반적으로 해당 카드 회사의 VOC 시스템은 마케팅부서에 적합한 정보를 제공해줄 수 있게끔 잘 작동하고 있다.
③ 현 프로세스에서는 총 3번의 고객 접점이 발생하였고, 고객의 불만족이 발생할 여지가 있으나 올바르게 처리되지 않았다.
④ 통화 내용을 녹취하고 담당자가 직접 연락하여 사과하는 프로세스를 보면 해당 카드 사의 VOC 시스템은 잘 갖추어져 있다고 볼 수 있다.
⑤ 고객은 프로세스의 마지막 단계인 카드에 대한 최종 처리여부가 고객이 수취를 거부한 것처럼 처리된 것에 대해 불만족을 느낄 수 있다.

해설
24 가, 마는 성격이 급하고 신경질적인 고객 유형에 대한 응대 방법이다.
25 고객 불만 상황에서는 겉으로 드러나는 사실보다 고객이 오해하고 불만을 가질 수 있는지에 대한 숨은 니즈를 찾을 수 있어야 한다.

정답
24 ① 25 ⑤

PART 5 통합형

[26~27] 다음은 신혼여행을 가려고 하는 신혼부부가 인터넷 쇼핑몰에서 주문한 여행용 캐리어가 도착하지 않아 발생한 상황이다.

> 고객: 내일이 출국인데 캐리어가 아직도 도착을 안 하면 어떻게 합니까? 2~3일이면 도착한다고 해서 믿고 주문했는데 말입니다.
> 직원: 고객님 정말 죄송합니다. 제가 바로 확인해 보도록 하겠습니다.
> 고객: 저희는 지금 여행 짐을 넣을 가방이 없어서 아주 난감한 상황입니다. 늦어질 것 같으면 미리 전화라도 주셨어야 하는 거 아닙니까?
> 직원: 네, 고객님 지금 주문하신 내용을 모두 확인해 보았습니다. 정말 너무 죄송합니다. 지금이 여행 성수기이다 보니 주문이 폭주하여 업체 측에서 실수가 있었던 것 같습니다. 특히나 저희 VIP 고객님이신데 저희가 큰 실수를 했습니다.
> 고객: 저는 업체가 아니라 OO몰에 주문했는데요. 어떻게 해결하실 건가요?
> 직원: 죄송합니다. 지금이라도 빨리 배송 처리해 드리겠습니다.
> 고객: 이제 와서 배송해 준다구요? 오늘 배송하면 내일 도착하잖아요. 그럼 의미가 없습니다. 어떻게든 조치를 해 주세요!
> 직원: 네, 그럼 저희가 해드릴 수 있는 조치를 30분 이내에 확인하고 바로 고객님께 연락드리도록 하겠습니다. 다시 한번 죄송하다는 말씀드립니다.

26 다음 중 제시된 고객의 불만 상황에 대한 설명으로 적절하지 <u>않은</u> 것은?

① 고객이 주장하는 것은 객관적인 상황에서의 불만이며, 배상을 요구하는 클레임이라고도 할 수 있다.
② 해당 쇼핑몰의 VIP 고객이므로 일어난 서비스 실패에 대하여 고객의 회복에 대한 기대는 더 커질 것이다.
③ 고객은 배송 지연으로 인하여 자신이 겪은 피해 상황과 난처함에 대하여 서비스 제공자가 잘 이해해 줄 것을 기대하고 있다.
④ 위의 상황에서 고객 불만의 핵심은 고객 접점 상황에서 고객 응대의 문제로 발생되었으며 서비스 과정상의 실패로 볼 수 있다.
⑤ 신혼여행 직전까지 여행용 캐리어가 도착하지 않은 문제로 인하여 심각한 서비스 실패가 발생하여 고객의 불만과 서비스 회복에 대한 기대가 커지게 되었다.

27 다음은 서비스 제공자의 불만 상담 이후 서비스 회복을 위한 다양한 응대 방법이다. 효과적인 서비스 회복을 위한 응대로 가장 적절하지 <u>않은</u> 것은?

① 할인: 구매 금액의 50%에 해당하는 금액을 현금처럼 사용할 수 있는 쿠폰을 증정한다.
② 감정 통제: 고객의 주관적인 불만이기 때문에 고객의 감정보다는 객관적인 사실과 업무 수행의 원칙에 의해 처리하면 된다.
③ VIP 고객에 대한 추가 보상: 해당 고객이 일반 고객이 아닌 충성 고객이기 때문에 일반적인 불만 상황에서의 보상보다 조금 더 크게 책정된다.
④ 불만 처리 과정에 대한 공개: 서비스 회복 과정에서 배송 시점, 보상 진행 등의 회복 절차에 대하여 자세히 안내하고 각 과정이 진행될 때마다 이를 상세히 고객에게 안내한다.
⑤ 관여: 배송 지연으로 인한 문제를 일으킨 곳이 업체임에도 불구하고 고객은 해당 쇼핑몰 문제라고 오해하고 있기 때문에 이에 대한 이미지 타격을 생각해야 한다. 상기 업체에서 고객에게 직접 전화를 걸어 배송 지연에 대하여 사과하고 추가 보상을 하여 고객의 난처한 입장을 해소시켜 준다.

해설
26 위 고객의 불만은 접점상에서의 고객 응대 문제가 아닌, 서비스의 효과나 유용성을 제시하지 못한 상태로 제날짜에 배송이 되지 않은 핵심 서비스 전달 실패, 즉 결과적 실패로 볼 수 있다.
27 고객의 마음을 이해하고 정서적 연대감을 형성하여 서비스 회복 과정을 원활하게 만드는 것이 가장 중요하다. 감정 통제는 다양한 고객 반응에 자신의 감정을 드러내지 않는다는 뜻이다.

정답
26 ④   27 ②

SUBJECT 04

서비스 유통 관리

CHAPTER 01 상권의 이해
CHAPTER 02 서비스 유통 경로
CHAPTER 03 서비스 유통 시간과 장소 관리
CHAPTER 04 서비스 유통 채널
CHAPTER 05 서비스 환경의 이해

학습방법

- ☑ 상권의 구분에 대하여 학습하고 입지 선정 시, 매력도 분석에 대한 방법을 익힌다.
- ☑ 서비스가 고객에게 전달되는 유통 채널을 통해 서비스 산업과 현장에서 채널 유형의 의미와 역할을 이해한다.
- ☑ 서비스 유통 채널이 효과적으로 전달되기 위하여 고려해야 하는 이해관계 및 갈등 요소의 이해를 통해 갈등과 서비스 현장에서 활용 가능한 주요 전략을 익힌다.
- ☑ 물리적 환경의 개념과 그 주요 요소들을 이해하면서 서비스 현장의 품질 및 성과 향상에 적용할 수 있는 방법을 학습한다.

무료강의
바로보기

CHAPTER 01 상권의 이해

| 빈출 키워드 |

\# 상권의 영역 \# 상권의 분류 \# 서비스 점포 선정
\# 매력도 측정

1 상권의 기본 개념

1. 상권

① 정의: 상권(Trade Area)이란 상업상의 거래를 행하는 공간적 범위를 말한다.

② 의미
- 한 점포가 고객을 유인(흡인)할 수 있는 범위
- 다수의 상업 시설이 고객을 흡인하는 공간적 범위

③ 영역

점포	서비스 지점이나 스토어(Store)
상권	한 점포가 고객을 유인(흡인)할 수 있는 지역적 범위
상권 분석	점포의 위치에 대한 입지 선정을 할 때 선행되는 조사 및 분석

2. 상권의 중요성

① 서비스가 고객에게 전달될 때 고객 입장에서 편리성 등의 이유로 접근성이 매우 중요하다. 또한 기업 입장에서도 입지에 따라 매출이나 이익이 좌우될 수 있으므로 상권은 사업의 성공 여부에 매우 중요한 역할을 한다.

② 기업의 부적합한 입지로 인한 불이익은 극복하기 어렵고 입지를 변경하려면 다시 막대한 투자를 해야 하기 때문에 입지는 투자 수익률과 이익을 보장해 줄 수 있는 곳으로 고심해서 선정한다.

3. 상권의 분류

지역 상권	• 도시의 행정 구역과 일치하는 개념으로 지역 상권 내의 업종 간에 상호 경쟁한다. • 지역 상권 내의 동일 업종들은 고객 흡인을 위한 경쟁 관계에 있으며 하나의 지역 상권 내에는 다수의 지구 상권이 포함된다. • 지방 중소 도시의 경우 지역 상권과 지구 상권이 거의 일치한다. 예 서울 지역 상권, 대구 지역 상권, 대전 지역 상권
지구 상권	• 지역 상권 내에 후보 입지가 속해 있는 상권이다. • 상권 내에 대형 백화점·유명 전문점 존재 여부, 관련 점포들 간의 집적 여부에 따라 상권의 크기가 달라진다. • 지구별 상권은 서로 중복되지만 인근 구매자들을 중심으로 하나의 지역 상권을 지구 상권별로 구분할 수 있다. 예 강남 상권, 신촌 상권, 영등포 상권

개별 점포 상권 (지점 상권)	• 지구 상권 내를 특정 점포가 형성하는 상권이다. • 대형 점포일수록 또는 중소 점포의 경우 유명할수록 개별 점포 상권이 커진다. 예 로데오 거리, 패션문화 거리

2 서비스 점포 선정과 매력도 분석

1. 서비스 점포를 개설할 때 고려 사항

서비스의 접근 성격	• 고객이 서비스 기업으로 이동 • 기업이 고객이 있는 곳으로 이동
서비스의 장비/설비 의존도	• 장비/설비 중심의 서비스 • 사람 중심의 서비스
서비스의 대상	• 서비스 대상이 사람인가? • 서비스 대상이 사물인가?
서비스의 제공자	• 서비스 제공을 사람이 수행하는가? • 서비스 제공을 자동화 시스템이 수행하는가?
서비스 제공의 전문성	서비스 제공자의 전문성과 숙련성이 요구되는가?
서비스 자원의 통제 정도	• 대리점과 유통점에 대한 서비스 자원(지식, 교육, 설비, 장치 등) • 통제권이 높고 낮은 정도

2. 입지 선정 과정

[1단계] 분석 및 조사	• 서비스 기업은 마케팅 전략과 표적 고객의 특성을 충족시키는 광역 시장 후보지에 대한 분석을 실시한다. • 광역 시장 후보지에 대한 고객 수요, 업체 간의 경쟁 정도 분석을 통해 각 광역 후보지의 시장 잠재력을 조사한다.
[2단계] 후보지 선정	• 후보지 내에서의 최적 지구 선정을 위한 분석이 이루어진다. • 특정 광역 시장에 신규 점포 출점이 확정되면 광역 시장 내 입지 가능한 지구에 대한 상권 분석을 실시한 후 특정 지구 후보지를 선택한다.
[3단계] 부지 선택	• 지구 내 구입 가능한 부지 중에서 최적의 부지를 선정한다. • 신규 점포의 입지 선정을 위한 최적 예상 후보지의 상권 분석에 앞서 광역 및 지구·지역 시장들에 대한 매력도 분석이 선행되어야 한다.

3. 매력도 분석

① 의의
- 서비스 기업은 최종 입지 후보지의 상권 규모를 추정할 때 진출 가능한 광역 지역 시장 후보지들의 시장 잠재력을 평가해야 한다.
- 최적의 광역 시장 후보지가 되기 위해서는 먼저 충분한 서비스 수요가 존재해야 한다. 즉, 지불 능력이 있는 가구가 밀집한 곳이어야 한다.

- 수요 측면에서 이러한 조건들이 충족되더라도 공급 측면에서 이미 너무 많은 경쟁 점포가 들어서 있다면 신규 점포 후보지로서의 매력도가 낮아진다.
- 주민들의 인구 통계적·사회적·경제적 특성이 점포의 표적 고객과 부합되어야 한다.

② 상권의 매력도 측정 방법

소매 포화 지수 (IRS; Index of Retail Saturation)	• 지역 시장의 수요 잠재력을 측정할 수 있는 지표로 많이 사용된다. • 한 지역 시장의 점포 포화란 기존의 점포만으로 고객의 수요를 충분히 충족시킬 수 있는 상태로 정의된다. • 소매 포화 지수는 한 지역 내에서 특정 소매 업태의 단위 매장 면적당 잠재 수요를 나타낸다. • IRS 값이 클수록 시장의 포화 정도가 낮아 시장 매력도가 높아지고 시장 기회가 커지므로 신규 점포 개설에 유리하다. $$IRS = \frac{수요}{공급} = \frac{지역\ 시장의\ 총가구\ 수 \times 가구당\ 특정\ 업태에\ 대한\ 지출비}{특정\ 업태의\ 총매장\ 면적}$$
시장 성장 잠재력 (MEP; Market Expansion Potential)	• 지역 시장의 매력도는 현재의 수요와 공급뿐만 아니라 미래의 시장 성장 잠재력에 의해서도 영향을 받는다. • 시장 성장 잠재력이란 지역 시장이 미래에 신규 수요를 창출할 수 있는 잠재력을 반영하는 지표이다. • 지역 시장 매력도 평가에서 IRS의 문제점을 보완하는 지표로 거주자들의 지역 시장 이외에 다른 지역에서의 지출액을 추정하여 계산할 수 있다. • MEP 값이 클수록 거주자들이 타 지역에서 구매하는 정도가 높다는 것을 의미한다. 즉, 타 지역에서 구매하는 정도가 높을수록 시장 성장 잠재력은 커진다.
경제적 기반 측정	• 특정 시장의 매력도는 IRS와 MEP에 의해 평가되지만 해당 지역의 경제적 기반도 평가 되어야 한다. • 지역 시장의 경제적 기반 평가에 고려되는 요인들은 미래의 경제 활성화 정도, 광고 매체의 이용 가능성과 비용, 서비스 직원의 이용 가능성과 비용, 지역 정부 기관의 지역 경제 활성화 노력, 지역 시장에 대한 정부의 법적 규제 등이 있다.

③ IRS와 MEP 값에 따른 시장 매력도의 유형

구분		MEP	
		높음	낮음
IRS	높음	고매력 시장 (신규 점포 진출 필요)	평균 시장 (자사 점포 경쟁력에 의해 좌우)
	낮음	평균 시장 (자사 점포 경쟁력에 의해 좌우)	저매력 시장 (신규 점포 진출로는 적합하지 않음)

서비스 유통 경로

| 빈출 키워드 |

\# 서비스 유통의 필요성   \# 유통 경로 전략 결정   \# 서비스 유통 경로 조직 형태

1 유통 경로

1. 유통의 의의

① 유통: 상품과 서비스가 여러 사람을 거쳐 소비자에게 전달되는 과정을 말한다. 즉, 생산과 소비를 이어 주는 중간 기능으로 생산품이 사회적 이동에 관계되는 모든 경제 활동을 말한다.

② 유통 관리: 유통 활동을 통하여 소비자의 만족을 증대시키고, 유통 비용을 절감시키기 위해 유통이 능률적으로 수행될 수 있도록 조절하고 통제하는 활동이다.

③ 유통 경로: 제품이나 서비스가 생산자로부터 소비자에 이르기까지 거치는 통로 또는 단계를 말한다.

생산자 → 중간상(도매상, 소매상 등) → 소비자

2. 유통의 필요성

① 수요 측면 [빈출]

- **소비자를 위한 가치 창출**: 제조사에서 파악하기 어려운 고객의 욕구 파악 및 기대 수준 분석이 가능하다.
- **탐색 과정 촉진**: 중간상은 제조업자와 소비자가 필요로 하는 정보를 양측에 제공해 주어 정보 탐색에 따른 비용과 시간을 감소시켜 준다.
- **4가지 분류 기능**: 생산자와 소비자 간의 원하는 구색에 차이가 존재하는 경우 중간상은 분류 기능을 수행함으로써 기업과 고객 간의 욕구 차이를 줄여 준다.

등급 (Sorting Out)	• 등급이란 높고 낮음, 좋고 나쁨 따위의 차이를 여러 층으로 구분한 단계이다. • 다양한 공급원으로부터 제공된 이질적인 상품을 상대적으로 동질적인 집단으로 구분한다.
수합 (Accumulation)	• 수합이란 거두어서 합치는 것을 의미한다. • 다양한 공급원으로부터 소규모로 제공되는 동질적인 상품들을 한데 모아 대규모 공급이 가능하게 한다.
분배 (Allocation)	• 분배란 일정한 기준으로 나누는 것을 의미한다. • 수합된 동질적인 상품들을 구매자가 원하는 소규모 단위로 나누는 것을 말한다.
구색화 (Assorting)	• 구색화란 여러 가지 물건을 고루 갖추는 것을 의미한다. • 상호 연관성이 있는 상품들로 일정한 구색을 갖추어 함께 취급한다.

② 공급 측면
- 반복적인 거래 가능: 제품, 가격, 구입 단위, 지불 조건 등이 표준화되어 시장에서의 교환 시스템을 보다 효율적으로 운영할 수 있고, 반복화에 따른 비용 절감의 효과가 있다.
- 교환 과정에서 효율성 제고: 중간상은 다수의 공급업자와 다수의 구매자 간의 교환을 연결시켜 줌으로써 거래 수를 감소시킨다.

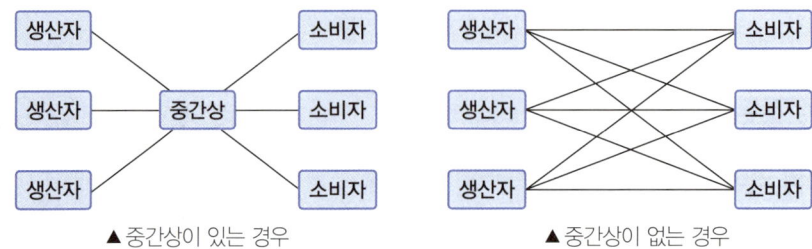

▲ 중간상이 있는 경우 　　　　　▲ 중간상이 없는 경우

3. 유통 경로의 효용

시간 효용 (Time Utility)	재화나 서비스에 대한 생산과 소비 간의 시간 차이를 극복하여 소비자가 재화나 서비스를 필요로 할 때 최단 시간에 이용 가능하도록 해 주는 효용을 말한다.
장소 효용 (Place Utility)	지역적으로 분산되어 생산되는 재화나 서비스가 소비자가 구매하기 용이한 장소로 전달될 때 창출되는 효용이다.
소유 효용 (Possession Utility)	생산자로부터 소비자에게 재화나 서비스가 거래되어 그 소유권이 이전되는 과정에서 발생되는 효용이다.
형태 효용 (Form Utility)	대량으로 생산되는 상품의 수량을 소비자가 요구하는 적절한 수량으로 분할/분배함으로써 창출되는 효용이다.

4. 서비스 유통 경로

① 의의
- 서비스는 무형성과 생산자와의 비분리성이라는 특성이 있으므로 직접 마케팅 경로가 가장 일반적이다. 다만, 특별한 경우에 한해서 생산자와 소비자 사이에 하나의 중간상이 개입하는 형태가 있을 수 있다.
- 의료, 자동차 수리, 미용, 호텔, 여객 수송 등 대부분의 서비스가 생산과 동시에 소비되며, 생산자와 상품이 분리될 수 없다.
- 서비스는 형체가 없으므로 그것을 물리적으로 보관하거나 운송한다는 것은 불가능하다. 그러나 서비스 역시 하나의 상품이므로 소비자들이 소비할 수 있도록 최인접지에 도달시켜야 한다는 것은 일반적 유통 개념과 크게 다르지 않다.

② 유통상 서비스와 제품의 차이

구분	서비스	제품
생산 비용	• 초기 생산 비용: 높다. • 반복 생산 비용: 낮다.	• 초기 생산 비용: 낮다. • 반복 생산 비용: 높다.
형태	없다.	있다.

시장성	점점 시장성이 확대되는 추세이다.	매우 광범위하다.
유통 과정	단순하다.	보관, 배달 과정이 복잡하다.
변형성	상품을 분리/합성하거나 지속적인 수정이 가능하다.	변형이 어렵고 고정되어 있다.
배달 경로	전송 방식	운송 방식
불법 복제	상대적으로 낮다.	아주 높다.
내구성	영구적이다.	시간에 비례하여 저하되거나 소멸한다.

5. 유통 경로 전략 결정

① [1단계] 유통 범위의 결정 `빈출`

개방적 유통 전략	• 희망하는 소매점이면 누구나 자사의 상품을 취급할 수 있도록 한다. • 식품, 일용품 등 편의품일 때 사용한다.
선택적 유통 전략	• 개방적 유통 전략과 전속적 유통 전략의 중간적 형태이다. • 일정 지역 내에 일정 수준 이상의 이미지, 입지, 경영 능력을 갖춘 소매점을 선별하여 이들에게 자사 제품을 취급하도록 한다. • 의류, 가구, 가전제품 등 선매품일 때 사용한다.
전속적 유통 전략	• 일정한 상권 내에 제한된 수의 소매점에서 자사 상품만을 취급하게 한다. • 귀금속, 자동차, 고급 의류 등 전문품에서 사용한다.

② [2단계] 유통 경로의 길이 결정

구분	긴 경로	짧은 경로
제품 특성	• 표준화된 경량품, 비부패성 상품, 편의품에 적합하다. • 기술적으로 단순하다.	• 비표준화된 중량품, 부패성 상품, 전문품에 적합하다. • 기술적으로 복잡하다.
수요 특성	• 구매 단위가 작다. • 구매 빈도가 높고 규칙적이다.	• 구매 단위가 크다. • 구매 빈도가 낮고 비규칙적이다.
공급 특성	• 생산자 수가 많다. • 진입과 탈퇴가 자유롭다. • 지역적 분산 생산한다.	• 생산자 수가 적다. • 진입과 탈퇴가 제한적이다. • 지역적 집중 생산한다.
유통 비용 구조	장기적으로 안정적이다.	장기적으로 불안정적이기 때문에 최적화를 추구한다.

③ [3단계] 통제 수준의 결정: 유통 경로에 대한 통제 수준이 높을수록 유통 경로에 대한 수직적 통합의 정도가 강화되어 기업이 소유하게 되며, 통제 수준이 최저가 되는 경우에는 독립적인 중간상을 이용하게 된다. 또한 양자 사이에는 프랜차이즈 계약 또는 합자의 방식으로 이루어지는 유사 통합이 있다.

2 서비스 유통 경로 조직 형태

1. 전통적 유통 경로
서비스 제공자가 고객에게 직접 전달하는 형태이다.

2. 수직적 마케팅 시스템(VMS; Vertical Marketing System)
생산자와 도매상, 소매상이 수직으로 통합된 시스템이다.

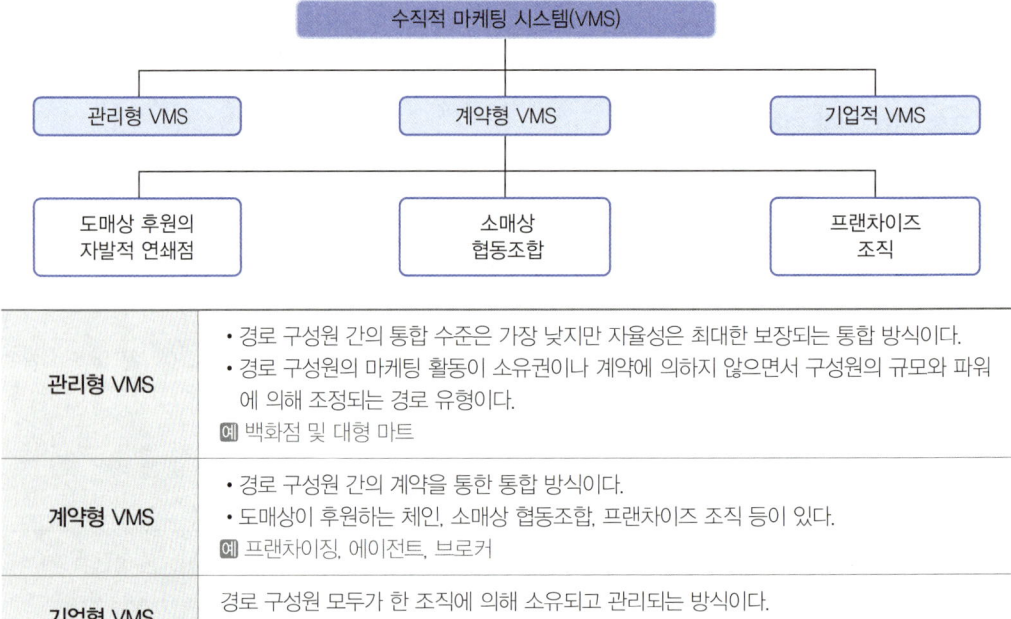

관리형 VMS	• 경로 구성원 간의 통합 수준은 가장 낮지만 자율성은 최대한 보장되는 통합 방식이다. • 경로 구성원의 마케팅 활동이 소유권이나 계약에 의하지 않으면서 구성원의 규모와 파워에 의해 조정되는 경로 유형이다. 예 백화점 및 대형 마트
계약형 VMS	• 경로 구성원 간의 계약을 통한 통합 방식이다. • 도매상이 후원하는 체인, 소매상 협동조합, 프랜차이즈 조직 등이 있다. 예 프랜차이징, 에이전트, 브로커
기업형 VMS	경로 구성원 모두가 한 조직에 의해 소유되고 관리되는 방식이다. 예 자동차 대리점

3. 수평적 유통 경로
동일한 경로 단계에 있는 두 개 이상의 기업이 대등한 입장에서 자원과 프로그램을 결합하여 일종의 연맹을 구성함으로써 공생 및 공영의 시너지를 추구한다.

공생 마케팅	동종 업체 간의 유통과 마케팅의 결합 방식으로 같은 경로 단계에 있는 둘 이상의 기업들이 함께 협력하는 방식이다. 예 서울 프라자 호텔, 부산 그랜드 호텔, 경주 호텔의 통합
결합 마케팅	이종 업체 간에 이루어지는 결합 방식이다. 예 항공 서비스와 호텔 서비스의 통합

서비스 유통 시간과 장소 관리

| 빈출 키워드 |

서비스 유통 시간과 장소   # 유통 경로 선호도   # 다목적 시설
고객 접촉도별 고려 사항

1 서비스 유통 시간과 장소

1. 서비스 유통 시간과 장소에 대한 의사 결정의 중요성
① 서비스가 전달되는 장소와 시간에 대한 의사 결정은 고객의 니즈, 기대, 경쟁자의 활동, 서비스 운영에 대한 이해에 따라 달라진다.
② 서비스 유통 시간과 장소 결정 시 고객 측면에서는 편리성과 선호도가, 기업 측면에서는 비용, 생산성, 노동 인력의 접근성이 주요 고려 요인이다. 또한 서비스 전달 장소에 따라 전방 서비스와 후방 서비스의 고려 요인이 다르다.
③ 의사 결정 시 기업과 고객이 추구하는 것이 상충될 수 있으므로 경쟁 관계와 서비스 수준에 따라 균형을 잡을 수 있어야 한다.
④ 때로는 경쟁자가 고객 접근성을 중심으로 운영한다면 방어 차원에서 경쟁자 제공 수준까지 시간과 장소를 확장해야 하는 경우도 고려해야 한다.

2. 서비스 유통 시간과 장소의 구분

구분	서비스 지점	
	단일 지점	복수 지점
고객이 기업을 방문	극장, 미용실	버스 정류장, 패스트푸드점
기업이 고객을 방문	주택 수리, 이동 세차	우편 배달, 은행 지점망
비대면 서비스	신용 카드 회사	통신 회사

① 고객이 기업을 방문하는 경우

장소적 접근성	고객이 기업 방문하기에 편리한 입지를 선정해야 한다.
시간적 접근성	고객의 기업 방문이 편리하도록 운영 시간을 고객 기준에 맞추어야 한다.

② 기업이 고객을 방문하는 경우

비용 문제	• 기업이 고객에게 서비스 직원 파견 시, 시간과 비용이 더 많이 소요된다. • 방문에 따른 추가 비용을 지불할 의지(편의적 고객)가 있는 고객에게 적합하다.
예약제 운영	• 서비스는 예약 시스템에 의한 운영이 바람직하다. • 방문을 위해 이동할 때는 최적화를 통한 이동 경로와 작업 계획을 수립한다.

수익 창출 기회	• 방문 서비스는 추가 수익을 창출할 수 있는 기회이다. • 고객 관계 관리를 통하여 추가 수익을 창출할 수 있는 전략을 세워야 한다.

③ 고객과 기업이 만나지 않는 경우 – 비대면 서비스
- 비대면 서비스란 고객이 서비스 설비를 보지 못하고 종업원을 대면하지 못하는 상태에서의 서비스 제공을 의미한다.
- 고객과 대면 횟수가 감소하기 때문에 단기적으로는 비용이 절감되는 효과를 주지만, 장기적으로는 사업 기회가 확장되는 데 부정적인 영향을 줄 수 있다.

3. 고객 특성에 따른 유통 경로 선호도 빈출

① **복잡한 고위험 서비스**
- 경제적·사회적·신체적 위험도가 높을수록 고객은 인적 채널에 의존한다.
- 기술적으로 복잡하거나 거래의 전문성이 필요한 경우 고객은 인적 채널에 의존한다.

② **서비스 채널에 대한 확신**: 서비스 채널에 대한 확신과 지식이 높을수록 고객은 비인적 채널(인쇄 매체, 방송 매체, 전시 매체)이나 셀프 서비스 채널(ATM 기기)을 선호한다.

③ **기술 수용 정도**: 기술 수용에 우호적인 고객일수록 셀프 서비스 채널 이용에 긍정적이다.

④ **거래의 기능성 추구**: 거래의 기능적 측면을 추구하는 고객은 주로 편리함을 선호한다.

⑤ **사회적 동기**: 사회적 동기(특정한 목표를 달성하기 위한 행위의 계기가 되는 사회·문화적 보상이나 결과)를 지닌 고객은 인적 채널을 선호한다.

⑥ **편리함**: 편리함은 대다수의 고객이 선호하는 채널이다.

2 서비스 유통 장소

1. 지역적 제약

① 일반적으로 서비스는 고객의 편의성이 가장 중요하지만 일부는 운영의 특성상 입지에 대한 엄격한 제약이 생기기도 한다.
   예 공항은 사무실과 같은 도착 예정지와 비교해 여행자가 접근하기 불편한 장소에 위치한다. 이는 소음과 환경적 요소로 인해 도심지로의 입지가 불가능하기 때문이며 이를 보완하기 위해 공항에서 도심으로 연결되는 교통 노선을 구축하는 방법이 있다.

② 규모의 경제가 요구되는 것도 입지 선택에 제약을 가하는 요인이다.
   예 스키 리조트는 기후나 지형의 요인으로 인해 입지에 제한이 발생한다.

2. 미니 점포

① 자투리 공간을 활용해 수익을 올리는 점포로 복수 점포에 기반한 서비스 비즈니스에서 도입되고 있는 혁신적인 유통 유형 중 하나다.

② 지리적 범위를 최대화하기 위하여 복수의 소규모 서비스 제공 장소를 설치하는 것으로 키오스크가 대표적이다.
   예 소매점, 병원, 대학 등에 설치된 ATM 기기, 대형 마트 내 은행 점포 및 미니 체인점

3. 다목적 시설 빈출

① 사무 공간에 상업 공간, 생산 공간까지 복합적인 시설을 갖추고 있는 곳을 뜻한다.
② 일부 기업은 다목적 시설을 활용해 종업원의 가사 및 개인 서비스에 대한 접근성까지 높여 주고 있다.

3 고객 접촉도별 고려 사항

1. 고객 접촉도의 의의

① 고객 접촉도란 서비스 시간 중 고객과 직접 접촉하는 시간의 비율로 고객 접촉도의 정도에 따라 서비스는 다르게 계획되어야 한다.
② 고객 접촉도가 높은 서비스의 경우 시간과 장소를 고객 입장에서 전달될 수 있도록 계획해야 하고, 접촉도가 낮은 서비스는 작업의 효율성과 생산자의 시간에 맞추어 계획해야 한다.

2. 고객 접촉도별 고려 사항 빈출

구분	고접촉 서비스	저접촉 서비스
시설 입지	고객에게 가까워야 한다.	원자재 공급원, 접점 직원에게 가까워야 한다.
설비 배치	고객의 물적·심리적 니즈와 기대를 충족해야 한다.	작업의 효율성 위주로 설비를 배치한다.
전달 설계	물리적 환경(서비스 스케이프)과 물리적 증거도 중요하다.	서비스의 기능적 속성 중심으로 설계한다.
과정 설계	고객을 고려한 과정을 설계해야 한다.	고객을 분리한 과정을 설계해야 한다.
일정 계획	고객의 일정을 고려하여 일정을 계획한다.	고객이 원하는 작업 완료일만 맞추면 된다.
생산 계획	재고가 불가능하다.	주문 적체와 생산 평준화가 가능하다.
직원 기술	인간관계 및 상호 작용하는 능력이 필요하다.	기능 인력이 필요하다.
시간 표준	고객에게 맞춘 시간으로 유연해야 한다.	작업에 맞춘 엄격한 표준시간을 지켜야 한다.
능력 계획	최대 수요와 일치하는 방향으로 계획해야 한다.	평균 수요에 일치하는 방향으로 계획해야 한다.
수요 예측	단기적이면서 시간 기준으로 수요를 예측한다.	장기적이면서 생산량 기준으로 수요를 예측한다.

CHAPTER 04 서비스 유통 채널

| 빈출 키워드 |

\# 프랜차이즈 \# 에이전트 및 브로커 \# 전자 채널
\# 전자 상거래와 전통 상거래 \# 유통 경로 전략

1 전통적 서비스 유통 경로(다이렉트 채널, 직접 유통)

1. 다이렉트 채널의 의의
① 다이렉트 채널이란 서비스 제공자로부터 고객에게 바로 전달되는 직접 경로의 형태이다.
② 직영 채널로 서비스 제공자가 중간상을 거치지 않고 직접 고객 접촉점을 소유, 관리한다.
③ 유통 경로의 구조는 주로 소규모 독립 서비스 제공자의 경우에 많이 나타난다.

2. 다이렉트 채널의 장단점

장점	단점
• 서비스 생산, 판매, 소비 현장을 완전 통제할 수 있다. • 소유주가 서비스 생산이 제대로 수행되는지 감시, 통제, 평가, 보상함으로써 일관된 서비스 품질 제공이 가능하다. • 고객 관계를 직접 관리할 수 있기 때문에 고객 서비스에 문제가 생겼을 경우 맞춤식 대응이 가능하다. • 종업원의 채용, 해고, 교육, 동기 부여 등의 통제로 기업의 입장에서 이익을 가져온다. • 중간상이 없기 때문에 조직 간 경로 갈등 문제가 발생하지 않는다.	• 직영 채널 운영에 대한 재무적 비용을 서비스 기업 단독으로 부담해야 한다. • 지역적 문제로 서비스 유통에 어려움이 수반된다. • 고객 만족을 이끌어 갈 수 있는 높은 전문성이 요구된다.

2 중간상을 이용한 서비스 유통 경로(간접 유통)

1. 프랜차이즈 빈출
① 의의: 프랜차이즈 본부(Franchisor)가 계약에 의해 가맹점(Franchisee)에 일정 기간 동안 특정 지역 내에서 자신들의 상표, 상호, 상업 운영 방식 등을 사용하여 제품이나 서비스를 판매할 수 있는 권한을 허가해 주고, 가맹점은 이에 대한 대가로 초기 가입비와 매출액의 일정 비율에 대해 로열티를 지급하는 형태의 경로 조직을 말한다.

② 특성
- 가맹점은 프랜차이즈 본부의 상품, 서비스, 제조, 마케팅에 대한 노하우를 모두 전수받는다.
- 기업은 지점을 빠른 시간에 확대시킬 수 있다.
- 많은 투자 비용을 들이지 않고 복수의 지점들을 통해 일관된 서비스 콘셉트를 전달하는 데 효과적이다.
- 가맹점이 수행해야 할 서비스 활동을 명세화하고 개별 가맹점들에 대한 서비스 표준을 설계하여 통제할 수 있다.

③ 프랜차이즈 본부의 지원 활동과 가맹점의 의무

본부의 지원 활동	가맹점의 의무
• 상품, 서비스의 판매권과 상표권을 제공한다. • 상품 생산에 필요한 재료 및 자재를 제공한다. • 배타적/전속적 프랜차이징을 제공한다. • 점포, 점내 배치, 개점 업무, 표준 경영 기술, 판매 촉진 기술, 종업원 훈련 등을 지도한다. • 감독자에 의해 정기적으로 지도 및 원조를 한다. • 정기적 강습회에 의한 경영 정보나 기타 정보를 교환한다. • 신속한 상품 구매 체제를 제공한다. • 가맹점과 연대 광고 및 지점 광고를 지원한다. • 개설 자금 및 운영 자금의 융자를 지원한다.	• 가맹금, 신청 증거금을 납입한다. • 로열티를 지급한다. • 광고 선전비 일부를 부담한다. • 전속적 취급을 이행한다. • 매장 환경을 관리한다. • 희망 판매 가격을 준수하고 회계 내용을 보고한다. • 본부로부터의 개선 명령을 수용한다.

④ 프랜차이즈 본부 입장의 장단점

장점	단점
• 가입비와 로열티 등의 수입으로 자본 조달이 용이하여 안정적으로 사업을 수행한다. • 상품과 서비스의 안정적인 판매망을 확보한다. • 가맹점의 점포 스타일, 판매원의 유니폼을 통일시킴으로써, 소비자와 업계 전반에 일관된 이미지를 형성한다. • 확대된 유통망을 통한 수익, 시장 점유율, 브랜드 인지도를 확보한다. • 지역별 시장에 대한 소비자 지식을 습득할 수 있다.	• 가맹점에 대한 지도 및 지원을 위해 지속적인 투자가 필요하다. • 가맹점과의 갈등 및 분쟁이 발생할 수 있다. • 가맹점이 급증하는 경우 본부가 효과적으로 통제하기 어려울 수 있다. • 가맹점이 본부에 수동적으로 의존하는 경우, 프랜차이즈 조직 전체의 경쟁력이 낮아질 수 있다. • 가맹점으로부터 부실 채권이 발생할 수 있다. • 일부 가맹점의 실패가 프랜차이즈 전체에 부정적인 영향을 미칠 수 있다.

⑤ 프랜차이즈 가맹점 입장의 장단점

장점	단점
• 사업의 기초가 되는 사업 형태와 방법을 배울 수 있다. • 광범위한 지역에서 브랜드 명성을 획득한다. • 증명된 사업의 인수로 사업 초기 위험이 최소화된다. • 소자본으로 사업이 가능하다. • 자재 및 도구의 대량 구매로 비용 절감, 규모의 경제를 실현한다. • 전국적인 광고로 광고비가 절감된다.	• 프랜차이즈 본부에 대한 의존이 심화된다. • 수입과 이익에 대한 기대 달성이 미흡하다. • 시장의 잠식 가능성이 있다. • 운영에 대한 융통성과 통제권이 부족하다. • 높은 수수료에 대한 부담이 발생한다. • 원료 구입 시 기회비용이 발생할 수 있다.

> **PLUS⁺ 프랜차이즈의 구분**
>
> • **상표명 프랜차이징(Trade-name Franchising)**: 상표명 프랜차이징은 주로 상품 판매에 사용되는 것으로 가맹점이 본부의 상품을 본부가 등록한 상표명으로 판매하는 형태이다.
>   예 GM이나 포드 등의 자동차 업체, 코카콜라, 주유소, 브랜드 호텔 등
> • **사업 형태 프랜차이징(Business Format Franchising)**: 가장 일반적으로 사용되는 프랜차이징으로 본부가 상품 및 서비스, 등록 상표, 운영 방식, 지속적인 경영 지도 등 사업에 필요한 모든 요소를 가맹점에 제공하는 형태이다. 본부는 이에 대한 대가로 가입금과 보증금 등을 받는다.
>   예 롯데리아, 파리바게트, BBQ 등

- 전환 프랜차이징(Conversion Franchising): 전환 프랜차이징은 독립적으로 운영되던 점포를 프랜차이즈 시스템에 끌어들여 형성된 형태이다. 독립 점포는 프랜차이즈 본부가 가지고 있는 명성이나 고객 확보 능력, 강력한 구매력, 고도의 운영 기술에 의한 비용 절감 등의 장점을 끌어다 쓰길 원하며, 본부의 입장에서는 독립 점포를 자신의 프랜차이즈 시스템에 끌어들임으로써 단기간에 성장할 수 있는 기회를 가지게 된다.

2. 에이전트 및 브로커

① 에이전트(Agent, 대리점 또는 대리인): 기업이나 고객 중 어느 한쪽을 대신하여 기업과 고객 간의 거래를 활성화시키는 역할을 한다.

판매 에이전트 (Selling Agent)	생산자의 상품과 서비스를 판매할 수 있는 법적 권한을 갖는다. 일반적으로 하나의 서비스 공급자만을 대행하는 것이 아니라 다양한 서비스 공급자의 상품을 취급하고 있기 때문에 선택의 폭이 넓어진다. 예 보험이나 금융 상품의 판매를 대행하는 자산 관리사
구매 에이전트 (Purchasing Agent)	소비자를 대신하여 상품과 서비스를 평가하고 구매하며, 전문 구매를 필요로 하는 소비자들과 장기적인 관계를 유지한다. 예 골동품 수집 및 판매가

② 브로커(Broker, 중개인): 구매자와 판매자 간의 협상을 돕고 이들 간의 거래 관계를 맺어 주는 역할을 수행하는 중간상이다. 브로커는 구매자와 판매자의 대리자 역할을 지속적으로 하지 않고 거래가 성사되면 고용한 당사자로부터 수수료를 받기 때문에, 자금 조달과 같은 거래에 따른 위험 부담은 지지 않는다.
예 부동산 중개인, 보험 중개인, 증권 중개인, 결혼 정보 회사 등

③ 에이전트와 브로커 활용의 장단점

장점	단점
• 서비스 생산 및 공급자의 판매 비용과 유통 비용을 절감할 수 있다. • 에이전트와 브로커가 소유한 전문 기술과 지식을 활용할 수 있다. • 고객의 서비스 상품 선택을 용이하게 한다. • 지역 시장에 대한 전문성을 지니고 있어 해당 시장의 특이성 등의 정보를 제공받을 수 있다. • 서비스 상품에 대한 소비자의 선택과 구매가 용이하다.	• 에이전트와 브로커가 서비스 상품을 결정하고, 가격을 협상하는 등 판매 방법의 유연성을 가지게 되어 서비스 생산 및 공급자가 추구하는 가격 정책에 대한 통제력을 상실한다. • 독립 에이전트와 브로커는 다수의 공급자를 취급함으로써 공급자 간의 경쟁이 촉발되기 때문에 특정 서비스 생산 및 공급자가 추구하는 서비스 가치가 떨어지기도 한다.

3. 전자 채널

① 의의 빈출
- TV, 인터넷, SNS 등 다양한 전자 매체를 이용하여 서비스를 제공하는 유통 경로를 말한다.
- 기업의 서비스 전달이 고객과의 직접적인 접촉이 아니라 전자 매체를 통하여 이루어지는 경우가 많다.
- 최근에는 기업과 고객 모두 중간상을 배제하고자 하는 탈중간상화(Disintermediation) 현상이 나타나고 있다.

> **PLUS⁺** 탈중간상화(Disintermediation)
>
> 기업과 소비자가 전자적으로 연결되면서 나타난 개념으로 상품 및 서비스의 제공 업체 또는 후방의 유통 채널 구성원이 전방에 있는 유통 채널 구성원, 즉 중간상을 거치지 않고 소비자와 직접 거래함으로써 전방의 중간 유통 채널이 유통 경로에서 사라지게 되는 현상을 말한다.

② 전자 상거래와 전통 상거래의 비교 〔빈출〕

구분	전자 상거래	전통 상거래
유통 채널	기업 – 소비자	기업 – 도매상 – 소매상 – 소비자
거래 대상 지역	글로벌 마켓	로컬 마켓
거래 시간	24시간	제한된 영업 시간
고객 수요 파악	• 온라인으로 수시 획득 • 정보 재입력 필요 없음	• 영업 사원이 획득 • 정보 재입력 필요
마케팅 활동	쌍방향 커뮤니케이션을 통한 1:1 마케팅	구매자의 의사와 상관없는 일방향 마케팅
고객 대응	고객 수요를 신속하게 포착하여 즉각 대응	고객 수요의 포착이 어렵고, 이에 대한 대응 지연
판매 거점	사이버 공간	판매 공간 필요

> **PLUS⁺** 전자 채널의 등장으로 인한 새로운 중간상의 역할과 기능 〔빈출〕
>
> • 정보 수집의 역할
> • 향상된 마케팅 커뮤니케이션 활동
> • 기존 채널에 비해 향상된 고객 맞춤 서비스 제공
> • 파이낸싱 역할 수행
> • 물적 유통의 역할 수행

③ 효과
- **전자적 의사소통 효과**: 기업과 소비자가 전자적으로 연결됨으로써 의사소통되는 정보의 양이 많아지고 정보 교환의 속도가 빨라졌다.
- **전자적 중개 효과**: 전자적 상호 작용 시스템의 발전에 따라 거래 상대를 찾는 과정을 전자적으로 해결할 수 있다.
- **전자적 통합 효과**: 전자적 거래 시스템의 활용이 커짐에 따라 전후방의 유통 기관이 기능적으로 통합된다.

④ 장단점

장점	단점
• 저렴한 비용으로 광범위한 지역의 고객에게 표준화된 서비스를 전달할 수 있다. • 시간과 공간의 제약을 벗어나 접근성을 높인다. • 고객이 선택할 수 있는 폭이 넓어진다. • 고객 맞춤화가 가능하다. • 신속한 고객 피드백으로 대응성을 높여 준다.	• 서비스가 제공되는 지역이 확장되면서 서비스나 가격면에서 경쟁이 증가된다. • 전자 거래에 익숙한 고객과 그렇지 않은 고객으로 인하여 서비스의 일관성이 떨어진다. • 대금 결제 및 정보 보안의 문제가 발생한다. • 고객과의 직접적인 상호 작용이 어려워 고객의 참여가 제한된다.

⑤ 오프라인 기업의 온라인 전략

기존 오프라인 유통 경로 보완	• 기존 유통 경로에서 제공하는 부족했던 서비스를 온라인에서 보완한다. • 경로 갈등의 정도가 높고 온라인 환경 적합도가 낮은 경우 가능하다.
오프라인과 온라인 유통 경로의 차별화	• 오프라인과 온라인 유통 경로의 차별화를 통해 갈등 요소를 해결한다. • 경로 기능을 배분하여 오프라인과 온라인의 역할과 기능 간의 중복 요소를 제거한다. • 경로 갈등의 정도가 높고 온라인 환경 적합도가 높은 경우 전략적으로 선택한다.
오프라인과 온라인 유통 경로 통합	• 온라인 유통 경로를 통한 모든 판매 활동을 통합한다. • 경로 갈등의 정도가 낮고 온라인 환경 적합도가 높은 경우 선택한다.

⑥ **전자 채널의 갈등 관리** 빈출: 전자 채널의 등장은 전통 채널과의 갈등을 야기시키고 있으며, 이로 인해 많은 대리점, 소매점, 영업 사원들이 자신의 지위에 심각한 위협을 느끼고 있다.

유통 채널에 대한 갈등 관리 방법	유통 채널 간 갈등 발생 시의 의사 결정 원칙
• 경로 구성원 전체의 공동 목표를 설정한다. • 중재를 통한 해결을 시도한다. • 법적 수단에 의지한다. • 경로 구성원들 간의 상호 교환 프로그램을 개발한다. • 회원들의 대표 기구를 활용한다. • 지속적인 교육을 통해 갈등 발생을 예방한다.	• 채널 갈등의 대처는 수익성을 기준으로 의사 결정한다. • 채널별 수익과 비용 분석 결과를 토대로 육성의 우선순위를 결정한다. • 일반적으로 비용 측면에서는 전자 채널이, 수익 측면에서는 기존 채널이 유리한 경우가 많다. • 수익을 초과하는 비용이 발생하였다면 신중한 디마케팅(Demarketing) 노력이 필요하다.

PLUS+ 전자 채널의 등장에 따른 향후 유통 관리 이슈

- 온라인에서 제품을 검색하고 매장에 나가서 구매하거나 제품을 보고 온라인으로 구매하는 형태가 증가한다.
- 하나의 채널만으로 고객에게 접근하기 매우 어려워졌다(온라인과 오프라인의 병행).
- 전통적 채널과 새로운 채널 사이의 시너지 창출이 과제로 부각되었다.

4. 중간상을 통한 효과적인 유통 전략

① **통제 전략**: 기업의 서비스 성과 표준에 따라 중간상의 서비스 품질과 성과를 평가한 후 보상 및 처벌하는 전략이다. 이 전략은 차별적 서비스 모델에 기반해 상당한 고객 기반을 구축하고 있는 강력한 경제적 파워를 보유한 기업에 적절하다.
- 본사는 측정 프로그램을 운영함으로써 가맹점이 제공하는 서비스 품질을 통제한다. 성과가 좋은 가맹점에는 보상을 주고, 그렇지 못한 가맹점에는 처벌을 한다.
- 본사 입장에서는 통제권을 가질 수 있지만, 가맹점과의 신뢰와 우호 관계가 깨질 수도 있다.
- 본사는 계약 종료, 비갱신, 할당량, 공급자 제한 등으로 가맹점을 통제한다. 판매 목표를 설정하고 이를 달성하면 계약이나 가격에 대한 리뷰를 통해 가맹점의 행동을 제한할 수 있다.

② **권한 부여 전략**: 중간상에게 서비스 목표 설정 및 서비스 프로세스 관리에 있어 최대한 재량권을 부여하는 전략이다. 신규 기업이나 중간상을 통제할 만큼 강력한 파워를 가지고 있지 못한 기업에 적절하다. 그러나 중간상에게 상당한 재량권을 부여하더라도 기업은 중간상이 서비스를 잘 수행할 수 있도록 지원해야 한다.
- 본사는 시장 및 고객을 조사하여 중간상에게 정보를 제공하고, 교육 시스템, 예약 시스템 등을 가맹점에 제공한다.

- 좋은 품질의 서비스 전달을 위하여 중간상에게 서비스 업무와 관련된 지식과 기술을 교육 훈련시킨다.
- 가맹점에서 본사의 경영에 의견을 제시할 수 있는 기회를 제공한다.

③ **파트너십 전략**: 중간상과 기업이 함께 서비스 전달 기준과 프로세스를 정하고, 기업과 중간상의 능력을 공유 및 활용하며 상호 간에 신뢰를 구축하는 전략이다. 공급자와 중간상이 서로 대등하거나 보완적인 관계일 경우 적절하다.
- 프로세스 초기에 기업과 중간상의 개별 목표를 일치시킨 후 각각 개별된 목표를 갖는다.
- 고객에게 이익을 주는 것이 결국 자신의 이익에도 도움이 된다는 것에 합의가 된다면 하나의 목표로 관계를 시작할 수 있다. 단, 추구하는 목표의 합의가 이루어지지 않을 경우 갈등이 생길 수 있다.
- 의사 결정 과정에 중간상을 참여시켜 통제권을 부여하였음을 인지할 수 있도록 한다.

3 서비스 유통 채널 관리

1. 서비스 유통 경로의 힘

① **유통 경로의 힘(권력)**: 기존 유통 경로상 다른 구성원의 마케팅 전략상의 의사 결정 변수를 통제하는 능력으로서, 한 경로가 다른 경로의 의사 결정이나 목적 달성에 영향을 미치는 영향력 행사 수단이라고 할 수 있다.

② 힘의 원천

보상적 권력 (Reward Power)	한 경로가 다른 경로에 여러 가지 물질적 또는 심리적 도움을 줄 수 있을 때 형성된다. 예 판매 및 영업 활동 지원, 판매원 교육, 마진 폭 증대, 판촉 예산의 배분, 좋은 전시 장소의 제공 등
강압적 권력 (Coercive Power)	한 경로의 영향력 행사에 대하여 구성원이 따르지 않는 경우 처벌이나 부정적 제재를 받을 것이라고 지각할 때 미치는 영향력을 말한다. 예 마진 폭 인하, 상품 공급의 지연, 상품 결제 기일의 단축, 전속적(배타적, 독점적) 지역 영업권의 철회, 대리점 보증금의 인상, 인접 지역에 새로운 점포 개설 등
전문적 권력 (Expert Power)	한 경로가 특별한 전문 지식이나 경험을 가졌다고 상대방이 인지할 때 가지게 되는 영향력을 말한다. 예 경영 관리에 대한 상담과 조언, 경영 및 소비자 정보 제공, 상품 진열 및 전시에 대한 조언
준거적 권력 (Referent Power)	• 한 경로가 여러 측면에서 장점을 갖고 있는 경우 다른 경로가 그와 일체성을 갖고 한 구성원이 되고자 하며 거래 관계를 계속 유지하고 싶어 할 때 영향을 미친다. • 유통업자의 경우 유명 제조업자의 상품을 취급한다는 점에서, 제조업자는 유명 백화점이나 쇼핑 센터에서 제품 판매가 이루어진다는 점에서 긍지를 느낄 수 있다.
정당성 권력 (Legitimate Power)	• 다른 구성원들에게 영향력을 행사할 정당한 권리를 갖고 있고 상대방도 당연히 그렇게 해야 한다고 내재적으로 지각할 때 영향을 미친다. • 합법적인 조직 구조나 계약 관계(상표 등록, 특허권, 프랜차이즈 권리, 기타 법률적 권리) 또는 오랜 관습이나 습관을 통해 당연시되는 전통적 권력(관습, 습관, 가치)이 있다.
정보적 권력 (Informative Power)	다른 경로가 이전에 얻을 수 없었거나 알 수 없었던 정보, 일의 결과를 제공해 준다고 인식하는 경우에 갖게 된다. 예 시장 환경 정보, 소비자 정보, 서비스 상권 정보

2. 서비스 유통 경로의 갈등

① **목표와 수행 간 충돌**: 서비스 제공자와 중간상 또는 중간상 간에 목표 차이, 역할과 권리 경쟁, 경로 수행 방법 차이 등의 원인으로 발생한다.
② **품질 통제 및 일관성 유지의 어려움**: 유통 경로가 명확하지 않은 전문화된 서비스(경영 컨설팅, 건축)는 품질 통제 및 표준화된 서비스 전달이 어려울 수 있다.
③ **권한과 통제 사이의 조율**: 기업에서는 중간상에 권한을 부여하는 데 부담을 느끼고, 중간상은 통제받는 것을 부정적으로 생각한다.
④ **역할상의 혼란**: 통제가 되지 않는 경우 조사의 필요성, 사용 수단에 대한 소유권, 서비스 전달 기준에 갈등 및 혼란이 야기된다.

3. 성공적인 유통 경로 〔빈출〕

① 공동의 목표를 가진 고객 지향성
② 효과적·효율적인 커뮤니케이션
③ 공동 목표 달성을 위한 경로 구성원 간의 협조
④ 명확한 통제 시스템과 보상 제도

4. 성장을 위한 유통 경로 전략 – 멀티마케팅

복수 점포 전략	• 장점: 빠른 확장, 빠른 매출 성장, 쉬운 관리 • 고려 사항: 좋은 입지, 재정적 지원, 품질 통제, 복수 매장 관리, 지나친 급성장
복수 서비스 전략	• 장점: 기존 고객에게 더 좋은 서비스 제공, 신규 고객 확보에 용이, 매출 성장 • 고려 사항: 효율성 저하, 재정적 지원, 복수 서비스 관리, 품질 통제
복수 시장 전략	• 장점: 시설의 적절한 활용, 높은 매출 성장 • 고려 사항: 보충 시장의 위치, 고객의 혼동, 서비스의 질
복수 점포 & 복수 서비스 전략	• 장점: 매출 성장, 원스톱 쇼핑, 기존 고객에게 더 좋은 서비스 제공 • 고려 사항: 간접비, 서비스의 질, 통제 가능한 시스템 규모 확보
복수 점포 & 복수 시장 전략	• 장점: 매출 성장, 하나의 시장에 대한 각 점포의 전문화 • 고려 사항: 간접비, 서비스의 질, 통제 가능한 시스템 규모 확보

> **PLUS+ 옴니 채널(Omni Channel)** 〔빈출〕
>
> 옴니 채널은 모든 것을 뜻하는 라틴어 '옴니(Omni)'와 제품의 유통 경로를 의미하는 '채널(Channel)'의 합성어로 '소비자가 온라인, 오프라인, 모바일 등 다양한 경로에서 상품을 검색하고 구매할 수 있는 서비스'이다. 각 유통 채널의 특성을 결합해 어떤 채널에서든 같은 매장을 이용하는 것처럼 느낄 수 있도록 한 쇼핑 환경을 뜻하기도 한다.

CHAPTER 05 서비스 환경의 이해

| 빈출 키워드 |

\# 물리적 환경의 범주   \# 물리적 환경의 역할   \# 물리적 환경 관리 전략

1 물리적 환경(Service Scape, 서비스 스케이프)

1. 물리적 환경의 정의
① 물리적 환경이란 서비스가 전달되고 서비스 조직과 고객의 상호 작용이 이루어지는 환경을 말한다.
② 사람, 제품, 정보를 대상으로 변환 활동을 할 때, 모든 서비스 기업은 사람이 아닌 물질적 요소(기계, 설비, 도구 등)에 의존한다. 서비스 생산에서 활용되는 모든 물질적 요소를 물질적 증거라고 한다.

2. 물리적 환경의 구분

물리적 환경		기타 유형 요소
외부 환경	내부 환경	
• 시설의 외형 • 간판, 안내 표지판 • 주차장 등 주변 환경	• 벽과 내부 장식 • 가구, 시설물 • 내부 공기의 질과 온도	• 종업원의 유니폼 • 광고 팸플릿 • 입장권 • 영수증

3. 물리적 환경의 특성
① 무형적인 특성을 가진 서비스는 물리적 증거를 통해 고객에게 서비스 품질을 전달한다.
② 물리적 환경은 고객뿐만 아니라 종업원들의 인지적·정서적·심리적 반응에도 영향을 미치며, 다양한 요소는 조화로워야 한다.

4. 물리적 환경의 대상과 복잡성에 따른 형태

대상 \ 복잡성	복잡함	단순함
셀프 서비스	테마파크, 대형 쇼핑센터(무인 계산)	ATM 기기, 티켓 자동 발매기, 운송 화물 접수 창구, 영화관
대인 서비스	호텔, 레스토랑, 병원, 은행, 항공사	세탁소, 미용실
원격 서비스	유·무선 통신 회사, 회계 법인, 대다수의 전문 서비스	통신 판매업체, 자동 음성 메시지 서비스

2 물리적 환경의 범주와 역할

1. 물리적 환경의 범주 〔빈출〕

① 베이커(Baker)에 의한 구분

주변 요소 (Ambient Factor)	• 실내 온도, 습도, 조명, 향기 등과 같은 배경적인 요소를 말한다. • 즉각 인지할 수 없지만 당연히 갖추어야 할 요소이기 때문에 부족하거나 적합하지 못할 때 인지된다.
디자인 요소 (Design Factor)	• 미적 요소(건축미, 색상)와 기능적 요소(레이아웃, 안정성)로 구분된다. • 서비스에 대한 긍정적 시각을 형성하고, 물리적 환경에 접근 행동을 자극할 수 있다. • 주변 요소에 비해 고객이 인식하기 쉽기 때문에 보다 큰 영향력을 행사한다.
사회적 요소 (Social Factor)	• 물리적 환경의 인적 요소인 고객과 종업원을 말한다. • 서비스 종업원의 숫자, 유니폼과 외모, 서비스 제공자의 행동 등이 해당된다. • 고객이 물리적 환경에 접근 또는 회피하는 행동에 영향을 미칠 수 있다.

② 비트너(Bitner)에 의한 구분

주변 요소	환경의 배경적 특성을 의미한다. 예 온도, 조도, 소음, 음악, 향기 등
공간 및 기능성	서비스를 제공하는 공간에 속하는 도구를 의미한다. 예 가구, 기계, 장치와 이들의 배열, 공간적 관계 등
표지판 및 상징 조형물	서비스 공간 내에서 기호적인 상징이 고객 및 종업원에 전달하는 소통 기능을 의미한다. 예 예술 장식물, 증명서 게시, 사진, 바닥재, 개인 소품 등

2. 물리적 환경의 역할 〔빈출〕

① 패키지 역할
- 무형적인 서비스의 외적 표현으로 내부 이미지를 포장하여 고객에게 제공한다.
- 고객에게 주는 첫인상으로 기대를 형성하는 데 중요한 영향을 준다.

② 편의 제공
- 사람의 서비스 수행을 돕는다.
- 물리적 환경을 어떻게 설계하느냐에 따라 서비스 활동이 증대되거나 억제될 수 있다.
- 잘 설계되었다면 고객에게는 좋은 서비스 경험을, 종업원에게는 좋은 성과를 준다.

③ 사회화 역할
- 고객 또는 직원의 역할, 행동, 관계를 설명하는 데 도움이 된다.
- 고객과 직원의 위치, 고객에게 보여지는 정도, 환경의 쾌적성을 보여 준다.

④ 차별화 역할
- 경쟁사로부터 차별화를 하면서 서비스 흐름에 맞춰 시장을 세분화할 수 있다.
- 차별화는 포지셔닝과 세분화에 영향을 준다.
    예 카페 같은 차별화된 인테리어의 편의점

3. 물리적 환경의 영향

① 물리적 환경은 고객과 종업원에게 개별적으로 인식되는 것이 아니라 전체 환경으로 인식되고 내적 반응을 불러일으킨다.
② 조절 변수(성격 특성, 상황 요인, 무드, 환경에 대한 개인적인 기대 등)에 의해 내적 반응이 발생하기에 앞서 종업원과 고객의 조절 요인이 영향을 미친다.

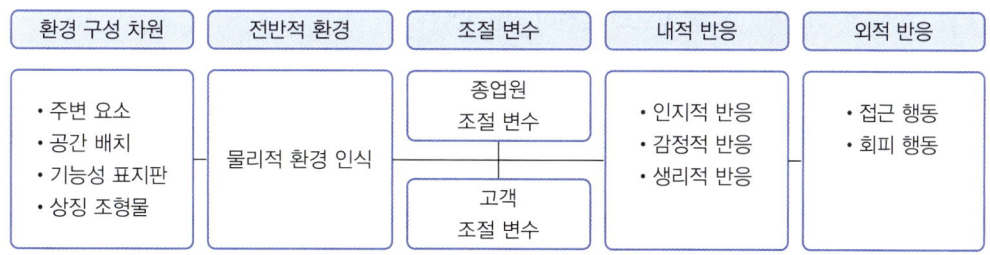

PLUS+	내적 반응 이후 유발되는 행동
접근 행동	행위자가 속해 있는 환경에서 하는 긍정적인 행동을 말한다. 예 오래 머무르기, 추가 구매, 매너 지키기, 더 열심히 역할이나 직무 수행하기
회피 행동	행위자가 속해 있는 환경에서 하는 부정적인 행동을 말한다. 예 오래 머무르지 않고 빨리 떠나기, 지출하지 않기, 동화되지 못하는 행동, 역할이나 직무 수행에 나태해지기

4. 물리적 환경 관리 전략

점포 내 혼잡성	• 혼잡성은 소비자의 정보 처리 과정에서 인식되며 소비자의 구매 의사 결정에 영향을 미친다. • 혼잡성은 정보의 양을 제한하여 대인 커뮤니케이션이나 구매 가능성을 감소시키거나 만족을 감소시키는 등 점포 이미지에 영향을 미친다. • 기업은 시설의 재배치, 용량 조절, 고객 수 통제, 종업원 수 조절, 표지판, 주변 요소를 이용하여 혼잡성을 감소시킬 수 있어야 한다.
외관	• 서비스 기업의 건물은 고객들에게 기업을 알리고 기업이 가진 특유의 이미지를 명확하게 보여 주는 수단이다. • 기업의 브랜드와 이미지를 보여 주기 위해 기능성과 심미성을 모두 갖춘 건물이 좋다. • 지나치게 외관에 치우치면 불편함을 야기할 수 있다.
점포 분위기	• 점포 이미지라고도 하며, 특정 점포에 대해 고객이 느끼는 바를 말한다. • 고객이 매장 내에서 정확하게 인지하지는 못하지만 고객의 감정 상태에 영향을 미칠 수 있다.
가상 물리적 환경	• 웹페이지 및 가상적 서비스 투어는 고객들이 인터넷을 통해 서비스를 이해하고 미리 체험할 수 있도록 도와준다. • 기존에는 거의 불가능했던 서비스의 경험적 측면을 고객들과 보다 쉽게 의사소통할 수 있도록 기회를 제공한다.

적중 예상문제

PART 1 일반형

01 다음 중 성공적인 유통 경로의 특성이 아닌 것은?
① 공동의 목표를 가진 고객 지향성
② 명확한 통제 시스템과 보상 제도
③ 독자 노선으로 유통 채널의 단일화
④ 효과적이고 효율적인 커뮤니케이션
⑤ 공동 목표 달성을 위한 경로 구성원 간의 협조

02 다음 중 전자 채널의 등장으로 인한 새로운 중간상의 역할과 기능으로 옳지 않은 것은?
① 정보 수집의 역할
② 파이낸싱 역할 수행
③ 물적 유통의 역할 수행
④ 향상된 마케팅 커뮤니케이션 활동
⑤ 기존 채널에 맞춘 고정된 서비스 제공

03 다음 중 고객 특성에 따른 유통 경로 선호도의 설명으로 옳지 <u>않은</u> 것은 무엇인가?
① 경제적·사회적·신체적 위험도가 높거나 거래의 전문성이 필요한 경우, 고객은 인적 채널에 의존한다.
② 서비스 채널에 대한 확신과 지식이 높을수록 고객은 비인적 채널(매체, ATM 등)을 선호한다.
③ 기술 수용 정도가 높은 고객일수록 셀프 서비스 채널을 선호하며 긍정적인 태도를 보인다.
④ 거래의 기능적 측면을 추구하는 고객은 주로 빠른 속도를 선호한다.
⑤ 사회적 동기가 강한 고객은 사회·문화적 보상이나 결과를 기대하며 인적 채널을 선호한다.

04 다음 중 사이버 공간에서의 서비스 전달과 관련된 내용으로 가장 적절한 것은?
① 서비스 플라워 중 환대는 주로 전자적으로 처리된다.
② 전자 채널과 가장 유사한 서비스 유통 채널은 직영 유통채널이다.
③ 사이버 공간은 보조 서비스보다 핵심 서비스의 전달에 보다 적합하다.
④ 사이버 공간에서 전달되는 서비스들은 주로 정보에 기반을 둔 서비스에 해당한다.
⑤ 사이버 공간에서의 서비스 전달이 활성화되면서 점차적으로 오프라인에서의 서비스 전달이 감소하고 있다.

해설
01 성공적인 유통 경로를 위해서는 다양한 유통 채널 구성원 간의 상호 커뮤니케이션을 바탕으로 고객 중심 채널을 통합하고 유기적으로 연결할 수 있어야 한다.
02 전자 채널의 등장으로 중간상은 기존 채널보다 향상된 고객 맞춤 서비스를 제공한다.
03 거래 기능적 측면을 중시하는 고객은 빠른 속도가 아닌 편리함을 선호한다.
04 ① 서비스 플라워 중 환대는 전자적으로 처리되기 어렵다.
② 전자 채널은 중간상의 한 형태에 속한다.
③ 사이버 공간은 보조 서비스의 전달에 보다 적합하다.
⑤ 전자 채널은 셀프 서비스의 특성이 강한데, 모든 고객이 셀프 서비스를 좋아하는 것은 아니므로 여전히 오프라인 채널은 존재할 것이다.

정답
01 ③   02 ⑤   03 ④   04 ④

05 다음 중 성장을 위한 유통 경로 전략인 멀티마케팅 전략에 대한 설명으로 옳지 않은 것은?

① 복수 점포 전략의 장점은 빠른 확장, 빠른 매출 성장, 쉬운 관리이다.
② 복수 점포 전략의 단점은 좋은 입지를 늘 고려해야 하고, 지나친 급성장에서 오는 리스크가 크다는 것이다.
③ 복수 시장 전략의 장점은 시설을 적절하게 활용할 수 있고, 매출 성장을 높일 수 있다는 것이다.
④ 복수 서비스 전략의 단점은 고객이 혼동하거나 서비스의 질이 떨어질 수 있다는 것이다.
⑤ 복수 서비스 전략의 경우 기존 고객에게 더 좋은 서비스를 제공할 수 있고 신규 고객 확보가 용이하며 주유소 내 마트를 예로 들 수 있다.

06 다음 중 유통 범위에 대한 설명으로 가장 적절한 것은?

① 전속적 유통 전략은 식품, 생활용품과 같은 편의품을 취급할 때 사용하는 전략이다.
② 전속적 유통 전략은 희망하는 어떤 소매점이라도 유통의 확대를 위해 다양한 상품을 취급하게 한다.
③ 개방적 유통 전략은 의류, 가구, 가전제품 등의 선매품을 취급할 때 사용하는 전략이다.
④ 선택적 유통 전략은 특정 상권 내에 일정 수준의 경영 능력, 입지, 이미지를 구축한 소매점을 선별하여 자사 제품을 취급하도록 하는 전략이다.
⑤ 귀금속이나 고급 브랜드 의류, 자동차 등과 같은 전문품을 판매하기 위해 상권 내 제한된 소매점에서 판매하는 전략을 선택적 유통 전략이라고 한다.

07 다음 중 서비스 유통 채널의 필요성에 대한 설명으로 옳지 <u>않은</u> 것은?

① 제조업자와 소비자가 필요로 하는 정보를 제공해 준다.
② 제조사에서 파악하기 어려운 고객의 욕구 파악 및 기대 수준 분석이 가능하다.
③ 다수의 공급업자와 다수의 구매자 간의 교환을 연결시켜 줌으로써 거래 수를 증가시켜 준다.
④ 등급, 수합, 분배, 구색화 등의 분류 기능을 수행하여 기업과 고객 간의 욕구 차이를 줄여 준다.
⑤ 시장에서의 교환 시스템을 보다 효율적으로 운영할 수 있고, 반복화에 따른 비용 절감의 효과가 있다.

08 다음 중 전자 채널이 서비스 유통에서 직면하는 문제점으로 적절한 것은?

① 고객 맞춤화가 어렵다.
② 신속한 고객 대응이 어렵다.
③ 전통 채널보다 품질 통제가 어렵다.
④ 고객의 지나친 참여로 이질성의 문제가 발생한다.
⑤ 전통 채널과의 갈등을 일으킬 수 있으며 이로 인해 많은 대리점, 소매점, 영업 사원들이 자신의 지위에 심각한 위협을 느끼고 있다.

해설

05 고객의 혼동 및 서비스의 질 저하는 복수 시장 전략의 단점이다.
06 ①, ② 개방적 유통 전략, ③ 선택적 유통 전략, ⑤ 전속적 유통 전략에 대한 설명이다.
07 서비스 유통 채널은 공급 측면에서 다수의 공급업자와 다수의 구매자 간의 교환을 연결해 줌으로써 거래 수를 감소시켜 준다.
08 ① 고객 맞춤화가 가능하다.
    ② 신속한 고객 대응이 가능하다.
    ③ 전통 채널보다 품질 통제가 쉽다.
    ④ 고객과의 직접적인 상호 작용이 어려워 고객의 참여가 제한된다.

정답

05 ④   06 ④   07 ③   08 ⑤

09 다음의 서비스 환경 중 물리적 환경의 역할이 아닌 것은?

① 편의 제공
② 패키지 역할
③ 사회화 역할
④ 이질화 역할
⑤ 차별화 역할

10 다음 중 전자 상거래에 대한 설명으로 옳지 않은 것은?

① 판매 공간은 주로 사이버 공간에서 이루어진다.
② 쌍방향 커뮤니케이션을 통한 1:1 마케팅이 가능하다.
③ 수요를 실시간으로 파악할 수 있어서 대응이 가능하다.
④ '기업-도매상-소매상-소비자'를 유통 채널로 가진다.
⑤ 거래 대상 지역은 글로벌 마켓으로 장소에 구애받지 않는다.

11 다음 중 에이전트와 브로커에 대한 설명으로 적절한 것은?

① 브로커는 구매자와 판매자를 지속해서 대리한다.
② 브로커는 기업이나 고객 중 어느 한쪽을 대신해 기업과 고객 간의 거래를 활성화하는 역할을 한다.
③ 에이전트와 브로커는 서비스에 대한 소유권을 가진다.
④ 에이전트는 협상을 도와주면서 구매자와 판매자를 연결하는 중간상이다.
⑤ 에이전트와 브로커를 통해 서비스 생산 및 공급자의 판매 비용과 유통 비용을 절감할 수 있다.

12 다음 중 서비스 유통 채널의 종류에 대한 설명으로 적절한 것은?

① Single-Channel은 비대면 채널로 운영되는 경우가 많다.
② Single-Channel은 주변에 동일한 유통 채널이 없는 경우를 의미한다.
③ Multi-Channel은 온라인으로 운영되는 다수의 접근 방법을 활용하는 유통 채널이다.
④ Multi-Channel은 인터넷을 활용하는 컴퓨터, 모바일 등으로만 접근하는 유통 채널이다.
⑤ Omni-Channel은 온라인과 오프라인을 총괄하여 활용하는 유통 채널이다.

해설

09 서비스의 이질화는 물리적 환경의 역할이 아닌 서비스의 기본 4대 특성에 해당된다.
10 '기업-도매상-소매상-소비자'를 유통 채널로 가지는 것은 전통 상거래에 대한 설명이다.
11 ① 브로커는 구매자와 판매자의 대리자 역할을 지속적으로 하지 않는다.
② 기업이나 고객 중 어느 한쪽을 대신해 기업과 고객 간의 거래를 활성화하는 역할을 하는 것은 에이전트이다.
③ 에이전트와 브로커는 서비스에 대한 소유권을 갖지 않는다.
④ 협상을 도와주면서 구매자와 판매자를 연결하는 중간상은 브로커이다.
12 ① Single-Channel은 오프라인 점포만 존재했던 시기라 대면 채널로 운영되는 경우가 많다.
② Single-Channel은 주변에 대부분 동일한 채널만 존재하였다.
④ Multi-Channel은 컴퓨터, 모바일 뿐만 아니라 온라인 점포, 웹, 소셜, 인터넷 등 다양하게 접근하는 유통 채널이다.
⑤ Omni-Channel은 소비자가 온라인, 오프라인, 모바일을 넘나들며 활용하는 유통 채널이다.

정답

09 ④   10 ④   11 ⑤   12 ③

PART 2 O/X형

[13~15] 다음 문항을 읽고 옳고(O), 그름(X)을 선택하시오.

13 타 가맹점의 실패는 프랜차이즈 전체에는 영향을 미치지 않는다. (① O ② X)

14 전자적 상호 작용 시스템의 발전에 따라 거래 상대를 찾는 과정을 전자적으로 해결할 수 있다는 것은 '전자적 의사소통 효과'에 대한 설명이다. (① O ② X)

15 옴니 채널은 '소비자가 온라인, 오프라인, 모바일 등 다양한 경로를 넘나들며 상품을 검색하고 구매할 수 있도록 한 서비스'이다. (① O ② X)

PART 3 연결형

[16~19] 다음 설명에 적절한 보기를 찾아 각각 선택하시오.

보기
① 탈중간상화   ② 상권   ③ 사업 형태 프랜차이징   ④ 수합   ⑤ 옴니채널

16 기업과 소비자가 전자적으로 연결됨으로써 나타나게 된 개념으로 상품 및 서비스의 제공 업체 또는 후방의 유통 채널 구성원이 전방에 있는 유통 채널 구성원, 즉 중간상을 거치지 않고 소비자와 직접 거래함으로써 전방의 중간 유통 채널이 유통 경로에서 사라지게 되는 현상이다.

(   )

17 소비자가 온라인, 오프라인, 모바일 등 경로에서 상품을 검색하고 구매할 수 있는 서비스이다.
(   )

18 가장 일반적으로 사용되는 프랜차이징으로 본부가 상품 및 서비스, 등록 상표, 운영 방식, 지속적인 경영 지도 등 사업에 필요한 모든 요소를 가맹점에 제공하는 형태이다. (   )

19 한 점포가 고객을 유인(흡인)할 수 있는 지역적 범위이다. (   )

해설
- **13** × 타 가맹점의 실패는 프랜차이즈 전체에 악영향을 미칠 수 있다.
- **14** × 전자적 상호 작용 시스템의 발전에 따라 거래 상대를 찾는 과정을 전자적으로 해결할 수 있다는 것은 '전자적 중개 효과'에 대한 설명이다. '전자적 의사소통 효과'는 기업과 소비자가 전자적으로 연결됨으로써 의사소통되는 정보의 양이 많아지고 정보 교환의 속도가 빨라진 것을 의미한다.
- **15** ○
- **16** 탈중간상화
- **17** 옴니채널
- **18** 사업 형태 프랜차이징
- **19** 상권

정답
13 ②　　14 ②　　15 ①　　16 ①　　17 ⑤　　18 ③　　19 ②

PART 4 사례형

20 ○○ 화장품 회사는 지역별로 더 많은 고객 서비스망을 구축하기 위해 서비스 유통 채널을 확대하고자 한다. 다음과 같은 3가지 대안을 두고 검토 중일 때 화장품 회사가 추가로 고려해야 하는 요소들에 대한 설명으로 옳지 <u>않은</u> 것은?

- 직영 사업소의 개설
  - 고객 DB의 안정적 확보
  - 업소당 개설 비용과 종업원 인건비 등 고정비 고려
- 대리점 사업주 모집
  - 점진적으로 전국망 확보 가능
  - 저비용
  - 독립 사업주이므로 고객 DB의 통제권 등이 본사에 없음
- 에이전트 도입
  - 서비스 상품의 권한과 의무는 본사에 있고 성과 수수료만 지급하는 구조
  - 저비용
  - 서비스 규정의 준수 및 고객 DB 등에 대한 신뢰도 등의 리스크 존재

① 프랜차이징은 독립적인 사업체이므로 직접 운영하면서 본사의 서비스 표준을 이행하고 매출액의 일정액을 로열티로 본사에 지급하는 구조이다.
② 에이전트는 가격, 마케팅 방법 등에 대한 통제권의 문제가 발생할 수 있다.
③ 에이전트도 대리점 사업주와 마찬가지로 고객 관계 및 서비스의 행사를 직접 시행하므로 본사는 직영 사업소에 비해 고객 관계 관리를 할 수 없다는 단점이 있다.
④ 에이전트 제도를 도입하게 되면 전문적 서비스 역량이나 기술을 보유한 사람에게 판매 권한을 부여하게 될 것이다. 오히려 마케팅 기능이나 고객 활동 등은 효과적이다.
⑤ 직영 사업소의 개설은 서비스 품질을 일관되게 유지하고 고객 관계를 직접 관리할 수 있다는 장점이 있는 전통적인 서비스 유통 경로로 다이렉트 채널로 이해할 수 있다.

21 다음 내용을 참고할 때 물리적 환경의 역할에 대한 설명으로 옳지 <u>않은</u> 것은?

> ○○ 소아청소년과는 기존 장소보다 더 넓은 공간으로 확장 이사하여 다음과 같은 환경을 조성하였다.
> - 밝은 출입구 및 간판 등의 디자인
> - 소아청소년과의 이미지에 맞는 건물 외벽
> - 내부 인테리어
> - 고객 및 직원 동선에 맞는 효율적인 레이아웃
> - 조명 및 음향 시설
> - 직원 및 간호사 유니폼
> - 고객 안내를 위한 표지판 및 소책자
> - 직원의 정형화된 친절한 행동

① 물리적 환경의 인적 요소로 통일된 직원의 친절한 행동을 들 수 있는데 이는 사회적 요소로 구분한다.
② 물리적 환경은 경쟁사로부터 차별화를 하면서 서비스 흐름에 맞춘 시장 세분화를 할 수 있도록 한다.
③ 물리적 환경은 고객과 종업원의 접점에서 인식되는 비인적 요소로 인지적·정서적·심리적 반응에는 크게 영향을 미치지는 않는다.
④ 실내 온도, 습도, 조명, 향기는 즉각 인지할 수 없는 배경적 조건으로 불쾌한 경우에만 주의를 끄는 주변 요소이다.
⑤ 소아청소년과 내에서의 기호적 상징으로 고객 및 종업원에 전달하는 소통 기능을 의미하는 것은 표지판 및 소책자이다.

해설
20 에이전트는 서비스를 직접 대행하는 것이 아니라 판매, 마케팅 기능만 대행한다.
21 물리적 환경은 고객과 종업원의 접점에서 인식되는 비인적 요소로 인지적·정서적·심리적 반응에 크게 영향을 미친다.

정답
20 ③   21 ③

PART 5 통합형

[22~23] 다음은 외식 프랜차이즈의 매출 확대를 위한 회의 결과 보고서이다.

> 〈전략1〉 멀티 유통 전략의 도입
> 가. 현재 서울에 한정된 4개 매장을 전국 광역 도시별로 1~2개씩 추가하여 총 14개 매장을 동시에 개설하여 고객의 접근성을 개선한다.
> 나. 셀프 뷔페식 형태의 고객 서비스 프로세스를 점심 메뉴로 한정하고 저녁 식사에는 수익성이 높은 서빙형 만찬 메뉴를 추가한다.
> 다. 현재 직장인들이 주로 선호하는 메뉴에서 주말에는 가족형 메뉴로 전환하여 가족 고객이 찾을 수 있는 매장으로 변화를 추진한다.
>
> 〈전략2〉 서비스 증거 강화를 위한 물리적 환경 요소 개선 추진
> 가. 매장의 온도와 습도를 쾌적하게 관리하고 청결 상태 평가 제도를 도입한다.
> 나. 신규 개설하는 매장의 컬러, 액세서리, 레이아웃, 상징물 등에 최신 트렌드를 반영하여 블루 계열과 현대식 스타일로 변화를 줌으로써 고객에게 당사의 서비스 콘셉트와 이미지를 표현한다.
> 다. 매장을 이용하는 모든 고객의 복장 규정을 신설하고 아이들의 소란을 방지하기 위해 별도의 어린이 놀이 공간을 신설하여 고급스럽고 우아하며 조용히 대화를 나누며 식사할 수 있는 분위기를 연출한다.

22 〈전략1〉의 멀티마케팅 유통 전략에서 가~다에 해당하는 유통 형태를 바르게 연결한 것은?

	가	나	다
①	복수 점포	복수 시장	복수 서비스
②	복수 점포	복수 서비스	복수 시장
③	복수 시장	복수 점포	복수 서비스
④	복수 시장	복수 서비스	복수 점포
⑤	복수 서비스	복수 시장	복수 점포

23 〈전략2〉의 가~다에 해당하는 물리적 환경 요소의 각 요인을 바르게 연결한 것은?

	가	나	다
①	사회적 요인	환경적 요인	디자인 요인
②	사회적 요인	디자인 요인	환경적 요인
③	디자인 요인	환경적 요인	사회적 요인
④	환경적 요인	사회적 요인	디자인 요인
⑤	환경적 요인	디자인 요인	사회적 요인

해설

22 점포를 추가하는 경우는 복수 점포 형태, 서비스를 추가하는 경우는 복수 서비스 형태, 새로운 고객 시장을 개발하는 경우는 복수 시장 형태의 전략이 된다.

23 물리적 환경 요소는 환경적 요인, 디자인 요인, 사회적 요인으로 구분한다. 환경적 요인으로는 온도, 습도, 환기, 냄새, 소음, 청결 등이 있고, 디자인 요인으로는 설계, 컬러, 모양, 스타일, 레이아웃, 상징물 등이 있다. 사회적 요인으로는 다른 고객, 직원, 용모와 복장, 행동과 태도 등이 있다.

정답

22 ②　　23 ⑤

SUBJECT 05

코칭/교육 훈련 및 멘토링/동기 부여

CHAPTER 01 성인 학습의 이해
CHAPTER 02 교육 훈련
CHAPTER 03 서비스 코칭의 이해와 실행
CHAPTER 04 서비스 멘토링
CHAPTER 05 감정 노동과 동기 부여
CHAPTER 06 서비스 마케팅과 내부 마케팅

학습방법

☑ 성인 학습의 정의와 특성에 대해 이해하고 이를 성인 학습 관련 이론과 연결시켜 학습한다.
☑ 조직 내 교육 훈련의 중요성과 장소 및 직급별 훈련 방법을 학습한다.
☑ 서비스 현장에서 코칭의 필요성과 상황별 코칭 전략에 대해 학습한다.
☑ 서비스 멘토링의 효과와 멘토의 역할에 대해 학습한다.
☑ 감정 노동에 대해 이해하고 동기 부여의 실행 방법에 대해 학습한다.

무료강의
바로보기

CHAPTER 01 성인 학습의 이해

| 빈출 키워드 |

\# 성인 학습자의 특성   \# 성인 교육자의 역량   \# 경험 학습 사이클

1 성인 학습과 성인 교육

1. 성인 학습의 정의
① 성인 학습은 성인이 자신의 생애 전반에 걸쳐 삶의 경험을 지식, 기술, 태도, 가치, 정서 등과 함께 행동 변화로 전환시켜 나가는 과정이자 활동이다.
② 성인 학습은 학습자가 자신의 요구와 흥미에 따라 자기 주도적으로 실행하는 학습 활동을 말한다.

2. 성인 교육의 정의
성인 교육은 형식 및 비형식 교육 기관이 나이, 사회적 역할, 자아 의식의 차원에서 성인이라 할 수 있는 사람들에게 다양한 학습 경험을 의도적이고 계획적으로 제공하는 교수 학습 활동이다.

2 성인 학습자

1. 성인 학습자의 이해 `빈출`
① 성인 학습자는 자신의 잠재력을 개발하여 자아실현을 하기 위해 학습하고자 한다.
② 성인 학습자는 여러 가지 발달 과업을 수행하거나 문제를 해결하기 위해 학습하고자 한다.
③ 성인 학습자는 삶을 통하여 축적한 풍부한 경험을 통해 정체성을 확립하고, 학습 환경이나 학습 형태에 대한 뚜렷한 선호를 가지게 되어 능동적으로 지식을 습득한다.
④ 성인 학습자는 독립적인 자아 개념을 가지고 학습 활동의 계획이나 실천에 자기 주도적인 경향을 보인다.

2. 성인 학습자의 특성
① 신체적 특성
- 성장의 둔화와 함께 신체적 기능이 서서히 쇠퇴하기 때문에 성인기의 신체적 노화에 효과적인 학습 환경을 조성해야 한다.
- 듣기 능력의 감퇴보다는 지각의 변화로서 청력이 감소하므로 명확한 발음으로 천천히 교육해야 한다.

② 심리적 특성
- 자기 분야의 경험 축적으로 인해 자기중심적 경향 및 경직성으로 고집이 강해지는 경향이 있으므로 성인 학습자의 경험을 존중하고 학습에 시간적 여유를 충분히 준다.
- 내향성과 조심성의 증가로 새로운 것에 시도하는 것을 두려워하는 경향이 있으므로 자신감을 갖도록 하는 촉진적인 자세와 친근한 사물 및 상황을 활용하는 것이 좋다.

③ 사회적 특성
- 성인 초기, 중년기, 노년기 등 발달 단계 및 발달 과업에 따라 책임이 부여된다.
- 책임 이행과 같은 선상에서 교육 요구가 발생한다.

3. 성인 학습자의 교육 참여 동기

목적 지향성 학습자	다른 목적을 달성하기 위하여 교육을 수단으로 이용하는 학습자
활동 지향성 학습자	학습 활동 자체와 사회적 교제를 위하여 교육에 참여하는 학습자
학습 지향성 학습자	지식을 탐구하고자 교육에 참여하는 학습자

> **PLUS⁺ 성인 교육자로서 갖추어야 할 역량**
> - **전문성**: 지식과 준비의 힘
> - **명확성**: 내용과 언어 조직의 힘
> - **감정 이입**: 이해와 동정의 힘
> - **열정**: 헌신과 감정 표현의 힘
> - **문화적 감수성**: 존중과 사회적 책임의 힘

3 성인 학습 이론

1. 안드라고지(Andragogy)

① 개념
- 성인 학습을 일반적인 학습과는 다른 관점에서 이해하여 성인으로서의 특성 및 학습 동기나 목적 등에 따라 학습 방법이 달라져야 된다는 이론이다.
- '성인들의 학습 활동을 돕는 기예와 과학'이라는 뜻이 있다.

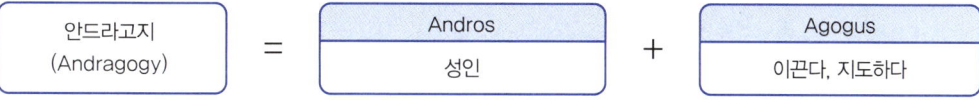

② 의미
- 성인 학습자는 기본적으로 아동이나 청소년과는 다른 발달 단계에 있으므로 그 차이를 교육 활동에 반영해야 한다.
- 성인 교육은 교수자가 학습자에게 하는 일방적인 지식 전달 방식이 아닌 상호 존중과 신뢰, 협동, 상호 계획화 등 상호 작용에 의한 학습을 강조한다.
- 성인 학습자는 일정한 사회적 역할과 지위, 풍부한 경험과 다양한 학습 욕구를 지니고 있으므로 새로운 이론과 실행 체계를 갖추어야 한다.
- 성인 학습자의 직무 수행에 적용할 수 있도록 직무 상황에 가까운 교육 환경을 조성한다.

> **PLUS⁺** 안드라고지와 페다고지

- 페다고지: 학령기의 아동을 가르치는 과학과 기술을 의미한다.
- 안드라고지와 페다고지의 비교

기본 과정	안드라고지(성인 교육)	페다고지(학령기 교육)
알고자 하는 욕구	학습하기 전에 그것을 학습할 필요가 있는지를 먼저 파악함	교사가 가르치는 것을 학습해야만 한다고 인식함
학습자의 자아 개념	자기 자신의 결정과 삶에 책임을 진다는 자아 개념	의존적 성격의 자아 개념
경험의 역할	질적·양적으로 훨씬 풍부한 경험을 가지고 교육 활동에 참여하므로 학습 자원으로서의 가치가 있음	학습자의 경험은 학습 자원으로서의 가치가 거의 없음
학습 준비도	자신의 실제 생활, 상황에 효율적으로 대처할 수 있고, 또한 그들이 알고자 하는 욕구가 있는 것들에 대해 학습할 준비가 되어 있음	교사가 학습자에게 학습하도록 강요하는 것들을 학습할 준비가 되어 있음
학습 성향	생활 중심적, 과업 중심적, 문제 중심적	교과 중심적
동기	외재적인 동기보다 내재적인 동기에 의해 반응함	외재적인 동기에 의해 학습이 동기화됨

2. 자기 주도적 학습(Self-directed Learning) 〔빈출〕

① 개념: 학습자 스스로가 자신의 학습 욕구를 진단하여 목표를 설정하고, 목표 달성을 위하여 필요한 인적 또는 물적 자원을 선택하며 학습 성과를 평가한다.

② 자기 주도적 학습의 3요소

동기(동기적 측면)	학습을 시작하게 하는 내적인 힘
인지(자기 관리의 측면)	실질적이고 효율적인 전략, 계획, 점검, 평가
행동(자기 통제의 측면)	스스로 자신의 행동을 통제, 시간 조절, 도움 요청

> **PLUS⁺** 자기 주도적 학습과 타인 주도적 학습

- 타인 주도적 학습: 학습 목표를 설정하고, 학습 과제를 제시하며 학습 활동 및 평가에 대한 선택권을 교사 등 제3자가 갖는 경우이다.
- 자기 주도적 학습과 타인 주도적 학습의 비교

구분	자기 주도적 학습	타인 주도적 학습
자아 개념	능동적, 주도적	의존적, 수동적
자아 효능감	긍정적	타율적, 제한적
동기화 요소	내적인 요인으로 동기화됨	외적인 요인으로 동기화됨
참여 정도	깊이 있는 참여	표면적인 참여
정신적 초점	정신적 초점에 우선권을 둠	정신적 초점이 산만함
초인지적 인식	초인지적 인식	초인지적 인식이 제한됨

3. 전환 학습과 개조주의 학습

① 전환 학습(Transformative Learning) 빈출
- 자아 성찰을 통해 특정 인식이나 관행을 무비판적이고 습관적으로 받아들였던 것들에 대해 '근본적인 변화'를 시도하는 과정을 학습의 과정으로 이해한다.
- 경험이 지니고 있는 의미를 새롭게 해석하고 미래의 행동 지침을 새롭게 만들어 가는 과정이다.

② 개조주의 학습
- 관점 전환 학습을 포괄하는 더 큰 범위의 학습 이론으로, 비판적 사고를 통해 개인의 삶과 행동에 변화가 생김으로써 이것이 사회적 차원에서 새로운 전환으로 이어지는 것에 주목하는 이론이다.
- 익숙한 관습에서 탈피하여 새로운 문제 해결 방법을 익히고 이러한 지식을 사회적 관계망으로 확장시켜 타인과 공유하는 학습을 강조하는 이론이다.

4. 경험 학습 이론(Experiential Learning Theory)

① 개념: 학습자의 과거 경험이 학습 패턴이나 방법에 많은 영향을 미치는 것에 주목하는 이론이다.

② 경험 학습 4단계 모델: 콜브(Kolb, 1984)에 의하면 사람들은 구체적인 경험을 하고 그러한 경험을 다양한 관점에서 성찰한다. 이 성찰에 기초하여 학습한 경험을 수정하거나 재규정한 후 토론을 통하여 간접적이거나 실제적인 문제에 직접적으로 적용함으로써 검증한다.

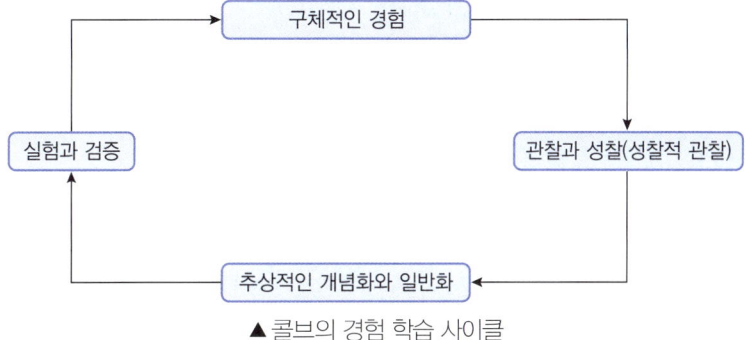

▲ 콜브의 경험 학습 사이클

[1단계] 구체적인 경험	구체적이고 실제적인 경험을 하는 단계
[2단계] 관찰과 성찰(성찰적 관찰)	경험을 해석하고 반성하는 '반성적 관찰'의 단계
[3단계] 추상적인 개념화와 일반화	관찰하고 성찰한 내용을 논리적으로 통합하여 개념화하는 단계
[4단계] 실험과 검증	개념화한 이론을 실제 적용하는 행동적인 실험 단계

5. 조직 학습(Organizational Learning)

① 조직 학습이란 조직 환경에 적합성을 증대시키기 위해 새로운 지식, 신념, 가치, 능력 등을 탐색하고 습득하여 적용하는 과정을 말한다.
② 조직 내 한 사람의 행동 변화가 다른 사람의 행동 변화를 촉발하고 영향을 미쳐 상호 간의 행동 변화를 수반하도록 하는 집단적 학습 과정이다.
③ 조직 수준에서 학습이 이루어지는 현상으로, 조직이 주체가 되어 학습 목표와 비전을 실행하는 과정이다.
④ 조직 학습은 공개적 성찰, 의미 공유, 공동 계획, 협동과 실천 과정을 거친다.

> **PLUS⁺ 학습 조직(Learning Organization)**
> - 학습 조직이란 제도화된 조직 학습이 반복·습관적으로 이루어지는 조직을 말하며 늘 새로운 학습으로 위기 상황에서도 능동적으로 대처할 수 있는 역량을 갖춘 상태의 조직을 의미한다.
> - 조직의 요구에 맞게 정보를 가공하여 조직 구성원이 공유하고 일상 업무에 적용함으로써 새로운 지식을 창출하고 이를 조직의 성장과 발전을 위해 지속적·조직적으로 전달하고 학습한다.
> - 학습 조직은 수평적이며 팀을 기본 단위로 하여 창의적인 문제 해결과 혁신을 위해 개별 구성원들에게 권한을 부여한다.
> - 학습 조직 구성원 스스로가 전략과 계획, 학습 주제 등을 설정하도록 한다.

CHAPTER 02 교육 훈련

| 빈출 키워드 |
직장 내 교육 훈련 # 직장 외 교육 훈련 # 역할 연기법
교육 훈련 방법

1 교육 훈련의 의의

교육 훈련이란 기업이 추구하는 목적을 달성하기 위하여 종업원이 직무를 효과적으로 수행할 수 있도록 지식과 기능을 변화시키는 조직적 활동이다. 이러한 교육 훈련을 체계적이고 조직적으로 관리하는 것이 교육 훈련 관리이다.

> **PLUS+** 교육, 훈련, 개발의 비교
>
> | 방법 | 교육(Education) | 훈련(Training) | 개발(Development) |
> | --- | --- | --- | --- |
> | 초점 | 기초적인 직무 지식(Knowledge)과 태도의 육성 | 현재 직무의 업무 기능과 기술(Skill) | 현재와 미래의 직무 수행 능력(Ability) |
> | 내용 | 개념, 이론 | 실무 기능 | 이론, 실무 |
> | 시간 | 직접, 장기간 | 직접, 단기간 | 간접, 장기간 |
> | 특징 | 기초적인 직무 지식 배양
(전체적·개관적·체계적 과정) | 현재 업무 기술의 결점 보완 및 향상
(개별적·실제적·구체적인 관심) | 미래의 직무 수행 능력 배양 |

2 교육 훈련의 중요성

1. 교육 훈련의 필요성

특정 분야에 대해 전문적인 교육을 받은 유능한 인재라도 기업에서 필요로 하는 직무 수행 능력이나 지식을 완벽하게 갖추기는 어렵다. 따라서 기업은 채용된 종업원들이 주어진 환경과 담당 직무에서 능력을 최대치로 발휘할 수 있도록 종합적인 교육 훈련을 실시할 필요가 있다.

2. 교육 훈련의 중요성

① 인재 육성의 필요성 증대
② 조직 내 업무의 다양화와 고도화
③ 조직 간 경쟁의 심화로 인한 조직 간 화합과 조직 활성화의 필요성 대두
④ 노동력 부족과 인력 절감 현상의 심화
⑤ 인적 자원 관리 시스템의 변화
⑥ 신기술의 발전과 산업 형태의 변화

3 교육 훈련의 목적

1. 직원 측면
① 자아 개발의 성장 욕구를 충족한다.
② 기술과 능력 향상을 승진의 기회로 삼는다.
③ 기술 변화에 적응할 수 있기 때문에 실업의 위험을 피할 수 있다.
④ 자신의 특기와 개성을 개발하여 키워 갈 수 있다.
⑤ 회사로부터 받는 보상 수준이 증가한다.
⑥ 직무 만족도가 향상되어 직장 생활의 질이 높아진다.

2. 기업 측면
① 교육 훈련이 없다면 직원의 역량이 점점 감소되고 노후화되기 때문에 재훈련과 재교육으로 노동의 질을 유지한다.
② 사업 전략과 새로운 경영 환경에 대비해 기존 인력을 훈련시켜서 미래에 필요한 인력을 미리 확보한다.
③ 직원들이 교육을 통해 자아 성장감을 느낀다면 사기가 증대되고 만족 수준이 오르기 때문에 생산성이 향상된다.

4 교육 훈련의 분류

1. 실시 장소에 따른 분류 빈출
① **직장 내 교육 훈련(OJT; On the Job Training)**: 업무 현장에서 동료, 선배가 피교육자의 직무 성숙 및 향상을 위한 교육 계획을 세우고 지도 및 평가하여 피교육자의 지도 육성에 관한 책임을 체계적으로 수행하는 기업 내 교육 훈련 방식이다.

장점	단점
• 직무 수행과 동시에 실시되어 현실적이고, 교육 훈련과 업무가 직결된다. • 특정 장소로의 이동이 없다. • 상사나 동료 간의 이해와 협동 정신이 강화된다. • 비용이 감소된다. • 구성원의 능력과 그에 상응한 훈련이 가능하다.	• 상사와 환경이 훈련에 부적합할 수도 있다. • 업무 수행에 지장을 준다. • 많은 직원을 동시에 훈련하기 어렵다. • 상사의 능력과 전문 지식의 차이로 통일된 내용과 같은 수준의 훈련이 어렵다.

② **직장 외 교육 훈련(Off-JT; Off the Job Training)**: 기업에서 직무를 중단하고 직무 수행에서 벗어나 연수원 등의 장소에서 워크숍이나 집합 교육을 하는 것을 말한다.

장점	단점
• 동시에 많은 직원들에게 동일한 교육을 할 수 있다. • 전문가의 지도 아래 교육 훈련에 전념할 수 있다. • 직무 부담에서 벗어나 새로운 교육 훈련에만 전념할 수 있다. • 참가자 간 선의의 경쟁을 통해 교육 효과가 증대된다.	• 업무 수행 과정에 즉시 활용하기 어렵다. • 현업이 중단되기 때문에 남아 있는 구성원의 업무가 가중된다. • 경제적 부담이 발생한다.

2. 훈련 대상자에 따른 분류

① 신입 사원

교육 목적	• 새로운 환경 적응 및 직무에 대한 흥미와 직무 수행 능력을 키운다. • 수습 기간 중이나 채용 후 일정 기간 동안 회사에 관한 제반 사항을 습득한다. • 조직 비전과 가치를 공유하고, 개인의 발전 가능성에 대해 동기를 부여한다. • 조직 문화를 이해하는 계기가 된다.
교육 내용	• 조직 생활에 필요한 기본 매너, 기초 지식, 근무 태도 등 기본적인 역할과 규범 • 기업의 경영 이념 및 조직 문화 • 업무를 이해하기 위한 기업 내·외부의 환경 및 지식 • 조직 내 업무 협조를 위한 체계
교육 기법	• 멘토 시스템 • 강의식 방법

② 작업자

교육 목적	성공적으로 직무를 수행한다.
교육 내용	• 직무 관련 지식 • 기능, 태도의 역량 강화 및 향상에 관한 교육
교육 기법	• 실습 • 직장 내 교육 훈련(OJT) • 강의식 방법 • 직업 학교 훈련 및 대학 위탁 교육

③ 관리자

교육 목적	기업 경영과 관련된 의사 결정과 지위 및 기업으로부터 부여받은 권한과 책임을 행사하고, 부하 직원에 대한 관리·감독을 수행하기 위한 다양한 훈련을 실시한다.
교육 내용	• 하위 관리자: 작업 지도, 작업 방법 개선 등 기술적 능력에 대한 교육, 직장 내 다양한 인간관계에 대한 교육 • 중간 관리자: 비교적 광범위한 경영 문제 취급, 경영 원칙과 관리자로서 필요한 관리 기술의 지도, 하위 관리자보다 많은 인간관계 능력에 대한 교육 • 최고 경영층: 경영의 개념적 능력에 대한 교육
교육 기법	• 감수성 훈련 • 사례 연구법 • 역할 연기법 • 행동 모델법 • 세미나 • 모의 훈련

5 교육 훈련 방법

강의식 방법	• 정해진 강사와 교재 중심의 방법으로 교육 훈련에서 가장 보편적으로 사용한다. • 많은 사람을 대상으로 지식과 정보를 제공할 수 있지만 교육자가 일방적으로 강의하는 방법이므로 듣는 사람이 수동적으로 행동하기 쉽다.
온라인 교육	• 피교육자를 한곳에 집합시켜 교육하는 것이 곤란한 경우 사용하는 방법이다. • 온라인에서 교육을 신청하고 PC나 모바일을 통해 학습하도록 한다. • 매뉴얼, 핸드북 등의 교재를 이용하여 교육을 진행한다.
회의식 방법	• 일정한 장소에 모여서 진행한다. • 주제에 대한 견해, 지식, 경험 등을 발표하고 문제점 등에 대해 토론하는 방법이다.
시청각 교육	• 시청각 교재(비디오, DVD, 슬라이드, 오디오, 모형, 도표)를 이용한다. • 학습 효과가 높기 때문에 강의식 방법에서 보조적으로 사용한다.
직무 순환 교육	• 담당 직무를 교대시킴으로써 직무 전반을 이해하고 경험을 풍부하게 만드는 훈련이다. • 직무에 대한 다양한 지식과 경험을 습득할 수 있고, 직무에 새로운 자극을 받을 수 있다.
사례 연구	• 실제 사례를 선정하여 훈련 참가자들에게 소개하고 토론하는 방법이다. • 토론을 통해 판단력, 분석 능력, 문제 해결 능력 등을 배양시킨다.
역할 연기 (롤플레잉)	• 실제 현장과 동일한 상황을 가정하여 연출해 봄으로써 서비스 현장의 실무 지식을 획득할 수 있고, 고객 상황에 대한 공감 및 이해력을 향상시킨다. • 특정한 역할 수행을 통해 상대방을 이해하고 객관적으로 자신을 통찰할 수 있다. • 교육생의 관심과 몰입도가 높으며, 커뮤니케이션 역량이 증대된다.
비즈니스 게임 (모의 경영)	• 경영 실태를 재현한 모의 회사를 운영해 보며 연습하는 방법이다. • 주제에 대한 경영상 의사 결정을 훈련하는 방법이다.
브레인스토밍	• 5~10명이 집단 회의를 열어 자유롭게 아이디어를 창출하는 방법이다. • 질보다 양에 치중한 아이디어를 개발할 수 있다.
감수성 훈련	• 대인 관계 속에서 정신적인 갈등이나 대립을 해결하면서 자기 통찰, 감수성의 개발이 촉진되고 상황에 적합한 태도 및 행동을 취하게 되는 것을 목적으로 한다. • 경영자의 능력 개발을 위한 방법으로 많이 활용한다.

PLUS⁺ 역할 연기(롤플레잉) 진행 방법

- **[1단계] 동기 유발**: 교육의 필요성을 설명하고 직원들 간의 공감대를 형성한다.
- **[2단계] 진행 절차 확정**: 총 소요 시간, 총 필요 인원, 개선이 필요한 요소 등의 진행 절차를 확정하고 상황에 따라 그룹을 지정한다.
- **[3단계] 실습 시간**: 신입 사원이나 현장 경험이 없는 직원들은 실제 롤플레잉을 시현하기 전에 연습 시간을 갖는다.
- **[4단계] 발표**: 프레젠테이션하는 내용이나 고객 상황 등을 미리 알 수 있도록 공유하고, 직원들이 노력한 결과를 인정하고 적극적으로 참여할 수 있도록 유도한다.
- **[5단계] 피드백**: 피드백은 전체 구성원, 발표 직원, 교육자 모두에게서 받는 것이 이상적이며, 피드백 순서는 '전체 구성원 → 발표 직원 → 교육자' 순으로 한다.

CHAPTER 03 서비스 코칭의 이해와 실행

| 빈출 키워드 |
서비스 코칭의 5가지 스킬   # SMART 목표 설정   # GROW 모델
상사 코칭

1 서비스 코칭(Service Coaching)

1. 서비스 코칭의 개념

① 코칭은 인재 개발 기법 중 하나로, 코치와 코칭을 받는 사람이 파트너를 이루어 스스로 목표를 설정하고 효과적으로 달성하며 성장할 수 있도록 지원하는 과정이다.
② 피코치가 안에 있는 모든 역량을 활용하여 문제를 해결하는 활동을 통해 미래에도 지속적으로 학습할 수 있도록 하는 개인의 성장 과정이다.
③ 성과를 내기 위하여 개인의 잠재력을 최대한 발휘할 수 있도록 하고, 그 방법은 학습자를 가르치는 것이 아닌 '학습자 스스로 배울 수 있도록 돕는 것'이다.
④ 서비스 코칭은 접점 직원의 행동을 변화시켜 업무 수행 능력을 향상시키며 자기 주도적으로 생각하고 움직이는 인재로 양성하는 데에 매우 효과적인 방법이다.
⑤ 서비스 현장에서 관리자에게는 직원들의 능력을 함양시키고 촉진시키기 위해 직원들을 격려하고 학습시키는 관리 역량, 즉 코칭 스킬이 요구된다.

2. 코칭의 유래와 어원

① 유래
- 코치(Coach)는 헝가리의 도시 콕스(Kocs)에 있는 '말이 있는 마차'에서 유래되었다. 유럽 전역으로 퍼진 이 용어는 코치(Kocsi) 또는 코트드지(Kotdzi)로 불렸으며 영국에서 코치(Coach)라고 하였다.
- 하버드 대학의 테니스부 주장이었던 티모시 갤웨이(Timothy Gallwey)는 테니스 기술을 알려 주는 것보다 개인의 잠재력을 깨워 테니스에 대한 관심을 가질 수 있도록 하는 것이 테니스를 쉽고 재미있게 배울 수 있는 방법이라고 생각하였다. 이러한 방법은 스포츠뿐만 아니라 다양한 분야에서 활용되며 현재 코치의 역할이 되었다.
② 어원: 코칭(Coaching)은 마차(Coach)로부터 유래되었다. 기차(Train)가 어원인 훈련(Training)과 비교했을 때 마차는 손님이 있는 곳으로 직접 찾아가 원하는 목적지를 향해 가는 개인 지향 서비스이지만, 기차는 손님이 직접 승강장으로 찾아가 다른 사람들과 함께 정해진 목적지를 향해 가는 집단 지향 서비스이다.

3. 코칭의 철학

① 피코치자의 잠재력을 믿고 신뢰함으로써 스스로 문제를 해결할 수 있도록 돕는다.
② 코칭은 피코치자가 스스로 답을 낼 수 있도록 코치가 답을 내주는 것이 아니라 옆에서 도움을 줄 뿐이다.
③ 피코치자는 자신에게 닥친 문제에 대해 객관적인 시선으로 바라볼 수 있게 하는 파트너가 필요하다. 즉, 스스로 문제를 해결할 수 있도록 질문하고 피드백을 해 줄 수 있는 파트너의 도움이 필요하다.

4. 코칭의 장점과 어려운 점

장점	어려운 점
• 코칭은 직원 스스로를 진실되게 만든다. • 직원이 전체적인 관점에서 문제와 맥락을 이해하도록 도와준다. • 직원을 좀 더 새롭게 만들 수 있다. • 과거에 초점을 두기보다는 미래 변화에 초점을 둔다 (미래 지향적). • 보다 나아지기 위한 행동 변화를 중시하므로 새로운 변화를 추구한다.	• 코칭의 장점을 알지만 현재 직면하고 있는 긴급한 업무 또는 문제들 때문에 코칭을 활용하기 어렵다. • 관리자들은 지시하고 감독하는 데 익숙하여 코치로서의 역할에 부정적인 태도를 갖기 쉽다. • 관리자들은 부하 직원을 육성하는 부분에 대한 적절한 보상을 받지 못하여 코칭이 활성화되기 어렵다.

5. 코치의 역할 [빈출]

① **전문가(Specialist)**: 코치는 코칭의 목표에 도달하기 위하여 피코치자에게서 끌어내야 하는 역량이 무엇인지 알고 있어야 한다.

② **조언자(Advisor)**: 피코치자가 해결 방안을 제시하기 어려워할 때 옆에서 생각을 끌어내는 방법을 조언해 줄 수 있다.

③ **안내자(Guider)**: 목표를 향해 도달할 수 있는 다양한 방법을 숙지하여 피코치자가 선택한 길에 따라 안내해 줄 수 있다.

④ **동반자(Partner)**: 목표 지점까지 도달하는 데 단순히 조언이나 안내 혹은 지켜보는 것이 아니라 피코치자와 함께 나아간다.

⑤ **평가자(Assessor)**: 코치가 피코치자의 생각을 평가한다는 의미가 아니라 피코치자가 어떤 상황인지, 어떤 수준인지 평가하여 그에 적합한 방법으로 코치한다.

> **PLUS+ 코칭 구성**
>
>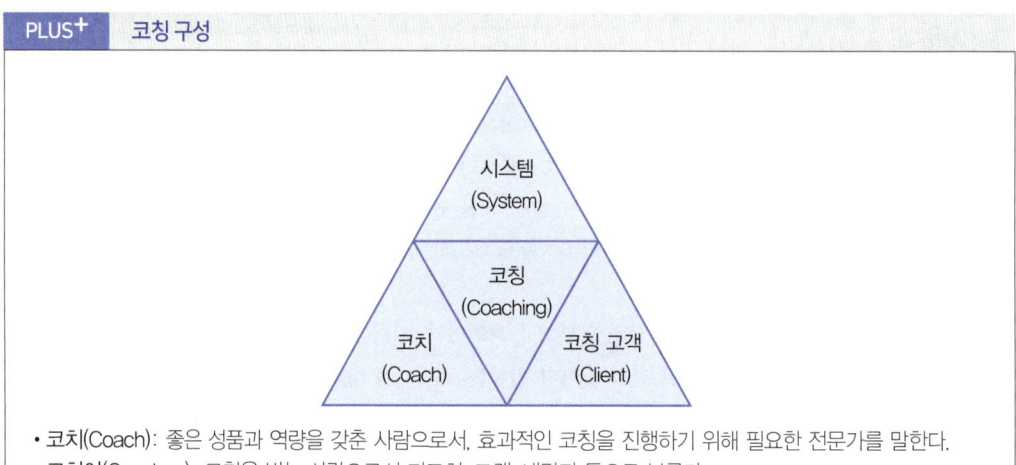
>
> • **코치(Coach)**: 좋은 성품과 역량을 갖춘 사람으로서, 효과적인 코칭을 진행하기 위해 필요한 전문가를 말한다.
> • **코치이(Coachee)**: 코칭을 받는 사람으로서 피코치, 고객, 내담자 등으로 부른다.
> • **코칭 시스템(Coaching System)**: 코치와 코치이 사이에 코칭 모델과 대화 프로세스를 사용하는 시스템이다.

2 서비스 코칭의 실행

1. 코칭의 5가지 스킬 빈출

① 질문 스킬: 부하 직원의 잠재력을 끌어올리기 위해 특정 질문을 확대 질문으로, 과거 질문을 미래 질문으로, 부정 질문을 긍정 질문으로 바꾸어 질문한다.

② 경청 스킬
- 적극적·공감적 경청을 통해 코칭 과정에서 상대방의 마음을 열고 신뢰를 형성할 수 있다.
- 객관적인 관점에서 상대방의 입장을 듣는 동시에 자기반성과 자기성찰의 기회를 준다.

③ 직관 스킬
- 코치가 자신의 직관을 활용하여 코칭하는 기술이다.
- 코치는 생각하지 않고, 예측하지 않으며, 리드하지 않는다.

④ 자기 관리 스킬: 코치는 자기 자신부터 관리할 수 있어야 한다.

⑤ 확인 스킬: 피코치에게 중요한 사항을 확인하기 위한 기술로서, 피코치의 과거·현재·미래를 확인한다.

2. GAPS 코칭 모델 단계별 스킬

① [1단계] 목표 설정하기(Goal Setting): 피코치가 스스로 목표를 설정할 수 있도록 이끌어 주면서 동시에 목표나 방향을 명확하게 제시해 주는 단계이다. 목표 설정하기는 구성원 개인 또는 업무와 연관된 비전과도 관련이 있다.

SMART 목표 설정	• Specific: 구체적이고 실제적인 문제를 다루고 있는가? • Measurable: 측정 가능한가? • Achievable: 달성 가능한 목표인가? • Realistic/Result Oriented: 현실적인가?/결과 지향적인가? • Time Bound: 정해진 시간 내에 달성 가능한가?
질문하기	피드백을 주고 그에 대한 영향과 이해도를 점검하기 위한 기술로서, 직원의 가능성을 끌어내기 위한 질문을 사용할 수 있어야 한다. • 특정 질문 → 확대 질문 • 과거 질문 → 미래 질문 • 부정 질문 → 긍정 질문 • 폐쇄형 질문 → 개방형 질문
경청하기	• 상대방의 시각에 대해 탐색하고 경청하려는 태도를 취한다. • 피코치가 정확히 듣고 이해하고 있는지 점검해야 하며 상대방이 이야기한 내용의 중요성을 인식하고 있다는 것을 보여 준다. • 이야기 속에 숨어 있는 감정과 필요에 대해 공감해 주어야 한다.
말하기	의도하는 메시지가 정확하게 전달되었는지를 확인하고 상대방이 코치의 이야기가 미치는 영향에 대해 인식하고 있어야 한다.

② [2단계] 현재 진행 과정 평가하기(Assessing Current Progress)
- 피코치가 현재까지 이루어 낸 결과에 대해 진지하고 공정하게 평가하고 피드백하는 단계이다.
- 건설적인 피드백으로 행동 실행의 과정, 결과, 개선점을 확인하고 스스로 마무리하도록 이끌어야 한다.
- 자료의 수집과 성과 달성 여부에 대한 이유 탐색 과정이 포함된다.
- 다양한 시각에서 자료를 수집하고 성과 달성 여부에 대한 이유를 탐색한다.

PLUS⁺ 피코치가 성과를 내지 못하는 이유 빈출

역량	• 자신의 능력을 제대로 파악하지 못하고 너무 많은 일을 수행하는 경우 • 자신의 시간을 효율적으로 관리하지 못하는 경우
능력	필요한 지식과 스킬이 부족한 경우
태도	• 다른 업무나 개인적인 문제가 특정 과제에 대한 태도나 마음가짐에 영향을 미치는 경우 • 내면에 있는 좌절감이나 분노감의 원인이 불분명한 경우 • 피코치에게 동기 부여를 하기에 부적합한 일인 경우
지원	필요한 시간이나 자금, 지원 인력이나 도구의 보유 여부 등 피코치가 수행하는 데 무엇이 필요한지 모르는 경우
문제 구성	• 코치와 피코치가 문제를 구성하는 방법이 다른 경우 • 코치가 생각하는 문제와 피코치가 해결하고자 하는 문제가 다른 경우

③ [3단계] 다음 단계 계획하기(Planning the Next Steps)
- 목표 수정이나 더 많은 지원 등 다음 단계에 무엇을 할 것인가를 함께 논의하는 단계이다.
- 새로운 원인과 대안 전략을 찾아내기 위해 브레인스토밍을 한다.
- 선택할 수 있는 대안들의 폭을 좁혀서 최선의 대안을 고려한다.

④ [4단계] 변화 행동 지원하기(Supporting the Action)
- 피코치의 재능, 역량, 기술 등을 향상시켜 더 높은 성과를 낼 수 있도록 코치가 환경 조성, 정보나 자료 제공, 지식 공유 등을 통해 적극적으로 도와주는 단계이다.
- 역할 모델이 되어 주고 피코치를 이해하고 있음을 지속적으로 표현하는 것이 필요하다.

3. GROW 코칭 모델과 단계별 질문 빈출

① [1단계] 목표(Goal) 설정: 단기/장기 목표 및 코칭 주제 설정
- 앞으로 어떻게 되기를 원하나요?
- 목표를 성취했을 때의 모습은 어떤가요?
- 당신의 목표 달성 정도를 계량화할 수 있나요?

② [2단계] 현실(Reality) 점검: 현재 어떤 상황에 있으며 어떤 일이 일어나고 있는가를 탐색
- 현재 자신의 위치에 대해 어떻게 생각하나요?
- 미흡한 점과 개선책은 무엇이라고 생각하나요?
- 당신을 즐겁게 만드는 것은 무엇인가요?

③ [3단계] 대안(Option) 탐구: 목표 달성을 위한 구체적이고 세부적인 방법 작성
- 여러 개선책 중 가장 중요한 것은 무엇인가요?
- 해결책을 시행하기 위해 어떤 자원이 필요한가요?
- 구체적인 실행 계획은 어떻게 되나요?

④ [4단계] 실행 의지(Will/Wrap-up): 미래 지향적 의지와 결론 도출
- 추가적인 개선책을 언제까지 수립할 수 있을까요?
- 예상되는 장애나 위협 요인이 있나요?
- 스스로 평가한 후, 이를 개선하기 위해 어떤 지원이 필요한가요?

3 상황별 서비스 코칭 전략

1. 피코치가 저항하는 경우

① 피코치 저항의 유형

피코치 개인의 저항	코치에 대한 피코치의 저항	조직 문화에 대한 저항
• 거만함 • 변화 필요성에 대한 인식 부족 • 조언 거부 • 작업량 • 두려움 • 오해 • 불편함	• 관리자의 능력 • 관리자의 가용성 • 관리자의 작업량 • 접근 가능성 • 관리자의 태도 • 다른 코치 선호	• 코칭 제도가 조직 문화에 흡수되지 못한 경우 • '죽느냐 사느냐'의 조직 문화 • 지나치게 위험을 감수하는 조직 문화 • 자원의 부족 • 학습 조직이 아닌 경우

② 코칭 전략
- 피코치가 저항하는 근본적인 원인을 알고 이해하기 위해 노력한다.
- 자기중심적인 시각을 버리고 스스로가 피코치에게 잘 맞는 코치인지를 생각하고, 피코치에 맞추기 위해 변화할 것을 결정한다.
- 피코치의 이슈가 코칭에 적합한 문제인지 확인한다.
- 시간을 더 많이 투자하여 신뢰 기반을 구축한다.
- 피코치의 전임 상사와 비공식적으로 미팅을 하는 방법도 좋다.
- 코치 자신의 진로 발달 과정, 실수, 시각 등에 대해 폭넓게 이야기한다.
- 간접적으로 제안한 것의 효과를 꼼꼼하게 점검한다.
- 근본적인 문제에 대해 터놓고 대화하는 유연한 태도를 유지한다.

2. 동료 코칭

① 특징
- 서로 지원과 경쟁을 하는 관계로서, 동료와 함께 새로운 것을 시도하면서 성장할 수 있다.
- 비슷한 압력과 도전 과제, 유사한 과제를 경험하기 때문에 동료들을 잘 이해할 수 있다는 것이 장점이다.

② 코칭 전략
- 상대방에게 코칭이 필요한지, 코칭을 원하고 있는지, 당신을 적절한 코치로 생각하고 있는지 등을 파악하기 위해 개인적인 접근이 필요하다.
- 고민과 도전 과제를 편안하게 공유할 수 있는 수준에서 관계를 형성한다.
- 자연스러운 만남의 기회를 만든다.
- 상대방에게 도움을 받을 의향이 있는지 물어본다.
- 코칭의 목적을 명확하게 하는 것이 좋다.
- 당신에 대한 이야기를 한다.

3. 상사 코칭

① 특징
- 모든 사람은 코칭이 필요함을 인식하고, 상사들이 부하 직원들에게 코칭을 받을 수 있는 환경의 조성이 필요하다.
- 조직에서 성공하기 위한 확실한 방법 중 하나는 부하 직원이 자신의 상사가 최대한 훌륭히 업무 수행을 할 수 있도록 돕는 방법을 찾는 것이다.

② 코칭 전략
- 상사가 어떤 것을 잘하고 있는지를 알려 준다.
- 피드백이나 건설적인 제안을 할 때, 상사의 강점이나 상사가 가치 있게 생각하는 목표와 연결하는 것이 좋다.
- 부정적인 피드백 제공 시, 그 피드백이 얼마나 중요하고 적절한지, 상사가 해당 문제에 대해 변화 행동을 할 수 있을지에 대해 생각한다.
- 상사가 피드백을 어느 정도 수용할 수 있을지에 대해 미리 파악한다.
- 상사가 스스로 아이디어를 생각한 것처럼 만들어 주는 것이 바람직하다.

> **PLUS⁺ 유사 분야와 코칭의 차이점**
> - **컨설팅과의 차이점**: 컨설팅은 컨설턴트가 문제를 조사하고 해결책을 제시하는 경우가 많다. 코칭은 고객 스스로 문제를 탐색하고 해결책을 찾게 한다.
> - **상담과의 차이점**: 상담은 내담자(상담을 받는 사람)의 정서적인 고통을 해결하는 경우가 많다. 반면 코칭은 정서적인 문제만을 다루지 않으며, 업무 성과, 진로 계획 등 일상생활의 다양한 주제를 다룬다. 또한 고통을 해결하기보다는 목표를 달성하려는 목적을 가지는 경우가 많다.
> - **멘토링과의 차이점**: 멘토링 관계에서 멘토는 해당 분야의 전문가이며 선배인 경우가 많으며 멘토는 멘티에게 정보나 조언 등을 많이 전달한다. 반면 코칭 관계에서는 코치가 반드시 해당 분야의 전문가일 필요는 없다. 코치는 고객이 자신의 자원을 사용해서 스스로 해결책을 찾도록 경청과 적절한 질문을 사용한다.

> **PLUS⁺ 직원을 인정하는 칭찬의 종류**
> - **비유 칭찬법**: 긍정적인 이미지를 가진 대상에 비유하여 상대를 칭찬한다.
>   예 영화배우 ○○○을 닮았네.
> - **소유물 칭찬법**: 상대방에 대한 직접적 칭찬이 아닌 그가 소유하고 있는 물건이나 가족관계를 칭찬한다.
>   예 시계가 매우 고급스럽군. / 딸이 아주 현명하네.
> - **단순 칭찬법**: 보고 느낀 그대로 긍정적인 면을 부각시켜 칭찬한다.
>   예 목소리가 참 좋다. / 프레젠테이션이 훌륭하네.
> - **대담 칭찬법**: 사실과 약간 다르더라도 대담하게 칭찬한다.
>   예 누가 엄마와 딸로 볼까? 자매라고 해도 믿겠어.
> - **간접 칭찬법**: 제 3자의 말을 인용하여 칭찬한다.
>   예 김부장이 ○○ 씨가 이 업계 최고 실력자라고 하던데?
> - **호칭 변형 칭찬법**: 실제로는 선생이 아니더라도 선생님이라고 불러주거나 전문가처럼 느낄 수 있도록 ○○박사라고 부른다.
> - **반문 칭찬법**: 대화 중에 감정을 가미한다.
>   예 아 그렇습니까? 정말 몰랐습니다.

CHAPTER 04 서비스 멘토링

| 빈출 키워드 |

\# 조직 차원의 멘토링   \# 개인 차원의 멘토링   \# 멘토링의 실행 방법

1 멘토링(Mentoring)

1. 멘토링의 유래

'멘토(Mentor)'라는 용어는 『오디세이』에 나오는 이타카의 왕 오디세우스의 친구 이름 '멘토르(Mentor)'에서 유래하였다. 왕이 트로이 전쟁에 나가게 되어 자신의 아들 텔레마코스의 교육을 친구 멘토르에게 맡기게 된다. 오디세우스왕이 트로이 전쟁을 마치고 돌아왔을 때 친구 멘토르는 텔레마코스의 친구이자 선생님, 아버지가 되어 있었다. 그 후로 '멘토(Mentor)'는 지혜와 신뢰로 인생을 이끌어 주는 지도자의 의미로 사용되었다. 멘토링은 1970년 후반부터 북미 학자들에 의해 연구되어 다양한 분야에서 관심을 가지게 되었다.

2. 멘토링의 정의

① **멘토링(Mentoring)**: 경험이 많은 사람을 경험이나 스킬이 상대적으로 부족한 사람과 의도적으로 짝을 지어 합의된 목표에 따라 특정 역량을 키우고 개발한다.
② **멘토(Mentor)**: 그리스 신화에서 유래된 것으로, 지혜와 신망으로 한 사람의 인생을 이끌어 주는 지도자 또는 조력자의 역할을 하는 사람을 의미한다.
③ **멘티(Menti)**: 멘토로부터 도움과 상담(멘토링)을 받는 사람을 의미한다.

3. 멘토링의 활용

신입 사원 교육이나 인재 육성의 일환으로 제도적으로 도입하여 활용하고 있으며, 기업 내 멘토링 제도는 '현장 학습과 훈련을 통한 인재 육성 활동'으로 정의할 수 있다.

4. 멘토링의 효과 〔빈출〕

① **조직 차원**
- 회사의 비전, 가치관, 조직 문화의 개선과 강화
- 성장 가능성이 높은 핵심 인재의 육성과 개발
- 구성원들의 학습 촉진과 업무 성과 향상
- 지식 전수를 통한 경쟁력 강화
- 우수 인재 유치
- 구성원의 이직률 감소
- 신입 사원의 회사 및 업무 적응력 강화

② 개인 차원

멘토	멘티
• 새로운 지식과 기술 확보 • 다양한 인간관계 형성과 친밀한 유대 관계 형성 • 리더십 역량 강화 • 회사로부터의 인정과 보상	• 담당 분야에 대한 전문 지식 및 노하우 습득 • 회사 생활에 대한 자신감 향상 • 경력 개발 및 자기 가치 향상 • 폭넓은 대인 관계 형성

2 멘토링의 실행 방법

1. 경력 개발을 위한 멘토링

후원하기	• 멘티가 조직 내에서 바람직한 역할을 수행할 수 있도록 적극적으로 후원한다. • 멘토 역시 후원자로서의 역할을 인정받고 자부심을 갖게 된다.
노출 및 소개하기	• 조직 내에서 멘티에게 영향력을 행사할 수 있는 사람을 소개하고 접촉할 수 있는 기회를 제공한다. • 멘티는 더 높은 수준으로의 발전에 대해 자극받고 추가 학습의 기회를 얻는다.
지도하기	멘토는 선배 경험자로서 멘티가 업무를 성공적으로 수행하고 인정받을 수 있도록 여러 지식과 기술을 전해 주고 이를 피드백해 주는 지도자의 역할을 수행한다.
보호하기	멘티가 부정적인 영향을 받지 않도록 보호한다.
도전적인 업무 부여하기	멘티에게 보다 도전적인 업무를 부여하여 멘티의 능력을 향상하고 성취감을 느낄 수 있도록 한다.

2. 심리 사회적 안정을 위한 멘토링

수용 및 지지하기	• 멘티의 실수를 이해하고 해결 방안을 제시하여 자아 의식을 높여 준다. • 멘티가 인격체로서 존중받고 안정감을 느낄 수 있도록 지원하는 수용 및 확인의 기능을 수행한다.
상담하기	멘티의 고민과 갈등을 들어 주고 멘토의 경험을 바탕으로 해결 방안을 제시해 주는 기능을 한다.
우정 형성하기	• 멘토와 멘티가 조직을 떠나 서로를 이해하고 호의적인 관계를 유지하면서 업무적인 스트레스를 해소한다. • 이를 통해 궁극적으로 멘티의 과업 수행 능력을 향상시킬 수 있다.

CHAPTER 05 감정 노동과 동기 부여

| 빈출 키워드 |

\# 감정 노동의 구성 요인   \# 직무 스트레스의 관리   \# 동기 부여 이론
\# 욕구 5단계 이론   \# 임파워먼트

1 감정 노동(Emotional Labor)

1. 감정 노동의 정의
① 앨리 러셀 혹실드의 정의: 미국의 UC버클리대 교수 앨리 러셀 혹실드(Arlie Russell Hochschild)는 감정 노동을 '직업적인 특성에 따라 자신의 본래 감정을 숨기고 상대방이 원하는 표정과 몸짓을 해야 하는 노동'이라고 정의하였다.
② 한국산업안전보건공단(KOSHA)의 정의: 「감정 노동에 따른 직무 스트레스 예방 지침」에서는 감정 노동을 '직업상 고객을 대할 때 자신의 감정이 좋거나, 슬프거나, 화나는 상황이 있더라도 사업장(회사)에서 요구하는 감정과 표현을 고객에게 보여 주는 등 고객 응대 업무를 하는 노동'이라고 정의하고 있다.

2. 감정 노동자
① 좁은 의미: 서비스업에 종사하며 고객을 직접 상대해야 하는 사람들을 말한다.
② 넓은 의미: 사무실에서 직장 상사나 동료 등과 갈등을 겪으며 일하는 사람까지 포함하여 직장인의 대부분이 감정 노동을 하고 있다고 보는 관점이다.

3. 감정 노동의 구성 요인

감정 표현의 빈도	서비스 제공자와 고객 간의 상호 작용 빈도에 초점을 둔다.
표현 규범에 대한 주의성	• 표현 규범에 대한 주의성이 클수록 근로자에게 더 많은 정신적인 에너지와 신체적인 노력이 요구되며 감정 표현에도 더 많은 노동이 필요하다. • 주의성에는 감정 표현 기간과 강도의 개념이 포함된다.
감정의 강도	얼마나 강하게 또는 어떠한 태도로 감정을 경험하는가 또는 표현하는가와 관련된 것이다.
감정의 다양성	• 특별한 상황에 맞추어 감정 표현을 자주 바꾸어야 하는 서비스 근로자는 더 많은 계획과 자신의 행동에 대한 의식적인 관찰이 필요하다. • 제한적인 시간 내에 표현하는 감정이 자주 바뀌는 것은 근로자로 하여금 더 많은 계획과 예측을 요구하며, 이는 더 많은 감정 노동을 수반하게 한다.
감정적 부조화	• 근로자들이 실제로 느끼는 감정과 조직에서 요구하는 감정 표현이 충돌할 때 발생한다. • 감정적 부조화로 인해 정서적 소진이 발생하고, 직무 만족도가 감소한다.

4. 감정 노동의 결과

① **부정적 결과 – 소외가설(Alienation Hypothesis)**: 감정 노동의 수행은 진정한 자아의 손상을 가져오므로 자기 소외를 야기한다고 보는 이론이다.
- 지속된 부조화는 자신 스스로를 거짓을 표현하는 자아로 인식하고 평상시의 감정 상황에서도 자신의 감정을 드러내기 두려워한다.
- 타인과의 감정적 관계 형성을 어려워하고 감정적 부조화가 감정적 고갈을 경험하게 한다.
- 신체적·정신적 문제를 야기한다.
- 종사자의 직무 스트레스 수준이 상승하고 직무 만족과 조직 몰입에 부정적인 영향을 미친다.

② **긍정적 결과 – 안면환류가설(Facial Feedback Hypothesis)**: 특정한 감정 표현을 위한 안면 표정이 생리적 기제를 통하여 실제로 표현된 감정과 유사한 감정을 유발한다고 보는 이론이다.
- 종사자의 심리상 긍정적 영향으로 얼굴에 드러나는 표현 변화는 현재의 감정이 표면화된 것일 뿐만 아니라 반대로 감정의 변화를 유발한다.
- 감정 노동을 지각하는 종사자들 간에 상호 관계를 더욱 돈독하게 하여 궁극적으로 직무 만족도에 긍정적인 효과가 있다.
- 감정 노동이 익숙해지면 종사자들이 스스로 불쾌한 상황에서 심리적인 거리를 두기 때문에 스트레스가 감소하고 만족감을 증가시킬 수 있다.

5. 감정 노동의 관리

커뮤니케이션	• 다른 직원들과의 대화를 통해 긴장감을 해소한다. • 조직 내 유대감을 형성한다.
조직 문화	• 관리자와 동료들의 지원이 필요하다. • 교육 훈련과 상담 제도 운영 등의 정확한 기준이 필요하다. • 자율성을 가진 조직의 문화와 분위기를 조성한다.
직무 특성	• 감정의 요구, 시간적 압박, 직무의 자율성, 직무 책임감 등에 유연하게 대처한다. • 표현, 규칙을 명확하게 한다.
개인 특성	• 개인의 성격과 감정의 적절한 관리가 필요하다. • 개인의 자아 통제력을 향상시킨다. • 업무에 대한 진정성을 회복시킨다.

2 직무 스트레스 관리

1. 직무 스트레스의 개념

① 근로자가 직무를 수행하는 과정에서 발생하게 되는 스트레스를 말한다.
② 위험한 작업 조건 및 환경, 복잡한 직무 내용, 업무 과중 및 과소, 직장 내에서의 대인 관계 갈등, 직무 불안정, 비합리적이고 권위적인 조직 문화, 보상의 비적합성, 가족-일 영역 간의 부조화 또는 갈등 등에 그 원인이 있다.
③ 직무 스트레스는 직무 내용, 직무 조직이나 작업 환경이 좋지 않은 경우 정서적·인지적·행동적·생리적인 반응 패턴을 보인다.

2. 직무 스트레스의 양면성

① 유스트레스(Eustress)
- 긍정적이고 건설적인 결과를 내는 바람직한 스트레스를 말한다.
- 개인과 조직의 복리와 관련된 성장성, 적응성, 높은 성과 수준과 관련이 있다.
- 직원들의 효과적인 성과 달성과 조직의 정상적 기능에 영향을 미친다.

② 디스트레스(Distress)
- 부정적이고 파괴적인 결과를 내는 스트레스를 말한다.
- 다양한 질병, 높은 결근율과 같은 개인적·조직적인 역기능적 결과를 유발한다.

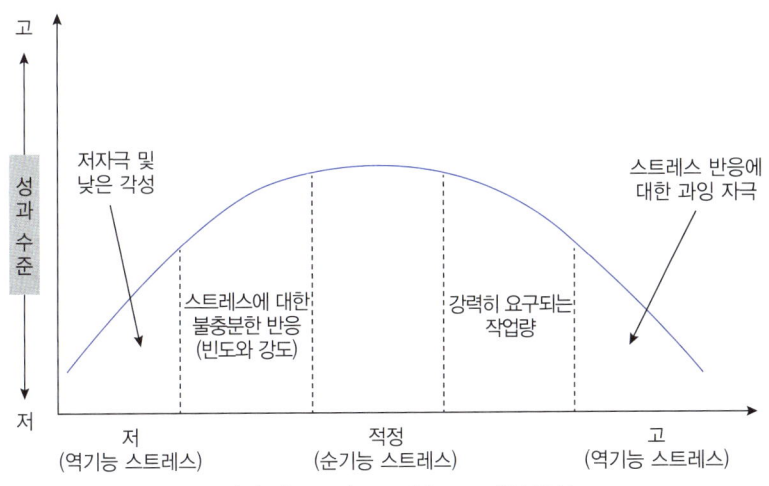

▲ 여키스(Yerkes) & 도슨(Dodson)의 곡선

3. 스트레스 모델

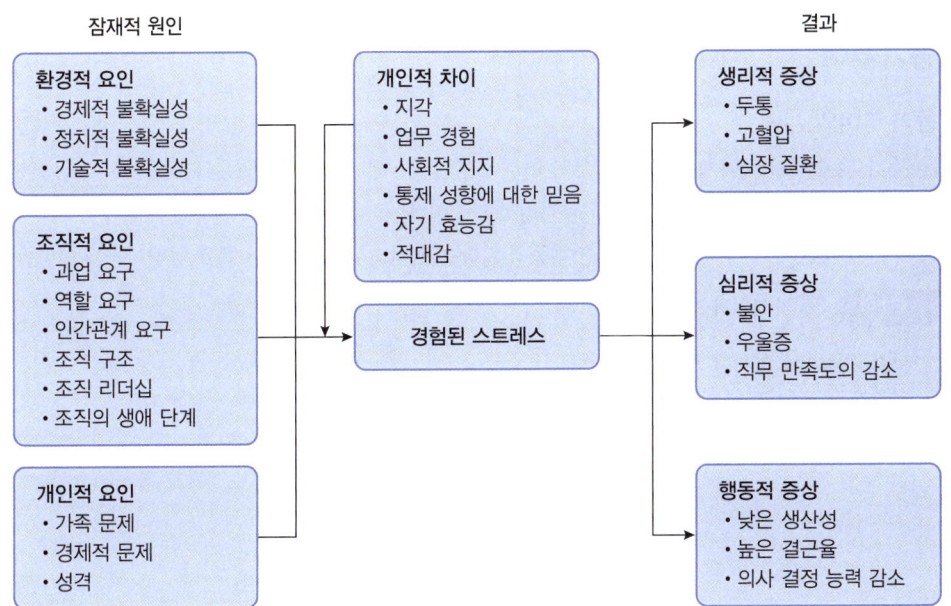

4. 직무 스트레스의 주요 징후

조직적 수준	개인적 수준
• 높은 결근율, 이직률 • 낮은 수행성과 생산성 • 비효과적이거나 모순적인 경영 방식 • 불만족스러운 노사 관계 • 불량한 안전 기록 • 소비자 불만족 증가 • 조기 퇴직과 질병 퇴직 증가	• 두통, 위장 장애, 피로감, 어지럼증, 어깨 결림 • 일련의 정신적 증상으로 압박감, 불안, 우울, 집중력 장애, 작은 분노 • 수면 장애(불면증, 자고 나도 개운치 않음) • 동기화 및 직무 만족 수준이 낮음, 사기 저하 • 헌신감이나 충성심을 느끼지 못함 • 지각, 조퇴, 결근 등이 나타남 • 질병이나 사고에서 회복 및 작업 복귀 지연 • 시간 때우기 경향이 나타남 • 알코올/약물 남용 문제 • 부부 관계 및 인간관계의 어려움

5. 직무 스트레스의 관리

조직적 차원	개인적 차원
• 과업의 재설계, 의사 결정에 관한 직원들의 참여를 늘리는 참여적 관리 • 구성원의 수행 역할을 명확히 정의하는 역할 분석(Role Analysis) • 구성원의 개인적 성향을 고려한 업무 배치 • 구성원 개인의 직무에 대한 구체적인 목표 설정(Goal Setting)과 적극적 피드백 • 복리 후생 프로그램 및 조직 내 의사소통 향상	• 직무 환경(근무 교대 주기, 시간 관리) 등의 조정 • 생활 스타일(업무 외 생활, 여가 시간 활용, 긴장 완화 방법 모색) 관리 • 사회적 지원 네트워크 구축(친구, 가족 및 동료와의 관계, 전문가 상담 등)

3 동기 부여

1. 동기 부여의 개념

① 동기 부여는 '움직이게 하다'라는 뜻의 라틴어 'movere'에서 유래된 말로 목표를 향한 자발적인 행동을 이끌어 내고 자극해서 계속하게 하는 심리적 과정이다.
② 동기에 대한 유발, 동기 부여에 대한 행동의 지향성과 지속성, 이에 따른 목표 달성이라는 의미를 가진다.

> **PLUS+ 동기 부여의 3가지 요소**
>
> • **강도**(Intensity): 얼마나 열심히 노력하는가?
> • **방향**(Direction): 조직 목표와 같은 방향을 향하는가?
> • **지속성**(Persistence): 얼마나 오랫동안 그 노력이 지속되는가?

2. 동기 부여의 중요성
① 창조적이고 자발적으로 직무를 수행할 수 있도록 격려해 줄 수 있는 효과적인 인적 자원 관리 방안이다.
② 동기 부여는 목표 지향적인 행동과 관련되기 때문에 일반적으로 동기가 부여된 직원은 그렇지 않은 직원보다 훌륭한 업무 성과를 내기 위해 노력하게 된다.

3. 동기 부여 시 유의 사항
① 개인차를 인정해 준다.
② 목표 및 피드백을 이용한다.
③ 자신에게 영향을 미치는 의사 결정에 종업원을 참여시킨다.
④ 보상과 실적을 연계한다.
⑤ 공정성을 위해 시스템을 점검한다.

4. 동기 부여 이론 – 내용 이론(Content Theory)
동기를 일으키는 근본 내용(욕구)에 관한 이론으로 '어떤 것(What) 때문에 동기 부여가 되는가?'를 중요시한다.

① **욕구 5단계 이론**: 미국의 심리학자 에이브러햄 매슬로우(A. H. Maslow)는 인간의 욕구를 5단계로 구분하였다. 그는 인간 행동이 각자의 필요와 욕구에 바탕을 둔 동기에 의해 유발되고, 하위 단계의 욕구가 충족되어야만 상위 단계의 욕구를 충족할 수 있다고 보았다.

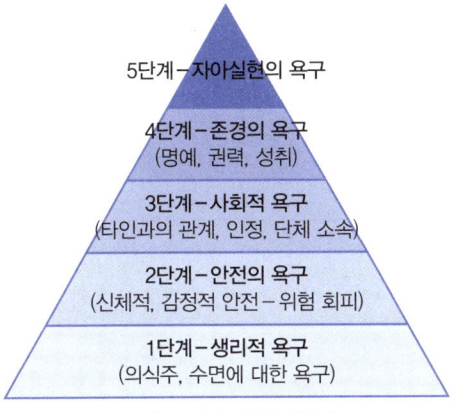

▲ 매슬로우의 욕구 5단계

[5단계] 자아실현의 욕구	기능성 실현, 성장, 자기 충족감 등을 포함하여 개인이 되고자 하는 바를 이루는 원동력으로, 자신의 능력과 자신이 추구하는 최종 가치를 실현하고자 하는 욕구
[4단계] 존경의 욕구	자존심, 자율, 성취감과 같은 내재적 요소와 위상, 인정, 주목과 같은 외재적 요소에 대한 욕구
[3단계] 사회적 욕구	다른 사람들과의 상호 관계에 의한 애정, 소속감, 인정과 우정 등에 대한 욕구
[2단계] 안전의 욕구	외부로부터 자신을 보호하고 사회적 위협으로부터 신체적 안전과 심리적 안정을 유지하려는 욕구
[1단계] 생리적 욕구	의식주 등 생존을 위한 본능적인 욕구로 인간의 가장 기본적인 욕구

② **ERG 이론**: 미국의 심리학자 클레이튼 앨더퍼(C.P. Alderfer)가 기존의 욕구 계층 이론이 직면했던 문제점을 극복하고자 주장한 동기 유발에 관한 이론이다. 매슬로우가 욕구 단계설을 주장한 것과 달리, 앨더퍼는 욕구의 단계가 미리 정해져 있지 않으며 한 시점에서 2개 이상의 욕구가 발생하는 것도 가능하다고 보았다.

존재 욕구 (Existence)	• 인간이 생명과 존재를 유지하기 위해 필요한 욕구 • 매슬로우의 욕구 5단계 이론 중 '[1단계] 생리적 욕구' 전체 및 '[2단계] 안전의 욕구' 일부(봉급, 작업 환경 등) 포함
관계 욕구 (Relationship)	• 사회적 존재로서 타인과 인간관계를 맺으려고 하는 욕구 • 매슬로우의 욕구 5단계 이론 중 '[2단계] 안전의 욕구' 일부(대인 관계에서의 안전), '[3단계] 사회적 욕구' 전체, '[4단계] 존경의 욕구' 일부(타인으로부터의 존경) 포함
성장 욕구 (Growth)	• 개인적 성장을 위한 개인의 노력과 관계된 모든 욕구 • 매슬로우의 욕구 5단계 이론 중 '[4단계] 존경의 욕구' 일부(자기 자신에 대한 존경) 및 '[5단계] 자아실현의 욕구' 전체를 포함

③ **2요인 이론**: 미국의 심리학자 프레드릭 허츠버그(F. Herzberg)는 만족의 반대가 불만족이라는 견해는 잘못된 것이라고 보고, 만족의 과정과 불만족의 과정을 서로 다른 차원으로 보았다. 모든 동기 부여 관련 요인들은 동기 요인(만족 요인)과 위생 요인(불만 요인)으로 분류할 수 있으며 위생 요인만으로는 동기가 유발되기 어렵고, 동기 요인이 내재적 요인으로서 동기 유발을 높일 수 있다고 하였다.

동기 요인	직무 자체의 만족에 영향을 미치는 요인으로 직무에서 많이 얻을수록 만족도가 높아지며 성과가 높아진다. 예 안정성, 성취감, 칭찬, 인정, 승진, 성장 가능성, 책임감 등
위생 요인	직무 불만족일 때 영향을 미치는 요인으로 직무 환경이나 조건과 관련이 있다. 호의적일 때 불만족은 줄어들지만 그렇다고 만족을 주는 것은 아니며, 단지 불만의 증감에만 관련이 있다. 예 임금, 인간관계, 작업 조건, 정책, 지위 등

④ **X 이론과 Y 이론**: 미국의 심리학자 더글러스 맥그리거(D. McGregor)는 경영자나 관리자는 종업원을 대하는 관점이 경험을 통하거나 타성적인 속단에서 보통 다음과 같은 인간관을 가진다고 하였다.

구분	특성	동기 부여 방식
X 이론	• 근본적으로 인간의 부정적인 측면을 보는 이론이다. • 인간이란 일을 싫어하고 게으르며, 책임을 회피하기 위해 항상 실천을 강요한다.	• 통제와 지시 • 감독과 명령 • 물질적 보상 • 상벌 • 수직적 조직
Y 이론	• 근본적으로 인간의 긍정적인 측면을 보는 이론이다. • 인간은 일을 좋아하고 창의적이며, 책임질 줄 알고 자기에게 주어진 목표를 달성할 줄 안다.	• 직원 존중 • 자긍심 제고 • 정신적 보상 • 수평적 조직

Y 이론은 인간의 행동에 관한 여러 사회 과학의 성과를 토대로 한 것으로, 이러한 사고방식을 가진다면 종업원들은 자발적으로 일할 마음을 갖게 되고, 개개인의 목표와 기업 목표의 결합을 꾀할 수 있으며, 능률을 향상시킬 수 있다고 보았다.

⑤ 성취 동기 이론: 데이비드 맥클리랜드(D.C. McClelland)는 인간이 사회에서 경험하며 살아가는 과정에서 획득하게 되는 특정 욕구들이 동기로 작용한다고 보았다.

성취 욕구	탁월한 수준의 목표를 달성하려는 욕구, 도전적인 업무 선호
관계 욕구	다른 사람들과 친밀한 개인적인 관계를 형성·유지하려는 욕구, 사회적 관계, 협력
권력 욕구	다른 사람들에게 영향력을 행사하고 통제하려는 욕구

5. 동기 부여 이론 – 과정 이론(Process Theory)

행동이 어떻게 유도되고 어떤 단계로 진행되는지의 과정을 연구한 이론으로 '어떤(How) 과정을 통해 동기 부여가 되는가?'를 중요시한다.

① 기대 이론: 브룸(V.H.Vroom)의 기대 이론의 기초는 파울로(G. Poulos)에 의해 처음 만들어진 '목표-수단 연계(Goals-means Chain) 모델'로, 개인에게 동기를 부여하려면 먼저 바라는 최종 목표와 그 목표에 이르는 중간 수단들과의 '연결' 확률이 높아야 된다는 것을 강조한 이론이다.

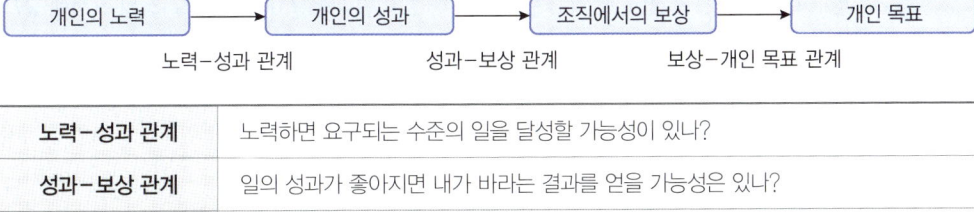

노력-성과 관계	노력하면 요구되는 수준의 일을 달성할 가능성이 있나?
성과-보상 관계	일의 성과가 좋아지면 내가 바라는 결과를 얻을 가능성은 있나?
보상-개인 목표 관계	내가 바라는 잠재적인 결과에 대해 스스로 두고 있는 가치는 어느 정도인가?

② 공정성 이론: 존 애담스(J.S. Adams)의 공정성 이론의 핵심은 자신의 노력과 보상을 유사한 일을 하는 다른 사람의 노력 및 보상과 비교하여 공정성이 유지될 수 있도록 동기를 부여시킨다는 것이다.

• 공정성의 종류

배분적 공정성	회사의 자원을 사원들 사이에 공평하게 분배했는지의 문제
과정적 공정성	사원들에게 나누어 줄 분배량을 결정하는 과정이 공정했는지의 여부
상호적 공정성	자원 분배가 아닌 인간관계에서 상하 간에 혹은 회사의 직원 간에 공정한 관계를 가졌는지의 여부

• 공정성 이론의 구성

개인	공정성이나 불공정성을 인지하는 개인
비교 대상	투입과 산출의 비와 관련하여 개인에 의하여 비교의 대상이 되는 개인이나 집단
투입(Input)	개인이 직무에 투여하는 개인적인 특성, 개인적 습득(기술, 경험, 학습), 개인 속성(나이, 성별, 인종 등)
산출(Outcome)	개인이 직무 수행의 결과로 받는 것(인정, 급여, 성과급 등)

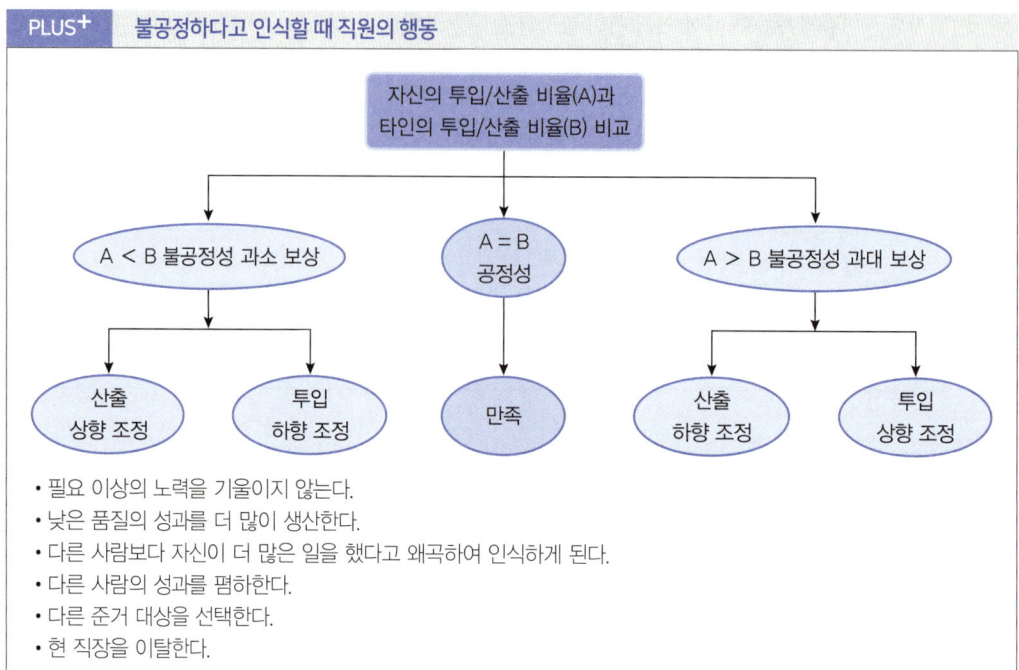

③ **목표 설정 이론**: 에드윈 로크(E.A. Locke)는 목표 설정 이론(Goal Setting Theory)의 발전에 중요한 공헌을 하였다. 목표는 개인에게 의도된 행동과 동기의 기초가 되고, 구체적이고 어려운 목표가 높은 성과를 유발한다는 이론이다.

④ **스키너의 강화 이론**: 목표 설정 이론과 대조되는 이론으로, 개인의 행동은 그 결과를 통하여 결정되고 유발된다는 이론이다. 목표 설정 이론은 개인의 목표가 자신의 행동을 지배한다고 보지만, 강화 이론은 자신의 행동에 따르는 결과들에 의하여 주어진 일에 노력과 행동을 한다고 주장한다.

4 동기 부여의 실행

1. 목표 관리(MBO; Management By Objectives)

① **개념**: 피터 드러커(P. Drucker)가 1954년에 저술한 『경영의 실제(The Practice of Management)』를 통하여 학문적으로 널리 알려지기 시작했으며, 목표 달성을 위하여 경영자와 종업원들이 설정된 목표에 동의하고 그들이 조직 내에서 무엇을 해야 할지를 이해해 가는 일련의 과정을 말한다.

② **목적**
- 회사와 개인의 목표를 긴밀히 연결하여 경영 목표를 효과적으로 달성할 수 있는 근간을 세운다.
- 스스로의 참여를 통해 목표를 설정함으로써 자율적인 업무 수행이 가능하도록 한다.
- 상급자와 하급자 사이에 협의된 목표를 통해 성과 평가의 명확한 근거를 만들 수 있다.

③ **핵심 요소**
- **목표의 특수성**: 능력 범위 내에서 약간의 난도가 있는 목표를 설정하는 것이 좋으며, 예상 성과에 대한 명확한 진술을 할 수 있어야 한다.
- **참여적 의사 결정**: 관리자와 부하 직원이 상의하에 목표를 설정하고 측정에 관해 합의해야 한다.
- **명시적 기간**: 일을 완수할 구체적 기간을 정해야 한다.

- **성과 피드백**: 진행 과정에 대한 지속적인 피드백이 필요하다.

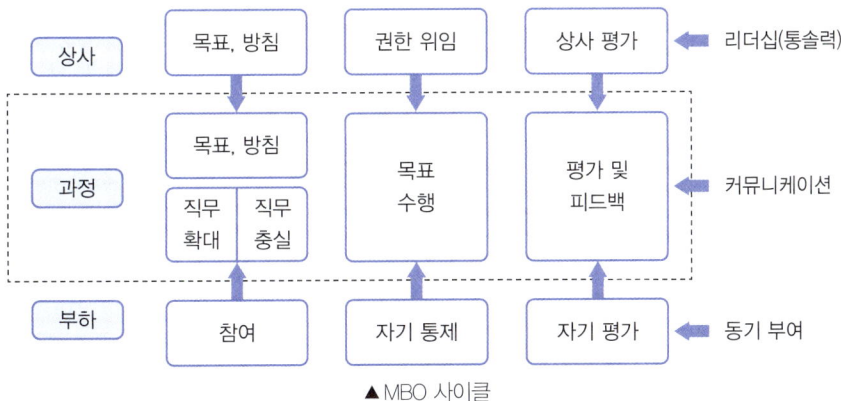

▲ MBO 사이클

2. 임파워먼트(Empowerment)

① 개념
- 조직 내 현장 구성원에게 업무 재량을 위임하여 자주적·주체적인 체제 속에서 사람이나 조직의 의욕과 성과를 이끌어 내기 위한 '권한 부여', '권한 이양'을 의미한다.
- 변화하는 환경에 능동적으로 대처하고 신속한 고객 만족 서비스를 위해 현장 접점의 사람에게 문제 해결력을 부여하거나 영향력 있는 능력을 개발하고 신장시킴으로써 지속적인 향상을 성취해 내는 과정이다.
- 최대한 하위 조직에 의사 결정 권한을 위임하기 위한 것이다.
- 조직 구성원을 무기력하게 만드는 여건을 파악하여 공식적 또는 비공식적 방법에 의해 제반 여건을 개선시켜 조직 구성원들에게 자기 효능감(Self-efficacy)을 고양시켜 주는 과정이다.

② 목적
- 상황에 능동적이고 창조적이며 유연하게 대응하기 위한 자율 경영과 창조 경영을 추구하여 조직 성과를 지속적으로 증진하기 위한 것이다.
- 조직 내 구성원들 스스로의 의사 결정권을 통해 보다 능동적으로 주인의식을 가지고 강한 업무 의욕과 성취감을 주기 위한 것이다.
- 개인에게 구속된 권한을 확장하여 잠재 능력을 최대한 활용한 문제 능력과 새로운 아이디어를 창조해 나갈 수 있는 능력으로 개발하기 위한 것이다.
- 구성원들이 자신이 담당하는 업무의 중요성을 인지하여 최선을 추구하며 조직의 지속적인 성장과 발전을 위한 것이다.

③ 구성
- **의미성**: 개인의 신념, 태도, 가치 등의 적합성, 개인적으로 의미 있는 과업 활동은 목적의식과 열정 에너지를 창출한다.
- **역량**: 과업을 수행하는 데 내재적으로 보유할 수 있는 잠재력, 개인의 잠재성은 업무 능력을 향상시킬 수 있다는 자기 효과성을 창출한다.
- **자기 결정**: 개인이 자신의 행위를 스스로 결정하는 것으로, 자기 결정성은 행동의 시작과 통제에 대한 선택의 자유를 의미한다.
- **영향력**: 자신의 능력과 업무에 관한 지식 등을 바탕으로 조직의 성과나 타인의 업무에 영향력을 미친다.

④ 수준

개인 수준의 임파워먼트	개인의 직무 수행에 필요한 제반 역량의 증진으로, 조직 구성원들이 자기 효능감(Self-efficacy)을 가질 수 있도록 함으로써 무력감을 해소시키는 과정이다. 예 개인의 사고 변화와 역량 증대
집단 수준의 임파워먼트	두 사람 이상의 상호 관계가 있을 때 생기는 개념으로, 조직 내 무력감을 없애는 권한의 생성·발전·증대에 초점을 맞추어 상대방의 저항을 극복하는 능력과 관련된 개념이다. 예 권한 이전과 관계 증진
조직 수준의 임파워먼트	조직의 변화를 통하여 경쟁력을 갖추고 강화하려는 경영 흐름으로, 새로운 신념, 지식, 가치, 능력을 탐색하거나 창출 및 이용하는 과정이다. 즉 조직의 각종 규정, 제도, 구조 등의 변화를 의미한다. 예 제도, 구조 변화를 통한 임파워먼트 의향과 행동 정착

서비스 마케팅과 내부 마케팅

| 빈출 키워드 |

서비스 마케팅   # 서비스 마케팅의 비교   # 내부 마케팅

1 서비스 마케팅

1. 서비스 마케팅의 의의

서비스 마케팅이란 서비스를 통해 고객의 욕구와 필요를 충족시킴으로써 마케팅 목표를 달성하려는 기업 활동을 의미한다. 서비스 마케팅은 부동산, 금융, 여행, 통신 등 서비스 산업의 발달에 따라 서비스 분야에서도 마케팅 전략의 중요성이 강조되면서 등장하였다.

2. 서비스 마케팅의 구성

① 외부 마케팅: 고객에 대한 기업의 마케팅 노력을 의미한다.
② 내부 마케팅: 직원이 고객에게 최상의 서비스를 제공할 수 있도록 교육 훈련하여 동기를 부여한다.
③ 상호 작용 마케팅: 고객과 접촉하여 서비스를 제공하는 직원과 고객 간의 마케팅이다.

3. 서비스 마케팅의 비교

구분	내부 마케팅	외부 마케팅	상호 작용 마케팅
대상	직원, 내부 고객	소비자, 외부 고객	
수단	직원의 욕구 충족	고객의 욕구 충족	
제공물	직무에 대한 보상	제품 및 서비스	인적 서비스
가격	노동력의 대가	제품 및 서비스의 대가	무형적 서비스의 대가
커뮤니케이션	기업 → 직원	기업 → 고객	직원 ↔ 고객
목표	직원의 고객 지향적 사고를 통한 고객 만족	고객 만족을 통한 이윤 획득	직원의 고객 지향적 서비스를 통한 고객 만족

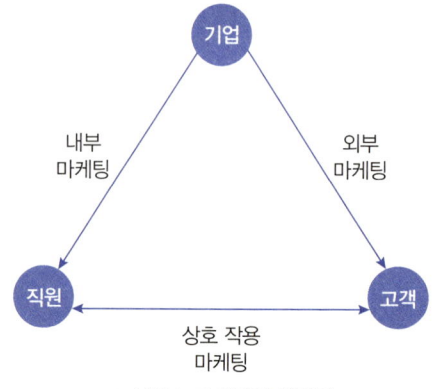

▲ 서비스 마케팅의 삼각형

2 내부 마케팅

1. 내부 마케팅의 개념
① 내부 마케팅은 조직 내의 인적 자원을 대상으로 한 마케팅 활동을 의미한다.
② 종래의 마케팅은 외부 고객에게 초점을 맞추어 마케팅 연구나 계획 등을 실천해 왔으나, 내부 마케팅은 내부 고객인 현장 직원의 동기 부여를 위하여 계획되고 실시된다.
③ 내부 고객의 만족 달성과 직원의 고객 지향적 사고를 통해 최종 소비자인 외부 고객을 만족시키는 것을 목표로 한다.

2. 내부 마케팅의 역할
① **조직 내 서비스 문화의 창조와 유지**: 강력한 서비스 문화를 구축하는 데 직원들이 적극적으로 참여하고 자기계발을 할 수 있도록 조직을 유연하게 만든다.
② **서비스 품질의 향상과 유지**: 직원이 고객 의식을 가지고 고객에게 최상의 서비스를 제공할 수 있도록 자신의 서비스 역량을 개발하려는 동기를 부여한다. 또한 다른 부서가 직원을 지원할 수 있도록 내부 서비스 체제를 갖추어야 한다.
③ **조직적 통합**: 내부 마케팅을 통해 조직의 모든 직원들이 한마음으로 조직의 성공을 위해 창조력과 열의를 가지고 일할 수 있도록 지원한다.

3. 내부 마케팅의 성공 전략
① **직원의 역할과 중요성 인식**: 직원 만족(ES; Employee Satisfaction)은 고품질 서비스로 이어지며, 이러한 고품질 서비스는 고객 만족(CS; Customer Satisfaction)으로 직결된다.
② **직원의 만족도 측정**: 직원 만족을 위해서는 품질 지향적인 기업 전략의 핵심적 요소인 직원 만족도의 수준을 우선적으로 측정해야 한다.
③ **통합적인 인적 자원의 관리**: 고품질 서비스를 위하여 직원의 능력을 개발하고 자발적 동기로 서비스 태도를 향상하기 위한 노력이 필요하며, 이를 위해 기업은 인력의 선발에서부터 역량 개발, 평가, 보상에 이르는 전체 과정을 통합 관리해야 한다.

④ **경영층의 적극적인 지원**: 최고 경영층, 중간 관리자, 감독자 등의 경영층은 직원이 고객의 요구를 확인하고 신속하게 대응하는 인적 자원 관리 역할을 할 수 있도록 직원에게 적절한 수준의 재량권을 부여해야 한다. 이를 통해 직원이 주인 의식과 책임감을 가지고 고객과 상호 작용하도록 해야 한다.

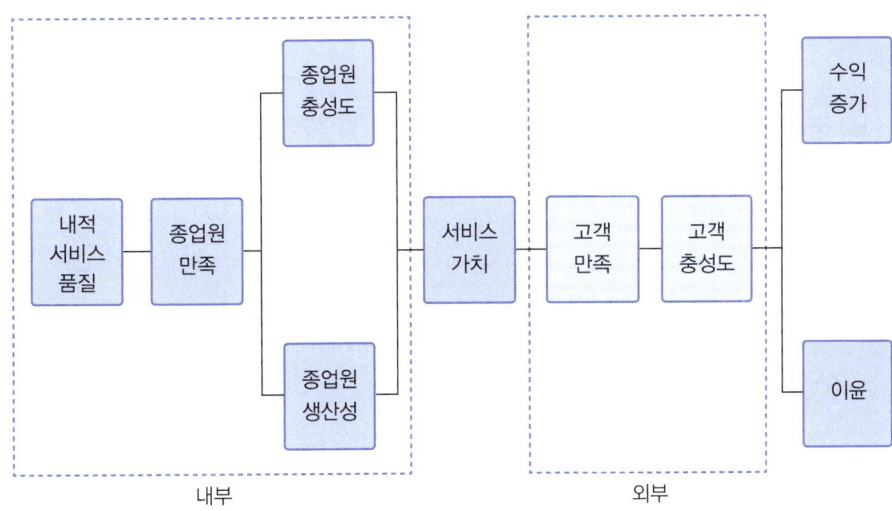

▲ 헤스켓(Heskett)의 서비스 수익 체인

적중 예상문제

SUBJECT 05 | 코칭/교육 훈련 및 멘토링/동기 부여

PART 1 일반형

01 다음 중 성인 학습 이론에 대한 설명으로 옳지 <u>않은</u> 것은?
① 안드라고지는 성인의 자율성과 경험을 존중하는 학습 방법을 강조한다.
② 자기 주도적 학습은 학습자가 목표를 스스로 설정하고 학습 자원을 선택한다.
③ 전환 학습은 과거 경험을 그대로 받아들이고 익숙한 관습을 유지하려는 과정이다.
④ 경험 학습은 구체적 경험-성찰-개념화-실험의 사이클을 따른다.
⑤ 조직 학습은 개인 학습이 집단적 차원으로 확산되어 새로운 지식과 능력을 조직이 공유하는 과정이다.

02 다음 중 성인 교육자로서 갖추어야 할 특징이 <u>아닌</u> 것은?
① 전문성: 지식과 준비의 힘
② 명확성: 내용과 언어 조직의 힘
③ 감정 이입: 이해와 동정의 힘
④ 열정: 헌신과 감정 표현의 힘
⑤ 문화적 획일성: 일관된 문화와 분위기 유지

03 다음 중 신입 사원의 교육 훈련 기법으로 가장 적절한 것은?
① 세미나
② 모의 훈련
③ 사례 연구법
④ 행동 모델법
⑤ 멘토링 시스템

04 다음은 교육 훈련 프로그램 기법 중 무엇에 대한 설명인가?

> • 실제 현장과 동일한 상황을 가정하여 연출해 봄으로써 서비스 현장의 실무 지식을 획득할 수 있다.
> • 특정 역할 수행을 통해 실제로 상대방을 이해하고 객관적으로 자신을 통찰할 수 있다.

① 역할 연기법
② 역할 모형화
③ 비즈니스 게임
④ 인바스켓 훈련
⑤ 시뮬레이션 훈련

05 다음 중 서비스를 제공하는 인적 서비스 자원을 육성하기 위한 기본적 코칭의 다섯 가지 스킬을 바르게 나열한 것은?

① 경청 → 관찰 → 질문 → 확인 → 제공
② 질문 → 확인 → 제공 → 관찰 → 경청
③ 확인 → 질문 → 경청 → 관찰 → 제공
④ 질문 → 제공 → 경청 → 질문 → 확인
⑤ 질문 → 경청 → 직관 → 자기 관리 → 확인

06 다음 중 다양한 동기 부여 이론에 대한 설명으로 옳지 않은 것은?

① ERG 이론에서는 일상에서의 긍정적 동기 부여에 위생 요인과 동기 요인의 두 가지 요인이 직접적인 영향을 미친다고 정의한다.
② 기대 이론에서 개인은 자신의 노력이 정도에 따른 결과를 기대하므로 그 기대를 실현하기 위해 어떤 행동을 결정한다고 가정한다.
③ 목표 설정 이론에서 인간은 자신이 가지고 있는 가치를 토대로 목표를 설정하며 이러한 목표를 성취하려는 의도가 가장 중요한 동기가 된다고 정의한다.
④ 매슬로우의 욕구 5단계에서 이미 충족된 욕구는 약화되어 동기 유발 요인으로서의 기능을 상실하므로 이때에는 상위 단계의 욕구를 이해하여 동기 부여를 해야 한다고 주장한다.
⑤ X, Y 이론에서 인간의 행동을 두 가지 방식으로 정의하였는데 X 이론에서의 인간은 게으르고 책임을 회피하므로 통제와 지시, 철저한 감독과 물질적 보상에 의해 동기를 부여해야 한다고 정의한다.

> **해설**
> 01 전환 학습은 과거 경험을 그대로 유지하는 것이 아니라, 자아 성찰을 통해 기존 관습과 인식을 근본적으로 변화시키는 학습 과정이다.
> 02 문화적 획일성이 아닌 문화적 감수성을 갖추어야 한다. 문화적 감수성은 존중과 사회적 책임의 힘이다.
> 03 ①, ②, ③, ④는 관리자 교육 훈련 기법에 해당된다.
> 04 피교육자끼리 서로 직원과 고객의 역할을 수행하면서 나타나는 문제점을 수정함으로써 교육하는 방법은 역할 연기법(Role Playing)이다.
> 05 코치가 서비스 제공자를 개발하고 육성하기 위해서 기본적으로 코칭하는 스킬은 '질문 → 경청 → 직관 → 자기 관리 → 확인'의 순서이다.
> 06 ERG는 인간 행동의 동기를 존재 욕구, 관계 욕구, 성장 욕구로 구분하는 이론이다. 동기 부여 관련 요인을 동기 요인과 위생 요인으로 분류한 이론은 2요인 이론이다.

> **정답**
> 01 ③ 02 ⑤ 03 ⑤ 04 ① 05 ⑤ 06 ①

07 다음 중 감정 노동에 대한 설명으로 적절하지 <u>않은</u> 것은?

① 타인에게 도움을 주는 분야의 종사자를 감정 노동자로 볼 수 있다.
② 직무 차원에서 적절한 감정 표현을 준수하면 기업의 성과를 향상시킨다.
③ 개인의 경험적인 감정을 조직의 표현 규범에 맞게 조절하려는 개인적 노력이다.
④ 감정 표현 규범의 강도보다 감정 표현의 빈도가 높을수록 더 강한 감정 노동을 경험한다.
⑤ 실제 감정 표현과 조직의 감정 표현 규범에 의해 요구되는 감정 표현의 차이로 인하여 발생한다.

08 다음 중 멘토의 역할과 가장 거리가 <u>먼</u> 것은?

① 멘티에 대하여 경력 상담을 한다.
② 멘티에 대한 역할 모형을 제시한다.
③ 멘토의 존재를 조직 구성원에게 알린다.
④ 멘티의 개인적이고 사적인 고충을 상담한다.
⑤ 멘티가 회사에 적응하는 동안 직무 성과에 대한 책임을 진다.

09 다음 중 내부 마케팅의 특징으로 옳지 <u>않은</u> 것은?

① 외부 마케팅보다 우선적으로 시행한다.
② 기업과 직원 간에 이루어지는 마케팅이다.
③ 내부 마케팅의 최종 목표는 내부 고객을 만족시키는 것이다.
④ 직원이 시장 지향적 태도를 지니게 하기 위한 경영 철학이다.
⑤ 서비스 품질 관리를 위해 직원을 교육 훈련하고 동기를 부여하는 활동이다.

PART 2 O/X형

[10~12] 다음 문항을 읽고 옳고(O), 그름(X)을 선택하시오.

10 목표 관리(MBO)는 목표가 개인에게 의도된 행동과 동기의 기초가 되고, 구체적이고 어려운 목표가 높은 성과를 유발한다는 이론이다. (① O ② X)

11 코칭의 5가지 스킬은 질문 스킬, 경청 스킬, 직관 스킬, 타인 관리 스킬, 확인 스킬이다. (① O ② X)

12 5~10명의 피교육자가 집단 회의를 열고 자유로운 분위기에서 아이디어를 창출함으로써 질보다 양에 치중한 아이디어를 개발하게 하는 방법은 브레인스토밍이다. (① O ② X)

해설
07 감정 표현 규범의 강도와 감정 표현의 빈도는 감정 노동의 구성 요소로, 두 요소가 모두 높을수록 더 강한 감정 노동을 경험한다.
08 멘티의 직무 성과를 멘토가 책임지지는 않는다.
09 내부 마케팅의 최종 목표는 직원의 고객 지향적 사고를 통해 최종 소비자인 외부 고객을 만족시키는 것이다.
10 × 목표 관리(MBO)는 목표 특수성, 참여적 의사 결정, 명시적 기간, 성과 피드백으로 이루어지는 것으로 개인 목표와 조직 목표의 통합을 지향하는 경영 관리 기법이다.
11 × 코칭의 5가지 스킬은 질문 스킬, 경청 스킬, 직관 스킬, 자기 관리 스킬, 확인 스킬이다.
12 ○

정답
07 ④ 08 ⑤ 09 ③ 10 ② 11 ② 12 ①

PART 3 연결형

[13~15] 다음 설명에 알맞은 개념을 보기에서 찾아 연결하시오.

───────| 보기 |───────
① 감정 노동　　　② 임파워먼트　　　③ 내부 마케팅

13 직원의 권한과 자율성을 높여 자기 효능감을 고양시키고 조직 몰입을 강화하는 활동
(　　　　)

14 고객 응대 시 실제 감정과 조직이 요구하는 감정 표현이 달라 생기는 노동　(　　　　)

15 직원 만족(ES)을 통해 고객 만족(CS)으로 이어지도록 내부 고객을 대상으로 실시하는 활동
(　　　　)

[16~18] 다음 설명에 적절한 보기를 찾아 각각 선택하시오.

보기

① 임파워먼트
② 직장 내 교육 훈련(OJT; On the Job Training)
③ 자기 주도적 학습
---

16 조직 구성원의 직무 만족, 조직 몰입, 조직의 성과 및 조직 구성원의 활력을 촉진하기 위한 권한의 부여, 조직 내의 일정한 권한 배분 등의 활동으로 종사원이 권력이 있다고 느끼도록 하는 것을 의미한다. (　　　　)

17 성인 학습의 이론으로 학습자 스스로가 자신의 학습 욕구를 진단하여 목표를 설정하고, 목표 달성을 위하여 필요한 인적 또는 물적 자원을 선택하며 학습 성과를 평가하는 과정이다.
(　　　　)

18 업무 현장에서 동료 선배가 피교육자에게 직무 성숙 및 향상을 위한 교육 계획을 세워 지도 및 평가하여 피교육자의 지도 육성에 관한 책임을 체계적으로 수행하는 기업 내 교육 훈련 방식이다.
(　　　　)

해설

13 권한 부여와 자율성을 강조하는 임파워먼트에 대한 설명이다.
14 실제 감정과 표현 규범 간 불일치는 감정 노동에 대한 설명이다.
15 내부 마케팅에 대한 설명이다.
16 임파워먼트
17 자기 주도적 학습
18 직장 내 교육 훈련(OJT; On the Job Training)

정답

13 ②　14 ①　15 ③　16 ①　17 ③　18 ②

PART 4 사례형

19 다음의 사례는 코칭 과정에서 코치의 잘못된 질문으로 상호 이해하는 데 실패한 상황이다. 코치의 질문에 해당하는 오류로 적절한 것은?

> 코　치: ○○ 씨는 요즘 표정이 왜 이렇게 어두워?
> 피코치: 저는 괜찮은데요?
> 코　치: 혹시 또 고객 컴플레인이 발생한 거 아닌가?
> 피코치: 아닙니다.
> 코　치: 그럼 무슨 일 때문에 그렇게 얼굴이 어두울까?
> 피코치: 글쎄요. 어제 잠도 잘 잤는데요…….
> 코　치: 예전에도 컴플레인 때문에 많이 힘들어 하지 않았나?

① 개방형 질문, 과거 질문, 부정 질문
② 폐쇄형 질문, 과거 질문, 부정 질문
③ 폐쇄형 질문, 미래 질문, 긍정 질문
④ 개방형 질문, 미래 질문, 부정 질문
⑤ 폐쇄형 질문, 미래 질문, 부정 질문

20 다음은 신입 사원의 코칭 사례이다. 피코치가 성과를 내지 못하는 숨은 이유에 해당하는 이슈는?

> 홍길동은 에듀윌에 입사한 지 3개월이 막 지난 고객 서비스팀 신입 사원이다. 매니저로부터 서비스 접점을 평가할 수 있는 모니터링 체크 리스트를 만들어 보라고 지시를 받았으나, 도무지 어디서부터 시작해야 할지 매우 난감한 상황이다.

① 능력 이슈
② 역량 이슈
③ 태도 이슈
④ 자원 이슈
⑤ 문제 구성 이슈

21 다음은 어느 조직의 상사와 직원 간의 대화이다. 서비스 코칭의 관점에서 코치로서 상사의 태도에 대한 설명으로 적절하지 <u>않은</u> 것은?

> 상　　사: 나 주임, 요즘 해결하고 싶은 과제가 있나?
> 나 주임: 다음 주에 있는 프레젠테이션을 잘하고 싶습니다.
> 상　　사: 그래? 잘하고 싶다는 것은 어느 정도를 말하는 건가?
> 나 주임: 프레젠테이션을 잘해서 계약이 성사되었으면 좋겠습니다.
> 상　　사: 나도 나 주임이 계약에 성공했으면 좋겠군. 그런데 그 목표를 달성하는 데 장애가 될 만한 문제에는 어떤 것들이 있는가?
> 나 주임: 무엇보다 제가 전달하고자 하는 핵심이 고객의 니즈에 잘 맞는지 모르겠습니다.
> 상　　사: 그럼 그 문제를 극복하고 계약을 성사시키려면 어떻게 해야 할까?
> 나 주임: 방법은 여러 가지가 있을 것 같은데 먼저…….

① 상사는 당면한 문제에 대한 해결책을 제시하려고 노력하였다.
② 상사는 성공적인 코칭을 위해 가장 먼저 목표를 설정하고자 하였다.
③ 상사는 부하 직원의 말을 경청하고 질문을 통해 최선의 안을 탐색하고 있다.
④ 상사는 부하 직원의 현실을 점검하여 현재 위치를 파악할 수 있는 질문을 하였다.
⑤ 상사는 부하 직원의 생각과 상황을 이해하고 개방적인 분위기를 유도하려고 한다.

해설

19 • 부정 질문: ㅇㅇ 씨는 요즘 표정이 왜 이렇게 어두워?/혹시 또 고객 컴플레인이 발생한 거 아닌가?/그럼 무슨 일 때문에 그렇게 얼굴이 어두울까?
• 폐쇄형 질문, 과거 질문: 예전에도 컴플레인 때문에 많이 힘들어 하지 않았나?
20 홍길동은 신입 사원으로서 필요한 지식과 스킬을 보유하지 못한 상황이다.
21 상사는 당면한 문제를 구성원 스스로 해결하는 과정을 중시하며 그 과정을 서두르지 않고 있다.

정답

19 ②　　20 ①　　21 ①

22 다음 중 교육생을 위한 동기 부여에 해당하는 항목을 모두 고른 것은?

(A) 여러분! 교육 받으시느라 수고가 많습니다.
(B) 여러분은 지난 시간에 비전 교육을 받았습니다. 비전을 수립하기 위하여 중요한 점은 미래의 청사진을 구체적으로 그리는 점이라고 배웠습니다. 지난 실습에서는 각자 발표를 했었는데, 회사와 가정에서의 비전 수립에 실질적인 도움이 되셨을 것이라 생각합니다.
(C) 오늘 진행할 '리더의 전략적 사고' 수업은 매우 중요합니다. 전략은 미래의 행동 방향을 제시하는 이정표이기 때문이지요.
(D) 지금의 시대는 변화를 넘어 초 변화의 시대입니다. 환경이 격동적일수록 리더의 전략적 사고는 배의 돛과 같은 역할을 합니다.
(E) 리더십은 바람이 어느 쪽으로 부는지 알아내고, 바람이 없을 때는 어떻게 해야 하는가를 제시합니다. 그래서 안전하게 목적지로 갈 수 있는 것이지요.
(F) 앞으로 목표 관리와 코칭 스킬, 마케팅에 대한 이해의 과정들이 남아있습니다. 그러면 오늘도 좋은 교육이 되기를 바랍니다!

① A, B, C, D, E, F
② A, B, C, E
③ A, C, D, F
④ B, C, D, E
⑤ B, D, E, F

PART 5 통합형

[23~24] ○○ 리조트는 서비스 마인드 향상을 위한 사내 코칭 과정을 준비하고 있다. 다음은 코칭의 프로세스 모델 중 GROW 모델을 설명한 도식이다.

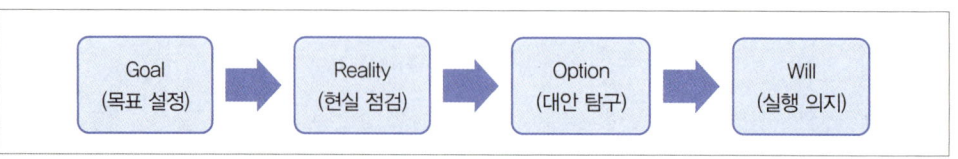

23 위 코칭 모델에 따라 코칭을 할 때, 각 단계별 주요 역할에 대한 설명으로 옳은 것은?

① Goal: 목표를 제대로 설정하지 못하는 경우, 코치는 목표를 부여할 수 있어야 한다.
② Reality: 목표 달성을 위해 과거의 성공 혹은 실패의 경험을 떠올리게 하는 것은 적절하지 않다.
③ Reality: 적절한 질문을 통해 현재 자신의 상황을 구체적으로 판단하고 자신의 잠재력을 점검할 수 있도록 도와준다.
④ Option: 코치의 아이디어나 자극으로 새로운 대안을 모색하게 하는 것은 코칭의 프로세스에서는 부적절하다.
⑤ Will: 목표 달성에 필요한 구체적인 행동을 정했다면 염려되는 사항을 잊고 목표에 매진할 수 있도록 동기를 부여한다.

24 ○○ 리조트의 사내 전문 코치는 코칭을 위한 질문 리스트를 준비하였다. 적절하지 <u>않은</u> 것은?

① Goal: 그 목표를 달성하면 지원팀의 업무 프로세스에 어떤 변화가 생기나요?
② Goal: 고객 응대 스킬을 향상하고 싶다면 지난 분기 평가 80점과 비교해서 이번 분기는 어느 정도 상승되길 바라나요?
③ Reality: 고객 응대 스킬을 향상하고 싶다면 어떤 부분을 가장 신경 써야 할까요?
④ Option: 대화 스킬 향상을 위해 학원을 다니는 것은 현재 불가능하지 않나요?
⑤ Will: 그렇다면 아침마다 동료들과 시행하겠다고 하신 경청 연습을 언제 시작해서 언제까지 실행하실 계획인가요?

해설

22 A는 일상적인 인사, F는 다음 과정 안내에 해당한다.
23 ① 코치는 피코치자가 목표를 스스로 정할 수 있도록 지원하는 역할을 한다.
② 목표를 설정하였다면 피코치자의 잠재적 능력과 과거의 경험을 통해 새로운 대안이나 실행의 의지를 더욱 강화할 수 있으므로 이를 확인할 필요가 있다.
④ 피코치자가 생각하는 대안을 지지하지만 새로운 대안을 모색할 수 있도록 질문을 통해 생각을 자극하는 것은 효과적인 코치 활동이다.
⑤ 대안 실행에 있어 목표 달성에 염려되거나 장애가 될 요소를 확인하고 극복할 수 있는 방법을 사전에 모색하게 한다.
24 코치는 피코치의 대안을 인정해 주어야 한다. 그 대안의 현실성에 문제가 있다면 구체적인 방법을 제시할 수 있는 개방형 질문으로 바꾸어 진행해야 한다.

정답

22 ④ 23 ③ 24 ④

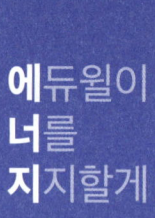

어제의 비 때문에
오늘까지 젖어 있지 말고,
내일의 비 때문에
오늘부터 우산을 펴지 마라.

– 이수경, 『낯선 것들과 마주하기』, 한울

memo

memo

memo

memo

여러분의 작은 소리
에듀윌은 크게 듣겠습니다.

본 교재에 대한 여러분의 목소리를 들려주세요.

공부하시면서 어려웠던 점, 궁금한 점,

칭찬하고 싶은 점, 개선할 점, 어떤 것이라도 좋습니다.

에듀윌은 여러분께서 나누어 주신 의견을

통해 끊임없이 발전하고 있습니다.

에듀윌 도서몰 book.eduwill.net
- 부가학습자료 및 정오표: 에듀윌 도서몰 → 도서자료실
- 교재 문의: 에듀윌 도서몰 → 문의하기 → 교재(내용, 출간) / 주문 및 배송

2026 에듀윌 SMAT 모듈 B 1주끝장

발 행 일	2025년 10월 31일 초판
편 저 자	김정현, 박정아, 유지영
펴 낸 이	양형남
개 발	정상욱, 허유진
펴 낸 곳	(주)에듀윌
등록번호	제25100-2002-000052호
주 소	08378 서울특별시 구로구 디지털로34길 55 코오롱싸이언스밸리 2차 3층
I S B N	979-11-360-3957-6(13320)

* 이 책의 무단 인용 · 전재 · 복제를 금합니다.

www.eduwill.net
대표전화 1600-6700